JN417039

Fluent React

전문가를 위한 리액트

| 표지 설명 |

표지 동물은 벌새과 꿀벌벌새족에 속하는 뾰쪽호사벌새(학명: *Doricha enicura*)입니다. 엘살바도르, 과테말라, 온두라스, 멕시코 산악 지대의 숲에서 서식하는 벌새의 일종입니다.

뾰쪽호사벌새는 길이가 약 7~12 센티미터이고 몸무게는 3 그램이 채 안 되는 가장 작은 벌새입니다. 등 부분은 녹색이고 배 부분은 흰색입니다. 수컷의 목 부분은 무지갯빛 보라색이며 꼬리는 길게 갈라져 있습니다. 수컷은 영토성이 강해 취식지에 침입하는 다른 개체를 쫓아냅니다. 암컷은 식물 섬유와 거미줄로 둥지를 짓고, 알을 두 개 낳아 혼자서 15일에서 19일가량을 품습니다. 새끼는 약 25일이 되면 독립합니다.

뾰쪽호사벌새는 서식지가 넓고 성체의 수도 많습니다. 이 종은 국제자연보전연맹(IUCN)에 의해 '최소 관심종'으로 분류되어 있습니다. 오라일리 표지에 등장하는 많은 동물은 멸종 위기에 처해 있으며 모두 세상에 중요한 존재입니다.

표지 그림은 조지 쇼George Shaw의 『General Zoology』를 바탕으로 캐런 몽고메리Karen Montgomery가 그렸습니다.

전문가를 위한 리액트

빠르고 성능이 뛰어난 직관적인 애플리케이션 구축하기

초판 1쇄 발행 2024년 12월 23일

지은이 테자스 쿠마르 / **옮긴이** 김태곤 / **펴낸이** 전태호
펴낸곳 한빛미디어(주) / **주소** 서울시 서대문구 연희로2길 62 한빛미디어(주) IT출판2부
전화 02-325-5544 / **팩스** 02-336-7124
등록 1999년 6월 24일 제25100-2017-000058호 / **ISBN** 979-11-6921-331-8 93000

총괄 송경석 / **책임편집** 박지영 / **기획 · 편집** 정지수 / **교정** 김묘선
베타리더 김규리, 김성현, 안재명, 오정민, 원아영, 윤장원, 이석곤, 이영은, 이웅모, 이정중, 이호준, 정하랑, 황선주
디자인 표지 윤혜원 내지 최연희 / **전산편집** 이경숙
영업 김형진, 장경환, 조유미 / **마케팅** 박상용, 한종진, 이행은, 김선아, 고광일, 성화정, 김한솔 / **제작** 박성우, 김정우

이 책에 대한 의견이나 오탈자 및 잘못된 내용은 출판사 홈페이지나 아래 이메일로 알려주십시오.
파본은 구매처에서 교환하실 수 있습니다. 책값은 뒤표지에 표시되어 있습니다.
한빛미디어 홈페이지 www.hanbit.co.kr / 이메일 ask@hanbit.co.kr

© HANBIT MEDIA INC. 2024.

Authorized Korean translation of the English edition of **Fluent React**
ISBN 9781098138714 © 2024 Tejas Kumar.

This translation is to be published and sold by permission of O'Reilly Media, Inc., the owner of all rights to publish and sell the same.

이 책의 저작권은 오라일리와 한빛미디어(주)에 있습니다.
저작권법에 의해 보호를 받는 저작물이므로 무단 전재와 무단 복제를 금합니다.

지금 하지 않으면 할 수 없는 일이 있습니다.
책으로 펴내고 싶은 아이디어나 원고를 메일(writer@hanbit.co.kr)로 보내주세요.
한빛미디어(주)는 여러분의 소중한 경험과 지식을 기다리고 있습니다.

Fluent React

전문가를 위한 리액트

O'REILLY® 한빛미디어 Hanbit Media, Inc.

지은이 **테자스 쿠마르** Tejas Kumar

2014년부터 리액트로 코드를 작성해 온 이래 리액트를 주제로 다수의 콘퍼런스와 워크숍, 초청 강연을 진행했습니다. 다양한 스타트업의 기술 스택에서 풍부한 경험을 하며 리액트의 핵심 개념을 깊이 이해하게 되었고, 이런 연륜을 기꺼이 공유해 사람들이 리액트 앱을 유창하게 작성하도록 격려하고 실력을 갖추며 역량을 강화하도록 돕고 있습니다.

옮긴이 **김태곤** gonom9@gmail.com

호기심 많은 프런트엔드 개발자, 프로 리모트 워커, 고양이 볼트의 집사, 소소한 블로거. 새로운 기술을 배우는 것만큼이나 지식을 나누는 것도 좋아해서 오픈 소스는 물론 강의와 번역을 꾸준히 하고 있습니다. 개인 블로그(`https://taegon.kim`)와 트위터(`@taggon`)를 통해서도 웹 기술과 관련된 글을 전합니다. 옮긴 책으로는 『사라진 개발자들』(한빛미디어, 2023), 『복붙 개발자의 벼락 성공기』(한빛미디어, 2023), 『소프트 스킬』(길벗, 2022), 『객체지향 자바스크립트의 원리』(비제이퍼블릭, 2015) 등이 있습니다.

리액트 개발자로서 레벨 업하기 위해 꼭 읽어야 할 책! 『전문가를 위한 리액트』는 리액트 개발자로서 한 단계 도약을 준비하는 분들에게 꼭 필요한 책입니다. 리액트의 표면적인 API 사용법을 넘어서, 그동안 당연하게 여겼던 기능들의 내부 구현 원리를 코드로 한 줄 한 줄 뜯어보며 깊이 있게 다룹니다.

각 장은 흥미로운 주제로 구성되어 있어, 리액트를 더욱 깊이 이해하는 재미를 느낄 수 있습니다. 특히 최신 개발 트렌드를 포괄하려는 시도가 인상적이며, 이를 통해 현재 리액트 생태계의 흐름을 파악할 수 있도록 가이드합니다. 복잡하고 어려운 개념들도 풍부한 예제 코드와 단계별 설명을 통해 쉽게 이해할 수 있도록 구성되어 있어, 개발 현장에서 마주치는 다양한 문제를 해결하는 데 큰 도움이 될 것입니다.

리액트 생태계라는 바다를 더 깊이 탐험하고 싶은 개발자에게, 그리고 진정한 리액트 전문가로 성장하고 싶은 분에게 이 책을 추천합니다.

김규리, J 회사 프런트엔드 개발자

리액트는 프런트엔드 개발에서 빼놓을 수 없는 대세가 되었습니다. 하지만 리액트에 익숙해질수록 자연스럽게 더 깊은 궁금증이 생기기 마련입니다. 리액트 이전에는 어떤 도구가 있었고, 리액트는 어떤 점이 달랐기에 그들을 제치고 주류가 되었을까? 지금의 리액트는 어떤 원리로 작동하며, 어떤 방식으로 성능이 개선되었을까? 개발자는 어떻게 해야 리액트 애플리케이션을 효율적으로 설계하고 성능을 높일 수 있을까? 앞으로의 리액트는 어떤 방향으로 가고 있고, 다른 방향을 제시하는 대안으로는 무엇이 있을까?

이렇게 리액트의 과거, 현재, 미래의 여러 방향으로 뻗어나가는 질문에 대해 이 책은 좋은 답을 제시하거나 최소한 독자가 더 탐색할 수 있도록 이정표를 제시합니다. 리액트에 대해 깊이 있는 질문을 품고 있던 개발자에게 좋은 안내서입니다.

김성현, 프런트엔드 개발자, witch.work 블로그 운영

이제 막 리액트에 익숙해지던 사람으로서, 어떤 학문을 연구하는 걸 좋아하는 사람으로서 이 책은 연구 서적이었습니다. 베타리딩을 하면서 지금까지 사용해 왔던 리액트의 용어와 지식을 다시 한번 꼼꼼히 짚어 볼 수 있었습니다. 익숙한 내용이지만 깊이가 있는 만큼 중간에 튕겨져 나갈 수도 있습니다. 그렇지만 호기심이 여러분을 다시 이 책으로 이끌어 올 겁니다. 😎

안재명, 낭만을 아는 취준생

개발자는 늘 공부해야 하는 직업이라고 말합니다. 사회는 장황한 학습 로드맵을 제시하고 이를 어떻게든 따라오라고 압박합니다. 우리는 결국 그들이 제시한 로드맵에 끝내 다다랐습니다. 하지만 모두가 다다랐다는 뜻은 불행히도 모두가 다시 출발선에 섰다는 뜻입니다. 그런 상황에서 이 책은 그다음 목적지를 제시합니다.

『전문가를 위한 리액트』는 주니어 개발자에서 그다음 단계로 도약할 수 있게 하는 길라잡이 같은 책입니다. 학습 코스를 끝내고 다음을 바라보았지만 무엇을 공부해야 할지 감을 못 잡은 프런트엔드 개발자에게 새로운 길을 열어 줄 것입니다.

오정민, (주)데브파이브 대표

리액트를 사용하는 데 어려움은 없지만, 내부 메커니즘을 명확히 설명할 수 없는 주니어 혹은 중니어 개발자이신가요? 이 책은 단순히 '리액트를 사용하는 방법'이 아닌, '리액트를 이해하는 방법'과 '리액트가 왜 이러한 모습이 되었는지'에 대한 배경을 명확히 설명합니다. 또한 리액트의 내부 동작 원리와 설계 철학에 대한 깊은 인사이트를 제공해 우리가 리액트를 더 잘 활용할 수 있도록 돕습니다.

제가 그러했던 것처럼, 이 책은 리액트 내부의 깊은 메커니즘에 대한 이해가 부족했던 주니어 개발자를 한 단계 더 높은 개발자로 성장하게 할 확실한 발판이 되어 줄 것입니다.

원아영, 소프트웨어 엔지니어

리액트로 코드를 한번이라도 작성해 본 사람이라면 이 책이 아주 유용할 것입니다. 리액트가 왜 나왔는지부터 JSX, 가상 DOM, 재조정까지의 단계적인 설명은 리액트의 기본 구조를 이해하는 데 매우 도움이 됩니다. 서버 사이드 렌더링이 왜 필요하고 어떻게 만드는지, Next.js/Remix 프레임워크에서는 어떻게 처리하고 있는지를 비교하며 설명해 왜 이런 프레임워크를 사용해야 하는지 이해할 수 있습니다.

저는 최근 리액트를 살펴보면서 '동시성, 서버 컴포넌트, 리액트 컴파일러'라는 단어를 자주 들었지만 정확히는 잘 몰랐었습니다. 하지만 이 책에서는 각각이 무엇이고, 왜 필요하고, 어떻게 사용하는가를 단계별로 설명해 줘서 리액트를 더 잘 이해하게 되었습니다. 리액트를 자세히 살펴보는 목적의 책이지만, 다른 프레임워크(앵귤러, 솔리드, 스벨트, 퀵 등)와 비교하면서 각각의 장단점과 추구하는 방향을 알려 주고 다시 리액트와 비교하는 부분은 아주 재미있습니다(물론 다른 프레임워크에 대한 기존 지식이 없어도 내용을 이해하는 데는 아무런 문제가 없습니다).

이 책은 지금까지의 리액트와 앞으로의 리액트, 프런트엔드 라이브러리/프레임워크가 발전하는 방향에 대해서 이해하는 데 아주 유효한 책입니다.

원종필, 프런트엔드 프로그래머

리액트와 Next.js를 활용해 실무 프로젝트를 진행해 본 경험이 있는 프런트엔드 개발자에게 이 책은 리액트의 심화 원리를 이해하고 실무 적용 능력을 크게 향상하는 강력한 도구가 될 것입니다. 이 책은 단순히 사용법을 나열하는 것을 넘어, 리액트의 '왜'와 '어떻게'에 초점을 맞춰 근본적인 원리까지 깊이 있게 설명합니다. 특히, 리액트의 핵심 기술인 가상 DOM과 실제 DOM의 차이, 이를 기반으로 동작하는 재조정과 파이버 아키텍처의 역할을 상세히 다룹니다. 또한 `useTransition`, `useDeferredValue`, 서버 액션 등 최신 리액트 기능이 실무에서 어떻게 활용되고 최적화될 수 있는지에 대해 체계적으로 다룹니다. 리액트의 서버 사이드 렌더링(SSR)과 Next.js를 활용한 서버 사이드 렌더링, 정적 사이트 생성(SSG), 최신 리액트 서버 컴포넌트(RSC)의 원리를 구체적으로 설명하며, 서버와 클라이언트 간 작업 분담을 통해 성능 최적화에 기여하는 방식을 명확히 이해할 수 있습니다.

특히, 실무에서 자주 접할 수 있는 다양한 사례와 패턴이 포함되어 있어 프런트엔드 개발자로서 업무 이해도와 설계 능력을 크게 향상할 수 있습니다. 단순히 리액트를 사용하는 것을 넘어, 그 원리와 내부 구조를 깊이 이해하고 싶은 중고급 개발자에게 강력히 추천합니다.

리액트에 대한 저자의 오랜 경험과 깊은 애정을 고스란히 담아낸 책입니다. 실무에서 고민했던 부분을 친절하고 명쾌하게 풀어 주는 이 책을 통해 큰 배움을 얻었으며, 저자에게 깊이 감사드립니다.

윤장원, KINX 프런트엔드 개발자

깊이 있는 리액트 이해를 위한 완벽한 안내서입니다. 현재 웹 개발 생태계에서 리액트는 단순한 UI 라이브러리를 넘어 하나의 패러다임이 되었습니다. 하지만 대부분의 리액트 관련 서적이 '어떻게'에만 집중할 때, 이 책은 '왜'라는 근본적인 질문에 답합니다.

저자는 리액트의 내부 동작 원리부터 최신 기술인 서버 컴포넌트까지, 리액트 생태계 전반을 깊이 있게 다루고, 특히 주목할 만한 점은 단순히 기술을 나열하는 것이 아니라, 각 기술이 등장하게 된 배경과 해결하고자 하는 문제를 함께 설명합니다.

1. JSX와 가상 DOM의 내부 동작 원리를 상세히 설명해 리액트의 핵심 개념을 깊이 있게 이해해 봅니다.
2. 동시성, 메모화 등 고급 최적화 기법을 실제 사례와 함께 다뤄 실무에 바로 적용할 수 있습니다.
3. Next.js, Remix 등 현대 리액트 생태계의 핵심 프레임워크를 비교 분석해 상황에 맞는 최적의 선택을 할 수 있게 돕습니다.

리액트의 대안을 살펴봄으로써 리액트의 장단점을 더 객관적으로 이해할 수 있게 합니다. 리액트를 깊이 있게 이해하고, 이를 활용해 고급 애플리케이션을 개발하고 싶은 모든 개발자에게 이 책을 강력히 추천합니다. 저자의 풍부한 경험과 지혜가 담긴 이 책을 통해 리액트 전문가로서의 길을 더욱 확고히 다질 수 있을 것입니다. 이 책을 읽으며 리액트에 대한 이해를 한 단계 높이고, 더 나아가 자신만의 리액트 프로젝트를 성공적으로 만들 수 있기를 바랍니다.

이석곤, (주)아이알컴퍼니 AI/빅데이터 엔지니어

이 책은 JSX, 가상 DOM, 재조정과 같은 리액트의 핵심 개념부터 내부 동작 원리까지 깊이 있게 다루어, 리액트를 단순히 사용하는 수준을 넘어 근본을 이해할 수 있도록 돕습니다. 특히, 각 장마다 수록된 다양한 예제와 독자에게 던지는 질문을 통해 독자가 리액트를 더욱 잘 이해하고 사용하는 데 실질적인 도움을 제공합니다.

리액트 전문가가 되고 싶은 모든 분에게 이 책을 추천합니다. 『전문가를 위한 리액트』는 리액트 생태계를 깊이 이해하고 마스터할 수 있는 확실한 길잡이가 되어 줄 것입니다.

이영은, LG CNS 소프트웨어 엔지니어

『전문가를 위한 리액트』는 리액트의 핵심과 최신 기술을 깊이 있게 다룬 책으로 실무 개발자에게 필요한 지식을 효과적으로 전달합니다. 가상 DOM, 재조정, 동시성, 서버 컴포넌트 등 리액트의 복잡한 개념을 설명하며, 최신 트렌드와 실용적인 패턴을 균형 있게 담아냈습니다. 특히, 리액트 서버 컴포넌트와 동시성 기능에 대한 심도 있는 설명은 매우 인상적이었습니다. 리액트를 깊이 이해하고 활용하려는 개발자에게 추천합니다.

이웅모, 퓨쳐포인트

제 리액트 여정은 이 책을 만나기 전과 후로 나뉩니다. 리액트를 깊이 이해하고 싶은 분이라면 반드시 곁에 두고 읽어야 할 책입니다.

이정중, 리액트에 진심인 개발자

리액트를 깊이 있게 배울 수 있는 좋은 책입니다. 리액트를 사용하면서 왜 이렇게 코드를 작성해야 하는지 궁금함이 많았던 개발자라면 꼭 읽어 보길 권장합니다.

이호준, 소프트웨어 엔지니어

"그래, 이거지!" 적당한 수준의 기술 정보는 검색만으로도 쉽게 찾을 수 있습니다. 하지만 개발자로서 경험과 학습을 쌓아가다 보면 더 깊이 있는 지식을 탐구하고 싶은 순간이 찾아옵니다. 그러나 정보의 수준이 높아질수록 원하는 자료를 찾기가 어려워지고, 어렵게 찾은 정보일수록 오류가 포함되어 있을 가능성이 높아 이 과정에서 상당한 피로감을 느끼게 됩니다.

인터넷과 신규 전문 서적을 전전하며 어렵게 학습했던 파이버 재조정자 같은 리액트의 심도 깊은 내용들이 이 책에서는 논리적인 흐름에 따라 자연스럽고 구체적으로 설명되어 있습니다. 리액트의 역사부터 Next.js, 리액트 서버 컴포넌트(RSC)까지 폭넓은 내용을 다루면서도 결코 피상적이지 않은 깊이 있는 설명 덕분에 베타리딩하는 동안 지루할 틈 없이 몰입해서 읽을 수 있었습니다.

『전문가를 위한 리액트』라는 제목에 걸맞은 내용을 담고 있으며, 더 깊이 있는 지식을 갈망하는 개발자에게 큰 도움이 될 것이라 확신합니다.

정하랑, 인프랩 프로덕트 엔지니어

개발자에게 성장은 기술에 대한 개념 원리 및 구조에 대해 깊이 고민하는 것입니다. 이 책은 리액트의 다양한 개념과 구조를 코드와 함께 설명합니다. 초급자라면 이 책을 통해 리액트의 정확한 개념과 원리를 학습할 수 있으며 이 책이 든든한 사수 역할을 할 것입니다. 중고급자라면 그동안 가지고 있던 모호함을 이 책이 정확히 긁어주며 한 단계 더 높은 수준의 리액트 개발 경험을 할 수 있습니다.

황선주, AI 스타트업 개발 총괄

사용자가 좋아할 애플리케이션을 구축하려면 웹 개발자로서 알아야 할 것이 너무 많습니다. 특히 리액트 분야는 사용할 수 있는 자료가 풍부한데, 오히려 이 부분이 독이 되기도 합니다. 모든 자료가 일관된 것이 아니므로, 수많은 튜토리얼과 블로그 글을 헤쳐 나가며 스스로 길을 만들어야 합니다. 그렇게 만들어 낸 커리큘럼에 모순이 없고 지식에 공백이 생기지 않기를 바라면서요. 게다가 학습한 내용이 시대에 뒤떨어진 것은 아닌지 걱정하게 됩니다.

저자 테자스 쿠마르는 바로 이러한 문제를 해결하기 위해 이 책을 집필했습니다. 저자는 다년간의 리액트 경험을 바탕으로 많은 노력을 기울여 탄탄한 지식의 토대가 되어 줄 주제를 심도 있게 다루었습니다. 그는 경험이 풍부하고 해박한 지식을 갖춘 엔지니어로, 독자들이 리액트에 자신감을 가질 수 있도록 도와줍니다. 저는 오픈 소스, 콘퍼런스 연설, 교육 콘텐츠 제작 그리고 개인적인 차원에서 수년 동안 테자스와 함께 일하는 행운을 얻었습니다. 지금 여러분 손에 있는 책은 환상적인 재능을 가진 이가 빚어낸 결과라는 점을 알아주시면 좋겠습니다.

이 책에서는 다른 방법으로는 접하기 힘든 주제를 다루며, 적절한 멘탈 모델을 통해 '리액트 방식으로 사고'하는 데 도움이 되는 내용을 다룹니다. 리액트의 존재 목적을 이해하게 되면, 문제 해결을 위한 도구로 리액트를 선택할 때 더 나은 판단을 내릴 수 있게 될 것입니다. 리액트는 무(無)에서 탄생하지 않았습니다. 기원을 이해하면 리액트가 해결하고자 하는 문제를 이해하여 가는 바늘에 굵은 실을 꿰는 실수를 피할 수 있습니다.

이 책을 통해 리액트를 더 효율적으로 사용하는 데 도움이 되는 기본 개념, 다시 말해 JSX, 가상 DOM, 재조정 및 리액트 동시성 등을 익히게 될 것입니다. 저는 항상 도구를 잘 활용하려면 도구의 작동 방식을 이해하는 것이 가장 좋은 방법이라고 믿어 왔습니다. 리액트를 오랫동안 사용한 분이라 해도, 이 책에서 다루는 주제를 통해 리액트를 진정으로 이해하게 되면서 새로운 가능성과 통찰을 보게 될 것입니다. 코드를 기워 붙이고 아무 문제 없기를 바라는 일에서 벗어나서 말입니다.

전문가들이 효과적이고 강력한 추상화를 구축할 때 사용하는 패턴도 배우게 될 것입니다. 리액트 자체는 매우 빠른 UI 라이브러리이지만, 복잡한 애플리케이션을 구축할 때는 성능 최적화가 필요한 경우가 있습니다. 저자는 리액트에서 제공되는 메모화, 지연 로딩, 상태 관리 기술을 사용한 최적화 방법을 보여줍니다. 뿐만 아니라 복합 컴포넌트, 렌더 프롭, 프롭 게터, 상태 리듀서, 컨트롤 프롭과 같은 패턴과 함께 리액트 생태계의 유명 라이브러리들이 어떻게 동작하는지 알아봅니다. 이러한 패턴들은 리액트 애플리케이션을 작성할 때 매우 중요한 도구가 됩니다. 설령 기성 솔루션을 사용하는 경우에도 이러한 패턴의 강력한 추상화가 작동하는 방식을 이해하면 더 효과적으로 활용할 수 있습니다.

저자는 이론적인 리액트에서 나아가, 리액트의 풀스택 기능을 활용할 때 중요한 Remix와 Next.js와 같은 실용적인 프레임워크도 소개합니다. 처음부터 리액트의 서버 렌더링 기능을 사용하면 프런트엔드와 백엔드 모두를 아우르는 전체 사용자 경험을 원하는 대로 다룰 수 있습니다. 또한 리액트가 사용자 경험의 수준을 높이기 위해 사용하는 서버 컴포넌트나 서버 액션과 같은 최첨단 기술에 대해서도 알아볼 수 있습니다.

저자가 여러분을 위해 정리한 내용을 읽고 나면, 리액트로 뛰어난 애플리케이션을 작성하는 데 필요한 지식을 갖추게 될 것입니다. 전 세계에서 가장 널리 사용되는 UI 라이브러리인 리액트를 배우는 여정에서 최고의 경험을 하시길 바랍니다. 즐거운 여행이 되시길!

켄트 C. 도즈 Kent C. Dodds

모던 웹 개발에서 최고의 프레임워크가 무엇인지에 대한 논란은 끊이지 않지만, 가장 널리 사용되는 프레임워크가 리액트라는 점에는 이견이 없을 것입니다. 리액트는 꽤 오랫동안 프런트엔드 프레임워크 분야에서 정상을 차지하고 있는데, 하루가 멀다 하고 트렌드가 바뀌는 업계의 특성상 이는 매우 이례적인 일입니다. 리액트가 이러한 위치를 유지할 수 있었던 이유는 리액트 자체의 장점뿐 아니라 활발하고 강력한 커뮤니티의 힘 덕분이라 할 수 있습니다. 그렇다면 커뮤니티 사람들은 왜 리액트에 열광하는 것일까요?

개발자 입장에서 리액트의 가장 큰 매력은 그 표현력에 있습니다. 복잡한 내부 동작에 대한 깊은 고민 없이, 원하는 최종 형태만 정의하면 리액트가 나머지를 처리해 줍니다. 이는 분명한 장점이며, 현재 웹 개발의 지배적인 패러다임이 되었습니다. 그러나 이러한 접근 방식은 개발자가 프레임워크의 내부 구조와 동작 원리에 대해 깊이 이해할 동기를 약화시킬 수 있습니다.

리액트의 내부 동작 원리를 깊이 살펴보는 것은 단순히 기술적인 호기심을 충족시키는 데 그치지 않습니다. 이를 통해 개발자는 리액트가 상태를 관리하고 컴포넌트를 렌더링하는 방식, 가상 DOM의 작동 원리, 리렌더링 최적화 등의 메커니즘을 명확히 이해할 수 있습니다. 이러한 지식은 복잡한 프로젝트에서 성능 문제를 진단하거나, 불필요한 렌더링을 방지하고 최적화할 때 큰 도움을 줍니다. 나아가 리액트의 동작 원리를 깊이 이해한 개발자는 더 창의적이고 효율적인 방식으로 컴포넌트를 설계하고, 나만의 커스텀 훅과 최적화 패턴을 개발할 수 있습니다.

이 책은 리액트를 한 단계 더 깊이 이해하고자 하는 독자들에게 훌륭한 지침서가 될 것입니다. 단순히 리액트를 사용하는 데 그치지 않고, 이를 더욱 효율적으로 다루며 복잡한 프로젝트에서도 자신감을 갖고 리액트의 잠재력을 극대화할 수 있도록 돕습니다. 리액트를 통해 보다 정교하고 최적화된 웹 애플리케이션을 구축하고자 하는 개발자들에게 이 책은 도약의 발판이 될 것입니다.

여러분의 개발 여정에 작은 힘이 되기를 바라며, 재미있게 읽어 주시길 바랍니다. 감사합니다!

김태곤

먼저 리액트 사용법을 배우려는 분들에게는 양해를 구합니다. 이 책은 호기심이 많은 분들, 즉 리액트 사용법보다 리액트가 어떻게 작동하는지에 관심이 더 많은 분들을 위한 책입니다. 리액트가 익숙하지 않아 튜토리얼을 찾고 있다면 `react.dev`에 있는 리액트 문서부터 읽어 보세요.

이 책에서는 여러 가지 리액트 개념을 살펴보고 기본 메커니즘을 이해하며, 리액트에서 이 모든 것이 어떻게 결합되어 애플리케이션을 더 효과적으로 만드는지 살펴봅니다. 기본 메커니즘을 이해하기 위해 우리는 리액트와 그 생태계를 매우 정확하게 파악하고 이해하는 데 필요한 멘탈 모델을 개발할 것입니다.

독자 여러분이 '브라우저가 웹 페이지를 렌더링한다'는 말을 충분히 이해한다고 전제합니다. 웹 페이지는 CSS로 스타일을 지정하고 자바스크립트를 사용해 대화형으로 만든 HTML 문서입니다. 또 리액트 사용법에 어느 정도 익숙하고, 그동안 리액트 앱을 한두 개 만들어 본 적이 있다고 가정합니다. 일부 리액트 앱을 제작 중이라면 더욱 이상적입니다.

리액트에 대한 소개로 시작해 오픈 소스 소프트웨어로 처음 출시된 2013년으로 거슬러 올라가 그 역사를 간략히 훑겠습니다. 거기서부터 컴포넌트 모델, 가상 DOM, 재조정 등 리액트의 핵심 개념을 살펴볼 것입니다. JSX의 작동 방식에 대한 컴파일러 이론을 배우고, 파이버에 대해 이야기하고, 동시성 프로그래밍 모델을 심도 있게 이해하겠습니다. 그러한 이해를 바탕으로 메모화해야 할 내용을 더 유창하게 메모화하고 `React.memo`, `useTransition` 같은 강력한 기본 기능을 통해 렌더링 작업을 지연하는 데 유용한 강력한 팁을 얻을 수 있습니다.

이 책의 후반부에서는 리액트 프레임워크가 어떤 문제를 해결하는지, 어떤 메커니즘으로 이를 해결하는지 살펴봅니다. 자체 프레임워크를 작성해서 거의 모든 웹 애플리케이션에서 부각되는 세 가지 문제, 즉 서버 렌더링, 라우팅, 데이터 페치를 해결할 것입니다.

문제를 직접 해결하고 나면 프레임워크가 문제를 처리하는 방법을 이해하기가 한결 쉬워집니다. 또 번들러와 동형 라우터 같은 차세대 도구의 역할을 확인하면서 리액트 서버 컴포넌트(RSC)와 서버 액션도 자세히 알아봅니다.

마지막으로 리액트 바깥으로 눈을 돌려 뷰, 솔리드, 앵귤러, 퀵 등의 다른 프레임워크를 살펴보겠습니다. 리액트의 거친 반응성 모델과 대조되는 시그널과 세분화된 반응성을 알아봅니다. 또 시그널에 대한 리액트의 응답, 즉 리액트 컴파일러라는 도구와 이 도구가 시그널과 비교해 어떻게 경쟁력을 확보하는지 살펴보겠습니다.

자세히 살펴볼 내용이 많으니 더 이상 시간을 낭비하지 않겠습니다. 그럼 이제 시작해 봅시다!

생애 첫 저서인데, 저 혼자 집필하지 않아 감사할 따름입니다. 여러분이 읽으실 이 책은 세상에 내놓기 위해 수많은 인재가 쏟아부은 노고의 산물입니다. 기여해 주신 분들께 감사의 말씀을 전합니다.

여러분의 관심과 감사를 받을 자격이 있는 분들이니 건너뛰지 말고 읽어 주세요. 직접적인 도움을 주신 분부터 소개합니다.

- 먼저 항상 제 편인 아내 Lea입니다. 책을 집필하는 데 많은 시간을 할애하며, 때로는 함께 보내는 시간과 가족이 모이는 시간까지 희생했습니다. 이 주제에 대한 애정과 여러분에게 지식을 공유하고 싶은 마음에 제 휴가는 물론이고 아내와 함께할 시간도 조금씩 포기해야 했습니다. 그럼에도 변함없는 지지와 격려를 아끼지 않은 아내에게 정말 고마움을 느낍니다.
- 오라일리의 개발 편집자인 Shira Evans입니다. Shira는 함께 일하는 것이 즐겁고, 포켓과 서버 액션 같은 새 기능이 거듭 추가되어 여러 차례 지연되었을 때도 지지하고 격려하며 이해해 주었습니다. 인내심 있게 모든 과정을 지켜봐 준 Shira에게 감사를 표합니다.
- 이 책에 실린 내용 외에 지속적인 멘토링을 해 주고 서문을 써 준 친한 친구이자 형제 Kent C. Dodds(`@kentcdodds`)에게 감사합니다. 여러 해 동안 소중한 벗이자 멘토로 보내 준 그의 지원과 격려에 큰 감사를 전합니다.
- 다음 리뷰어들의 세심한 배려와 관심이 없었다면 이 책을 완성하지 못했을 겁니다.
  - Adam Rackis(`@adamrackis`)
  - Daniel Afonso(`@danieljcafonso`)
  - Fabien Bernard(`@fabien0102`)
  - Kent C. Dodds(`@kentcdodds`)
  - Mark Erikson(`@acemarke`)
  - Lenz Weber-Tronic(`@phry`)
  - Rick Hanlon II(`@rickhanlonii`)
  - Sergeii Kirianov(`@SergiiKirianov`)
  - Matheus Albuquerque(`@ythecombinator`)

- 리액트에 대한 지속적인 작업을 통해 리액트 가능성의 한계를 계속 뛰어넘고 뛰어난 기발함, 독창성, 엔지니어링 통찰력을 통해 리액트 사용에 즐거움을 선사해 준 메타의 리액트 팀에 고마움을 전합니다. 특히 시간을 내어 리액트 서버 컴포넌트 아키텍처에서 번들러의 역할을 설명해 주고 9장 리액트 서버 컴포넌트에 대한 내용에 많은 기여를 해 준 Dan Abramov(`@dan_abramov`)에게 감사의 인사를 전합니다.

마지막으로 이 책에 관심을 가져 주신 독자 여러분께 감사의 말씀을 드립니다. 글을 쓰면서 제가 느낀 보람만큼 여러분도 책을 읽으면서 보람을 느끼시면 좋겠습니다.

테자스 쿠마르

CONTENTS

CHAPTER 2 JSX

CHAPTER 3 가상 DOM

CHAPTER 4 재조정

CHAPTER 5 자주 묻는 질문과 유용한 패턴

CHAPTER 6 서버 사이드 리액트

CHAPTER 9 리액트 서버 컴포넌트

CHAPTER 10 리액트 대체제

CHAPTER 11 마치며

CHAPTER 1

입문자를 위한 지식

먼저 알려드릴 게 있습니다. 리액트는 누구나 사용할 수 있습니다. 이 책을 안 읽어도 리액트를 사용하는 데 아무 문제가 없습니다. 이 책은 리액트의 근간이 되는 메커니즘과 고급 사용 패턴, 모범 사례를 배우고자 하는 분들을 위해 아주 상세하게 리액트를 설명합니다. 따라서 단순한 사용법을 넘어 리액트가 어떻게 동작하는지 알고 싶은 분들에게 적합합니다. 많은 리액트 서적이 최종 사용자로서 리액트를 사용하는 방법에 치중합니다. 그에 반해 이 책은 최종 사용자가 아닌 라이브러리나 프레임워크 개발자 수준으로 리액트를 이해하도록 돕습니다. 이런 취지하에 입문 수준의 주제에서 시작해 더 어렵고 세부적인 주제를 살펴보겠습니다. 리액트의 기본부터 작동 원리까지 점점 더 깊이 들어가겠습니다.

이 장에서는 리액트가 왜 존재하게 되었는지, 어떻게 동작하는지, 어떤 문제를 해결하려고 작성되었는지 알아봅니다. 처음 만들어질 때의 의도와 설계를 들여다보고, 페이스북의 소소한 라이브러리에서 오늘날 널리 사용되는 솔루션이 되기까지 지나온 발자취도 되짚어 봅니다.

상세한 내용으로 들어가기 전에 리액트의 배경을 이해하는 것은 중요합니다. 그런 면에서 이 장은 메타 챕터라 할 수 있습니다(말장난을 하려는 건 아닙니다).

1.1 리액트는 왜 필요한가요?

한마디로 **업데이트** 때문입니다. 웹 초창기에는 정적 페이지가 많았습니다. 폼을 작성하고 제출 버튼을 누르면 완전히 새로운 페이지를 읽어 들였습니다. 한동안은 쓸 만했지만, 곧 웹은 눈부시게 발전했고 할 수 있는 일이 많아졌습니다. 웹의 기능이 늘면서 웹에서 우수한 사용자 경험을 제공하려는 포부도 커졌습니다. 새 페이지가 렌더링되고 로딩되기까지 기다릴 필요 없이, 즉시 업데이트되어 내용을 바로 확인하고 싶어 했습니다. 웹과 웹 페이지가 '즉각적인' 느낌을 주길 원했습니다. 그러나 즉각적인 업데이트를 **대규모로** 수행하기는 다음과 같은 이유로 상당히 어려웠습니다.

성능

웹 페이지를 업데이트하면 보통 브라우저가 페이지의 레이아웃을 다시 계산하고(이를 리플로reflow라고 합니다) 그리는 작업을 수행하기 때문에 성능 병목 현상이 자주 발생했습니다.

신뢰성

풍부한 웹 경험 전반에서 상태를 추적해 일관되게 유지하기가 어려웠습니다. 상태를 여러 곳에서 추적해 모든 곳에서 일관되게 유지해야 했기 때문입니다. 여러 사람이 같은 코드베이스에서 작업할 때는 더욱 어려운 일이었습니다.

보안

크로스 사이트 스크립팅(XSS) 및 크로스 사이트 요청 위조(CSRF) 같은 악용을 방지하기 위해 페이지에 삽입하는 HTML과 자바스크립트를 모두 소독해야만[1] 했습니다.

리액트가 이 같은 문제를 해결한 방법을 온전히 이해하고 진가를 알아보려면, 리액트가 만들어진 맥락을 살피면서 리액트가 없던 시기는 어떠했는지 알아야 합니다. 지금부터 살펴보겠습니다.

1.2 리액트 이전의 세계

리액트가 없던 때에 웹 애플리케이션을 만드는 사람들에겐 큰 과제가 있었습니다. 애플리케이션이 빠르고 즉각적인 느낌을 주면서도, 수백만 명의 사용자를 감당할 정도로 규모가 큰 동시

1 옮긴이_ 사용자 입력 등의 데이터에서 문제가 될 만한 부분을 제거하는 작업을 가리켜 소독한다(sanitize)고 합니다.

에 안전하고 안정적으로 작동하는 방법을 찾아야 했습니다. 예를 들어 볼까요? 사용자가 버튼을 클릭하면 어떤 동작을 수행하고 그 상태를 반영해 사용자 인터페이스를 업데이트한다고 해봅시다. 그러면 고려할 사용자 인터페이스 상태는 최소 네 가지가 됩니다.

클릭 전

버튼이 기본 상태이며 클릭되지 않은 경우입니다.

클릭했지만 대기 중

버튼이 클릭되었지만 버튼이 수행해야 하는 작업이 아직 완료되지 않은 경우입니다.

클릭 후 성공

버튼이 클릭되었고 버튼이 수행해야 하는 작업이 완료되었습니다. 이 시점에서는 버튼을 클릭 전 상태로 되돌리거나 버튼 색상을 녹색으로 변경해 성공을 표시할 수 있습니다.

클릭 후 실패

버튼은 클릭되었지만 버튼이 수행해야 하는 작업이 실패했습니다. 이 시점에서는 버튼을 클릭 전 상태로 되돌리거나 버튼 색상을 빨간색으로 변경해 실패를 표시할 수 있습니다.

필요한 상태를 파악했다면 사용자 인터페이스를 업데이트해 상태를 반영해야 합니다. 사용자 인터페이스는 대체로 다음 단계를 거쳐 업데이트합니다.

1 호스트 환경(주로 브라우저)에서 `document.querySelector` 또는 `document.getElementById` 같은 엘리먼트 탐색 API를 사용해 버튼을 찾습니다.
2 버튼에 이벤트 리스너를 추가해 클릭 이벤트를 추적합니다.
3 이벤트에 반응해 상태를 업데이트합니다.
4 페이지에서 벗어날 때는 버튼의 이벤트 리스너를 제거하고 모든 상태를 정리합니다.

단순하지만 시작 단계에서 살펴보기는 좋은 사례입니다. '좋아요' 버튼이 있고 사용자가 이 버튼을 클릭하면 버튼을 '좋아요!!'로 업데이트하고 싶다고 가정하겠습니다. 어떻게 하면 될까요? 일단 HTML 엘리먼트부터 시작하겠습니다.

```
<button>좋아요</button>
```

자바스크립트로 이 버튼을 참조할 방법이 필요하니 `id` 속성을 부여합니다.

```
<button id="likeButton">좋아요</button>
```

이제 버튼에 id가 있으므로 자바스크립트에서 이를 사용해 상호 작용을 추가할 수 있습니다. document.getElementById를 사용해 버튼에 대한 참조를 얻은 다음, 버튼에 이벤트 리스너를 추가하면 클릭 이벤트를 추적할 수 있습니다.

```
const likeButton = document.getElementById("likeButton");
likeButton.addEventListener("click", () => {
  // 여기에 버튼의 동작 추가
});
```

이벤트 리스너도 만들었으니, 버튼이 클릭될 때 원하는 동작을 수행할 수 있습니다. 버튼을 클릭하면 '좋아요' 레이블이 표시되도록 버튼을 업데이트한다고 해 봅시다. 버튼의 텍스트 콘텐츠를 업데이트하면 됩니다.

```
const likeButton = document.getElementById("likeButton");
likeButton.addEventListener("click", () => {
  likeButton.textContent = "좋아요!!";
});
```

이제 '좋아요'로 표시된 버튼을 클릭하면, 느낌표 두 개가 붙은 '좋아요!!'로 표시됩니다. 이때 문제가 하나 있는데, 바로 '좋아요' 동작을 되돌릴 수 없다는 것입니다. 이 문제를 해결하기 위해 '좋아요!!' 상태에서 버튼을 클릭하면 다시 '좋아요'로만 표시되도록 버튼을 업데이트하겠습니다. 클릭 여부를 추적하려면 버튼에 몇 가지 상태를 추가해야 합니다. 예를 들어 버튼에 data-liked 속성을 추가하고 이를 활용해 클릭 여부를 추적합니다.

```
<button id="likeButton" data-liked="false">좋아요</button>
```

방금 추가한 속성을 사용하면 버튼의 클릭 여부를 추적할 수 있습니다. 그리고 이 속성의 값에 따라 버튼의 텍스트 콘텐츠를 업데이트할 수 있습니다.

```
const likeButton = document.getElementById("likeButton");
likeButton.addEventListener("click", () => {
  const liked = likeButton.getAttribute("data-liked") === "true";
  likeButton.setAttribute("data-liked", !liked);
  likeButton.textContent = liked ? "좋아요" : "좋아요!!";
});
```

주의할 점은 여기서는 버튼의 `textContent`와 `data-liked` 속성만 변경한다는 것입니다. '좋아요' 상태는 실제로 데이터베이스에 저장되지 않습니다. 데이터베이스에 저장하려면 일반적으로 다음과 같이 네트워크 통신을 사용합니다.

```
const likeButton = document.getElementById("likeButton");
likeButton.addEventListener("click", () => {
  var liked = likeButton.getAttribute("data-liked") === "true";

  // 네트워크 통신
  var xhr = new XMLHttpRequest();
  xhr.open("POST", "/like", true);
  xhr.setRequestHeader("Content-Type", "application/json;charset=UTF-8");

  xhr.onload = function () {
    if (xhr.status >= 200 && xhr.status < 400) {
      // 성공!
      likeButton.setAttribute("data-liked", !liked);
      likeButton.textContent = liked ? "Like" : "Liked";
    } else {
      // 서버까지 데이터는 보냈지만 실패가 반환됨
      console.error("Server returned an error:", xhr.statusText);
    }
  };

  xhr.onerror = function () {
    // 접속 관련 오류가 발생
    console.error("네트워크 오류");
  };

  xhr.send(JSON.stringify({ liked: !liked }));
});
```

리액트 이전의 세계를 다루는 만큼, 당시 시대에 맞게 코드에 `XMLHttpRequest`와 `var`를 사용했습니다. 리액트는 2013년에 오픈 소스 소프트웨어로 출시되었고, 현재 널리 사용되는 Fetch API는 2015년에 도입되었습니다. `XMLHttpRequest`와 `fetch` 사이에는 `$.ajax()`, `$.post()` 등의 기능으로 복잡성을 줄인 jQuery가 있었습니다.

위와 같은 코드를 오늘날 작성한다면 다음과 같을 것입니다. 편의상 오류 처리 부분은 생략했습니다.

```
const likeButton = document.getElementById("likeButton");
likeButton.addEventListener("click", () => {
  const liked = likeButton.getAttribute("data-liked") === "true";

  // 네트워크 통신
  fetch("/like", {
    method: "POST",
    body: JSON.stringify({ liked: !liked }),
  }).then(() => {
    likeButton.setAttribute("data-liked", !liked);
    likeButton.textContent = liked ? "좋아요" : "좋아요!!";
  });
});
```

원래의 논의로 돌아가서, 네트워크 통신을 하다가 요청이 실패하면 어떻게 해야 할까요? 실패 상태를 반영하도록 버튼의 텍스트를 업데이트해야 할 것입니다. 이 작업은 버튼에 **data-failed** 속성을 추가해 수행합니다.

```
<button id="likeButton" data-liked="false" data-failed="false">좋아요</button>
```

이제 이 속성의 값에 따라 버튼의 텍스트를 업데이트할 수 있습니다.

```
const likeButton = document.getElementById("likeButton");
likeButton.addEventListener("click", () => {
  const liked = likeButton.getAttribute("data-liked") === "true";

  // 네트워크 통신
  fetch("/like", {
    method: "POST",
    body: JSON.stringify({ liked: !liked }),
  })
    .then(() => {
      likeButton.setAttribute("data-liked", !liked);
      likeButton.textContent = liked ? "좋아요" : "좋아요!!";
    })
    .catch(() => {
      likeButton.setAttribute("data-failed", true);
      likeButton.textContent = "실패";
    });
});
```

처리해야 할 경우가 하나 더 있습니다. '좋아요'를 클릭했지만 아직 처리가 완료되지 않았을 때, 다시 말해 대기 상태도 고려해야 합니다. 이를 코드로 나타내 보면, 다음과 같이 data-pending 속성을 추가해 대기 상태를 버튼에 속성으로 표현할 수 있습니다.

```
<button
  id="likeButton"
  data-pending="false"
  data-liked="false"
  data-failed="false"
>
  좋아요
</button>
```

이제 네트워크 요청이 처리 중인 경우에는 버튼을 비활성화해서, 짧은 시간 안에 여러 번 클릭해도 네트워크 요청이 대기열에 많이 쌓여 이상하게 처리되거나 서버가 과부하되지 않게 합니다.

```
const likeButton = document.getElementById("likeButton");
likeButton.addEventListener("click", () => {
  const liked = likeButton.getAttribute("data-liked") === "true";

  likeButton.setAttribute("data-pending", "true");
  likeButton.setAttribute("disabled", "disabled");

  // 네트워크 통신
  fetch("/like", {
    method: "POST",
    body: JSON.stringify({ liked: !liked }),
  })
    .then(() => {
      likeButton.setAttribute("data-liked", !liked);
      likeButton.textContent = liked ? "좋아요" : "좋아요!!";
      likeButton.setAttribute("disabled", null);
    })
    .catch(() => {
      likeButton.setAttribute("data-failed", "true");
      likeButton.textContent = "실패";
    })
    .finally(() => {
      likeButton.setAttribute("data-pending", "false");
    });
});
```

디바운싱debouncing 혹은 스로틀링throttling 같은 강력한 기술을 사용해서 중복되고 반복되는 불필요한 작업을 사용자가 수행하지 못하게 할 수도 있습니다.

> **노트** 디바운싱과 스로틀링을 자세히 알아보겠습니다. 정확하게 말하면, 디바운싱은 이벤트가 마지막으로 발생한 후 설정된 시간이 경과하기 전까지 함수 실행을 지연시킵니다(예: 사용자가 타이핑을 멈출 때까지 기다렸다가 입력을 처리함). 스로틀링은 함수가 설정된 시간 간격 내에 한 번만 실행되도록 제한해 빈번하게 실행되지 않게 합니다(예: 스크롤 이벤트를 설정된 간격으로 처리함). 두 기술은 모두 함수 실행 속도를 제어해 성능을 최적화하는 방법입니다.

이제 버튼이 조금 더 탄탄해지고 여러 상태를 처리할 수 있지만 여전히 몇 가지 의문이 남습니다.

- **Q**: `data-pending`이 정말 필요할까요? 버튼이 비활성화되는지 확인하면 안 될까요?
- **A**: 좋지 않은 방법일 수 있습니다. 버튼은 사용자가 로그인을 안 했거나 버튼을 클릭할 권한이 없는 등 네트워크 처리 외에 다른 이유로도 비활성화되기 때문입니다.
- **Q**: 데이터 속성을 여러 개 두는 대신 `data-state` 속성 하나만 두고, `data-state`의 값을 `pending`, `liked`, `unliked` 중 하나로 설정하면 더 합리적이지 않을까요?
- **A**: 그럴 수도 있겠지만 각 사례를 다루려면 비대한 스위치 문이나 그와 유사한 코드 블록을 추가해야 합니다. 궁극적으로 두 가지 접근 방식에 필요한 코드의 양은 비교할 수 없을 정도로 많으며, 어느 쪽이든 결국에는 코드가 복잡하고 장황해집니다.
- **Q**: 버튼 작업을 할 때 HTML로 먼저 작성하고 나중에 자바스크립트를 추가하는 이유가 무엇인가요? 자바스크립트에서 `document.createElement('button')`과 `document.appendChild(likeButton)`으로 버튼을 만들 수 있다면 더 좋지 않을까요?
- **A**: 그렇게 하면 테스트가 쉬워지고 코드의 독립성이 높아지지만, 부모가 `document`가 아닌 경우 부모를 추적해야 합니다. 페이지에 있는 모든 부모를 추적해야 할 수도 있습니다.

우리가 겪는 문제 중 리액트가 해결하는 것은 일부입니다. 예를 들어 상태를 개별 플래그(`isPending`, `hasFailed` 등)에 저장할지 아니면 단일 상태 변수(`state` 등)에 저장할지 여부에는 리액트가 답을 주지 않습니다. 이런 문제는 우리의 몫입니다. 하지만 규모 문제만큼은 리액트가 유능한 해결사입니다. 리액트는 상호 작용이 필요한 버튼을 아주 많이 만들고, 매우 간결하고 효율적인 방식으로 이벤트에 반응해 사용자 인터페이스를 업데이트합니다. 또 이런 작업을 테스트하고 재연하는 것이 가능하며, 선언적이고 성능이 뛰어나며 예측하고 신뢰할 수 있는 방식으로 수행합니다.

게다가 리액트는 사용자 인터페이스 상태를 완전히 제어하고 그 상태를 기반으로 렌더링함으로써 상태 예측이 훨씬 용이해집니다. 브라우저가 제어하고 조작하는 상태가 다양한 요인, 가령 동일한 페이지에서 클라이언트 스크립트의 실행, 브라우저 확장 기능, 기기 제약 등으로 쉽게 불안정해지는 것과는 매우 대조적입니다.

앞서 살펴본 '좋아요' 버튼은 매우 간단하지만 시작하기에 좋은 예시입니다. 지금까지 자바스크립트를 사용해 버튼을 대화형으로 만드는 방법을 살펴봤습니다. 이 작업은 브라우저에서 버튼을 찾고, 이벤트 리스너를 추가하고, 버튼의 텍스트 콘텐츠를 업데이트하고, 수많은 에지 케이스edge case를 일일이 고려해야 하는 번거로운 과정입니다. 작업량이 많고 확장성도 떨어집니다. 페이지에 버튼이 훨씬 더 많다면, 상호 작용해야 하는 버튼이 굉장히 많아진다면, 상호 작용이 필요한 버튼이 많고 이벤트에 따라 사용자 인터페이스를 업데이트해야 한다면, 어떻게 해야 할까요? 이벤트 위임(또는 이벤트 버블링)을 사용해서 상위 `document`에 이벤트 리스너를 연결하면 될까요? 아니면 각 버튼에 이벤트 리스너를 추가해야 할까요?

서문에 언급했듯이, 브라우저가 웹 페이지를 렌더링한다는 사실을 여러분이 충분히 알고 있다는 전제하에 이 책을 썼습니다. 웹 페이지는 CSS로 스타일을 설정하고 자바스크립트를 사용해 사용자와 상호 작용하도록 만든 HTML 문서입니다. 이 기술은 수십 년 동안 번듯하게 작동했고 지금도 유효합니다. 하지만 이 기술만 사용해서 수백만 명의 사용자를 대상으로 최신 웹 애플리케이션을 구축하려면, 오류 확률을 최대한 줄이면서 안전하고 안정적으로 수행할 상당한 수준의 추상화가 필요합니다. '좋아요' 버튼의 예시만 봐도 알 수 있듯이, 안타깝게도 추상화를 효과적으로 구현하기 위해서는 추가적인 지원이나 도구가 필요합니다.

'좋아요' 버튼보다 조금 더 복잡한 예를 봅시다. 간단히 항목 목록으로 시작하겠습니다. 이 목록에 새 항목을 추가하고 싶다고 가정하고, 다음과 같은 HTML 양식으로 이 작업을 수행합니다.

```
<ul id="list-parent"></ul>

<form id="add-item-form" action="/api/add-item" method="POST">
  <input type="text" id="new-list-item-label" />
  <button type="submit">항목 추가</button>
</form>
```

자바스크립트를 사용하면 DOMDocument Object Model(문서 객체 모델) API에 접근할 수 있습니다. 잘 모르는 분들을 위해 설명하자면, DOM은 웹 페이지 문서 구조를 메모리에서 표현하는 모델입니다. 페이지의 요소를 나타내는 객체 트리이며 자바스크립트를 통해 해당 요소와 상호 작용하는 방법을 제공합니다. 문제는 사용자 디바이스의 DOM은 마치 외계 행성과 같아서 사용자가 어떤 브라우저를 사용하는지, 어떤 네트워크 조건과 어떤 운영 체제에서 작동하는지 알 방법이 없다는 점입니다. 결과는 어떨까요? 이러한 모든 요소에 유연하게 대응할 수 있는 코드를 작성해야 합니다.

앞서 설명했듯이 애플리케이션 상태를 추적할 수 있는 일종의 상태 조정 메커니즘이 없으면 업데이트 시점을 예측하기가 매우 어려워집니다. 목록 예시를 계속 이어가기 위해 목록에 새 항목을 추가하는 자바스크립트 코드를 고려해 봅시다.

```
(function myApp() {
  var listItems = ["I love", "React", "and", "TypeScript"];
  var parentList = document.getElementById("list-parent");
  var addForm = document.getElementById("add-item-form");
  var newListItemLabel = document.getElementById("new-list-item-label");

  addForm.onsubmit = function (event) {
    event.preventDefault();
    listItems.push(newListItemLabel.value);
    renderListItems();
  };

  function renderListItems() {
    parentList.innerHTML = "";
    for (var i =0; i < listItems.length; i++) {
      var el = document.createElement("li");
      el.textContent = listItems[i];
      parentList.appendChild(el);
    }
  }

  renderListItems();
})();
```

이 작은 코드는 초기 웹 애플리케이션과 최대한 비슷해 보이게 작성되었습니다. 시간이 지나면서 왜 문제가 생기는 걸까요? 시간이 지나 이런 식으로 확장하려는 애플리케이션을 구축할 때 발목을 잡는 요소가 있기 때문입니다.

오류가 쉽게 생긴다

addForm의 onsubmit 속성은 다른 클라이언트 측 자바스크립트에서 손쉽게 접근해 변형할 수 있습니다. addEventListener를 대신 사용할 수도 있지만, 그러면 질문이 더 많이 제기됩니다.

- removeEventListener로 언제 어디에서 정리해야 할까요?
- 조심스럽게 사용하지 않으면 시간이 지나면서 이벤트 리스너가 계속 누적될까요?
- 이때 어떤 문제가 생기나요?
- 여기서 이벤트 위임은 어떻게 사용해야 할까요?

예측이 불가하다

이 애플리케이션은 다뤄야 할 요소가 다양하게 섞여 있습니다. 목록 항목은 자바스크립트 배열에 보관하지만, 앱을 완성하기 위해 DOM의 기존 엘리먼트(예: id="list-parent" 엘리먼트)에 의존합니다. 자바스크립트와 HTML의 이러한 상호 의존성 때문에 다음과 같이 고려할 사항이 늘어납니다.

- 실수로 id가 동일한 엘리먼트가 여러 개 있다면 어떻게 될까요?
- 엘리먼트가 존재하지 않는다면 어떻게 되나요?
- 엘리먼트가 ul이 아니라면 어떻게 하나요? 목록 항목(li 엘리먼트)을 ul이 아닌 부모에 추가할 수도 있을까요?
- id 대신 클래스를 사용했다면 어떻게 될까요?

다뤄야 할 요소가 자바스크립트와 HTML 양쪽에 존재한다면 어느 쪽도 신뢰하기 어렵습니다. 신뢰할 수 있는 한 가지 종류만 다룬다면 얻는 이점이 많습니다. 엘리먼트는 항상 클라이언트 측 자바스크립트에 의해서만 DOM에 추가되고 제거될 것입니다. 특정 엘리먼트의 존재 여부에 의존하게 된다면 계속 업데이트해야 하는 사용자 인터페이스 동작의 안정성을 보장하지 못합니다. 이런 경우, 우리가 작성하는 애플리케이션은 '부작용side effect'으로 가득 차게 되어 사용자 환경에 성패가 갈립니다. 리액트는 함수형 프로그래밍에서 영감을 얻어 부작용을 의도적으로 드러내고 격리하는 방식으로 이 문제를 해결했습니다.

비효율적이다

renderListItems는 목록 항목을 순차적으로 화면에 렌더링합니다. DOM의 변형은 계산 비용이 비싼데, 레이아웃 이동이나 리플로가 발생하면 더욱 그렇습니다. 사용자 환경이라는 외계 행성의 계산 능력을 알 수 없으므로, 목록에 항목이 많다면 심각한 성능 문제가 발생할 수 있습니다. 명심하세요. 우리가 작성하는 대규모 웹 애플리케이션은 전 세계 수백만 사용자가 사용할 수 있도록 설계됩니다. 그중에는 최신의 멋진 애플 M4 맥스 프로세서가 탑재되지 않은 저전력 기기를 사용하는 이들도 있습니다. 더 좋은 방법은 목록의 각 항목을 순차적으로 DOM에 업데이트하는 대신, 어떤 식으로든 일괄 처리해 한꺼번에 DOM에 적용하는 것입니다. 하지만 우리가 순차적으로 DOM을 업데이트한다 해도, 브라우저가 이를 최적화해 자동으로 일괄 처리할 테니 개발자가 직접 수행할 필요가 없을 수도 있습니다.

앞서 말한 여러 문제는 리액트를 비롯한 추상화 도구가 등장하기 이전부터 수년간 웹 개발자들에게 골칫거리였습니다. 업계의 표준화된 방법이 없는 상태에서 유지 보수가 용이하고 재사용 가능하며 예측 가능한 방식으로 대규모 코드를 꾸리는 것은 그야말로 숙제였습니다. 안정적이고 확장 가능한 사용자 인터페이스를 만들어야 한다는 인식은 당시 많은 웹 기업에 공유되었고 마침내 웹에서 이 문제를 해결할 자바스크립트 기반 솔루션이 여럿 등장하기 시작했습니다. Backbone, Knockout, 앵귤러JS, jQuery 등의 솔루션이며, 이들을 하나씩 살펴보면서 앞서 말한 문제를 어떻게 해결했는지 알아보겠습니다. 이를 통해 리액트가 이들과 어떻게 다른지 혹은 이들보다 뛰어난 점이 무엇인지 이해하게 될 것입니다.

1.2.1 jQuery

리액트가 나타나기 전의 도구가 앞에서 말한 문제를 어떻게 해결했는지 배우고, 이를 통해 리액트가 왜 중요한지 알아보겠습니다. 이번에는 앞서 다룬 '좋아요' 버튼 예시에 jQuery를 사용해 보겠습니다.

인터랙티브하게 만들고 싶은 '좋아요' 버튼이 웹 페이지에 있습니다.

```
<button id="likeButton">좋아요</button>
```

jQuery를 사용해 앞서 한 것처럼 '좋아요' 동작을 추가할 수 있습니다.

```
$("#likeButton").on("click", function () {
  $(this).prop("disabled", true);
  fetch("/like", {
    method: "POST",
    body: JSON.stringify({ liked: this.text() === "좋아요" }),
  })
    .then(() => {
      this.text(this.text() === "좋아요" ? "좋아요!!" : "좋아요");
    })
    .catch(() => {
      this.text("실패");
    })
    .finally(() => {
      this.prop("disabled", false);
    });
});
```

이 예시는 사용자 인터페이스에 데이터를 바인딩하고 이 데이터 바인딩을 사용해 페이지를 벗어나지 않은 채 사용자 인터페이스를 업데이트합니다. 도구로서의 jQuery는 매우 능동적으로 사용자 인터페이스 자체를 직접 조작합니다.

jQuery는 부작용이 많은 방식으로 실행되어 jQuery가 제어하지 못하는 상태와 상호 작용하고 상태를 변경합니다. 이를 가리켜 '부작용이 많은' 방식이라고 표현한 것은 코드의 어느 곳에서든 페이지 구조를 직접적 또는 전역적으로 수정할 수 있기 때문입니다. 외부에서 불러온 모듈은 물론이고 원격에서 불러들인 코드에서도 가능합니다. 페이지 일부를 변경하면 예상하지 못한 방식으로 다른 부분에도 영향을 미쳐 상호 작용이 복잡해지고 동작을 파악하기가 난해해집니다. 그러면 문제 추적과 원인 파악은 더욱 힘들어집니다. 이렇게 흩어지고 구조화되지 않은 DOM 조작은 코드를 유지하고 디버깅하기 어려운 원인이 됩니다.

최신 프레임워크는 직접적인 DOM 조작 없이 UI를 업데이트하는 구조적이고 예측 가능한 방법을 제공해 이 문제를 해결합니다. jQuery에서 사용하는 패턴은 당시에는 일반적이었지만 코드 주변, 즉 코드에 인접한 애플리케이션 상태가 지속적으로 변하기 때문에 이해하고 테스트하기가 힘듭니다. 어느 순간에는 일을 멈추고 자신에게 묻게 됩니다. '지금 브라우저에서 애플리케이션 상태는 어떻지?' 애플리케이션이 복잡해질수록 이 질문에 답하기가 힘들어집니다.

jQuery를 사용한 '좋아요' 버튼은 이벤트 핸들러밖에 없어서 테스트하기 어렵습니다. 테스트는 아마 다음과 같이 작성될 것입니다.

```
test("LikeButton", () => {
  const $button = $("#likeButton");
  expect($button.text()).toBe("좋아요");
  $button.trigger("click");
  expect($button.text()).toBe("좋아요!!");
});
```

하지만 테스트 환경은 실제 브라우저가 아니므로 `$('#likeButton')`이 `null`을 반환하는 문제가 있습니다. 코드를 테스트하려면 브라우저 환경을 흉내 내야 하는데, 그렇게 하려면 많은 작업이 필요합니다. jQuery에서는 흔히 겪는 문제입니다. jQuery가 추가하는 동작은 격리하기 어렵기 때문에 테스트하기 까다롭습니다. jQuery는 브라우저 환경에도 크게 의존합니다. 뿐만 아니라 사용자 인터페이스의 소유권을 브라우저와 공유하므로 이해하고 테스트하기가 어렵습니다. 인터페이스의 소유주는 브라우저이고, jQuery는 손님에 불과하기 때문입니다. '단방향 데이터 흐름' 패러다임을 따르지 않는 것은 당시 라이브러리에서는 흔한 문제였습니다.

웹이 발전하고 보다 강력하고 확장 가능한 솔루션의 필요성이 대두하면서 jQuery의 인기도 떨어지기 시작했습니다. jQuery는 여전히 많은 애플리케이션에서 사용되지만, 최신 웹 애플리케이션을 구축하는 데는 사용되지 않습니다. jQuery가 인기를 잃은 이유는 다음과 같습니다.

크기 및 로딩 시간

jQuery에 대해 많이 토로하는 불평은 크기입니다. 전체 jQuery 라이브러리를 웹 프로젝트에 통합하면 읽어들여야 할 파일 크기가 늘어나서 로딩 시간 단축을 목표로 하는 웹사이트에는 부담이 됩니다. 느리거나 제한된 데이터 연결을 이용하는 사용자가 많은 오늘날과 같은 모바일 시대에는 1 KB도 허투루 쓸 수 없습니다. 따라서 전체 jQuery 라이브러리를 포함하면 애플리케이션의 성능과 모바일 사용자의 경험에 부정적 영향을 미칠 수 있습니다.

리액트가 나타나기 전에는 주로 jQuery나 Mootools(무툴스) 같은 라이브러리용 설정 도구를 제공해 사용자가 원하는 기능을 골라 썼습니다. 이 방식은 코드를 더 작은 크기로 배포하는 데는 유익했지만, 개발자가 내려야 하는 결정과 전반적인 개발 워크플로의 복잡성을 부풀렸습니다.

최신 브라우저와의 중복성

jQuery가 처음 등장했을 때는 각 브라우저의 동작에 일치하지 않는 부분을 다뤄 개발자들이 통합된 방식으로 요소를 선택하고 수정하게 해 주었습니다. 하지만 웹이 발전하면서 웹 브라우저도 향상했습니다. 종래에는 jQuery를 사용해야만 했던 많은 기능, 가령 일관된 DOM 조작이나 데이터 로딩 관련 네트워크 등이 이제는 최신 브라우저에서 기본적으로 지원되며 동일한 방식으로 동작합니다. 오히려 최신 웹 개발 환경에서는 이러한 작업에 jQuery를 사용하는 것이 불필요한 복잡성을 보태는 꼴이 되기도 합니다.

간단한 예로 jQuery가 제공하는 $ 선택자 API는 `document.querySelector`로 아주 쉽게 대체됩니다.

성능 고려 사항

jQuery는 많은 작업을 간소화하지만 성능을 저하시키는 경우도 많습니다. 브라우저가 계속 발전하면서 네이티브 자바스크립트 메서드도 계속 개선되어 언젠가부터는 jQuery에서 제공하는 비슷한 메서드 성능을 추월했습니다. 프로젝트 규모가 작다면, 무시해도 될 차이입니다. 그러나 웹 애플리케이션 규모가 크고 복잡하다면, 복잡성이 누적되어 눈에 띄게 버벅거리거나 응답성이 저하되는 결과가 초래될 수 있습니다.

이와 같은 이유로 jQuery는 웹 발전에 중추 역할을 하고 개발자가 직면한 많은 문제를 간단하게 만들어 주었지만, 최신 웹 환경에서는 브라우저가 제공하는 네이티브 기능 덕분에 jQuery를 덜 사용하게 됩니다. 개발자는 특히 현재 웹 환경의 맥락에서 jQuery의 편이성 대비 잠재적 단점을 잘 저울질해 활용해야 합니다.

jQuery는 여러 단점에도 불구하고 당시 DOM과 상호 작용하는 방식에 있어 매우 혁신적이었습니다. 그래서 jQuery를 사용하되 예측 가능성과 재사용성을 보강한 라이브러리가 등장했습니다. 그중 하나가 Backbone(백본)입니다. Backbone은 오늘날 리액트가 해결하고 있는 문제를 일찌감치 해소하고자 했습니다. 이에 대해 자세히 알아보겠습니다.

1.2.2 Backbone

2010년대 초에 개발된 Backbone은 리액트 이전의 세계에 있었던 문제, 즉 브라우저와 자바스크립트 간의 상태 불일치, 코드 재사용, 테스트 가능성 등을 처음으로 해결한 방법이었습니다. 이 해결책은 우아하면서도 간단했으며, '모델model'과 '뷰view'를 생성하는 방법을 제공했습니다. Backbone은 전통적인 MVCmodel-view-controller(모델-뷰-컨트롤러) 패턴을 자체 해석했습니다(그림 1-1). 이 패턴을 어느 정도 이해하면 리액트를 이해하고 더 수준 높은 논의를 하는 데 유리합니다.

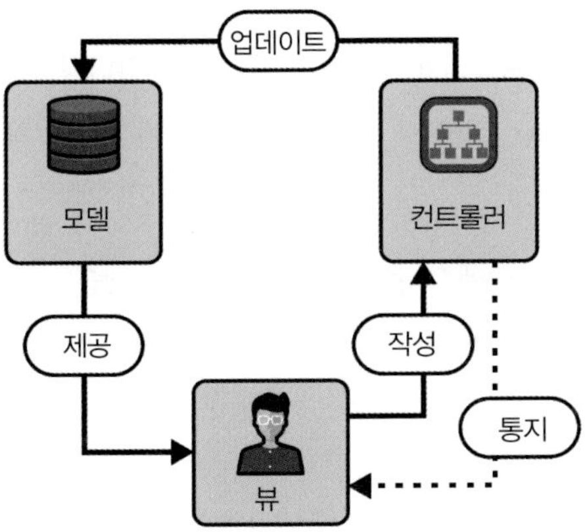

그림 1-1 전통적인 MVC 패턴

MVC 패턴

MVC 패턴은 소프트웨어 애플리케이션을 서로 연결된 세 가지 구성 요소로 나누고, 정보의 내부 표현과 해당 정보가 사용자에게 표시되거나 수용되는 방식을 요소별로 분리하는 디자인 철학입니다. 자세한 내용은 다음과 같습니다.

모델

애플리케이션의 데이터와 비즈니스 규칙을 담당합니다. 모델은 뷰 및 컨트롤러를 인식하지 못하므로 비즈니스 로직이 사용자 인터페이스에서 분리되어 있습니다.

뷰

애플리케이션의 사용자 인터페이스를 나타냅니다. 모델이 제공한 데이터를 사용자에게 표시하고 사용자 명령을 컨트롤러로 전송합니다. 뷰는 수동적이므로 모델이 표시할 데이터를 제공할 때까지 기다리며, 데이터를 직접 가져오거나 저장하지 않습니다. 또 자체적으로 사용자 상호 작용을 처리하지 않고 인접 컴포넌트인 컨트롤러에 이 작업을 위임합니다.

컨트롤러

모델과 뷰 사이의 인터페이스 역할을 합니다. 뷰에서 사용자 입력을 받아 처리한 후(모델의 업데이트가 필요한 입력도 포함) 표시할 결과를 뷰에 반환합니다. 컨트롤러는 모델을 뷰에서 분리해 시스템 아키텍처를 더욱 유연하게 만듭니다.

MVC 패턴의 주요 장점은 비즈니스 로직, 사용자 인터페이스, 사용자 입력이 코드의 여러 부분으로 분리된다는 점입니다. 이렇게 하면 애플리케이션이 더 모듈화될 뿐만 아니라 유지 보수, 확장, 테스트가 더 수월해집니다. MVC 패턴은 웹 애플리케이션에서 널리 사용됩니다. 루비 온 레일즈Ruby on Rails, ASP.NET MVC 같은 많은 프레임워크가 MVC 패턴을 기본적으로 지원합니다.

MVC 패턴은 수년 동안 소프트웨어 디자인, 특히 웹 개발에서 필수 요소로 자리 잡았습니다. 그러나 웹 애플리케이션이 발전하고 사용자가 인터랙티브한 동적 인터페이스에 거는 기대가 커지면서 전통적인 MVC 패턴이 한계에 다다랐습니다. MVC 패턴의 부족한 부분과 리액트가 이 문제를 해결하는 방법은 다음과 같습니다.

복잡한 상호 작용 및 상태 관리

전통적인 MVC 아키텍처를 사용하면 대화형 요소가 많은 복잡한 사용자 인터페이스를 관리할 때 어려움을 겪곤 합니다. 애플리케이션 규모가 커지면서 늘어난 컨트롤러 때문에, 상태 변경과 UI의 다양한 부분에 미치는 영향을 관리하기가 어려워질 수 있습니다. 화면에 표시되지 않는 뷰를 제어하는 컨트롤러가 생기기도 하고 MVC 구성 요소 간의 경계가 명확하지 않아서 다른 컨트롤러와 충돌을 일으키는 경우도 있습니다.

컴포넌트 기반 아키텍처와 가상 DOM을 사용하는 리액트는 기본적으로 UI 컴포넌트가 입력(프롭)을 받고 그 입력에 따라 출력(엘리먼트)을 반환하는 함수와 같다고 가정해 상태 변화와 그 영향을 쉽게 파악합니다. 이런 개념은 MVC 패턴을 매우 단순하게 만들었습니다. 자바스크립트에서 함수는 거의 모든 곳에서 사용되며 MVC처럼 프로그래밍 언어 바깥에서 유래한 개념과 비교할 때 훨씬 더 쉽게 느껴지기 때문입니다.

양방향 데이터 바인딩

일부 MVC 프레임워크는 양방향 데이터 바인딩을 사용하므로 주의 깊게 관리하지 않으면 의도하지 않은 부작용이 발생할 수 있습니다. 뷰가 모델과 동기화되지 않거나 반대로 모델이 뷰와 동기화되지 않기도 합니다. 게다가 양방향 데이터의 경우, 데이터 소유권 문제가 대충 처리되거나 관심사가 명확하지 않은 경우가 종종 발생합니다. 이 지점이 특히 흥미롭습니다. MVC는 자신의 상황에 맞는 적절한 분리 규칙을 잘 이해한 조직에는 입증된 모델이지만, 이러한 분리 규칙이 결과를 빨리 내야 하는 상황이나 급성장한 스타트업에는 거의 강제되지 않습니다. 따라서 MVC의 큰 강점인 관심사 분리는 강제성이 없을 때 약점이 되기도 합니다.

리액트는 양방향 데이터 바인딩과 대척점에 있는 '단방향 데이터 흐름'이라는 패턴을 활용합니다(나중에 자세히 설명합니다). 또 리액트 컴파일러 같은 시스템을 통해 단방향 데이터 흐름의 우선순위를 정하고 강제하기도 합니다(뒷부분에서 더 다루겠습니다). 이러한 접근 방식은 UI 업데이트의 예측 가능성을 높이고, 관심사를 더 명확하게 분리할 수 있게 해 주어 빠르게 성장하는 소프트웨어 조직에 유리하게 작용합니다.

강한 결합

일부 MVC 구현에서는 모델, 뷰, 컨트롤러가 강하게 결합되어 다른 구성 요소에 영향을 주지 않고 독립적으로 하나만 변경하거나 리팩터링하기가 어려울 수 있습니다. 리액트는 컴포넌트 기반 모델을 통해 더 모듈화되고 분리된 접근 방식을 장려합니다. 이를 통해 필요한 구성 요소를 UI 표현의 가까운 곳에 둘 수 있습니다.

리액트를 다루는 책에서 MVC 패턴을 깊이 설명할 필요는 없습니다. 하지만 개념적으로 모델은 데이터의 출처이고 뷰는 데이터를 소비하고 표현하는 사용자 인터페이스라는 사실을 알아두면 좋습니다. Backbone은 이러한 모델, 뷰와 함께 작업할 수 있는 편리한 API를 제공하고 모델과 뷰를 연결하는 방법을 제시했습니다. 당시로서는 매우 강력하고 유연한 솔루션이었습니다. 게다가 확장 가능했으며 개발자가 코드를 격리해 테스트할 수 있었습니다.

앞서 작성한 버튼을 Backbone 버전으로 살펴보겠습니다.

```
const LikeButton = Backbone.View.extend({
  tagName: "button",
  attributes: {
    type: "button",
  },
  events: {
    click: "onClick",
  },
  initialize() {
    this.model.on("change", this.render, this);
  },
  render() {
    this.$el.text(this.model.get("liked") ? "좋아요!!" : "좋아요");
    return this;
  },
  onClick() {
```

```
      fetch("/like", {
        method: "POST",
        body: JSON.stringify({ liked: !this.model.get("liked") }),
      })
        .then(() => {
          this.model.set("liked", !this.model.get("liked"));
        })
        .catch(() => {
          this.model.set("failed", true);
        })
        .finally(() => {
          this.model.set("pending", false);
        });
  },
});

const likeButton = new LikeButton({
  model: new Backbone.Model({
    liked: false,
  }),
});

document.body.appendChild(likeButton.render().el);
```

LikeButton이 Backbone.View를 확장하는 방식과 render 메서드가 this를 반환하는 부분에 주목하세요. 리액트에서도 비슷한 render 메서드를 볼 수 있지만, 여기서는 일단 넘어가겠습니다. Backbone 자체에는 render에 대한 실제 구현이 포함되지 않는다는 점도 주목할 필요가 있습니다. 대신 jQuery를 통해 DOM을 수동으로 변경하거나 핸들바Handlebars 같은 템플릿 시스템을 종종 사용했습니다.

Backbone은 연결해 사용할 수 있는 API를 제공하며 개발자는 이를 통해 로직을 객체의 속성으로 배치할 수 있습니다. 이전 예시와 비교하면, Backbone에서는 이벤트에 반응해 사용자 인터페이스를 업데이트하는 대화형 버튼을 더 편하게 만들 수 있습니다.

또 Backbone은 로직을 한 덩어리로 묶어 보다 구조화된 방식으로 작업을 수행합니다. LikeButton 인스턴스를 생성한 다음 해당 render 메서드를 호출해 테스트할 수 있으므로 이 버튼을 개별적으로 테스트하기가 더 쉬워졌습니다.

이 컴포넌트는 다음과 같이 테스트할 수 있습니다.

```
test("LikeButton 초기 상태", () => {
  const likeButton = new LikeButton({
    model: new Backbone.Model({
      liked: false, // 초기 상태에서는 "좋아요"가 눌리지 않은 상태
    }),
  });
  likeButton.render(); // 초기 상태를 반영하면서 렌더링
  // 초기 상태를 반영한 버튼 텍스트가 "좋아요"인지 확인
  expect(likeButton.el.textContent).toBe("좋아요");
});
```

클릭 이벤트가 발생해 상태가 변경된 후의 버튼 동작은 다음과 같이 테스트할 수 있습니다.

```
test("LikeButton", async () => {
  // Promise를 다루도록 async 함수로 표시
  const likeButton = new LikeButton({
    model: new Backbone.Model({
      liked: false,
    }),
  });
  expect(likeButton.render().el.textContent).toBe("좋아요");

  // 실제 HTTP 요청을 보내지 않도록 모킹
  global.fetch = jest.fn(() =>
    Promise.resolve({
      json: () => Promise.resolve({ liked: true }),
    })
  );

  // onClick 메서드가 일으킨 비동기 동작이 완료될 때까지 대기
  await likeButton.onClick();

  expect(likeButton.render().el.textContent).toBe("좋아요!!");

  // 필요한 경우, 모킹했던 fetch를 원래대로 복원
  global.fetch.mockRestore();
});
```

이러한 이유로 당시 Backbone은 매우 인기 있는 솔루션이었습니다. Backbone을 사용하지 않는다면 테스트하기 어렵고 파악하기 힘든 코드를 많이 작성해야 했고, 설령 작성했다 해도

코드가 예상대로 안정적으로 작동한다는 보장도 없었습니다. Backbone은 매우 반가운 해결사였습니다. 등장 초기부터 단순성과 유연성으로 인기를 얻었지만 비판을 받기도 했습니다. 다음은 Backbone과 관련된 몇 가지 단점입니다.

장황한 코드 및 보일러플레이트[2] 코드

Backbone에 대해 빈번하게 거론되는 비판 하나는 개발자가 작성해야 하는 보일러플레이트 코드의 양입니다. 단순한 애플리케이션이라면 큰 문제가 되지 않기도 하지만, 애플리케이션이 성장함에 따라 보일러플레이트도 증가해 잠재적으로 중복되며 유지 관리하기 어려운 코드가 될 수 있습니다.

양방향 데이터 바인딩 부족

비슷한 라이브러리와 달리, Backbone은 양방향 데이터 바인딩 기능을 기본으로 제공하지 않습니다. 즉, 데이터가 변경되면 DOM이 자동으로 업데이트되지 않으며 반대의 경우도 마찬가지입니다. 개발자는 이 기능을 직접 작성하거나 플러그인을 사용하곤 했습니다.

이벤트 중심 아키텍처

모델 데이터를 업데이트하면 전체 애플리케이션에서 수많은 이벤트가 발생할 수 있습니다. 이러한 일련의 이벤트는 관리가 불가능해서 데이터 변경 하나가 애플리케이션 전체에 미치는 영향을 파악하기 어렵고 디버깅 및 유지 보수도 힘듭니다. 이 문제를 해결하기 위해 개발자는 데이터 업데이트의 파급 효과를 막는 이벤트 관리 방법을 주의 깊게 사용해야 했습니다.

조합성 부족

Backbone에는 뷰를 쉽게 중첩할 수 있는 기능이 내장되지 않아서 복잡한 사용자 인터페이스를 구성하기가 어려울 수 있습니다. 반면 리액트는 자식 속성을 통해 컴포넌트를 매끄럽게 중첩할 수 있으므로 복잡한 UI 계층 구조를 훨씬 더 간단하게 구성할 수 있습니다. Backbone을 기반으로 한 Marionette.js(마리오네트)는 이러한 구성 문제를 해결하려고 시도했지만, 리액트의 컴포넌트 모델만큼 통합된 솔루션을 제공하지는 못합니다.

Backbone에 여러 가지 문제가 있는 것은 사실이지만, 원래 완벽한 도구나 프레임워크는 존재하지 않습니다. 프로젝트의 특정 요구 사항과 개발 팀의 선호도에 따라 가장 좋은 선택이 달라지기 마련입니다. 웹 개발 도구의 번영에는 강력한 커뮤니티의 역할도 중요한데, 안타깝게도 최근 몇 년 동안 특히 리액트의 등장으로 Backbone이 빛을 잃고 있습니다. 리액트가 Backbone을 죽였다고 말하는 이들도 있지만 지금은 판단을 유보하겠습니다.

2 옮긴이_ 컴퓨터 프로그래밍에서 최소한의 변경과 함께 자주 재사용되는 코드를 가리킵니다. bolierplate는 '상용구'로 번역되기도 하지만 현장에서 사용하는 그대로 음차했습니다. 보일러플레이트가 많다는 건 프레임워크나 라이브러리의 사용법이 복잡하고 어렵다는 의미가 될 수 있습니다.

1.2.3 Knockout

Backbone을 당시 유명한 솔루션의 하나인 Knockout(녹아웃)과 비교해 보겠습니다. 2010년대 초에 개발된 Knockout은 '옵저버블observable'과 '바인딩binding'을 작성하는 방법을 제공하는 라이브러리였습니다. 상태가 변경될 때마다 옵저버블과 바인딩을 활용해 의존성을 추적했습니다.

Knockout은 최초의 반응형reactive[3] 자바스크립트 라이브러리 중 하나입니다. 여기서 말하는 반응형의 반응성이란 관찰 가능한 방식으로 상태 변화에 따라 값을 업데이트한다는 의미입니다. 이러한 스타일의 반응성을 현대적으로 구현한 것을 '시그널signal'이라고 부르기도 하며 뷰Vue.js, 솔리드JSSolidJS, 스벨트Svelte, 퀵Qwik, 최신 앵귤러Angular 등의 라이브러리에서 널리 사용합니다. 이에 대한 자세한 내용은 10장에서 다룹니다.

개념적으로 옵저버블은 데이터의 출처이고, 바인딩은 해당 데이터를 소비하고 렌더링하는 사용자 인터페이스입니다. 다시 말해 옵저버블은 모델과 같고 바인딩은 뷰와 같습니다.

그러나 Knockout은 앞서 설명한 MVC 패턴에서 약간 진화한 형태인 모델-뷰-뷰 모델model-view-viewmodel 또는 MVVM이라 부르는 디자인 패턴을 사용합니다(그림 1-2). 이 패턴을 조금 더 자세히 알아보겠습니다.

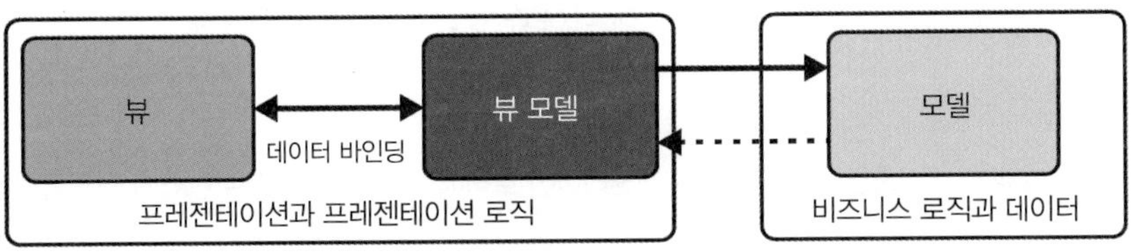

그림 1-2 MVVM 패턴

MVVM 패턴

MVVM 패턴은 WPF 및 Xamarin 같은 플랫폼을 기반으로 하며 풍부한 사용자 인터페이스를 갖춘 애플리케이션에서 특히 애용되는 아키텍처 디자인 패턴입니다. MVVM은 데이터 바인딩이 중요해진 최신 UI 개발 플랫폼에 맞춰 기존의 모델-뷰-컨트롤러(MVC) 패턴을 발전시킨 것입니다. MVVM 구성 요소는 다음과 같습니다.

3 옮긴이_ 화면 크기에 따라 표현을 달리하는 '반응형 웹(responsive web)'의 반응형과는 원문이 다르므로 주의가 필요합니다.

모델

- 애플리케이션의 데이터 및 비즈니스 로직을 나타냅니다.
- 데이터 검색, 저장, 처리를 담당합니다.
- 일반적으로 데이터베이스, 서비스 또는 다른 데이터 출처와 통신하고 작업합니다.
- 뷰 및 뷰 모델을 인식하지 못합니다.

뷰

- 애플리케이션의 UI를 표시합니다.
- 사용자에게 정보를 표시하고 사용자 입력을 받습니다.
- MVVM에서 뷰는 수동적이며 애플리케이션 로직을 포함하지 않습니다. 대신, 데이터 바인딩 메커니즘을 통해 자동으로 변경 사항을 반영해 선언적으로 뷰 모델에 바인딩합니다.

뷰 모델

- 모델과 뷰 사이의 다리 역할을 합니다.
- 뷰에 바인딩할 데이터와 명령을 제공합니다. 데이터는 대부분 표시할 수 있는 형식으로 되어 있습니다.
- 명령 패턴을 통해 사용자 입력을 처리합니다.
- 프레젠테이션 로직을 포함하고 모델의 데이터를 뷰에서 쉽게 표시할 수 있는 형식으로 변환합니다.
- 분리된 아키텍처를 위해 뷰 모델은 어떤 뷰가 자신을 사용하는지 인식하지 못합니다.

MVVM 패턴은 MVC와 유사한 관심사 분리를 통해 다음과 같은 장점을 얻습니다.

테스트 가능성

뷰에서 뷰 모델을 분리하면 UI를 포함하지 않고도 프레젠테이션 로직에 대한 단위 테스트를 쉽게 작성할 수 있습니다.

재사용성

뷰 모델은 여러 뷰 또는 플랫폼에서 재사용할 수 있습니다.

유지 보수성

명확한 분리를 통해 코드를 관리, 확장, 리팩터링하기가 더 쉬워집니다.

데이터 바인딩

이 패턴은 데이터 바인딩을 지원하는 플랫폼에서 탁월한 성능을 발휘해 UI 업데이트에 필요한 보일러플레이트 코드의 양을 줄입니다.

MVC와 MVVM 패턴을 설명한 김에 이 둘을 간단히 대조해 차이점을 알아보겠습니다(표 1-1).

표 1-1 MVC와 MVVM 패턴 비교

기준	MVC	MVVM
주요 목적	주로 사용자 인터페이스와 로직을 분리하는 웹 애플리케이션용입니다.	특히 데스크톱이나 SPA처럼 양방향 데이터 바인딩이 필요한 UI가 많은 애플리케이션에 적합합니다.
구성 요소	모델: 데이터 및 비즈니스 로직입니다. 뷰: 사용자 인터페이스입니다. 컨트롤러: 사용자 입력을 관리하고 뷰를 업데이트합니다.	모델: 데이터 및 비즈니스 로직입니다. 뷰: 사용자 인터페이스 요소입니다. 뷰 모델: 모델과 뷰 사이의 다리입니다.
데이터 흐름	사용자 입력은 컨트롤러에서 관리됩니다. 컨트롤러는 모델을 업데이트한 다음 뷰를 업데이트합니다.	뷰는 뷰 모델에 직접 바인딩됩니다. 뷰의 변경 사항은 뷰 모델에 자동으로 반영되며 그 반대의 경우도 마찬가지입니다.
디커플링	뷰는 종종 컨트롤러와 강하게 결합됩니다.	뷰 모델이 사용하는 특정 뷰를 알지 못하므로 느슨하게 결합됩니다.
사용자 상호 작용	컨트롤러에서 처리됩니다.	뷰 모델의 데이터 바인딩 및 명령을 통해 처리됩니다.
플랫폼 적합성	웹 애플리케이션 개발(예: 루비 온 레일즈, 장고, ASP.NET MVC)에서 일반적입니다.	강력한 데이터 바인딩을 지원하는 플랫폼(예: WPF, Xamarin)에 적합합니다.

비교를 통해 MVC와 MVVM 패턴의 실제 차이점이 결합과 바인딩임을 알게 됩니다. 즉, 모델과 뷰 사이에 컨트롤러가 없는 경우 데이터 소유권이 더 명확하고 사용자에게 더 가까이 있습니다. 리액트는 단방향 데이터 흐름을 통해 MVVM을 개선했는데, 데이터 소유권이 **더욱 제한되어** 상태가 필요한 특정 컴포넌트가 상태를 소유합니다. 이에 대해서는 곧 다시 다루고, 지금은 Knockout과 리액트의 관계를 이어 살펴보겠습니다.

Knockout은 이러한 옵저버블, 바인딩과 함께 동작하는 API를 제공합니다. Knockout에서 '좋아요' 버튼을 구현하는 방법을 알아보겠습니다. 이를 통해 '왜 리액트가 필요한지' 더 잘 이해할 수 있습니다. 다음은 Knockout 버전의 버튼입니다.

```
function createViewModel({ liked }) {
  const isPending = ko.observable(false);
  const hasFailed = ko.observable(false);
  const onClick = () => {
```

```
    isPending(true);
    fetch("/like", {
      method: "POST",
      body: JSON.stringify({ liked: !liked() }),
    })
      .then(() => {
        liked(!liked());
      })
      .catch(() => {
        hasFailed(true);
      })
      .finally(() => {
        isPending(false);
      });
  };
  return {
    isPending,
    hasFailed,
    onClick,
    liked,
  };
}

ko.applyBindings(createViewModel({ liked: ko.observable(false) }));
```

Knockout에서 '뷰 모델'은 키와 값을 포함하는 자바스크립트 객체로, `data-bind` 속성을 사용해 페이지의 다양한 요소에 바인딩합니다. Knockout에는 '컴포넌트component'나 '템플릿template'이 없으며 뷰 모델과 뷰 모델을 브라우저 요소에 바인딩하는 방법만 있습니다.

`createViewModel` 함수는 Knockout을 사용해 뷰 모델을 만드는 방법입니다. 그런 다음 `ko.applyBindings`를 사용해 뷰 모델을 브라우저 환경에 연결합니다. `ko.applyBindings` 함수는 뷰 모델을 가져와서 브라우저에서 `data-bind` 속성을 가진 모든 요소를 찾고, Knockout은 이 요소를 뷰 모델에 바인딩하는 데 사용합니다.

브라우저의 버튼은 다음과 같이 뷰 모델의 속성에 바인딩됩니다.

```
<button
  data-bind="click: onClick, text: liked ? 'Liked' : isPending ? [...]
></button>
```

이 코드는 예시를 위해 일부를 생략했습니다.

`createViewModel` 함수를 사용해 생성한 '뷰 모델'에 HTML 요소를 **바인딩**하면 사이트가 사용자와 상호 작용할 수 있습니다. 예상하듯이, 옵저버블을 명시적으로 구독하고 변경에 따라 사용자 인터페이스를 업데이트하려면 많은 작업이 필요합니다. 당시 Knockout은 훌륭한 라이브러리였지만 작업을 수행하기 위해 많은 보일러플레이트 코드가 필요했습니다.

게다가 뷰 모델이 이따금 거대해지고 복잡해지면서 리팩터링과 코드 최적화가 불확실해졌습니다. 결국 장황하고 비대한 뷰 모델이 되어 버려 테스트하고 파악하기가 어려워지는 경우도 많았습니다. 그렇지만 Knockout은 당시에 매우 인기 있는 솔루션이자 훌륭한 라이브러리였습니다. 격리 테스트가 비교적 쉽다는 점도 큰 장점이었습니다.

후일을 위해 기록하자면, Knockout에서는 이 버튼을 다음과 같이 테스트할 수 있습니다.

```
test("LikeButton", () => {
  const viewModel = createViewModel({ liked: ko.observable(false) });
  expect(viewModel.liked()).toBe(false);
  viewModel.onClick();
  expect(viewModel.liked()).toBe(true);
});
```

1.2.4 앵귤러JS

앵귤러JS는 2010년에 구글에서 개발했습니다. 웹 개발 환경에 지대한 영향을 미친 선구적인 자바스크립트 프레임워크였습니다. 이는 몇 가지 혁신적인 기능을 통합함으로써 앞서 살펴본 라이브러리, 프레임워크와는 뚜렷한 차이를 보였으며, 리액트를 비롯한 후속 라이브러리에도 영향을 끼쳤습니다. 앵귤러JS를 다른 라이브러리와 자세히 비교하고 핵심 기능을 살펴봄으로써 이 프레임워크가 리액트에 앞서 구축해 놓은 토대를 알아보겠습니다.

양방향 데이터 바인딩

양방향 데이터 바인딩은 UI와 기반 데이터의 상호 작용을 매우 단순화한 앵귤러JS의 특징적인 기능입니다. 모델(기반 데이터)이 변경되면 뷰(UI)도 변경 사항을 반영하도록 자동으로 업데이트되며, 그 반대의 경우도 마찬가지입니다. 이런 방식은 jQuery 같은 라이브러리와는 완전히 대조적입니다. jQuery에서는 개발자가 DOM을 수동으로 조작해서 데이터의 변경 사항을 반영하고 사용자 입력을 캡처해 데이터를 업데이트하기 때문입니다.

한 예로 양방향 데이터 바인딩이 결정적 역할을 하는 간단한 앵귤러JS 애플리케이션을 보겠습니다.

```
<!DOCTYPE html>
<html>
  <head>
    <script
    src="https://ajax.googleapis.com/ajax/libs/angularjs/1.8.2/angular.min.js">
    </script>
  </head>
  <body ng-app="">
    <p>Name: <input type="text" ng-model="name" /></p>
    <p ng-if="name">안녕하세요, {{name}} 님!</p>
  </body>
</html>
```

이 애플리케이션에서 `ng-model` 지시자[directive]는 입력 필드의 값을 변수 name에 바인딩합니다. 입력 필드에 입력하면 모델 name이 업데이트되고 뷰(여기서는 "`안녕하세요, {{name}} 님!`")가 실시간으로 업데이트됩니다.

모듈식 아키텍처

개발자가 애플리케이션의 구성 요소를 논리적으로 분리할 수 있도록 모듈식 아키텍처[modular architecture]를 도입한 것이 바로 앵귤러JS입니다. 각 모듈은 기능을 캡슐화하며 독립적으로 개발, 테스트, 유지 관리할 수 있습니다. 일각에서는 이를 리액트의 컴포넌트 모델의 선구자로 일컫기도 하지만 단정 짓기는 어렵습니다.

간단한 예시를 보겠습니다.

```
var app = angular.module("myApp", [
  "ngRoute",
  "appRoutes",
  "userCtrl",
```

```
  "userService",
]);

var userCtrl = angular.module("userCtrl", []);
userCtrl.controller("UserController", function ($scope) {
  $scope.message = "UserController가 인사드립니다.";
});

var userService = angular.module("userService", []);
userService.factory("User", function ($http) {
  // ...
});
```

예시에서 myApp 모듈은 ngRoute, appRoutes, userCtrl, userService라는 여러 모듈에 의존합니다. 각 의존성 모듈은 똑같은 자바스크립트 파일에 포함될 수도 있고 메인 myApp 모듈과 별도로 작성될 수도 있습니다. 이 개념은 '모듈'이라는 개념이 없던 jQuery나 Backbone과 크게 다른 부분입니다.

이러한 의존성(appRoutes, userCtrl 등)을 루트 app에 **의존성 주입**dependency injection이라는 패턴을 사용해 주입합니다. 이 패턴은 앵귤러를 통해 대중화되었습니다. 당연한 말이지만 의존성 주입은 자바스크립트 모듈이 표준화되기 전부터 널리 사용되고 있었습니다. 이후에 import 및 export 문이 의존성 주입을 빠른 속도로 대체했습니다. 여기서 말하는 의존성과 리액트 컴포넌트를 비교하기 위해 의존성 주입에 대해 조금 더 이야기하겠습니다.

의존성 주입

의존성 주입dependency injection(줄여서 DI)은 객체가 의존성을 직접 만드는 대신 의존성을 전달받는 디자인 패턴입니다.[4] 당시 자바스크립트 라이브러리에서는 흔하지 않았던 이 디자인 패턴을 앵귤러JS는 핵심 기능으로 삼았습니다. 이는 모듈과 구성 요소를 만들고 관리하는 방식에 큰 영향을 미쳤으며, 모듈성과 재사용성을 높였습니다.

다음 예시는 앵귤러JS에서 의존성 주입이 작동하는 방식을 보여 줍니다.

4 옮긴이_ 현재 모듈에 필요한 부분을 모듈 외부에서 가져오는 패턴이라 설명할 수 있습니다. 예를 들어 데이터베이스 동작을 필요로 하는 모듈이라면 데이터베이스를 직접 연결하는 대신 외부에서 연결된 객체를 받아들이도록 하는 것입니다.

```
var app = angular.module("myApp", []);

app.controller("myController", function ($scope, myService) {
  $scope.greeting = myService.sayHello();
});

app.factory("myService", function () {
  return {
    sayHello: function () {
      return "Hello, World!";
    },
  };
});
```

예시에서 `myService`는 의존성 주입을 통해 `myController` 컨트롤러에 주입되는 서비스입니다. 컨트롤러는 서비스를 어떻게 만드는지 몰라도 됩니다. 서비스를 의존성으로 선언해 두기만 하면 서비스를 생성하고 주입하는 작업은 앵귤러JS가 처리합니다. 이를 통해 의존성 관리가 간소화되고 컴포넌트의 테스트 가능성과 재사용성이 향상됩니다.

Backbone과 Knockout 비교

Backbone과 Knockout은 앵귤러JS가 등장할 당시 널리 사용되던 라이브러리입니다. 두 라이브러리는 각각 강점이 있지만 앵귤러JS에 내장된 몇 가지 기능을 제공하지 않았습니다.

이를테면 Backbone은 개발자에게 코드에 대한 통제력을 조금 더 허용해 주고 앵귤러JS보다 제약이 적었습니다. 이러한 유연성은 강점인 동시에 약점이기도 했습니다. 필요에 따라 수정할 수 있는 여지가 많지만, 보일러플레이트 코드가 더 많이 필요했습니다. 앵귤러JS에서는 양방향 데이터 바인딩과 의존성 주입을 통해 더 구조화된 개발이 가능했습니다. 앵귤러JS에 있는 많은 규칙과 제약은 개발자의 작업 속도를 높였습니다. Next.js, Remix 등 최신 프레임워크에서 볼 수 있는 현상과 같습니다. 이러한 점에서 앵귤러JS는 시대를 훨씬 앞섰다고 할 수 있습니다.

또 Backbone은 뷰(DOM)를 직접 변경하는 방법에 대한 규칙이 없어서 개발자에게 이 작업을 전가하는 경우가 많았습니다. 앵귤러JS는 양방향 데이터 바인딩을 통해 DOM 변형을 처리했는데 이는 큰 장점이었습니다.

Knockout은 주로 데이터 바인딩에 중점을 두었는데 앵귤러JS가 기본으로 제공하는 강력한 도구, 가령 의존성 주입, 모듈식 아키텍처 등은 갖추지 못했습니다. 완성도 높은 프레임워크인 앵귤러JS는 단일 페이지 애플리케이션single page application (SPA) 구축을 위한 보다 포괄적인 솔루션을 제공했습니다. 앵귤러JS는 개발이 중단되었지만 제공하던 여러 이점은 대규모 애플리케이션에 맞게 새로 개선된 앵귤러가 그대로 제공하고 있습니다.[5]

앵귤러JS 트레이드오프

웹 개발 관행은 앵귤러JS(1.x 버전)가 도입되면서 크게 도약했습니다. 그러나 웹 개발 환경이 거듭 발전하면서 앵귤러JS는 몇몇 특성이 한계나 취약점으로 인식되어 상대적으로 쇠락의 길을 걷게 됩니다.

성능

특히 데이터 바인딩이 복잡한 대규모 애플리케이션에서 앵귤러JS는 성능 문제가 있었습니다. 변경 사항 감지를 위한 핵심 기능인 앵귤러JS의 다이제스트digest 주기는 대규모 애플리케이션에서 업데이트 지연과 사용자 인터페이스 응답성 저하의 원인이 될 수 있습니다. 양방향 데이터 바인딩은 혁신적이며 많은 상황에서 유용하지만 성능 문제를 일으키기도 합니다.

복잡성

앵귤러JS는 지시자, 컨트롤러, 서비스, 의존성 주입, 팩토리 등 새로운 개념을 도입했습니다. 이러한 기능으로 앵귤러JS는 강력해졌지만, 초보자가 배우기 어려울 정도로 복잡해졌습니다. 예를 들어 어떤 기능을 '팩토리와 서비스 중 무엇으로 만들어야 하는가'하는 택일의 기로에서 많은 개발 팀이 고심했습니다.

앵귤러 2+로의 마이그레이션 문제

앵귤러 2는 발표 당시 앵귤러JS 1.x와 하위 호환되지 않았고 다트Dart나 타입스크립트로 코드를 작성해야 했습니다. 이는 개발자가 앵귤러 2로 업그레이드하기 위해 코드의 상당 부분을 다시 작성해야 함을 의미했으므로, 큰 장애물로 여겨졌습니다. 앵귤러 2의 등장은 본질적으로 앵귤러 커뮤니티를 분열시키고 혼란을 일으켜 리액트의 시대를 앞당겼습니다.

복잡한 템플릿 문법

앵귤러JS가 템플릿 속성 내에서 `on-click="$ctrl.some.deeply.nested.field = 123"` 같은 복잡한 자바스크립트 표현식을 허용한 탓에, HTML 안에 프레젠테이션과 비즈니스 로직이 뒤섞이게 되었습니다. 이 때문에 서로 얽혀 있는 코드를 해독하고 관리하는 것이 까다로워져 유지 보수에 문제가 생겼습니다.

템플릿 레이어가 본질적으로 복잡한 로직을 처리하도록 설계되지 않은 데다, 이 같은 인라인 표현식에서 발생하는 오류는 찾아서 해결하기가 어려웠기 때문에 디버깅이 더욱 힘들어졌습니다. 뿐만 아니라 이러한 행

5 옮긴이_ 구글은 앵귤러JS를 완전히 새롭게 개발하면서 앵귤러로 개명했고 2016년 9월 14일에 첫 릴리스를 출시했는데, 이를 기존 앵귤러JS의 메이저 업데이트라는 의미에서 2.0 버전으로 명명했습니다. 2022년 1월 1일, 앵귤러JS는 공식적으로 개발이 중단되었습니다.

태는 관심사 분리 원칙, 다시 말해 코드 품질과 유지 보수성을 개선하기 위해 애플리케이션의 여러 구성 요소를 구분해 처리해야 한다는 기본 설계 철학에 위배됩니다.

이론상 템플릿은 업데이트를 수행하기 위해 컨트롤러 메서드를 호출해야 하지만, 이에 대한 제약이 없었습니다.

타입 안정성 부재

앵귤러JS의 템플릿은 타입스크립트 같은 정적 유형 검사기에서 작동하지 않아 개발 프로세스 초기에 오류를 포착하기가 어려웠습니다. 이는 특히 유지 보수와 확장성을 위해 타입 안전성이 중요한 대규모 애플리케이션에서 심각한 단점이었습니다.

혼동되는 $scope 모델

앵귤러JS의 $scope 객체는 뷰와 컨트롤러 사이의 다리 역할을 하지만 동작이 직관적이거나 예측 가능하지 않았습니다. 그래서 데이터를 바인딩할 때의 역할과 다른 맥락에서의 동작이 서로 달라 종종 혼동의 원인이 되었습니다.

특히 익숙하지 않은 사용자는 모델과 뷰 간에 데이터가 동기화되는 방식이 잘 이해되지 않았습니다. 중첩된 컨트롤러의 $scope는 상위 스코프의 속성을 상속할 수 있으므로 특정 $scope 속성이 처음 정의되거나 수정된 위치를 추적하기 어렵습니다.

이러한 상속은 특히 부모 스코프와 자식 스코프가 의도치 않게 서로 영향을 미칠 수 있는 중첩된 스코프를 처리할 때 예상하지 못한 부작용을 일으킬 수 있습니다. 앵귤러의 스코프 계층 구조의 개념과 그 기반이 되는 프로토타입 상속은 자바스크립트에서 볼 수 있는 전통적이고 익숙한 어휘 범위lexical scope 규칙과 상충하는 경우가 많아 학습을 한층 어렵게 만드는 요인이 되었습니다.

리액트는 상태가 필요한 컴포넌트와 상태를 같은 장소에 두므로 이 문제를 완전히 피할 수 있습니다.

제한적인 개발 도구

앵귤러JS는 디버깅 성능 프로파일링을 위한 다양한 개발 도구를 제공하지 않았습니다. Replay.io 같은 확장 기능을 통해 리액트 애플리케이션의 시간 여행 디버깅time-travel debugging[6]도 할 수 있는 리액트의 DevTools에 비해 많이 부족했습니다.

1.3 리액트 등장

이 무렵 리액트가 두각을 드러내기 시작했습니다. 리액트가 제시한 핵심 아이디어 하나는 컴포넌트 기반 아키텍처였습니다. 구현 방식은 다르지만 기본적인 아이디어는 비슷합니다. 웹을 비롯한 여러 플랫폼에서 사용자 인터페이스를 작성할 때 재사용 가능한 컴포넌트를 조합하는 것

6 옮긴이_ 애플리케이션이 실행되는 동안 상태를 기록해 두고 마치 시간을 거슬러 올라가거나 되돌아오듯 특정 시점의 애플리케이션을 복원하는 디버깅 기법입니다. 예를 들어 버그가 발생하기 직전과 직후, 특정 변수의 값을 비교할 수도 있습니다.

이 가장 최적화된 방법입니다.

앵귤러JS가 뷰를 모델에 바인딩하기 위해 지시자를 사용했다면, 리액트는 JSX와 훨씬 더 간단한 컴포넌트 모델을 도입했습니다. 일부에서는 모듈을 통해 컴포넌트 기반 아키텍처를 장려하는 앵귤러JS가 없었다면 리액트 모델로 전환하기가 순조롭지 않았을 것이라고 주장하기도 합니다.

양방향 데이터 바인딩 모델은 앵귤러JS에서 업계 표준이었지만, 대규모 애플리케이션상의 잠재적 성능 문제 등 몇 가지 단점도 있었습니다. 이를 보완하기 위해 리액트는 단방향 데이터 흐름 패턴을 도입해 개발자가 애플리케이션을 더 잘 제어하고 시간에 따라 데이터가 어떻게 변화하는지 더 쉽게 이해할 수 있게 했습니다.

3장에서 다루겠지만 리액트는 가상 DOM이라는 개념을 채택해 직접적인 DOM 조작을 최소화함으로써 성능을 향상했습니다. 반면 앵귤러JS는 종종 DOM을 직접 조작했는데, 이는 성능 문제를 일으키기도 했고 앞서 jQuery에서 언급한 일관성 없는 상태 문제를 유발하기도 했습니다.

그럼에도 앵귤러JS는 웹 개발 관행을 크게 변화시켰고, 도입 당시 웹 개발 환경에 혁명을 일으켰을 뿐만 아니라 후세대 프레임워크와 라이브러리가 진화하도록 길을 닦았다는 사실을 언급하지 않을 수 없습니다. 리액트 역시 그중 하나입니다.

이제 이 같은 맥락에서 리액트가 어떻게 자리 잡고 있는지, 이 시점에서 리액트가 어떻게 탄생하게 되었는지 살펴보겠습니다. 당시에는 UI 업데이트가 비교적 어렵고 풀리지 않는 숙제였습니다. 오늘날에도 완전히 해결된 것은 아니지만, 리액트는 이 문제를 확연히 덜 어렵게 만들었고 솔리드, 퀵 같은 라이브러리에도 영감을 주었습니다. UI 복잡성과 확장성 문제에 있어서는 메타Meta의 페이스북도 예외는 아니었습니다. 그 결과 메타는 당시 기존의 것을 보완하는 여러 가지 내부 솔루션을 만들었습니다. 첫 번째 솔루션은 BoltJS인데, 페이스북 엔지니어들이 좋아하는 여러 가지를 볼트로 조이듯 결합해서 만들었습니다. 여러 도구를 조합해 페이스북의 웹 사용자 인터페이스를 보다 직관적으로 업데이트할 수 있게 되었습니다.

당시 페이스북 엔지니어였던 조던 워크Jordan Walke는 기존 방식을 완전히 탈피해 웹 페이지의 일부분만 새로운 것으로 교체하는 혁신적인 구상을 했습니다. 앞서 살펴본 것처럼 자바스크립트 라이브러리는 양방향 데이터 바인딩이라는 패러다임을 사용해 뷰(사용자 인터페이스)와 모델(개념적으로는 데이터 출처)의 관계를 관리합니다. 이미 언급했듯이 이 모델의 한계를 알고 있던 조던은 단방향 데이터 흐름이라는 패러다임을 대신 사용하기로 했습니다. 단방향 데이터 흐름은 훨씬 단순했으며 뷰와 모델을 훨씬 쉽게 동기화할 수 있었습니다. 리액트의 기반이 되는 단방향 아키텍처가 탄생한 것입니다.

1.3.1 리액트의 핵심 가치

이것으로 역사 수업은 끝입니다. 이제 리액트가 등장할 수밖에 없었던 맥락을 십분 이해했기를 바랍니다. 규모가 클수록 불안전하고 예측 불가하며 비효율적인 자바스크립트 코드의 수렁에 빠지기가 얼마나 쉬웠는지 생각하면, 우리를 성공의 안전지대 쪽으로 안내해 줄 해결책이 필요했습니다. 리액트가 제시하는 해결책이 정확히 무엇인지 이야기해 보겠습니다.

선언적 코드와 명령형 코드

리액트는 DOM에 대한 선언적 추상화를 제공합니다. 이 책의 후반부에서 더 자세히 설명하겠지만, 기본적으로 리액트는 **우리가 보고자 하는 것**을 코드로 표현하는 방법을 제공하고 실제로 **어떻게 할지는** 리액트가 알아서 합니다. 이를 통해 사용자 인터페이스가 안전하고 예측 가능하며 효율적으로 생성되고 작동할 수 있도록 보장합니다.

앞서 만든 목록 애플리케이션을 예로 들겠습니다. 리액트에서는 다음과 같이 작성할 수 있습니다.

```
function MyList() {
  const [items, setItems] = useState(["I love"]);

  return (
    <div>
      <ul>
        {items.map((i) => (
          <li key={i /* 목록 항목을 고유하게 유지 */}>{i}</li>
        ))}
      </ul>
      <NewItemForm onAddItem={(newItem) => setItems([...items, newItem])} />
    </div>
  );
}
```

return 문을 보면, 말 그대로 HTML처럼 보이는 코드를 작성했습니다. 목록과 함께 NewItemForm이 있는 상자를 보고 싶다면 그대로 작성하면 됩니다. 짜잔. 실제로 어떻게 그릴지는 리액트가 알아서 할 일입니다. 목록의 항목을 한꺼번에 추가한다면, 혹은 목록의 항목을 하나씩 추가한다면요? 우리가 **무엇**을 완료하고 싶은지 기술하면 그 목표를 **어떻게** 이룰지는 리액트가 다룹니다. 다음 장에서는 리액트에 대해 상세히 알아보고 이 글의 작성 시점을 기준으로 리액트가 정확히 어떻게 동작하는지 살펴보겠습니다.

HTML 엘리먼트를 참조할 때 클래스 이름이 있어야 할까요? 자바스크립트에서처럼 getElementById를 사용해야 할까요? 아닙니다. 리액트는 변경 사항을 감지하고 점진적으로 업데이트할 때 사용하는 고유한 '리액트 엘리먼트'를 내부에서 생성합니다. 따라서 있을지 없을지 모르는 사용자 코드에서 클래스 이름을 비롯한 식별자를 읽을 필요가 없습니다. 리액트를 사용하면 자바스크립트만이 유일한 정보의 출처가 됩니다.

MyList 컴포넌트를 리액트로 내보내면 리액트가 알아서 안전하고 예측 가능하며 성능이 뛰어난 방식으로 화면에 표현합니다. 컴포넌트의 역할은 사용자 인터페이스에서 이 영역이 어떤 모습이어야 하는지에 대한 설명을 반환하는 것뿐이며, 이러한 설명은 의도한 UI 구조를 가볍게 기술하는 가상 DOM[virtual DOM](VDOM)을 사용해 이루어집니다. 리액트는 업데이트 발생 전과 후의 가상 DOM을 비교하고, 실제 DOM의 작은 부분만 성능 좋은 방식으로 업데이트해서 변경된 가상 DOM과 일치시킵니다. 리액트는 이런 방식으로 DOM을 업데이트합니다.

가상 DOM

가상 DOM은 실제 DOM을 자바스크립트 객체로 표현하는 프로그래밍 개념입니다. 지금 당장은 어렵게 들리더라도 걱정할 필요가 없습니다. 3장에서 조금 더 자세히 설명하겠습니다. 우선은 개발자가 실제 DOM을 조작하지 않고도 가상 DOM을 통해 UI를 업데이트할 수 있다는 사실만 기억하면 됩니다. 리액트는 가상 DOM을 사용해 컴포넌트의 변경 사항을 추적하고 필요할 때만 컴포넌트를 다시 렌더링합니다. 변경 사항이 있을 때마다 전체 DOM 트리를 업데이트하는 것보다 더 빠르고 효율적인 방식입니다.

리액트에서 가상 DOM은 실제 DOM 트리를 가볍게 표현한 것인데, UI 요소의 구조와 속성을 나타내는 평범한 자바스크립트 객체입니다. 리액트는 실제 DOM 트리와 일치하도록 가상 DOM을 생성하고 업데이트하며, 가상 DOM에서 발생한 모든 변경 사항은 **재조정**[reconciliation]이라는 과정을 통해 실제 DOM에 적용됩니다.

재조정에 대해서는 4장에서 다루지만, 맥락을 이해하기 위해 몇 가지 예시와 함께 짧게 설명하겠습니다. 가상 DOM 작동 원리의 이해를 돕기 위해 '좋아요' 버튼의 예를 다시 보면서 이번에는 좋아요 버튼과 좋아요 수를 표시하는 리액트 컴포넌트를 만들겠습니다. 사용자가 버튼을 클릭하면 좋아요 수가 하나씩 증가해야 합니다.

컴포넌트 코드입니다.

```
import React, { useState } from "react";

function LikeButton() {
  const [likes, setLikes] = useState(0);

  function handleLike() {
    setLikes(likes + 1);
  }

  return (
    <div>
      <button onClick={handleLike}>좋아요</button>
      <p>{likes}명</p>
    </div>
  );
}

export default LikeButton;
```

이 코드에서는 useState 훅hook을 사용해 좋아요 수를 저장하는 상태 변수 likes를 만들었습니다. 이미 알고 있겠지만, 훅은 함수 컴포넌트 안에서 상태, 수명 주기 메서드 같은 리액트 기능을 사용할 수 있게 하는 특수한 함수입니다. 훅을 사용하면 컴포넌트 계층 구조를 변경하지 않고 상태 저장 로직을 재사용할 수 있습니다. 따라서 독립된 오픈 소스 패키지나 다른 컴포넌트에서 훅을 추출하거나 공유할 수 있습니다.

버튼을 클릭하면 '좋아요' 값이 1씩 증가하는 함수 handleLike도 정의했습니다. 끝으로 JSX를 사용해 좋아요 버튼과 좋아요 수를 렌더링합니다.

이제 이 예시에서 가상 DOM이 어떻게 작동하는지 자세히 살펴보겠습니다.

LikeButton 컴포넌트가 처음 렌더링될 때 리액트는 실제 DOM 트리를 반영하는 가상 DOM 트리를 생성합니다. 가상 DOM에는 div 엘리먼트 한 개가 만들어지는데 이 엘리먼트는 button 엘리먼트 한 개와 p 엘리먼트 한 개를 포함합니다.

```
{
  $$typeof: Symbol.for('react.element'),
  type: 'div',
  props: {},
  children: [
    {
      $$typeof: Symbol.for('react.element'),
      type: 'button',
      props: { onClick: handleLike },
      children: ['좋아요']
    },
    {
      $$typeof: Symbol.for('react.element'),
      type: 'p',
      props: {},
      children: [0, '명']
    }
  ]
}
```

p 엘리먼트의 children 속성은 likes 상태 변수의 값을 포함합니다. 이 변수의 값은 초깃값이 0으로 설정됩니다.

사용자가 '좋아요' 버튼을 클릭하면 handleLike 함수가 호출되어 likes 상태 변수가 업데이트됩니다. 그러면 리액트는 업데이트된 상태를 반영하는 새로운 가상 DOM 트리를 생성합니다.

```
{
  type: 'div',
  props: {},
  children: [
    {
      type: 'button',
      props: { onClick: handleLike },
      children: ['좋아요']
    },
    {
```

```
      type: 'p',
      props: {},
      children: [1, '명']
    }
  ]
}
```

가상 DOM 트리에 있는 엘리먼트는 이전과 동일하지만, `p` 엘리먼트의 `children` 속성이 새로운 좋아요 값을 반영하도록 `0`에서 `1`로 변경되었습니다. 리액트에서 수행하는 다음 작업은 **재조정**인데, 새로운 가상 DOM과 이전 가상 DOM을 비교하는 과정입니다. 이 과정을 간략하게 설명하겠습니다.

새로운 가상 DOM 트리를 계산한 후 리액트는 재조정이라는 프로세스를 수행해 새 트리와 이전 트리의 차이점을 파악합니다. 재조정은 이전 가상 DOM 트리와 새 가상 DOM 트리를 비교해 실제 DOM의 어느 부분을 업데이트해야 하는지 결정하는 과정입니다. 이런 결정이 어떤 방식으로 정확하게 수행되는지 알고 싶다면, 4장에서 설명하는 여러 세부 사항을 확인하세요. 여기서는 '좋아요' 버튼을 살펴보겠습니다.

이 예시에서 리액트는 이전 가상 DOM 트리와 새 가상 DOM 트리를 비교해 `p` 엘리먼트가 변경된 것을 발견합니다. 조금 더 구체적으로 표현하면, 프롭props[7]이 변경되었거나 상태가 변경되었거나 아니면 둘 다 변경된 것을 알게 된다는 뜻입니다. 이를 통해 리액트는 해당 컴포넌트를 '더티dirty'[8] 또는 '업데이트가 필요함'으로 표시할 수 있습니다. 그런 다음 리액트는 새 가상 DOM의 상태를 실제 DOM과 일치시키기 위해 실제 DOM에서 수행해야 할 효과적인 최소한의 업데이트 동작을 계산합니다. 그리고 최종적으로 가상 DOM에 적용된 변경 사항을 반영하도록 실제 DOM을 업데이트합니다.

리액트는 실제 DOM에서 필요한 부분만 업데이트해 DOM 조작 횟수를 최소화합니다. 이 접근 방식은 변경 사항이 있을 때마다 전체 DOM 트리를 업데이트하는 것보다 훨씬 빠르고 효율적입니다.

가상 DOM은 현대 웹에서 강력하고 영향력 있는 발명품으로 리액트에서 입증된 후 Preact,

7 옮긴이_ 엄밀히 말하면 프롭(props)은 프로퍼티(property) 또는 속성을 뜻하는 단어의 줄임말이지만, 이 책에서는 명확한 의미 전달을 위해 음차한 용어를 그대로 사용합니다. 원서에서도 리액트의 props와 객체의 속성(property)을 구분해 표기했습니다.

8 옮긴이_ 데이터베이스에서 트랜잭션 도중 변경되었지만 아직 커밋되지 않아 다른 사용자에게 보이지 않는 임시 상태의 데이터를 더티 데이터(dirty data)라고 표현합니다.

Inferno 같은 최신 라이브러리에서 채택되었습니다. 가상 DOM은 4장에서 자세히 다루기로 하고, 다음으로 넘어가겠습니다.

컴포넌트 모델

리액트는 애플리케이션을 작은 조각으로 나누고 이를 커다란 트리에 추가해 애플리케이션을 구성하는 '컴포넌트 단위로 생각하기'를 적극 권장합니다. 컴포넌트 모델은 리액트의 핵심 개념이자 리액트를 강력하게 만드는 동력입니다. 이유를 알아보겠습니다.

- 똑같은 것은 어디서나 재사용하도록 장려하기 때문에, 문제가 발생한 경우 한 곳만 수정해도 관련된 곳이 모두 수정됩니다. 이를 가리켜 DRY^{don't repeat yourself}(반복하지 말라) 개발이라고 하는데, 소프트웨어 엔지니어링의 핵심 개념입니다. 예를 들어 `Button` 컴포넌트가 있다면 애플리케이션의 여러 곳에서 사용할 수 있으며, 버튼 스타일을 변경해야 할 때 한 곳에서만 변경하면 그 외 모든 곳에서 변경됩니다.
- 특정 컴포넌트를 반복해서 식별하고 시간의 흐름에 따라 해당 컴포넌트의 업데이트를 줄곧 추적할 수 있다면, 리액트는 메모화memoization, 일괄 처리batching, 기타 최적화 작업 등의 성능 관련 작업을 더 쉽게 수행하고 컴포넌트를 더 쉽게 추적합니다. 이러한 식별 과정을 **키잉**keying이라고 합니다. 예를 들어 `Button` 컴포넌트에 `key` 프롭을 추가하면 리액트는 시간의 흐름에 따라 `Button` 컴포넌트를 추적해 컴포넌트를 언제 업데이트할지, 아니면 업데이트하지 않고 최소한의 변경만으로 사용자 인터페이스를 유지할지 알 수 있습니다. 대부분의 컴포넌트에는 암묵적으로 정해진 키가 있지만 필요할 때는 명시적인 키를 제공할 수도 있습니다.
- 관심사를 분리하고 로직이 영향을 미치는 사용자 인터페이스에 관련 로직을 더 가깝게 배치할 수 있게 도와줍니다. 예를 들어 `RegisterButton` 컴포넌트가 있다고 할 때, 버튼을 클릭할 때 발생하는 로직을 다른 파일에 두는 대신 `RegisterButton` 컴포넌트와 동일한 파일에 둘 수 있습니다. `RegisterButton` 컴포넌트는 더 단순한 `Button` 컴포넌트를 감싸고, 버튼이 클릭될 때 발생하는 로직의 처리를 담당합니다. 이런 식으로 여러 컴포넌트를 조합해 사용하는 방식을 **합성**composition이라고 합니다.

리액트의 컴포넌트 모델은 리액트의 인기와 성공의 비결이 된 기본 개념입니다. 컴포넌트를 통한 개발 방식은 모듈성 향상, 디버깅 용이성, 코드 재사용성, 효율성 향상 등 이점이 무궁무진합니다.

불변 상태

리액트의 설계 철학은 애플리케이션 상태를 불변하는immutable 값의 집합으로 기술하는 패러다임을 강조합니다. 각각의 상태 업데이트는 새로운 독립된 스냅숏과 메모리 참조로 취급됩니다. 불변하는 값을 통해 접근하는 상태 관리 방식은 리액트의 핵심 가치이며 강력하고 효율적입니다. 또 예측 가능한 사용자 인터페이스를 개발할 때 이로운 점이 몇 가지 있습니다.

리액트는 불변성immutability을 강제함으로써 UI 컴포넌트가 특정 시점의 특정 상태를 반영하도록 보장합니다. 상태가 변경되면 원래 있던 상태를 직접 변경하는 대신 새로운 상태를 표현하는 새 객체를 반환합니다. 덕분에 변경 사항을 추적하고, 디버깅하기 쉬워지며, 애플리케이션의 동작을 더 쉽게 이해할 수 있습니다. 모든 상태 전환은 독립적이고 서로 간섭하지 않습니다. 따라서 가변 상태mutable state를 공유할 때와 다르게 탐지하기 어려운 버그의 발생 여지가 현격히 적습니다.

다음 장에서는 리액트가 상태 업데이트를 일괄 처리하는 방식, 비동기적 일괄 처리를 통해 성능을 최적화하는 방식을 살펴보겠습니다. 상태는 불변하는 것으로 취급되어야 합니다. 상태의 불변성 덕분에 하나의 상태 업데이트가 다른 상태 업데이트를 손상시킬 위험 없이 안전하게 '트랜잭션transaction'[9]을 모으고 적용할 수 있습니다. 그러면 상태 관리를 더 잘 예측하게 되어, 특히 복잡한 상태 변환을 할 때 애플리케이션 성능이 개선됩니다.

불변 상태를 사용하면 소프트웨어 개발의 모범 사례를 강화할 수 있습니다. 개발자가 데이터 흐름에 대해 함수형 패러다임으로 사고하도록 유도해서 부작용이 줄고 코드를 더 쉽게 이해하게 됩니다. 불변 데이터 흐름의 명확성은 애플리케이션의 작동 방식을 더 쉽게 이해할 수 있는 형태로 단순화합니다.

또한 불변성 덕분에 Replay.io처럼 시간 여행 디버깅을 지원하는 강력한 개발자 도구도 사용할 수 있습니다. 개발자는 이 도구를 사용해 애플리케이션의 상태 변화를 앞뒤로 살펴보고 어떤 상태에서든 UI를 검사할 수 있습니다. 이러한 기능은 모든 상태 업데이트가 변경되지 않은 고유한 스냅숏으로 유지될 때만 가능합니다.

리액트가 불변 상태 업데이트를 고수하는 것은 수많은 장점을 얻기 위해 의도한 설계상의 선택입니다. 불변 상태 업데이트는 최신 함수형 프로그래밍 원칙에 부합하고, 효율적인 UI 업데이트, 성능 최적화, 버그 발생 가능성 감소, 전반적인 개발자 경험 개선 같은 이점이 많습니다. 상태 관리에 대한 이런 접근 방식은 리액트 고급 기능의 근간이 되었으며, 앞으로도 리액트의 발전을 계속 뒷받침할 것입니다.

9 옮긴이_ 여기서는 '일련의 상태 업데이트 작업'을 의미합니다.

1.3.2 리액트 출시

단방향 데이터 흐름은 수년간 웹 애플리케이션을 구축해 온 방식에서 상당히 벗어났기에 초기에는 회의적인 반응이 많았습니다. 게다가 페이스북은 풍부한 리소스와 많은 사용자, 수많은 엔지니어의 다양한 의견이 상존하는 대기업이었기에 리액트를 도입하는 과정이 순탄하지 않았습니다. 하지만 수차례의 검토 끝에 리액트는 내부적으로 성공을 거뒀습니다. 페이스북에 이어 인스타그램도 리액트를 채택했습니다.

그 후 2013년, 리액트는 오픈 소스로 전 세계에 공개되었지만 엄청난 반발을 불러일으켰습니다. 사람들은 리액트가 JSX를 사용하는 것에 대해 크게 비판했는데, 페이스북이 '자바스크립트에 HTML을 넣었다'며 관심사 분리 원칙을 해쳤다고 비난했습니다. 하지만 시간이 흘러 페이스북은 모범 사례를 다시 생각하고 웹의 한계를 깨는 회사로 알려지게 되었습니다. 느리지만 천천히 넷플릭스, 에어비앤비, 뉴욕 타임스 같은 회사에서 꾸준히 도입한 결과, 리액트는 웹에서 사용자 인터페이스를 구축하는 사실상의 표준이 되었습니다.

세세한 내용은 이 책의 범위를 벗어나기에 상당 부분 생략했지만, 그래도 본격적으로 리액트를 들여다보기 전에 리액트의 역사적인 맥락, 특히 리액트가 해결하고자 했던 기술적 문제를 이해하는 것은 중요합니다. 리액트의 역사와 이야기가 더 궁금하다면, 유튜브에서 무료로 볼 수 있는 리액트 역사 다큐멘터리를 확인하세요. 허니팟Honeypot이 제작한 'React.js: The Documentary'입니다.[10]

페이스북은 기술적인 문제를 어마어마한 규모로 겪으면서 이런 문제를 해결하고자 리액트를 통해 컴포넌트 기반 사용자 인터페이스 작성 방식을 개척했습니다. 각 컴포넌트는 독립적인 코드 단위로 재사용하며, 다른 컴포넌트와 함께 구성해 복잡한 사용자 인터페이스를 구축할 수 있습니다.

리액트가 오픈 소스 소프트웨어로 출시된 이듬해에 페이스북은 리액트 애플리케이션의 데이터 흐름 관리 패턴인 플럭스Flux를 발표했습니다. 플럭스는 대규모 애플리케이션에서 데이터 흐름을 관리하는 문제에 대한 해결책이었으며 리액트 생태계의 한 축을 담당했습니다. 플럭스를 살펴보고 리액트에 어떻게 적용하는지 알아보겠습니다.

10 옮긴이_ 공식 영상은 https://youtu.be/8pDqJVdNa44이며, 비공식 한국어 자막 버전은 https://youtu.be/-qQkew3WHjM입니다.

1.3.3 플럭스 아키텍처

플럭스는 클라이언트 측 웹 애플리케이션 구축을 위한 아키텍처 디자인 패턴이며, 페이스북(현재 메타)에서 발표했습니다(그림 1-3). 단방향 데이터 흐름을 강조해 애플리케이션 데이터의 흐름을 더욱 예측 가능하게 만듭니다.

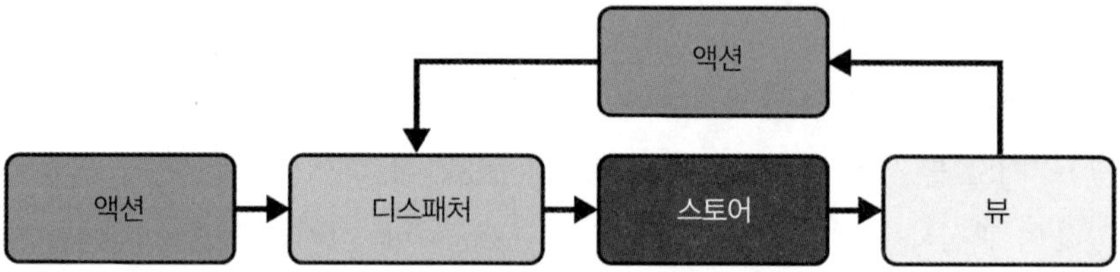

그림 1-3 플럭스 아키텍처

플럭스 아키텍처의 핵심 개념은 다음과 같습니다.

액션

새 데이터와 액션의 종류를 식별하는 속성을 포함하는 단순한 객체입니다. 사용자 상호 작용, 서버 응답, 양식 입력 등 시스템에 대한 내외부 입력을 표현합니다. 액션action은 중심의 디스패처를 통해 여러 스토어로 보내집니다.

```
// 액션 객체 예시
{
  type: 'ADD_TODO',
  text: '플럭스 아키텍처 학습'
}
```

디스패처

플럭스 아키텍처의 중심입니다. 액션을 받아서 애플리케이션에 등록된 스토어로 보냅니다. 모든 스토어는 디스패처dispatcher에 스토어 자신과 콜백을 등록해 두는데, 이 콜백 목록을 관리하는 것도 디스패처입니다. 액션을 디스패칭dispatching하면 등록된 모든 콜백으로 해당 액션을 전송합니다.

```
// 액션 디스패칭의 예시
Dispatcher.dispatch(action);
```

스토어

애플리케이션 상태와 로직을 포함합니다. MVC 아키텍처의 모델과 다소 유사하지만, 스토어store는 다수 객체의 상태를 관리합니다. 스토어 자신을 디스패처에 등록하고 액션을 처리하는 콜백도 제공합니다. 스토어 상태가 업데이트되면 변경 이벤트를 발생시켜 뷰에 변경된 사항을 알립니다.

```
// 스토어의 예시
class TodoStore extends EventEmitter {
  constructor() {
    super();
    this.todos = [];
  }

  handleActions(action) {
    switch (action.type) {
      case "ADD_TODO":
        this.todos.push(action.text);
        this.emit("change");
        break;
      default:
      // 아무 동작 없음
    }
  }
}
```

뷰

리액트 컴포넌트입니다. 스토어에서 변경 이벤트를 받으며, 의존하는 데이터가 변경되면 스스로 업데이트합니다. 뷰는 시스템 상태를 업데이트하는 새로운 액션을 생성해 단방향 데이터 흐름을 시작하기도 합니다. 플럭스 아키텍처는 시스템 전반에 걸쳐 단방향 데이터 흐름을 사용하도록 해서 시간 경과에 따른 변화를 추적하기 쉽게 만듭니다. 이러한 예측 가능성은 나중에 컴파일러가 코드를 더욱 최적화하기 위한 자료로 사용될 수도 있습니다. 해당 사례로는 리액트 컴파일러React Compiler가 있는데 자세한 내용은 나중에 다루겠습니다.

1.3.4 플럭스 아키텍처의 장점

플럭스 아키텍처는 웹 애플리케이션의 복잡성을 관리하고 유지 보수성을 개선하는 데 여러 장점이 있습니다. 주목할 장점 몇 가지는 다음과 같습니다.

단일 정보 출처

플럭스에서는 애플리케이션의 상태에 대한 단일 정보 출처source of truth[11]가 스토어에 저장되는 것이 중요합니다.

11 옮긴이_ 특정 데이터의 출처를 하나로 통일해서 이를 통해서만 모든 참조와 업데이트가 이루어지도록 하는 것을 의미합니다. 이를 통해 데이터의 일관성과 정확성을 보장할 수 있습니다.

이러한 중앙 집중식 상태 관리는 애플리케이션의 동작을 더 예측하기 쉽고 이해하기 쉽게 만듭니다. 서로 의존적인 다수의 정보 출처에서 발생할 수 있는 복잡성을 제거하므로, 애플리케이션 전반에 걸쳐 버그나 상태 불일치 문제를 방지합니다.

테스트 가능성

플럭스의 잘 정의된 구조와 예측 가능한 데이터 흐름은 애플리케이션의 테스트 가능성testability을 높입니다. 시스템의 여러 부분(액션, 디스패처, 스토어, 뷰 등) 간에 관심사를 분리하면 각 부분을 독립적으로 단위 테스트할 수 있습니다. 데이터 흐름이 단방향이고 상태가 예측 가능한 특정 위치에 저장되었다면 테스트를 더 쉽게 작성할 수 있습니다.

관심사 분리

앞서 설명한 것처럼 플럭스는 시스템 여러 부분의 관심사 분리separation of concerns가 명확합니다. 그래서 시스템은 더 모듈화되고 유지 보수가 쉬우며 파악하기도 쉬워집니다. 각 부분에는 명확하게 정의된 역할이 있으며, 단방향 데이터 흐름 덕분에 이러한 부분들이 어떻게 상호 작용하는지 분명하게 이해할 수 있습니다.

플럭스 아키텍처는 강력하고 확장 가능하며 유지 보수가 용이한 웹 애플리케이션을 작성하기 위한 견고한 기반이 됩니다. 단방향 데이터 흐름, 단일 정보 출처, 관심사 분리에 중점을 두어 개발, 테스트, 디버깅이 더 쉬운 애플리케이션을 작성할 수 있게 도와줍니다.

1.4 그래서... 리액트는 왜 필요한가요?

리액트는 개발자들이 더 예측 가능하고 신뢰성 있는 방식으로 사용자 인터페이스를 작성할 수 있게 하고, 우리가 **화면에 나타내고자 하는 바**를 선언적으로 표현할 수 있게 합니다. 화면에 어떻게 나타날지 신경 쓰지 않아도 리액트가 알아서 효율적인 방식으로 DOM에 점진적인 업데이트를 수행합니다. 또 컴포넌트 단위로 생각하도록 장려해 관심사를 분리하고 코드를 더 쉽게 재사용하도록 도와줍니다. 메타에서 면밀한 테스트를 거쳤으며 대규모로 사용할 수 있도록 설계되었습니다. 오픈 소스이며 무료로 사용할 수 있습니다.

또한 리액트는 개발자가 사용할 수 있는 다양한 도구, 라이브러리, 리소스를 갖춰 방대하고 활발한 생태계를 조성했습니다. 이 생태계에는 데이터 관리, 라우팅, 상태 관리 같은 일반적인 작업을 위한 라이브러리만이 아니라 리액트 애플리케이션 테스트, 디버깅, 최적화를 위한 도구도 있습니다. 또 리액트 커뮤니티는 매우 활발하고 친화적이며, 개발자들이 배우고 성장할 때 유익한 온라인 리소스, 포럼, 커뮤니티가 많습니다.

리액트는 플랫폼에 구애받지 않으므로 데스크톱, 모바일, 가상 현실 등 다양한 플랫폼에서 웹 애플리케이션을 작성하는 데 사용할 수 있습니다. 이러한 유연성은 단일 코드베이스를 사용해 여러 기기에서 실행되는 애플리케이션을 구축할 수 있기 때문에 여러 플랫폼용 애플리케이션을 구축하는 개발자에게 매력적인 옵션입니다.

결론적으로 리액트의 핵심 가치는 컴포넌트 기반 아키텍처, 선언적 프로그래밍 모델, 가상 DOM, JSX, 광범위한 생태계, 플랫폼을 가리지 않는 특성, 메타의 지원을 중심으로 이루어집니다. 이러한 기능들을 종합하면 리액트는 빠르고 확장 가능하며 유지 보수가 용이한 웹 애플리케이션을 작성해야 하는 개발자에게 충분히 매력적입니다. 간단한 웹사이트를 작성하든 복잡한 엔터프라이즈 애플리케이션을 작성하든 리액트는 어느 기술보다 더 효율적이고 효과적으로 목표를 달성할 수 있도록 돕습니다.

1.5 돌아보기

리액트의 간략한 역사와 핵심 가치 그리고 불안전하고 예측할 수 없으며 비효율적인 대규모 사용자 인터페이스의 업데이트 문제를 해결하는 방법을 살펴봤습니다. 또 컴포넌트 모델을 알아보고 이 모델이 웹 인터페이스에 혁신을 가져온 이유도 이야기했습니다. 지금까지 배운 내용을 요약해 보겠습니다. 이어지는 장에서는 리액트의 근간과 기원, 주요 강점, 가치에 대해 더 많은 정보를 얻을 수 있습니다.

1.6 복습하기

지금까지 다룬 주제를 완전히 이해했는지 확인하겠습니다. 잠시 시간을 내어 다음 질문에 답해 보세요.

1 리액트를 만들게 된 동기가 무엇인가요?

2 리액트가 MVC와 MVVM 같은 이전 패턴보다 개선된 점은 무엇인가요?

3 플럭스 아키텍처의 특징은 무엇인가요?

4 선언적 프로그래밍 추상화의 장점은 무엇인가요?

5 효율적인 UI 업데이트를 위한 가상 DOM의 역할은 무엇인가요?

혹시 답이 잘 떠오르지 않으면 이 장을 다시 읽어 보기 바랍니다. 잘 이해했다면 다음 장으로 넘어가도 좋습니다.

1.7 미리보기

2장에서는 선언적 추상화에 대해 깊이 살펴봅니다. 선언적 추상화는 화면에서 보고 싶은 것을 표현할 수 있게 하는 JSX의 구문과 내부 동작에 대한 것입니다. JSX는 자바스크립트에 포함된 HTML처럼 보이는 언어로, 초기에는 리액트를 곤경에 빠뜨렸지만 결국 웹에서 사용자 인터페이스를 구축하는 이상적인 방법으로 밝혀졌습니다. 또 후일에는 사용자 인터페이스를 구축하기 위한 라이브러리에 많은 영향을 주었습니다.

CHAPTER 2

JSX

1장에서는 리액트의 기초와 탄생 과정을 알아보고, 당시 인기 있던 자바스크립트 라이브러리, 프레임워크와 비교해 보았습니다. 리액트가 추구하는 진정한 가치와 리액트가 필요한 이유도 살펴봤습니다.

이 장에서는 자바스크립트 확장 구문인 JSX[JavaScript Syntax eXtension]에 대해 알아봅니다. JSX를 사용하면 자바스크립트 코드를 HTML과 유사하게 작성할 수 있습니다. 리액트가 2013년 처음 소개될 때 가장 먼저 눈에 띈 JSX는 강력한 비판을 받았습니다. 그래서 JSX부터 소개하려 합니다. JSX라는 확장 구문을 자세히 알아보고, 어떻게 작동하는지, 개념적으로 어떻게 코드를 만들 수 있는지 살펴보겠습니다.

시작하기에 앞서 JSX라는 용어의 의미부터 짚어 보겠습니다. JS가 자바스크립트라는 것은 이미 알고 있습니다. 마치 맥 OS X처럼 JSX는 자바스크립트 버전 10을 뜻할까요? 아니면 JS 엑스트라[Xtra]의 약자일까요? 보통 X가 숫자 10이나 엑스트라 등을 의미한다는 점을 떠올리면 그럴듯한 추측이긴 합니다. 하지만 JSX의 X는 자바스크립트의 **확장 구문**[eXtension]을 뜻합니다. 자바스크립트 XML이라고도 합니다.

2.1 자바스크립트 XML?

웹을 오래 사용했다면 2000년대 무렵 유행했고 AJAX라는 이름으로도 알려진 **비동기 자바스크립트와 XML**Asynchronous JavaScript and XML이라는 용어를 기억할 것입니다. AJAX는 기존 기술을 사용해 페이지를 벗어나지 않은 채 비동기적으로 업데이트되는 대화형 웹 페이지를 만드는 새로운 방식입니다. 당시에는 상태가 변경될 때마다 새 페이지를 읽어 들이는 게 일반적이었습니다.

브라우저에서 `XMLHttpRequest` 같은 도구를 사용하면 HTTPHyperText Transfer Protocol(하이퍼텍스트 전송 프로토콜)를 통해 비동기 요청, 다시 말해 차단되지 않는non-blocking 요청을 할 수 있습니다. 이 요청에 대해서는 일반적으로 XML로 응답했으나 오늘날에는 JSON이 널리 사용됩니다. `fetch`가 `XMLHttpRequest`보다 널리 사용되는 건 어쩌면 `XMLHttpRequest`라는 이름에 XML이 있기 때문인지도 모르겠습니다.

JSX는 개발자가 자바스크립트 코드 내에서 HTML과 유사한 코드를 작성할 수 있게 하는 자바스크립트용 구문 확장자입니다. 원래는 메타에서 리액트와 함께 사용하기 위해 개발했지만 이후 다른 라이브러리와 프레임워크에도 채택되었습니다. JSX는 별도의 언어가 아니라 컴파일러나 트랜스파일러에 의해 일반 자바스크립트 코드로 변환되는 확장 구문입니다. JSX 코드는 컴파일 과정을 거쳐 일반 자바스크립트 코드로 변환됩니다. 이에 대한 자세한 내용은 이 장의 후반부에서 설명하겠습니다.

JSX 구문은 HTML과 비슷해 보이지만 주요한 차이가 몇 가지 있습니다. 예를 들어 JSX는 중괄호 `{}`를 사용해 HTML과 유사한 코드 내에 자바스크립트 표현식을 삽입합니다. 또 JSX 속성은 HTML 속성과 달리 카멜 케이스camel case[1]로 작성됩니다. 예컨대 HTML의 `onclick`은 JSX에서 `onClick`입니다. HTML 엘리먼트는 소문자로만 작성하지만, JSX 엘리먼트나 컴포넌트는 첫 문자를 대문자로 작성합니다. 예컨대 `div`는 HTML이고, `Div`는 리액트 컴포넌트입니다.

JSX가 없어도 리액트 애플리케이션을 만들 수는 있지만, 코드를 읽고 파악하고 관리하기가 어렵습니다. 어쨌든 원한다면 JSX를 사용하지 않아도 됩니다. JSX를 사용할 때와 사용하지 않을 때 리액트 컴포넌트의 표현이 어떻게 다른지 보겠습니다.

---

1 옮긴이_ 이름을 소문자로 시작하되 두 단어 이상을 연결할 때 두 번째 단어부터 각 단어의 첫 글자를 대문자로 작성하는 방법입니다. 예를 들어 camel + case는 camelCase로 작성합니다.

JSX를 사용한 목록의 예시입니다.

```
const MyComponent = () => (
  <section id="list">
    <h1>내가 만든 목록!</h1>
    <p>대단하지 않나요? 멋진 것들이 모여 있습니다!</p>
    <ul>
      {amazingThings.map((t) => (
        <li key={t.id}>{t.label}</li>
      ))}
    </ul>
  </section>
);
```

똑같은 목록을 JSX 없이 작성한 예시입니다.

```
const MyComponent = () =>
  React.createElement(
    "section",
    { id: "list" },
    React.createElement("h1", {}, "내가 만든 목록!"),
    React.createElement(
      "p",
      {},
      "대단하지 않나요? 멋진 것들이 모여 있습니다!"
    ),
    React.createElement(
      "ul",
      {},
      amazingThings.map((t) =>
        React.createElement("li", { key: t.id }, t.label)
      )
    )
  );
```

여기서는 명확히 비교되도록 초기 버전의 JSX 변환기transformer를 사용해서 JSX 없는 리액트 컴포넌트를 설명했습니다. 변환transform에 관해서는 이 장의 뒷부분에서 자세히 살펴보겠지만, 일단은 '변환'이 A라는 문법을 B라는 문법으로 바꾸는 과정이라고만 알아 두면 됩니다.

현재 리액트는 본질적으로 수행하는 작업이 동일하지만, 리액트 17부터 도입된 새로운 변환기를 사용해 몇 가지 특수 함수를 자동으로 가져옵니다. 큰 틀에서 보면 사소한 사항이지만, 어쨌든 최신 변환기에서는 JSX를 사용하지 않은 목록을 다음과 같이 표현합니다.

```
import { jsx as _jsx } from "react/jsx-runtime";
import { jsxs as _jsxs } from "react/jsx-runtime";

const MyComponent = () =>
  _jsxs("section", {
    id: "list",
    children: [
      _jsx("h1", {
        children: "내가 만든 목록!",
      }),
      _jsx("p", {
        children: "대단하지 않나요? 멋진 것들이 모여 있습니다!",
      }),
      _jsx("ul", {
        children: amazingThings.map((t) =>
          _jsx(
            "li",
            {
              children: t.label,
            },
            t.id
          )
        ),
      }),
    ],
  });
```

어느 변환기를 사용하든 JSX를 사용한 예시와 사용하지 않은 예시에는 차이가 있습니다. JSX를 사용한 첫 번째 예시가 두 번째 예시보다 가독성과 유지 보수성이 훨씬 좋습니다. 전자는 JSX이고 후자는 바닐라 JS[2]입니다. JSX의 장단점을 알아보겠습니다.

2 옮긴이_ 가장 기본적인 맛을 가리키는 바닐라(vanilla)에 비유한 말로, 보통 바닐라 JS라는 용어는 '라이브러리나 프레임워크를 사용하지 않은 순수한 자바스크립트 코드'를 가리킵니다. 여기서는 'JSX를 사용하지 않은 코드'라는 의미로 사용되었습니다.

2.2 JSX의 장점

웹 개발에서 JSX를 사용해 얻는 장점입니다.

더 쉬운 읽기 및 쓰기

HTML에 익숙한 개발자는 JSX 문법을 더 쉽게 읽고 씁니다.

향상된 보안

새로운 엘리먼트를 생성할 수 있는 '〈' 및 '〉' 같은 위험한 문자가 HTML 문자열에 포함되었다면, JSX 코드를 컴파일할 때 다른 문자로 바뀌 더 안전한 자바스크립트 코드를 생성합니다. 앞서 말한 문자는 각각 HTML 문자의 부등호(<와 >)로 변환됩니다. 이 과정을 데이터 소독sanitization[3]이라고 합니다.

강력한 타이핑

JSX는 강력한 타이핑을 지원하므로 오류가 발생하기 전에 잡아낼 수 있습니다. JSX는 타입스크립트로 표현할 수 있지만, 타입스크립트가 없어도 JSDoc 스타일의 주석을 사용하거나 `propTypes`를 사용해 타입 안정성을 향상할 수 있습니다.

컴포넌트 기반 아키텍처

JSX는 컴포넌트 기반 아키텍처를 권장하는데, 이는 코드를 보다 모듈화하고 유지 보수를 쉽게 하는 데 도움이 됩니다.

광범위한 사용

JSX는 리액트 업계에서 널리 사용될 뿐만 아니라 리액트가 아닌 라이브러리와 프레임워크에서도 지원됩니다.

2.3 JSX의 약점

JSX 사용 시 감수해야 할 약점입니다.

학습 곡선 가중

JSX에 익숙하지 않은 개발자는 배우고 이해하기가 어려울 수 있습니다.

전용 도구 필요

JSX 코드를 실행하려면 먼저 일반 자바스크립트 코드로 컴파일해야 하기 때문에 이를 위한 개발 도구가 추

3 옮긴이_ 사용자 또는 서버로부터 받은 데이터의 위험성을 제거하고 유효성을 검사하는 과정을 말합니다. 영어를 그대로 음차하거나 데이터 위생 처리라는 용어로 일컫기도 합니다.

가되어야 합니다. 뷰Vue.js를 비롯한 일부 프레임워크는 페이지에 `<script>` 태그만 포함하면 브라우저 환경에서 즉시 작동합니다.

관심사 혼합

일부 개발자들은 JSX가 HTML과 유사한 코드를 자바스크립트 코드에 결합함으로써 관심사를 혼합시키고, 표현과 논리를 분리하기 어렵게 만든다고 주장합니다.

자바스크립트 호환성 부족

JSX는 인라인 표현식을 지원하지만 인라인 블록은 지원하지 않습니다. 즉, JSX 요소의 트리 내부에는 인라인 표현식을 가질 수 있지만 `switch`와 `if` 블록은 가질 수 없습니다. JSX를 처음 접하는 개발자는 알아채기 어려운 특성입니다.

JSX는 이러한 약점에도 웹 개발자, 특히 리액트를 사용하는 개발자들이 널리 애용하는 기술이 되었습니다. JSX를 사용하면 강력하고 유연한 방식으로 컴포넌트를 만들고 사용자 인터페이스를 작성할 수 있습니다. JSX는 리액트에서도 사용되지만 뷰Vue.js, 솔리드Solid, 퀵Qwik 등의 라이브러리와 프레임워크에도 채택되었습니다. 현재 JSX는 리액트 외 영역에서도 폭넓게 활용되고 있는데 차후 이런 인기가 지속되어 리액트는 물론이고 웹 생태계도 벗어날 전망입니다. iOS의 SwiftUI는 JSX의 영향을 받았습니다.

JSX는 동적이고 반응이 빠른 사용자 인터페이스를 작성하는 데 이로운 강력하고 유연한 도구입니다. JSX의 목적은 하나입니다. 반복, 계산, 인라인 실행 같은 강력한 기능을 그대로 유지하면서 리액트 컴포넌트의 코드를 간단하게 작성하고, 읽기 쉽게 만들고, 유지 보수하기 좋게 만드는 것입니다.

JSX는 브라우저에 전달되기 전에 바닐라 JS가 됩니다. 이 동작이 어떻게 이루어지는지 내부를 들여다보겠습니다.

2.4 내부 동작

언어가 어떻게 확장하고 확장한 언어는 어떻게 동작하는지 알려면 프로그래밍 언어를 더 깊이 이해할 필요가 있습니다. 구체적으로 다음 코드가 정확히 어떻게 3이라는 숫자를 출력하는지 보겠습니다.

```
const a = 1;
let b = 2;

console.log(a + b);
```

이 코드를 이해하고 나면 JSX를 더 잘 이해하게 되고, 리액트에 대한 이해도 깊어져 리액트를 능숙하게 다룰 수 있게 될 것입니다.

2.4.1 코드는 어떻게 작동하나요?

방금 본 코드 조각은 말 그대로 텍스트일 뿐입니다. 컴퓨터는 이를 어떻게 해석하고 실행할까요? 미리 말하지만, 텍스트 파일의 키워드를 식별하기 위해 거대하고 영리한 **RegExp**(정규 표현식)을 사용하지는 않습니다. 필자도 이런 방식으로 프로그래밍 언어를 만들려고 시도했다가 참담하게 실패한 적이 있는데, 정규 표현식은 제대로 이해하기 어렵고, 다시 읽으면서 머릿속으로 구문을 분석하기는 더 난해하며, 가독성 문제로 유지 보수가 매우 힘들기 때문입니다. 예를 들어 다음은 유효한 이메일 주소를 식별하는 정규 표현식입니다. 언뜻 봐서는 정규 표현식의 목적조차 파악되지 않습니다.

```
\[(?:[a-z0-9!#\$%&'\*\+-/=\?\^_`{\¦}~]+(?:\.[a-z0-9!#\$%&'\*\+-/=\?\^_`{\¦}~]+)\
*¦"(?:[\x01-\x08\x0b\x0c\x0e-\x1f\x21\x23-\x5b\x5d-\x7f]¦\\[\x01-\x09\x0b\x0c\x0
e-\x7f])\*")@(?:(?:[a-z0-9](?:[a-z0-9-]\*?[a-z0-9])?\.)\*?[a-z0-9](?:[a-z0-9-]\*
?[a-z0-9])?¦\[(?:(?:25[0-5]¦2[0-4][0-9]¦[01]?[0-9][0-9]?)\.){3}(?:25[0-5]¦2[0-4] [0-
9]¦[01]?[0-9][0-9]?¦[a-z0-9-]\*?[a-z0-9]:(?:[\x01-\x08\x0b\x0c\x0e-\x1f\x21-\ x5a\
x53-\x7f]¦\\[\x01-\x09\x0b\x0c\x0e-\x7f])\+)\])\]
```

심지어 이 정규 표현식은 여기에 담을 수 없을 정도로 더 길고 유효하지도 않습니다. 그래서 정규 표현식 대신 **컴파일러**compiler를 사용해 코드를 컴파일하는 것입니다. 컴파일러는 특정 규칙에 따라 고급 프로그래밍 언어로 작성된 소스 코드를 구문 트리로 변환하는 소프트웨어입니다. 여기서 구문 트리란 문자 그대로 자바스크립트 객체 같은 트리 자료 구조입니다. 코드를 컴파일하는 과정은 어휘 분석, 구문 분석, 의미 분석, 최적화, 코드 생성 등 여러 단계를 통과합니다. 각 단계를 자세히 살펴보고 최신 소프트웨어 개발 환경에서 컴파일러의 역할에 대해 논의해 보겠습니다.

컴파일러는 (적어도 자바스크립트에서는) 3단계 과정을 거칩니다. 각각 **토큰화**tokenization, **구문 분석**parsing, **코드 생성**code generation이라고 하는데, 각 단계에 대해 자세히 살펴보겠습니다.

토큰화

간단하게 말하면 문자열을 의미 있는 **토큰**token으로 분해하는 것입니다. 토크나이저가 상태를 가지고 있고, 각 토큰이 자신의 부모나 자식에 관한 상태를 포함하고 있을 때는 토크나이저를 **렉서**lexer라고 부릅니다. 한마디로 렉싱lexing은 상태를 가지는 토큰화입니다.

렉서는 **렉서 규칙**lexer rules이 있어서, 이 규칙으로 정규 표현식을 사용해 프로그래밍 언어를 나타내는 텍스트 문자열에서 변수 이름, 객체 키 및 값 같은 주요 토큰을 감지합니다. 그런 다음 렉서는 구현에 따라 이러한 키워드를 열거 가능한 값으로 표현합니다. 가령 `const`는 `0`으로, `let`은 1로, `function`은 2로 바뀝니다.

문자열이 토큰화되거나 렉싱되면 다음 단계인 구문 분석으로 넘어갑니다.

구문 분석

토큰을 가져와 구문 트리로 변환하는 과정입니다. 구문 트리는 코드의 구조를 나타내는 자료 구조입니다. 예를 들어 앞서 살펴본 코드 조각은 다음과 같은 구문 트리로 표현됩니다.

```
{
type: "Program",
body: [
    {
    type: "VariableDeclaration",
    declarations: [
        {
        type: "VariableDeclarator",
        id: {
            type: "Identifier",
            name: "a"
        },
        init: {
            type: "Literal",
            value: 1,
            raw: "1"
        }
        }
    ],
    kind: "const"
    },
    {
    type: "VariableDeclaration",
    declarations: [
```

```
            {
            type: "VariableDeclarator",
            id: {
                type: "Identifier",
                name: "b"
            },
            init: {
                type: "Literal",
                value: 2,
                raw: "2"
            }
            }
        ],
        kind: "let"
        },
        {
        type: "ExpressionStatement",
        expression: {
            type: "CallExpression",
            callee: {
            type: "Identifier",
            name: "console"
            },
            arguments: [
            {
                type: "BinaryExpression",
                left: {
                type: "Identifier",
                name: "a"
                },
                right: {
                type: "Identifier",
                name: "b"
                },
                operator: "+"
            }
            ]
        }
        }
    ]
    }
```

구문 분석기 덕분에 문자열은 JSON 객체가 됩니다. 이런 자료 구조가 있으면 프로그래머들은 정말 재미있는 일을 할 수 있습니다. 언어 엔진은 이러한 자료 구조를 사용해 세 번째 단계인 코드 생성 과정을 실행합니다.

코드 생성

컴파일러가 추상 구문 트리abstract syntax tree(AST)에서 기계어를 생성하는 과정입니다. 여기에는 컴퓨터의 프로세서가 직접 실행할 수 있는 일련의 명령어로 AST의 코드를 변환하는 작업이 포함됩니다. 이후, 결과로 생성된 기계어는 자바스크립트 엔진에 의해 실행됩니다. AST를 기계어로 변환하는 과정에는 복잡하고 다양한 단계가 포함됩니다. 하지만 최신 컴파일러는 매우 정교하며 다양한 하드웨어 아키텍처에서 효율적으로 실행되는 고도로 최적화된 코드를 생성할 수 있습니다.

컴파일러는 여러 종류가 있으며, 저마다 특성과 사용 목적이 다릅니다. 가장 일반적인 컴파일러 종류는 다음과 같습니다.

네이티브 컴파일러

대상 플랫폼의 프로세서에서 직접 실행할 수 있는 기계어를 생성합니다. 네이티브 컴파일러native compiler는 일반적으로 독립 실행형 애플리케이션이나 시스템 수준의 소프트웨어를 만드는 데 사용됩니다.

크로스 컴파일러

컴파일러가 실행 중인 플랫폼과 다른 플랫폼용 기계어를 생성합니다. 크로스 컴파일러cross compiler는 임베디드 시스템 개발이나 특수 하드웨어를 대상으로 할 때 자주 사용됩니다.

JIT 컴파일러

코드를 미리 변환하지 않고 실행할 때 기계어로 변환합니다. JITjust-in-time 컴파일러는 자바 가상 머신 같은 가상 머신에서 일반적으로 사용되며, 기존 인터프리터보다 성능이 훨씬 우수합니다.

인터프리터

컴파일하지 않고 소스 코드를 직접 실행합니다. 인터프리터interpreter는 일반적으로 컴파일러보다 속도가 느리지만 유연성과 사용 편의성이 우수합니다.

웹 브라우저를 비롯해 최신 환경에서는 자바스크립트 코드를 효율적으로 실행하기 위해 JIT 컴파일러를 많이 사용합니다. 이러한 시스템에서는 자바스크립트 소스 코드가 먼저 바이트코드 같은 중간 표현으로 변환됩니다. 그런 다음 JIT 컴파일러는 프로그램이 실행될 때 이 바이트코드를 기계어로 동적 컴파일합니다. 이렇게 실행할 때 컴파일하면 엔진은 변수 종류와 자주 실행되는 코드 경로 같은 실시간 정보를 기반으로 최적화를 수행할 수 있습니다. 일부 엔진은 초기 실행을 빠르게 하기 위해 최적화되지 않은 빠른 컴파일로 시작한 다음, 자주 실행되는 코드 세그먼트에 보다 최적화된 컴파일을 하는 등 여러 단계로 나누어 컴파일하기도 합니다. 이러한 동적 접근 방식을 통해 자바스크립트 엔진은 다양한 애플리케이션에서 뛰어난 성능을 구현할 수 있습니다.

런타임runtime은 일반적으로 엔진과 연동해 특정 환경에 맞는 콘텍스트 헬퍼와 기능을 더 많이 제공합니다. 가장 인기 있는 자바스크립트 런타임은 구글 크롬 같은 일반적인 웹 브라우저입니다. 크롬 웹 브라우저는 엔진과 연동하는 크로미움Chromium 런타임을 제공합니다. 마찬가지로 서버 측에서는 V8 엔진을 사용하는 Node.js 런타임을 사용합니다. 그 밖의 다양한 엔진과 런타임도 있습니다.

런타임은 자바스크립트 엔진에 브라우저 런타임이 제공하는 `window` 객체와 `document` 객체 같은 콘텍스트를 제공합니다. 브라우저와 Node.js를 모두 사용해 본 적이 있다면 Node.js에는 전역 `window` 객체가 없음을 알 것입니다. 런타임이 달라서 다른 콘텍스트를 제공하기 때문입니다. Cloudflare는 Workers라는 Node.js와 유사한 런타임을 만들었는데 이 런타임이 하는 일은 딱 하나, 전 세계적으로 분산된 에지 서버edge server라는 컴퓨터에서 자바스크립트를 실행하는 것입니다. Bun과 Deno는 좋은 대안이 되는 런타임이지만 여기서는 다루지 않습니다. 그런데 이게 JSX와 어떻게 관련될까요?

2.4.2 JSX로 자바스크립트 구문 확장하기

자바스크립트 구문을 확장하는 방법을 이해했으니, 이제 JSX의 작동 원리를 알아보겠습니다. JSX를 어떻게 동작하게 만들 수 있을까요? 자바스크립트 구문을 확장하려면 새로운 구문을 이해하는 다른 엔진이 필요하거나, 엔진보다 앞서 새로운 구문을 처리해야 합니다. 자바스크립트 엔진은 매우 다양한 곳에서 사용되므로 제작과 유지 보수에 많은 고민이 필요합니다. 따라서 JSX만을 위한 새로운 엔진을 만든다는 건 거의 불가능합니다. 이 방법을 사용하려면 확장 구문을 사용하기까지 몇 년 내지 몇십 년이 걸릴 수도 있습니다. 또 그렇게 만든 '맞춤형 특수 엔진'이 널리 사용되도록 해야 합니다. 기존 자바스크립트 엔진을 버리고 인기 없는 새로운 엔진을 사용하도록 브라우저 공급업체와 기타 이해관계자들을 설득할 수 있을까요? 말도 안 되는 일입니다.

기존 엔진보다 앞서 새로운 구문을 처리하도록 하는 게 당연히 더 쉽습니다. 새 구문이 엔진에 도달하기 전에 처리하는 방법을 살펴봅시다. 이를 위해서는 확장 언어를 이해하는, 다시 말해 확장 언어로 작성된 코드 문자열을 이해할 수 있는 렉서와 구문 분석기를 만들어야 합니다. 종래의 방식에서는 다음 단계로 기계어를 생성했지만, 여기서는 구문 트리를 사용해 기존의 모든 자바스크립트 엔진이 이해할 수 있는 일반적인 바닐라 JS를 생성합니다. 이것이 바로 자바스크립트 생태계에서 **바벨**Babel이 하는 일이고, 타입스크립트TypeScript, 트레이서Traceur, SWC 같은 도구가 하는 일입니다(그림 2-1).

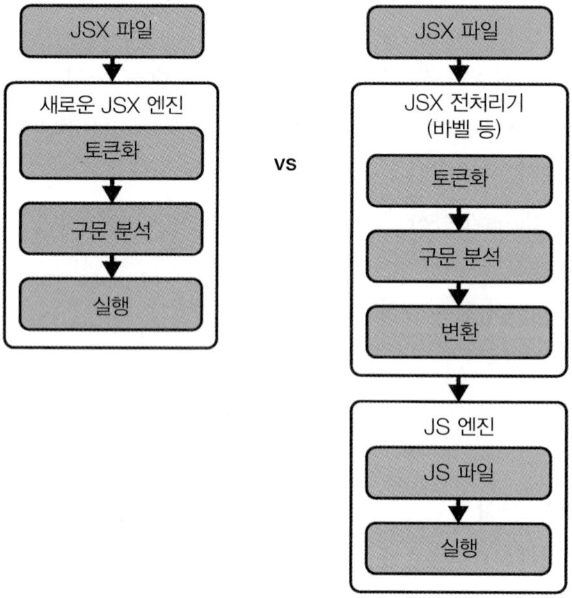

그림 2-1 새로운 JSX 엔진 제작 vs JS 전처리기 사용

이 때문에 JSX는 브라우저에서 직접 사용할 수 없고, 특수한 구문 분석기를 통해 구문 트리로 컴파일하는 '빌드 단계'가 필요합니다. 이 코드는 이러한 과정을 거쳐 바닐라 JS로 변환되어 최종 배포용 번들bundle에 포함됩니다. 이 과정을 가리켜 **트랜스파일한다**transpile고 하는데, 달리 표현하면 코드를 변환한 후 컴파일한다는 말입니다.

트랜스파일은 한 언어로 작성된 소스 코드를 추상화 수준이 비슷한 다른 언어로 변환하는 과정입니다. 그래서 소스 대 소스 컴파일source-to-source compilation이라고도 합니다.

공식적으로는 번역기의 한 종류로 볼 수 있습니다. 번역기라는 포괄적인 용어는 컴파일러나 어셈블러 또는 인터프리터를 지칭하기도 합니다. 개념은 컴파일과 거의 동일하지만, 대상 언어의 추상화 수준이 원본 언어와 비슷하다는 점이 다릅니다.

예를 들어 고수준 언어인 타입스크립트를 트랜스파일하면 또 다른 고수준 언어인 자바스크립트로 변환됩니다. 바벨도 ES6 자바스크립트 코드를 ES5 자바스크립트로 변환합니다.

이제 자바스크립트의 확장 구문을 만드는 방법을 배웠으니, 확장 구문인 JSX로 무엇을 할 수 있는지 살펴봅시다.

2.5 JSX 프라그마

JSX 프라그마pragma[4]는 모두 `<`로 시작하는데, 사실 자바스크립트에서 이 문자는 비교 연산할 때를 제외하면 인식하지 못하는 문자입니다. 자바스크립트 엔진은 이 문자를 발견하면 `SyntaxError: Unexpected token '<'` 오류[5]를 던집니다. JSX에서는 이런 'JSX 프라그마'가 함수 호출로 변환될 수 있습니다. 일반적으로 프라그마는 언어 자체에 내포된 것 이상의 추가 정보를 컴파일러에 제공할 때 사용하는 컴파일러 지시어입니다. 가령 파일의 일부 콘텐츠를 처리하는 특수한 방법을 컴파일러에 지시할 수 있습니다.

자바스크립트에서 볼 수 있는 지시어의 예로는 가끔 구형 모듈에서 볼 수 있는 `use strict` 프라그마[6]와 최근 리액트 서버 컴포넌트React Server Component(RSC)와 함께 사용되는 `use strict` 프라그마[7]가 있습니다. 이에 관한 자세한 내용은 9장에서 확인할 수 있습니다.

구문 분석기가 `<` 프라그마를 만날 때 호출할 함수의 이름은 설정 가능한데, 앞서 설명한 것처럼 `React.createElement`(예전 버전) 또는 `_jsxs`(최신 버전)가 기본값으로 정해집니다. 이 함수의 시그니처function signature[8]는 다음과 같습니다.

```
function pragma(tag, props, ...children)
```

이 함수는 `tag`, `props`, `children`을 인자로 받습니다. JSX가 일반 자바스크립트 구문으로 바뀌는 방식은 다음과 같습니다. 먼저 JSX 코드를 보겠습니다.

4 옮긴이_ 컴파일러에 특정 작업을 수행하도록 지시하는 지시어를 뜻합니다.

5 옮긴이_ 적절하지 않은 장소에 토큰이 나타났다는 의미로, 작성한 코드에 문법 오류가 있을 때 주로 발생합니다.

6 옮긴이_ 자바스크립트 문법을 조금 더 엄격하게 적용할 때 사용합니다.

7 옮긴이_ 서버에서는 실행하지 않고 클라이언트에서만 실행할 코드를 가리킬 때 사용합니다.

8 옮긴이_ 함수 이름, 매개변수 목록, 반환값 종류 등을 포함한 함수의 정의입니다.

```
<MyComponent prop="속성값">콘텐츠</MyComponent>
```

이 코드는 다음과 같은 자바스크립트 코드가 됩니다.

```
React.createElement(MyComponent, { prop: "속성값" }, "콘텐츠");
```

태그(MyComponent), 속성(prop="속성값"), 자식("콘텐츠")이 어떤 식으로 옮겨졌는지 확인하세요. 이러한 변환이 바로 여러 차례 반복적으로 호출되는 함수에 관한 문법 설탕syntax sugar[9]인 JSX 프라그마의 역할입니다. 사실상 JSX 프라그마는 React.createElement 대신 < 문자를 사용하는 별칭에 불과합니다.

2.6 표현식

JSX의 강력한 기능 하나는 엘리먼트 트리 내부에서 코드를 실행하는 것입니다. 목록을 훑을 때는 이 장 전반부에서 map을 사용한 예시처럼 중괄호 안에 실행 코드를 넣으면 됩니다. 2.4절 '내부 동작'에서 본 두 숫자의 합계 예시를 JSX에서 표시하려면 다음과 같이 작성합니다.

```
const a = 1;
const b = 2;

const MyComponent = () => <Box>표현식입니다: {a + b}</Box>;
```

이렇게 하면 중괄호 안의 내용이 표현식으로 실행되므로 **표현식입니다: 3**이 렌더링됩니다. JSX 표현식을 사용하면 목록 반복, 삼항 연산자를 사용한 조건 검사, 문자열 치환 등 다양한 표현식을 실행할 수 있습니다.

다음은 삼항 연산자를 사용한 조건 검사의 또 다른 예입니다.

9 옮긴이_ 프로그래밍 코드를 더 간결하게 작성하기 위한 편의적인 구문이며, 편의성 외의 다른 기능은 추가하지 않습니다. 설탕 문법(sugar syntax)이라고도 부릅니다.

```
const a = 1;
const b = 2;

const MyComponent = () => <Box>b가 a보다 큽니까? {b > a ? "네" : "아니오"}</Box>;
```

비교 표현식의 평가가 이루어지므로 이 코드는 b가 a보다 큽니까? 네를 렌더링합니다. 여기서 짚고 넘어가자면 JSX 표현식은 말 그대로 표현식입니다. JSX 엘리먼트 트리 내부에서는 문장statement을 실행하지 못합니다. 따라서 다음 방식은 동작하지 않습니다.

```
const MyComponent = () => <Box>표현식입니다: {
    const a = 1;
    const b = 2;

    if (a > b) {
        3
    }
}</Box>;
```

이 코드는 동작하지 않습니다. 문장이 아무런 값도 반환하지 않는데, 값을 반환하지 않으면서 상태를 설정하는 부작용으로 간주되기 때문입니다. 문장을 모두 실행하고 난 이후에 값을 어떻게 인라인으로 출력할 수 있을까요? 이 예시에서는 여섯째 줄에 3이라는 수를 두었습니다. 렌더러는 이 문장을 보고 우리가 3을 출력하려고 한 걸 알 수 없습니다. 바로 이런 이유로 표현식은 평가되지만 문장은 평가되지 않습니다.

2.7 돌아보기

자, 여기까지 JSX에 관해 상당히 많은 내용을 다뤘습니다. 이제 우리는 이 주제를 편안하게 느끼며, 자신감을 가지고 유창하게 설명할 정도가 되어야 합니다.

2.8 복습하기

지금까지 다룬 주제를 완전히 이해했는지 확인하겠습니다. 잠시 시간을 내어 다음 질문에 답해 보세요.

1 JSX란 무엇이며, 장단점은 무엇인가요?

2 JSX와 HTML의 차이점은 무엇인가요?

3 텍스트 문자열은 어떻게 기계어가 되나요?

4 JSX 표현식이란 무엇이며 어떤 좋은 점이 있나요?

혹시 답이 잘 떠오르지 않으면 이 장을 다시 읽어 보기 바랍니다. 잘 이해했다면 다음 장으로 넘어가도 좋습니다.

2.9 미리보기

이제 JSX를 꽤 능숙하게 다루게 되었으니 리액트의 다음 측면으로 시선을 돌려 지금까지 배운 지식으로 리액트를 전문가처럼 활용하는 방법을 알아보겠습니다. 가상 DOM으로 이동합시다.

CHAPTER 3

가상 DOM

이 장에서는 VDOM이라고도 하는 가상 DOM(virtual DOM)의 개념과 리액트에서 가상 DOM이 중요한 이유를 자세히 알아봅니다. 또 리액트가 가상 DOM을 사용해 웹 개발을 더 쉽고 효율적으로 만든 방법도 살펴보겠습니다.

웹 애플리케이션이 복잡해지면서 '실제 DOM'을 관리하는 일 역시 어려워졌습니다. 뒤이어 자세히 다루겠지만, 앞서 1장에서 간략하게 보았듯 실제 DOM 관리는 복잡하고 오류가 발생하기 쉬운 작업입니다. 이 문제의 해결책으로 제시된 것이 리액트의 가상 DOM입니다.

이 장에서는 리액트 가상 DOM의 작동 방식과 가상 DOM이 실제 DOM보다 좋은 점이 무엇인지, 어떻게 구현되는지 살펴봅니다. 또 리액트가 가상 DOM을 사용해 실제 DOM의 성능을 최적화하는 방식을 배우고, 끝으로 이 많은 기술을 어떻게 함께 활용하는지 알아보겠습니다.

일련의 예제 코드와 자세한 설명을 통해 리액트에서 가상 DOM의 역할을 이해하고, 가상 DOM의 이점을 활용해 강력하고 효율적인 웹 애플리케이션을 만드는 방법을 배우겠습니다. 시작하겠습니다!

3.1 가상 DOM 소개

가상 DOM은 DOM과 마찬가지로 HTML 문서를 자바스크립트 객체로 모델링한 것입니다. DOM이라는 말 자체가 문서 객체 모델Document Object Model (DOM)이란 뜻입니다. 그냥 DOM이라고 하면 브라우저 런타임의 문서 모델을 의미합니다. DOM의 가벼운 복사본이 가상 DOM인데, 실제 DOM은 노드 객체로 구성되고 가상 DOM은 설명 역할을 하는 평범한 JS 객체로 구성된다는 점에서 큰 차이가 있습니다. 곧 알게 되겠지만, 웹 개발자는 이 같은 구성을 통해 더 효율적이고 성능이 뛰어난 방식으로 사용자 인터페이스를 만들 수 있습니다.

리액트는 우리가 `setState` 또는 다른 메커니즘을 통해 UI를 변경하라고 지시할 때마다 가상 DOM을 먼저 업데이트한 다음, 가상 DOM의 변경 사항에 맞춰 실제 DOM을 업데이트합니다. 이 과정을 가리켜 **재조정**reconciliation이라고 하는데, 이 주제는 4장에서 다룹니다.

가상 DOM을 먼저 업데이트하는 이유는 실제 DOM의 업데이트가 다소 느리고 비용이 많이 들 수 있기 때문입니다. 다음 절에서 설명하겠지만, 실제 DOM이 변경될 때마다 브라우저는 페이지 레이아웃을 다시 계산하고 화면을 다시 그리며 시간이 오래 걸릴 수 있는 여러 작업을 수행합니다.

예를 들어 엘리먼트의 `offsetWidth`를 읽기만 해도 브라우저가 문서의 전체나 일부 레이아웃을 다시 계산하는 과정을 거칩니다. 이 과정을 리플로reflow라고 하는데, 리플로가 발생하면 성능에 영향을 주고 직접적인 DOM 상호 작용이 비효율적으로 동작할 수 있습니다.

```
const btn = document.getElementById("myButton");
const width = btn.offsetWidth; // 이 코드는 리플로를 발생시킬 수도 있습니다.
```

반면, 가상 DOM 업데이트는 실제 페이지 레이아웃을 변경하지 않기 때문에 훨씬 빠르게 동작합니다. 가상 DOM은 평범한 자바스크립트 객체로 구성되기 때문에 브라우저나 다른 호스트 환경에 얽매이지 않고 자바스크립트 엔진을 최대한 활용하는 다양한 알고리듬에 접근해 빠르고 효율적으로 조작할 수 있습니다.

리액트는 가상 DOM이 업데이트되면 비교 알고리듬으로 가상 DOM의 이전 버전과 새 버전의 차이점을 식별합니다. 그 후 실제 DOM 업데이트에 필요한 최소한의 변경 사항을 선정하고, 일괄적이고 최적화된 방식으로 변경 사항을 적용해 성능 영향을 최소화합니다.

이 장에서는 가상 DOM과 실제 DOM의 차이, 실제 DOM의 문제점, 가상 DOM이 더 나은 사용자 인터페이스를 만드는 데 어떤 도움이 되는지 살펴봅니다. 또 리액트의 가상 DOM 구현과 효율적인 업데이트에 사용하는 알고리듬도 자세히 알아봅니다.

3.2 실제 DOM

웹 브라우저는 HTML 페이지를 읽어 들이고 나면, 구문을 분석해 노드와 객체의 트리, 다시 말해 DOM이라고 부르는 **객체 모델**object model로 변환합니다. DOM은 커다란 자바스크립트 객체일 뿐입니다. 웹 페이지의 현재 상태를 실시간으로 표현한 것이므로, 사용자가 페이지와 상호작용하는 대로 계속 업데이트됩니다.

간단한 HTML 페이지의 실제 DOM 예시입니다.

```
<!DOCTYPE html>
<html>
  <head>
    <title>예시 페이지</title>
  </head>
  <body>
    <h1 class="heading">반갑습니다!</h1>
    <p>예시 문단입니다.</p>
    <ul>
      <li>목록 항목 1</li>
      <li>목록 항목 2</li>
      <li>목록 항목 3</li>
    </ul>
  </body>
</html>
```

이 예시의 실제 DOM은 페이지의 각 HTML 엘리먼트에 해당하는 노드를 트리 같은 구조로 구성해 표현했습니다. 이해를 위해 상당히 단순화했지만, 트리 구조는 다음과 같을 것입니다. 실제 DOM에는 노드마다 속성과 메서드가 훨씬 더 많습니다. 단순하긴 해도, 문서가 객체로 모델링되는 방식을 이해하는 데는 다음 표현이 유용합니다.

```
const dom = {
  type: "document",
  doctype: "html",
  children: [
    {
      type: "element",
      tagName: "html",
      children: [
        {
          type: "element",
          tagName: "head",
          children: [
            {
              type: "element",
              tagName: "title",
              children: "예시 페이지",
            },
          ],
        },
        {
          type: "element",
          tagName: "body",
          children: [
            {
              type: "element",
              tagName: "h1",
              innerHTML: "반갑습니다!",
              children: [],
              className: "heading",
            },
            {
              type: "element",
              tagName: "p",
              children: "예시 문단입니다.",
            },
            {
              type: "element",
              tagName: "ul",
              children: [
                {
                  type: "element",
                  tagName: "li",
                  children: "목록 항목 1",
                },
```

```
                {
                  type: "element",
                  tagName: "li",
                  children: "목록 항목 2",
                },
                // ... 여기에는 뭐가 있을까요?
              ],
            },
          ],
        },
      ],
    },
  ],
};
```

트리의 각 노드는 HTML 엘리먼트를 나타내며 자바스크립트를 통해 조작할 수 있는 속성과 메서드가 포함되었습니다. 예를 들어 `document.querySelector` 메서드를 사용해 실제 DOM에서 특정 노드를 검색하고 그 내용을 수정할 수 있습니다.

```
// <h1> 노드 가져오기
const h1Node = document.querySelector(".heading");

// 가져온 노드의 내용 바꾸기
if (h1Node) {
  h1Node.innerHTML = "제목이 바뀌었다!";
}

console.log(h1Node);
```

여기서는 `document.querySelector` 메서드를 사용해 `"heading"`이라는 `class`가 포함된 `h1` 엘리먼트를 검색합니다. 그런 다음 엘리먼트의 `innerHTML` 속성을 **`"제목이 바뀌었다!"`**로 설정해 엘리먼트의 내용을 수정합니다. 이렇게 하면 페이지에 표시되는 텍스트가 **`"반갑습니다!"`**에서 **`"제목이 바뀌었다!"`**로 변경됩니다.

그리 복잡한 코드는 아니지만 몇 가지 눈여겨볼 사항이 있습니다. 첫째는 실제 DOM에서 엘리먼트를 검색하기 위해 `document.querySelector` 메서드를 사용한 부분입니다. 이 메서드는 CSS 선택자를 인수로 받아 선택자와 일치하는 첫 번째 엘리먼트를 반환합니다. 예시에서는 클래스 선택자 `.heading`을 전달했는데, 이는 `"heading"`이라는 `class` 속성이 있는 `h1` 엘리먼트와 일치합니다.

`document.querySelector` 메서드는 CSS 선택자를 기반으로 실제 DOM에서 엘리먼트를 선택하는 강력한 도구지만, 크고 복잡한 문서로 작업할 때 속도가 느려진다는 문제가 잠재합니다.

CSS 선택자를 전달해 `document.querySelector`를 호출하면 브라우저는 전체 문서 트리에서 일치하는 엘리먼트를 검색합니다. 문서 상단에서 시작해 아래쪽으로 이동하면서 원하는 엘리먼트를 탐색하는 방식을 사용합니다. 따라서 문서가 크고 구조가 복잡한 경우 검색 속도가 느려질 수 있습니다. 또 CSS 선택자의 복잡도에 따라 탐색 과정이 복잡해지므로, 브라우저는 선택자 자체를 먼저 평가해야 합니다.

이에 비해 `document.getElementById`는 CSS 선택자와 달리 유효성 검사가 필요하지 않고, `id` 속성이 고유할 것으로 예상되기 때문에 특정성specificity[1]이 높아 대부분의 경우 더 효율적입니다.

최신 브라우저에서는 효율적인 ID→엘리먼트 매핑을 위해 해시 테이블 같은 해싱 메커니즘을 많이 사용합니다. 따라서 빅 오 표기법big O notation을 사용한 `getElementById`의 실행 시간 복잡도는 (O(1))에 가깝습니다. 이상적인 해시 테이블 조회는 평균적으로 (O(1))이지만, 해시 충돌 같은 최악의 경우 조회 시간이 길어지기도 합니다. 사실 웹 브라우저는 ID의 고유성을 강제하지 않기에 해시 충돌이 발생할 여지가 큽니다.[2]

하지만 최신 브라우저의 고급 해싱 기능과 크기 조정 전략 덕분에 해시 충돌이 발생하는 경우는 드뭅니다.

> **노트** 전공자가 아니면 빅 오big O를 모를 수 있습니다. 그런 독자를 위해 설명하자면 빅 오는 개발자가 코드의 실행 속도를 측정하는 편리한 도구인데, 특히 코드가 처리할 데이터의 양이 늘어날 때 유용합니다. 기본적으로 빅 오 표기법은 시간 복잡도(입력의 크기에 따라 실행 시간이 얼마나 증가하는가)와 공간 복잡도(입력의 크기에 따라 메모리 사용량이 얼마나 증가하는가) 측면에서 알고리듬을 더 잘 이해하게 해 줍니다. 흔히 (O(1)), (O(n)), (O(n^n)) 또는 ($O(n^2)$) 같은 용어로 표현하는데, 여기서 (n)은 입력의 크기입니다. 그래서 개발자가 코드의 '효율성' 내지 '확장성'을 언급할 때 이 두 용어는 종종 빅 오 값을 가리킵니다. 이 값은 더 많은 데이터를 처리해도 시간 및 공간 복잡도가 낮아 소프트웨어 성능이 유지되는 알고리듬을 목표로 합니다.

1 옮긴이_ 해당하는 엘리먼트의 범위가 좁을 확률이 높을수록 '특정성'이 높다고 표현합니다. CSS 선택자의 '우선순위' 혹은 '구체성'으로 번역되는 개념을 의미하는 말도 특정성(specificity)입니다.

2 옮긴이_ HTML 표준에는 ID가 문서 내에서 고유해야 한다고 명시되어 있지만, 웹 브라우저가 이를 강제하고 있지는 않습니다.

ID는 고유해야 하기 때문에 한 페이지 내에서 여러 번 재사용되는 컴포넌트에는 적합하지 않습니다. 예를 들어 클래스 이름이 동일한 여러 엘리먼트를 선택할 때는 `querySelector`가 더 적절합니다.

즉, 광범위한 CSS 선택자를 사용할 수 있는 `querySelector`는 복잡도가 가변적입니다. 메서드가 일치 여부를 확인하기 위해 전체 DOM을 순회해야 하는 최악의 시나리오에서는 복잡도가 (O(n))이 될 수 있으며, 여기서 (n)은 DOM 내 엘리먼트의 수입니다. 특정성이 더 높은 선택자를 사용하거나 DOM 트리에서 일치하는 항목이 일찍 발견되는 경우에는 실제 실행 시간이 (O(n))보다 작을 수 있습니다. 다만 선택자 자체를 분석하고 유효성을 검사하는 데는 여전히 추가적인 계산 비용이 소요됩니다.

문서의 크기가 작거나 문서 트리의 좁은 영역에 있는 엘리먼트를 검색할 때는 `document.getElementById`와 `document.querySelector`의 성능 차이가 거의 없기도 합니다. 그러나 크고 복잡한 문서에서는 성능 차이가 뚜렷할 수도 있습니다.

이러한 'CPU 효율성'에 대한 논쟁이 과장되었으며 걱정할 필요가 없다고 말하는 사람도 있습니다. 사실일 수도 있고 아닐 수도 있지만, 로직을 컴포넌트화 할 수 있다는 점 그리고 DOM처럼 변동성이 큰 환경에서 상태 관리에 대한 걱정을 덜 수 있다는 점에서 리액트의 가상 DOM이 제공하는 가치는 의심할 여지가 없습니다. DOM은 사용자 상호 작용, 네트워크 요청, 클라이언트 측 스크립트, 언제든 변경될 수 있는 기타 이벤트 등 수많은 요소의 영향을 받기에 변동성이 큽니다. 리액트는 가상 DOM을 통해 이러한 환경으로부터 우리를 보호합니다.

이 같은 미묘한 세부 사항을 깊이 들여다보는 이유는 리액트를 능숙하게 다루려면 DOM의 복잡성 전반을 이해해야 하기 때문입니다. 웬만해서는 DOM을 자유자재로 활용하지 못합니다. 이때 리액트를 사용하면 가상 DOM을 통해 안전하게 DOM을 탐색할 수 있습니다. 원한다면 지뢰밭을 직접 탐색하다가 가끔 지뢰를 밟는 것도 가능합니다.

엘리먼트를 선택하는 방법상의 미세한 차이에 대해서는 논의했지만, DOM으로 직접 작업할 때의 문제점은 아직 살펴보지 못했습니다. 리액트의 가상 DOM이 제공하는 가치를 완벽하게 이해하기 위해 곧바로 실제 DOM의 문제점을 확인하겠습니다.

3.2.1 실제 DOM의 문제점

실제 DOM에는 고성능 웹 애플리케이션을 구축하기 어렵게 만드는 문제점이 몇 가지 있습니다. 성능, 브라우저 간 호환성, 보안 취약성 등이며, DOM을 직접 조작하면 크로스 사이트 스크립팅(XSS) 취약점이 생길 수 있습니다.

성능

실제 DOM에서 가장 문제시되는 사안은 성능입니다. 엘리먼트의 추가나 제거, 엘리먼트의 텍스트나 속성 업데이트 등으로 DOM을 변경할 때마다 브라우저는 레이아웃을 다시 계산하고 페이지의 영향을 받는 부분을 다시 그립니다. 특히 크고 복잡한 웹 페이지라면 이 과정은 속도가 느려지고 리소스를 많이 사용하기도 합니다.

앞서 언급했듯이 DOM 엘리먼트의 `offsetWidth` 속성을 읽는 것은 간단한 작업인 듯 보이지만, 실제로는 브라우저에서 레이아웃을 다시 계산하며 많은 비용이 발생할 수 있습니다. `offsetWidth`가 엘리먼트의 레이아웃과 상위 엘리먼트에 따라 계산되는 속성이어서 브라우저가 정확한 값을 반환하려면 레이아웃 정보가 최신 상태인지 확인해야 하기 때문입니다.

최악의 시나리오에서 엘리먼트의 `offsetWidth` 속성 읽기를 빅 오 표기법으로 표현하면 (O(n))이 됩니다. `offsetWidth` 속성에 접근하면 페이지에 있는 여러 엘리먼트의 레이아웃 위치를 다시 계산해야 하는 리플로가 발생할 수 있기 때문입니다. 여기서 (n)은 리플로의 영향을 받는 DOM 엘리먼트의 수를 나타냅니다. 속성에 직접 접근하는 게 빨라도 리플로 같은 부작용이 발생하면 페이지에 있는 엘리먼트의 수에 비례해 작업량이 증가할 수 있습니다.

`offsetWidth` 같은 레이아웃 속성에 접근할 때 발생하는 리플로는 몇 가지 방법으로 방지할 수 있으며 이를 통해 작업 성능을 향상시킬 수 있습니다. 다음은 `getBoundingClientRect()` 메서드를 사용해 레이아웃 읽기 및 쓰기를 일괄 처리하는 방법입니다.

```
// 성능이 더 좋은 방식으로 레이아웃 속성에 접근
function getOffsetWidthWithoutTriggeringReflow(element) {
  let width;

  // 읽기 작업을 일괄 처리
  const rect = element.getBoundingClientRect();
  width = rect.width;
```

```
    // ... 다른 읽기 작업 실행

    // 이후 필요한 경우 쓰기 작업 실행

    return width;
  }

const element = document.querySelector(".myElement");
const width = getOffsetWidthWithoutTriggeringReflow(element);
console.log(width);
```

getBoundingClientRect()를 사용하면 한 번의 호출로 여러 레이아웃 속성을 검색해 리플로의 발생 횟수가 줍니다. 또 읽기와 쓰기 작업을 종류별로 나눠 일괄 처리하면 **레이아웃 스래싱**layout thrashing 현상이 최소화됩니다. 레이아웃 스래싱은 레이아웃 속성을 읽고 쓰는 작업이 자주 반복될 때 발생하는 불필요한 레이아웃 재계산을 의미합니다(그림 3-1). 레이아웃 스래싱은 웹 페이지 성능을 크게 저하시켜 사용자 경험을 악화시킵니다. 레이아웃 속성에 전략적으로 접근해 작업을 일괄 처리하면 웹의 상호 작용과 응답성이 원활하게 유지됩니다.

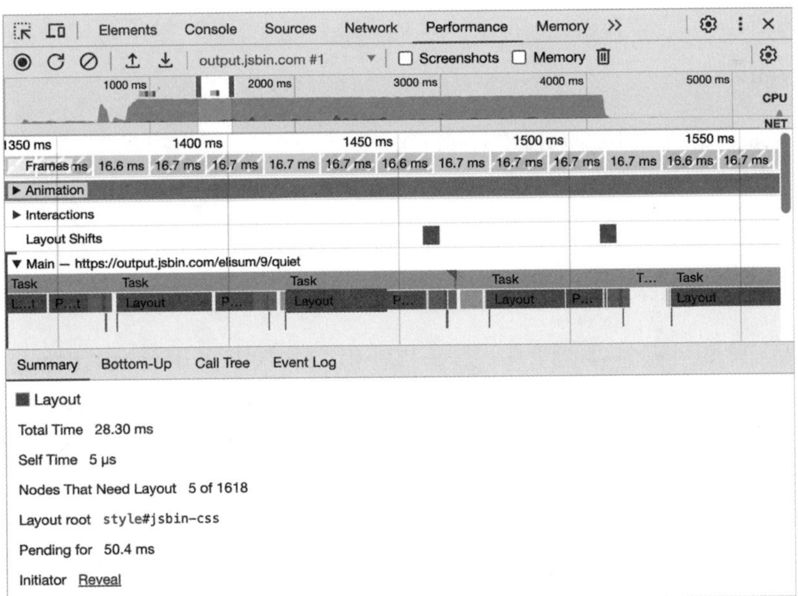

그림 3-1 레이아웃 스래싱[3]

3 옮긴이_ 짧은 시간 동안 레이아웃 계산이 빈번하게 이루어진 것을 볼 수 있습니다.

그러나 대기 중인 레이아웃 변경 사항이 있을 때는 getBoundingClientRect()도 리플로를 일으킬 수 있습니다. 성능의 비결은 브라우저가 레이아웃을 강제로 다시 계산하는 횟수를 최소화하고, 계산할 때는 한 번의 작업으로 필요한 정보를 모두 가져오도록 하는 것입니다.

리액트는 가상 DOM을 실제 DOM 작업 간의 중간 계층으로 활용해 이러한 작업을 알아서 처리합니다.

예시로 div 엘리먼트가 하나 있는 간단한 HTML 문서를 보겠습니다.

```
<!DOCTYPE html>
<html>
  <head>
    <title>offsetWidth 읽기 예제</title>
    <style>
      #my-div {
        width: 100px;
        height: 100px;
        background-color: red;
      }
    </style>
  </head>
  <body>
    <div id="my-div"></div>
    <script>
      var div = document.getElementById("my-div");
      console.log(div.offsetWidth);
    </script>
  </body>
</html>
```

브라우저에서 이 문서를 읽어 들인 후 개발자 콘솔을 열면 div 엘리먼트의 offsetWidth 속성이 콘솔에 기록되는 것을 볼 수 있습니다. 하지만 브라우저가 offsetWidth 값을 계산하기 위해 수행해야 하는 백그라운드 작업은 나타나지 않습니다.

백그라운드 작업을 알고 싶을 때는 개발자 도구의 성능 패널이 유용합니다. 성능 패널에는 브라우저가 페이지를 읽어 들이고 렌더링하는 작업 타임라인이 기록되므로, 브라우저가 문서를 처리하면서 수행하는 여러 레이아웃 작업과 페인트 작업을 볼 수 있습니다. 위 스크립트에서 offsetWidth 속성을 읽는 부분과 관련해 두 번의 레이아웃 연산이 발생한 것도 볼 수 있습니다.

각 레이아웃 작업은 단순히 속성값을 읽는 것이라 해도 완료까지 약간의 시간이 걸립니다(위 예시는 약 2 밀리초). 브라우저가 정확한 값을 반환하려면 레이아웃 정보가 최신 상태인지 확인해야 하며, 이를 위해서는 문서 전체의 레이아웃을 계산해야 하기 때문입니다. 문서가 크고 복잡해지면 별것 아닌 것처럼 보이는 2 밀리초도 그에 따라 증가합니다.

일반적으로 `offsetWidth` 같은 레이아웃 의존 속성을 읽을 때는 예기치 않은 성능 문제가 생길 수 있으므로 주의해야 합니다. 이러한 속성의 값을 여러 번 읽어야 하는 경우에는 변수에 값을 캐싱해서 불필요한 레이아웃 재계산을 피할 수도 있습니다. 브라우저가 레이아웃 계산을 이미 수행한 경우라면 `requestAnimationFrame` API를 사용해 다음 애니메이션 프레임까지 속성 읽기를 미룰 수 있습니다.

몇 가지 예를 통해 실제 DOM에서 발생하는 성능 문제에 대해 알아보겠습니다. 다음은 예시 HTML 문서입니다.

```
<!DOCTYPE html>
<html>
  <head>
    <title>예시</title>
  </head>
  <body>
    <ul id="list">
      <li>목록 항목 1</li>
      <li>목록 항목 2</li>
      <li>목록 항목 3</li>
    </ul>
  </body>
</html>
```

자바스크립트를 사용해 목록에 새 항목을 추가한다고 가정하겠습니다. 코드는 다음과 같이 작성할 수 있습니다.

```
const list = document.getElementById("list");
const newItem = document.createElement("li");
newItem.textContent = "목록 항목 4";
list.appendChild(newItem);
```

여기서는 다음 이유 때문에 querySelector가 아니라 getElementById를 사용했습니다.

- ID를 알고 있습니다.
- 사용 및 성능 측면에서 얻는 장점과 감수할 단점을 알고 있습니다.

계속 진행하겠습니다.

이 코드는 아이디가 ul인 "list" 엘리먼트를 선택하고 새 li 엘리먼트를 만든 다음, 텍스트 콘텐츠를 "목록 항목 4"로 설정해 목록에 추가합니다. 코드를 실행하면 브라우저는 레이아웃을 다시 계산하고 페이지의 영향을 받는 부분을 다시 페인트해서 새 항목을 표시해야 합니다.

목록이 크다면 이 작업은 속도가 느리고 리소스를 많이 사용할 수 있습니다. 예를 들어 항목이 1,000개 있는 목록의 끝에 새 항목을 추가하고 싶다면 다음과 같이 작성할 수 있습니다.

```
const list = document.getElementById("list");
const newItem = document.createElement("li");
newItem.textContent = "목록 항목 1001";
list.appendChild(newItem);
```

코드를 실행하면 항목이 하나만 추가되었음에도 브라우저는 레이아웃을 다시 계산하고 전체 목록을 다시 그려야 합니다. 속도가 느린 기기에서 실행하거나 목록의 항목이 아주 많다면 상당한 시간과 리소스가 소요될 것입니다.

다른 예를 들어 이 문제를 조금 더 자세히 설명해 보겠습니다.

```
<!DOCTYPE html>
<html>
  <head>
    <title>예시</title>
    <style>
      #list li {
        background-color: #f5f5f5;
      }
      .highlight {
        font-weight: bold;
      }
    </style>
  </head>
  <body>
```

```
    <ul id="list">
      <li>목록 항목 1</li>
      <li>목록 항목 2</li>
      <li>목록 항목 3</li>
    </ul>
    <button onclick="highlight()">2번 항목 강조</button>
    <script>
      function highlight() {
        const item = document.querySelector("#list li:nth-child(2)");
        item.classList.add("highlight");
      }
    </script>
  </body>
</html>
```

예시에는 항목이 세 개 있는 목록과 클릭할 때 두 번째 항목을 강조 표시하는 버튼이 있습니다. 버튼을 클릭하면 항목 하나만 변경되었어도 브라우저는 레이아웃을 다시 계산하고 전체 목록을 다시 그려야 합니다. 이로 인해 UI가 눈에 띄게 지연되거나 깜박거려 사용자에게 불편을 줄 수 있습니다.

전반적으로 실제 DOM의 성능 문제는 크고 복잡한 웹 페이지를 처리할 때 큰 부담이 됩니다. CSS 선택자 최적화, 이벤트 위임 사용, 읽기/쓰기 DOM 작업 일괄 처리, CSS 애니메이션 사용 등 이러한 문제를 완화하는 기술이 있기는 하지만 복잡하고 구현이 어려울 수 있습니다.

그 결과 이러한 문제에 대한 해결책으로 가상 DOM을 사용하는 사람이 많아졌습니다. 가상 DOM을 사용하면 실제 DOM의 복잡성을 추상화하고 UI를 더 가볍게 표현함으로써 보다 효율적이고 성능이 뛰어난 UI를 제작할 수 있습니다.

그런데 몇 밀리초를 절약하는 게 정말 중요할까요? CPU와 처리 성능은 애플리케이션의 성공에 큰 영향을 미치는 중요한 요인입니다. 오늘날과 같은 디지털 시대의 사용자는 빠르고 응답성 좋은 웹사이트를 기대하기 때문에 웹 개발자인 우리는 웹 애플리케이션이 원활하고 응답성 있게 실행되도록 CPU 효율성을 우선시해야 합니다. 구글 웹 개발 블로그에 게시된 **'밀리초가 수백만 달러를 만든다'**[4]라는 훌륭한 글은 이러한 주장을 뒷받침합니다.

4 옮긴이_ https://web.dev/case-studies/milliseconds-make-millions 해당 페이지는 기계 번역이 되었는데, 한국어 제목이 의도를 잘 드러내지 못해서 조금 더 자연스러운 말로 옮겼습니다.

리플로라고 부르는 레이아웃 재계산, 리페인팅repainting[5]을 발생시키는 직접적인 DOM 조작은 CPU 사용량과 처리 시간을 증가시켜 사용자에게 지연이나 충돌을 일으킬 수 있습니다. 이런 고충은 처리 능력과 메모리가 제한된 스마트폰, 태블릿 같은 저전력 기기 사용자에게 특히 더 심합니다. 전 세계의 많은 사용자가 오래된 저성능 기기로 웹 애플리케이션에 접근한다면 문제는 더욱 복잡다단해질 것입니다.

CPU 효율성을 우선시하면 처리 능력이나 메모리와 관계없이 다양한 기기의 사용자가 접근할 수 있는 애플리케이션 개발이 가능합니다. 이를 통해 참여도를 올리고 전환율을 높여 궁극적으로는 온라인에서 더 성공적인 입지를 다질 수 있습니다.

효율적인 렌더링 알고리듬을 사용하면 처리 시간이 최소화되고 전반적인 성능이 향상됩니다.

브라우저 간 호환성

실제 DOM에서 문제시되는 또 다른 사안은 브라우저 간 호환성입니다. 브라우저마다 문서 모델링 방식이 달라 웹 애플리케이션의 일관성이 보장되지 않고, 이로 인해 버그가 발생할 수 있습니다. 지금은 완화되었지만 리액트가 출시된 당시는 브라우저 간 호환성 문제가 훨씬 더 흔했습니다. 이로 인해 개발자가 다양한 브라우저와 플랫폼에서 원활하게 작동하는 웹 애플리케이션을 만들기가 어려웠는데, 지금도 여전히 그렇습니다.

브라우저 간 호환성의 주요 문제 중 하나는 특정 DOM 엘리먼트와 속성을 지원하지 않는 브라우저가 있을 수도 있다는 점입니다. 그 결과 모든 대상 플랫폼에서 애플리케이션이 올바르게 작동하도록 해결 방법을 찾거나 문제를 우회할 방법을 구현하는 데 추가적인 시간과 노력을 들여야 했습니다.

리액트의 합성 이벤트 시스템synthetic event system이 해결하고자 한 문제가 바로 그것입니다. `SyntheticEvent`는 브라우저의 기본 이벤트를 둘러싼 래퍼wrapper 객체로, 여러 브라우저에서 일관성을 보장하기 위해 설계되었습니다. 이 객체는 다음과 같은 메커니즘을 사용해 브라우저 간의 일관성을 보장합니다.

5 옮긴이_ 페인팅(painting)은 엘리먼트에 스타일을 적용하는 작업이고, 리페인팅은 페인팅 작업이 다시 수행되는 것을 의미합니다. 엘리먼트의 크기와 위치를 다시 계산하는 리플로(reflow)와 차이가 있습니다.

통합 인터페이스

기본적인 자바스크립트에서는 브라우저 간 호환성 문제 때문에 브라우저 이벤트를 처리하기가 까다로웠습니다. 예를 들어 이벤트 속성에 접근하는 방법이 브라우저마다 달랐습니다. event.target을 사용하는 경우도 있고 event.srcElement를 사용하는 경우도 있습니다. SyntheticEvent는 이러한 차이를 추상화해 이벤트와 상호 작용하는 일관된 방법을 제공하여, 개발자가 특정 브라우저에 맞춘 개별 코드를 작성하지 않아도 되도록 했습니다.

```
// 리액트를 사용하지 않으면 개발자는
// 개별 브라우저마다 속성을 확인해야 합니다.
const targetElement = event.target || event.srcElement;

// 리액트에서는 SyntheticEvent 덕분에 일관성이 보장됩니다.
function handleClick(event) {
  const target = event.target;
  // ... 나머지 코드
}
```

리액트가 네이티브 이벤트를 SyntheticEvent 시스템으로 감싼 덕분에, 개발자는 네이티브 브라우저 이벤트 시스템의 비일관성과 괴상한 특성을 마주할 일이 없게 되었습니다.

이벤트 위임

리액트는 이벤트 리스너를 엘리먼트에 직접 추가하지 않고 대신 루트에서 이벤트를 받습니다. 이러한 접근 방식은 구형 브라우저의 특정 엘리먼트에서 일부 이벤트를 사용할 수 없는 문제를 방지합니다.

다양한 기능 개선

네이티브 브라우저 이벤트의 비일관성은 다양한 입력 엘리먼트에서 특정 이벤트를 처리하는 방식에서도 드러납니다.

자주 볼 수 있는 예로는 onChange 이벤트가 있습니다.

- 기본 자바스크립트에서 onChange 이벤트의 동작은 입력 컴포넌트의 종류에 따라 다릅니다.
  - <input type="text">의 경우, 일부 브라우저에서 onChange 이벤트는 값이 변경되는 즉시 발생하지 않고 입력이 포커스를 잃은 경우에만 발생합니다.
  - <select>의 경우, 브라우저에 따라 현재 선택된 옵션을 다시 선택할 때 이벤트가 발생하기도 합니다.
  - 구형 브라우저에서는 특정 폼 엘리먼트의 모든 사용자 상호 작용에서 onChange 이벤트가 발생하지 않는 경우도 있습니다.
- 리액트의 SyntheticEvent 시스템은 이러한 입력 엘리먼트 전체에서 onChange 이벤트의 동작을 정규화합니다. 리액트에서는 다음과 같이 동작합니다.
  - 텍스트 입력(<input type="text">)의 onChange 이벤트는 키를 입력할 때마다 발생해 실시간 피드백을 제공합니다.

- <select>에서는 선택한 값이 아닌 옵션을 선택할 때마다 발생합니다.
- 리액트는 onChange가 그 외 폼 엘리먼트에서도 일관된 경험을 제공하도록 보장합니다.
- 이와 같이 리액트를 사용하면 개발자가 브라우저의 비일관성을 직접 처리하지 않아도 되어 브라우저별 특성에 대한 걱정 없이 애플리케이션 로직에 집중하게 됩니다.

네이티브 이벤트에 접근

웹 브라우저의 네이티브 이벤트가 필요한 경우에는 event.nativeEvent를 통해 접근할 수 있습니다. 따라서 추상화의 이점을 그대로 취하면서 필요에 따라 유연하게 사용할 수도 있습니다.

기본적으로 SyntheticEvent는 안정적인 이벤트 시스템을 제공해 네이티브 브라우저 이벤트의 결점과 비일관성을 보완합니다. 이는 리액트가 가상 DOM을 사용해 UI 개발을 편리하게 만들어 주는 방법 중 하나에 불과합니다.

지금까지 우리는 DOM으로 직접 작업할 때 문제시되는 성능과 브라우저 호환성에 대해 논의했습니다. 이제 이러한 문제를 해결할 수 있는 문서 조각document fragment 활용법을 살펴보겠습니다. 문서 조각은 네이티브 객체지만, 리액트 가상 DOM의 전신이라고 볼 수 있으므로 가상 DOM 이해에 도움이 됩니다.

3.2.2 문서 조각

앞서 살펴본 것처럼 DOM을 직접 조작하는 작업은 특히 여러 변경 사항이 관련된 경우 성능이 많이 필요할 수 있습니다. DOM이 업데이트될 때마다 브라우저는 레이아웃 재계산, UI 리페인팅, 화면 업데이트 등을 수행하므로 애플리케이션 속도가 느려질 수 있습니다. 이때 문서 조각의 역할이 중요합니다.

문서 조각은 DOM 노드를 저장하는 가벼운 컨테이너입니다. 기본 DOM에 영향을 주지 않고 여러 가지 업데이트를 수행할 수 있는 임시 저장소처럼 동작합니다. 업데이트 작업이 완료되면 문서 조각을 DOM에 추가하는 방식으로 리플로와 리페인팅을 한 번만 발생시킵니다. 업데이트 방식이 리액트의 가상 DOM과 매우 유사합니다.

문서 조각은 일괄 업데이트가 가능한 가벼운 컨테이너이므로 여러 가지 성능 이점이 있습니다.

일괄 업데이트

문서의 실제 DOM을 여러 번 개별적으로 업데이트하는 대신, 문서 조각 내의 모든 변경 사항을 일괄적으로 처리합니다. 다시 말해 문서 조각 내에서 얼마나 많은 엘리먼트나 업데이트를 수행했든 리플로와 리페인팅은 한 번만 수행됩니다.

메모리 효율성

문서 조각에 추가된 노드는 문서의 실제 DOM에서 제거됩니다. 이는 문서에서 큰 영역을 재정렬할 때 메모리 사용량을 최적화하는 데 일조합니다.

중복 렌더링 방지

문서 조각은 활성화된 문서 DOM 트리에 속하지 않으므로 문서 조각을 변경해도 실제 문서에는 영향을 주지 않으며, 실제 DOM에 추가될 때까지 스타일과 스크립트가 적용되지 않습니다. 이를 통해 스타일 재계산과 스크립트 실행의 중복 수행을 방지합니다.

목록에 여러 개의 항목을 추가해야 한다고 생각해 봅시다.

```
const fragment = document.createDocumentFragment();
for (let i = 0; i < 100; i++) {
  const li = document.createElement("li");
  li.textContent = `목록 항목 ${i + 1}`;
  fragment.appendChild(li);
}
document.getElementById("myList").appendChild(fragment);
```

이 예에서는 100개의 목록 항목이 먼저 문서 조각에 추가됩니다. 그 후에 문서 조각을 기존 목록에 추가합니다. 덕분에 문서의 실제 DOM은 각각 100번이 아니라 단 한 번 업데이트됩니다.

이러한 방식으로 문서 조각은 여러 변경 사항을 일괄 처리해 DOM을 효율적으로 조작합니다. 따라서 비용이 많이 드는 리플로와 리페인트 횟수가 줍니다. 웹 애플리케이션에서 최적의 성능을 추구하는 개발자는 문서 조각을 활용해 더 부드러운 상호 작용과 렌더링 시간 단축을 기대할 수 있습니다.

리액트의 가상 DOM은 문서 조각 개념을 더 나은 방식으로 구현한 것으로 볼 수 있습니다. 비슷한 점을 간략하게 살펴보겠습니다.

일괄 업데이트

문서 조각과 유사하게 리액트의 가상 DOM은 여러 변경 사항을 한꺼번에 일괄 처리합니다. 리액트는 상태나 프롭이 변경될 때 문서의 실제 DOM을 직접 변경하는 대신, 가상 DOM에 변경 사항을 먼저 적용합니다.

효율적인 비교 알고리듬

변경 사항이 적용되고 나면 리액트는 현재 가상 DOM과 실제 DOM의 차이점을 확인합니다. 문서 조각이 직접적인 DOM 조작을 줄이듯, 이 과정 역시 실제 DOM에 필요한 변경만 이루어지게 합니다.

단일 렌더링

차이점이 식별되면 리액트는 단 한 번의 일괄 처리를 통해 실제 DOM을 업데이트합니다. 변경 사항이 모두 반영된 문서 조각을 실제 문서에 추가하는 것과 비슷한 동작입니다. 이를 통해 비용이 많이 드는 리플로와 리페인팅을 최소화합니다.

간단히 말해 문서 조각은 문서의 실제 DOM을 업데이트하기 전에 변경 사항을 그룹화하여 최적화하지만, 리액트의 가상 DOM은 한 걸음 더 나아가 애플리케이션 UI 전반에 걸쳐 영리하게 차이점을 파악하고 일괄적으로 업데이트를 처리해 렌더링의 효율성을 극대화합니다. 더 나아가, 리액트는 문서 조각과 관련된 복잡한 작업을 개발자가 신경 쓰지 않아도 되도록 내부적으로 처리합니다. 덕분에 개발자는 제품 개발에 더 집중할 수 있습니다. 이제 가상 DOM이 어떻게 작동하는지 자세히 살펴보겠습니다.

3.3 가상 DOM 작동 방식

가상 DOM은 실제 DOM의 문제점을 완화하는 유용한 기술입니다. 메모리에 DOM의 가상 표현을 만들고 나면, 문서 조각이 그랬듯이 실제 DOM을 직접 수정하지 않고도 가상 표현을 변경할 수 있습니다. 이를 통해 프레임워크나 라이브러리가 페이지의 레이아웃을 다시 계산하고 엘리먼트를 다시 그리는 작업을 브라우저에서 수행하지 않고도 더 효율적이고 성능이 뛰어난 방식으로 실제 DOM을 업데이트할 수 있습니다.

또한 가상 DOM은 브라우저마다 다양한 실제 DOM 구현의 차이를 추상화한 일관된 API를 제공해 엘리먼트를 작성하고 업데이트하는 환경을 개선합니다. 예를 들어 `document.appendChild`가 다른 실행 환경에서 다른 방식으로 동작해도, JSX와 가상 DOM을 아무 상관없이 사용할 수 있습니다. 덕분에 개발자는 다양한 브라우저와 플랫폼에서 원활하게 작동하는 웹 애플리케이션을 더 쉽게 만들 수 있습니다.

리액트는 가상 DOM을 사용해 사용자 인터페이스를 구축합니다. 이 절에서는 리액트의 가상 DOM 구현이 어떻게 작동하는지 살펴보겠습니다.

3.3.1 리액트 엘리먼트

리액트에서 사용자 인터페이스는 컴포넌트 또는 HTML 엘리먼트의 가벼운 형태인 리액트 엘리먼트의 트리로 표현됩니다. 리액트 엘리먼트는 React.createElement 함수를 사용해 생성되며 엘리먼트를 중첩해 복잡한 사용자 인터페이스를 만들 수 있습니다.

다음은 리액트 엘리먼트의 예시입니다.

```
const element = React.createElement(
  "div",
  { className: "my-class" },
  "Hello, world!"
);
```

이렇게 하면 <div> 엘리먼트에 className이 my-class이고 텍스트 콘텐츠가 Hello, world!인 리액트 엘리먼트가 생성됩니다.

여기에서 console.log(element)를 사용하면 실제로 생성된 엘리먼트를 볼 수 있습니다. 다음과 같이 나타날 것입니다.

```
{
  $$typeof: Symbol(react.element),
  type: "div",
  key: null,
  ref: null,
  props: {
    className: "my-class",
    children: "Hello, world!"
  },
  _owner: null,
  _store: {}
}
```

리액트 엘리먼트로 표현되었습니다. 리액트 엘리먼트는 리액트 애플리케이션의 가장 작은 구성 블록으로 화면에 표시되어야 할 내용을 설명합니다. 각 엘리먼트는 관련 프롭이나 속성과 함께 해당 엘리먼트가 나타내는 컴포넌트를 기술하는 평범한 자바스크립트 객체입니다.

위 코드에 표시된 리액트 엘리먼트는 다음 속성을 포함한 객체입니다.

$$typeof

객체가 유효한 리액트 엘리먼트인지 확인할 때 사용하는 특수한 심벌symbol입니다. 여기서는 `Symbol(react.element)`로 설정되었습니다. `$$typeof`는 엘리먼트의 종류에 따라 값이 다를 수 있습니다.

- **`Symbol(react.fragment)`**: 엘리먼트가 리액트 조각을 나타내는 경우
- **`Symbol(react.portal)`**: 엘리먼트가 리액트 포털을 나타내는 경우
- **`Symbol(react.profiler)`**: 엘리먼트가 리액트 프로파일러를 나타내는 경우
- **`Symbol(react.provider)`**: 엘리먼트가 리액트 콘텍스트 제공자를 나타내는 경우

일반적으로 `$$typeof`는 리액트 엘리먼트의 종류를 식별하는 표시자 역할을 합니다. 이 책의 뒷부분에서 더 자세히 다루겠습니다.

type

`type` 속성은 엘리먼트가 나타내는 컴포넌트의 종류를 알려 줍니다. 이 예시에서는 `"div"`인데 이는 `<div>` DOM 엘리먼트라는 의미입니다. 이런 DOM 엘리먼트는 '호스트 컴포넌트host component'라고 부르기도 합니다. 리액트 엘리먼트의 `type` 속성은 문자열이거나 함수입니다. 클래스인 경우도 있지만, 클래스가 단계적으로 폐지될 예정이므로 언급하지 않겠습니다. 문자열인 경우에는 `"div"`, `"span"`, `"button"` 같은 HTML 태그 이름을 나타냅니다. 함수인 경우 사용자 정의 리액트 컴포넌트, 즉 JSX를 반환하는 자바스크립트 함수가 됩니다.

다음은 리액트 엘리먼트의 종류가 사용자 정의 컴포넌트인 경우의 예시입니다.

```
const MyComponent = (props) => {
  return <div>{props.text}</div>;
};

const myElement = <MyComponent text="Hello, world!" />;
```

여기서 `myElement`의 `type` 속성은 사용자 정의 컴포넌트를 정의하는 함수인 `MyComponent`가 됩니다. 리액트 엘리먼트 객체인 `myElement`의 값은 다음과 같이 표현됩니다.

```
{
  $$typeof: Symbol(react.element),
  type: MyComponent,
  key: null,
  ref: null,
  props: {
    text: "Hello, world!"
  },
  _owner: null,
  _store: {}
}
```

type 속성은 요소가 나타내는 컴포넌트의 종류인 MyComponent 함수로 설정되며, props에는 컴포넌트에 전달된 프롭(여기서는 { text: "Hello, world!" })이 포함됩니다.

리액트는 함수 타입인 엘리먼트를 만나면 엘리먼트의 props를 전달하며 해당 함수를 호출하고, 함수의 반환값은 엘리먼트의 children(여기서는 div)으로 사용됩니다. 사용자 정의 리액트 컴포넌트가 렌더링되는 방식은 이렇습니다. 리액트는 엘리먼트의 깊숙한 단계로 계속 들어가며 스칼라 값[6]을 만나면 이를 텍스트 노드로 렌더링합니다. null 또는 undefined를 만나면 아무것도 렌더링하지 않습니다.

다음은 type 속성이 문자열인 엘리먼트의 예시입니다.

```
const myElement = <div>Hello, world!</div>;
```

여기서 myElement의 type 속성은 HTML 태그 이름을 나타내는 문자열인 "div"가 됩니다. 리액트는 문자열 타입의 엘리먼트를 만나면 설정된 문자열을 태그 이름으로 하는 HTML 엘리먼트를 생성하고 해당 엘리먼트 내에 자식 노드를 렌더링합니다.

ref

부모 컴포넌트는 이 속성을 사용해 기본 DOM 노드에 대한 참조를 요청할 수 있습니다. 보통 DOM을 직접 조작해야 하는 경우에 사용됩니다. 예시에서 ref는 null로 설정되었습니다.

---

6 옮긴이_ 숫자, 문자열, 불리언처럼 더 이상 분해되지 않는 하나의 단일값을 의미합니다. 프로그래밍 언어에 따라 포함되는 종류가 달라질 수 있습니다.

props

이 속성은 컴포넌트에 전달된 모든 속성과 프롭을 포함하는 객체입니다. 예시에는 className과 children이라는 두 개의 속성이 있습니다. className은 엘리먼트의 클래스 이름을 설정하고 children은 엘리먼트의 콘텐츠를 포함합니다.

_owner

프로덕션 빌드가 아닐 때만 접근할 수 있는 속성으로, 이 엘리먼트를 생성한 컴포넌트를 추적하기 위해 리액트에서 내부적으로 사용됩니다. 이 정보는 프롭이나 상태가 변경될 때 엘리먼트의 업데이트를 담당할 컴포넌트를 결정하는 데 사용됩니다.

다음은 _owner 속성이 어떻게 사용되는지 보여주는 예시입니다.

```
function Parent() {
  return <Child />;
}

function Child() {
  const element = <div>Hello, world!</div>;
  console.log(element._owner); // Parent
  return element;
}
```

예시에서 Child 컴포넌트는 "Hello, world!" 텍스트가 있는 <div> 엘리먼트를 나타내는 리액트 엘리먼트를 생성합니다. 이 엘리먼트의 _owner 속성은 Child 컴포넌트를 생성한 컴포넌트인 Parent 컴포넌트로 설정됩니다.

리액트는 이 정보를 사용해 프롭이나 상태가 변경될 때 엘리먼트의 업데이트를 담당할 컴포넌트를 결정합니다. 여기서는 Parent 컴포넌트가 상태를 업데이트하거나 새로운 프롭을 받으면 리액트는 Child 컴포넌트 그리고 이와 연관된 엘리먼트를 업데이트합니다.

_owner 속성은 리액트가 내부적으로 구현을 위해서만 사용하는 값이므로, 애플리케이션 코드에서 사용하면 안 된다는 점에 유의하세요.

_store

리액트 엘리먼트 객체의 _store 속성은 엘리먼트에 대한 추가 데이터를 저장하기 위해 리액트가 내부적으로 사용하는 객체입니다. _store에 저장된 특정 속성 및 값은 공개 API의 일부가 아니므로 직접 접근해서는 안 됩니다.

다음은 _store 속성의 예시입니다.

```
{
  validation: null,
  key: null,
  originalProps: { className: 'my-class', children: 'Hello, world!' },
  props: { className: 'my-class', children: 'Hello, world!' },
  _self: null,
  _source: { fileName: 'MyComponent.js', lineNumber: 10 },
  _owner: {
    _currentElement: [Circular], _debugID: 0, stateNode: [MyComponent]
  },
  _isStatic: false,
  _warnedAboutRefsInRender: false,
}
```

보다시피 _store에는 validation, key, originalProps, props, _self, _source, _owner, _isStatic, _warnedAboutRefsInRender 등 다양한 속성이 포함되었습니다. 이러한 속성은 리액트가 내부적으로 엘리먼트의 상태와 콘텍스트의 다양한 측면을 추적할 때 사용됩니다.

예를 들어 개발 모드에서 _source는 엘리먼트가 생성된 파일 이름과 줄 번호를 추적하는 데 사용되어 디버깅에 유용합니다. _owner는 앞서 설명한 대로 엘리먼트를 생성한 컴포넌트를 추적하는 데 사용됩니다. 그리고 props와 originalProps는 컴포넌트에 전달된 프롭을 저장하는 데 사용됩니다.

다시 한번 강조하지만, _store는 리액트의 내부 구현 세부 사항이므로 애플리케이션 코드에서 직접 접근해서는 안 되며, 바로 이러한 이유로 여기서는 더 이상 설명하지 않겠습니다.

3.3.2 가상 DOM과 실제 DOM 비교

React.createElement 함수와 DOM에 내장된 document.createElement 메서드는 모두 새로운 엘리먼트를 생성한다는 점에서 유사하지만 React.createElement는 리액트 엘리먼트를 생성하고 document.createElement는 DOM 노드를 생성합니다. 구현 방식은 크게 다르지만 개념적으로는 비슷합니다.

리액트에서 제공하는 React.createElement는 메모리에 새로운 가상 엘리먼트를 생성하는 함수이고, DOM API에서 제공하는 document.createElement는 document.appendChild 등의 API로 DOM에 추가되기 전, 메모리에 새로운 엘리먼트를 생성하는 메서드입니다. 두 함수는 모두 태그 이름을 첫 번째 인수로 사용하며, React.createElement는 프롭과 자식을 지정하는 추가 인수를 받습니다.

<div> 엘리먼트를 만드는 방법을 예로 들어 두 가지 방식을 비교해 보겠습니다.

```
// 리액트의 createElement 사용
const divElement = React.createElement(
  "div",
  { className: "my-class" },
  "Hello, World!"
);

// DOM API의 createElement 사용
const divElement = document.createElement("div");
divElement.className = "my-class";
divElement.textContent = "Hello, World!";
```

리액트의 가상 DOM은 트리 같은 엘리먼트 구조를 표현한다는 점에서 실제 DOM과 개념이 유사합니다. 리액트 컴포넌트가 렌더링되면 리액트는 새 가상 DOM 트리를 생성하고 이전 가상 DOM 트리와 비교한 다음, 이전 트리를 새 트리와 일치하도록 업데이트하는 데 필요한 최소 변경 횟수를 계산합니다. 이를 **재조정 프로세스**reconciliation process라고 합니다. 다음 예시는 리액트 컴포넌트에서 재조정 프로세스가 어떻게 작동하는지 보여 줍니다.

```
function App() {
  const [count, setCount] = useState(0);

  return (
```

```
    <div>
      <h1>카운트: {count}</h1>
      <button onClick={() => setCount(count + 1)}>증가</button>
    </div>
  );
}
```

이해를 돕기 위해 이 컴포넌트를 다음과 같이 표현할 수도 있습니다.

```
function App() {
  const [count, setCount] = React.useState(0);

  return React.createElement(
    "div",
    null,
    React.createElement("h1", null, "카운트: ", count),
    React.createElement(
      "button",
      { onClick: () => setCount(count + 1) },
      "증가"
    )
  );
}
```

`createElement`를 호출할 때 첫 번째 인수는 HTML 태그 또는 리액트 컴포넌트의 이름, 두 번째 인수는 프롭 객체(프롭이 필요 없다면 `null`), 그 밖의 추가 인수는 자식 엘리먼트를 나타냅니다.

컴포넌트가 처음 렌더링될 때 리액트는 다음과 같이 가상 DOM 트리를 생성합니다.

```
div
├ h1
│  └ "카운트: 0"
└ button
   └ "증가"
```

버튼을 클릭하면 리액트는 다음과 같이 새로운 가상 DOM 트리를 생성합니다.

```
div
├─ h1
│  └─ "카운트: 1"
└─ button
   └─ "증가"
```

그러면 리액트는 h1 엘리먼트의 텍스트 내용만 업데이트하면 된다고 계산하고 실제 DOM의 해당 부분만 업데이트합니다.

리액트에서 가상 DOM을 사용하면 실제 DOM을 효율적으로 업데이트할 뿐만 아니라, DOM을 직접 조작하는 다른 라이브러리도 원활하게 동작할 수 있습니다.

3.3.3 효율적인 업데이트

리액트 컴포넌트의 상태나 프롭이 변경되면 리액트는 업데이트된 사용자 인터페이스를 표현하는 새로운 리액트 엘리먼트 트리를 생성합니다. 그런 다음 비교 알고리듬을 사용해 새 트리를 이전 트리와 비교해 실제 DOM의 업데이트에 필요한 최소한의 변경 사항을 결정합니다.

이 알고리듬은 리액트 엘리먼트의 새 트리를 이전 트리와 비교하고 둘의 차이점을 식별합니다. 이때 비교는 재귀적으로 이루어집니다. 노드가 변경된 경우 리액트는 실제 DOM에서 해당 노드를 업데이트합니다. 노드가 추가되거나 제거된 경우 리액트는 실제 DOM에서 해당 노드를 추가하거나 제거합니다.

이렇게 새 트리와 이전 트리를 노드별로 비교해 트리의 어느 부분이 변경되었는지 알아내는 작업을 디핑diffing이라고 하고, 이때 사용되는 알고리듬을 디핑 알고리듬이라고 합니다.

리액트의 디핑 알고리듬은 고도로 최적화되었으며 실제 DOM에 적용해야 하는 변경 횟수의 최소화를 목표로 합니다. 이 알고리듬은 다음과 같이 작동합니다.

- 두 트리의 루트에 있는 노드가 다른 경우, 리액트는 기존 트리 전체를 새 트리로 대체합니다.
- 루트 노드가 동일하다면 리액트는 노드의 속성이 변경된 경우에만 업데이트합니다.
- 자식 노드가 다른 경우 리액트는 변경된 자식 노드만 업데이트합니다. 리액트는 하위 트리 전체를 다시 생성하지 않고 변경된 노드만 업데이트합니다.
- 노드의 자식들이 동일하지만 순서가 변경된 경우, 리액트는 노드를 다시 생성하지 않고 실제 DOM에서 노드의 순서를 다시 설정합니다.

- 트리에서 노드가 제거되면 리액트는 실제 DOM에서 노드를 제거합니다.
- 트리에 새 노드가 추가되면 리액트는 해당 노드를 실제 DOM에 추가합니다.
- 노드의 종류가 변경된 경우(예: div에서 span으로 변경), 리액트는 이전 노드를 제거하고 변경된 종류의 새 노드를 생성합니다.
- 노드에 key 프롭이 있다면 리액트는 이를 사용해 노드의 교체가 필요한지 파악합니다. 컴포넌트 상태를 재설정할 때 유용합니다.

리액트의 디핑 알고리듬은 효율적이며, 변경을 최소화해 실제 DOM을 빠르게 업데이트하게 해 줍니다. 이를 통해 리액트 애플리케이션의 성능을 개선하고 복잡하고 동적인 사용자 인터페이스를 더 쉽게 구축할 수 있습니다.

불필요한 리렌더링

리액트의 디핑 알고리듬은 필요한 변경 사항을 최소화해 실제 DOM을 효율적으로 업데이트하는 데 중요한 역할을 합니다. 하지만 개발자를 괴롭히는 문제는 아직 남아 있습니다. 바로 불필요한 리렌더링rerendering입니다.

리렌더링은 애초에 리액트가 설계된 대로 작동하는 방식입니다. 리액트는 컴포넌트 상태가 변경되면 컴포넌트와 모든 자손 컴포넌트를 리렌더링합니다. 리렌더링, 즉 다시 렌더링한다는 말은 리액트가 각 함수 컴포넌트를 재귀적으로 호출하면서 프롭을 인수로 각 함수 컴포넌트에 전달한다는 의미입니다. 리액트는 프롭이 변경되지 않은 컴포넌트도 무시하지 않고 상태나 프롭이 변경된 부모 컴포넌트의 모든 자식 컴포넌트를 호출합니다. 리액트는 컴포넌트가 어느 상태에 종속되는지 알지 못하기 때문에 UI의 일관성을 유지하기 위해 모든 컴포넌트를 리렌더링합니다.

이 방식은 크고 복잡한 사용자 인터페이스를 처리할 때 성능에 상당한 부담이 됩니다. 예를 들어 다음 코드의 ParentComponent에서 전달된 프롭이 변경되지 않더라도 ChildComponent는 ParentComponent의 상태가 변경될 때마다 리렌더링됩니다.

```
import React, { useState } from "react";

const ChildComponent = ({ message }) => {
  return <div>{message}</div>;
};
```

```
const ParentComponent = () => {
  const [count, setCount] = useState(0);

  return (
    <div>
      <button onClick={() => setCount(count + 1)}>증가</button>
      <ChildComponent message="정적 메시지입니다." />
    </div>
  );
};

export default ParentComponent;
```

예시를 간단히 설명하면 다음과 같습니다.

- ParentComponent에는 버튼을 클릭할 때마다 증가하는 상태 변수 count가 있습니다.
- ChildComponent는 message라는 정적 프롭을 받습니다. 이 프롭은 변하지 않으므로 ParentComponent의 상태가 변경될 때마다 ChildComponent가 리렌더링되는 것은 효율적이지 않습니다.
- 하지만 ParentComponent의 상태가 변경되면 ParentComponent가 리렌더링되고 리액트의 기본 작동 방식 때문에 이때마다 ChildComponent도 리렌더링됩니다.
- ChildComponent가 ParentComponent의 count 상태에 의존하지 않기 때문에 이 같은 동작은 비효율적입니다.
- ChildComponent의 프롭과 상태가 변경되지 않았으므로 렌더링은 반환되는 결과가 변하지 않는 무의미한 작업이자 낭비가 될 뿐입니다.

대규모 애플리케이션이라면 많은 컴포넌트가 불필요하게 리렌더링되어 잠재되었던 성능 문제가 불거질 수 있으므로 최적화를 자주 실행해야 합니다. 이 문제를 해결하려면 상위 컴포넌트의 상태나 프롭이 변경되더라도 하위 컴포넌트에 불필요한 리렌더링이 광범위하게 발생하지 않도록 신중하게 컴포넌트 렌더링을 관리해야 합니다. 컴포넌트를 주의 깊게 구조화하고 memo 혹은 useMemo 같은 리액트의 최적화 기능을 사용해 리렌더링을 관리하고 애플리케이션 성능을 최적화할 수 있습니다.

관련 내용은 5장에서 상세히 확인하겠습니다.

3.4 돌아보기

웹 개발에서 실제 DOM과 가상 DOM의 차이점 그리고 리액트에서 가상 DOM을 사용할 때의 이점을 살펴봤습니다.

먼저 개발자가 다양한 브라우저와 플랫폼에서 원활하게 작동하는 웹 애플리케이션을 만들 때 겪는 어려움으로 느린 렌더링 시간 및 브라우저 간 호환성 문제 같은 실제 DOM의 한계에 대해 이야기했습니다. 이를 설명하기 위해 실제 DOM API를 사용해 간단한 웹 페이지를 만드는 방법을 알아보고, 페이지 복잡성이 증가함에 따라 API의 조작과 관리가 어려워지는 점을 확인했습니다.

다음으로는 가상 DOM과 실제 DOM의 여러 가지 한계를 해결하는 방법을 살펴봤습니다. 실제 DOM 조작은 렌더링 시간 측면에서 비용이 많이 들 수도 있지만, 리액트가 가상 DOM을 활용해 실제 DOM에 필요한 업데이트 횟수를 최소화해 성능을 개선하는 방식도 알아봤습니다. 또 리액트가 엘리먼트를 사용해 가상 DOM을 이전 버전과 비교하는 방식 그리고 실제 DOM의 효율적인 업데이트 방안을 계산하는 방법도 확인했습니다.

가상 DOM의 이점을 설명하기 위해 DOM과 리액트 컴포넌트를 둘 다 사용해 동일한 웹 페이지를 만들어 봤습니다. 이를 통해 페이지의 복잡성이 증가해도 리액트 컴포넌트를 사용한 방식이 더 간결하고 관리하기 쉬움을 확인했습니다.

또한 `React.createElement`와 `document.createElement`의 차이점을 살펴보고, HTML과 구문이 유사하며 가상 DOM의 구조도 쉽게 파악할 수 있는 JSX를 사용해 컴포넌트를 생성하는 방법을 배웠습니다.

끝으로 리액트의 디핑 알고리듬이 불필요한 리렌더링으로 이어질 수도 있는 점을 살펴보고, 크고 복잡한 사용자 인터페이스를 다룰 때 성능에 큰 부담이 될 수 있음도 알게 되었습니다. 성능을 최적화하기 위해 리액트의 `memo`와 `useMemo` 기능을 사용하는 방법은 5장에서 살펴보겠습니다.

요약하자면, 이 장에서 우리는 웹 개발에서 가상 DOM을 사용할 때의 이점과 리액트가 이 개념을 활용해 웹 애플리케이션을 보다 쉽고 효율적으로 구축하는 방법을 배웠습니다.

3.5 복습하기

잠시 시간을 내어 다음 질문에 답해 보세요.

1 DOM이란 무엇이며, 가상 DOM과 어떻게 다른가요?

2 문서 조각이란 무엇이며, 리액트의 가상 DOM과 어떤 점에서 비슷하고 다른가요?

3 DOM에서 문제가 되는 사안은 무엇인가요?

4 사용자 인터페이스를 더 빠르게 업데이트하는 데 가상 DOM이 어떻게 활용되나요?

5 리액트의 렌더링은 어떻게 작동하나요? 이로 인해 잠재되었던 어떤 문제가 발생할 수 있나요?

3.6 미리보기

4장에서는 리액트의 재조정과 파이버 아키텍처에 대해 자세히 알아보겠습니다.

CHAPTER 4

재조정

리액트를 전문가처럼 사용하려면 리액트의 함수가 하는 일을 이해해야 합니다. 지금까지 우리는 JSX와 `React.createElement`를 배웠습니다. 또 가상 DOM의 이모저모도 어느 정도 자세히 살폈습니다. 이 장에서는 리액트에서 가상 DOM을 실제로 적용하는 방법을 알아보고 `ReactDOM.createRoot(element).render()`의 동작을 배우겠습니다. 특히 리액트가 가상 DOM을 구성한 다음 재조정이라는 과정을 통해 실제 DOM을 업데이트하는 방법을 살펴보겠습니다.

4.1 재조정 이해하기

간단히 말해 리액트의 가상 DOM은 우리가 원하는 UI 상태의 청사진입니다. 리액트는 이 청사진을 가지고 **재조정**reconciliation이라는 프로세스를 통해 주어진 호스트 환경(대개는 웹 브라우저이지만 셸일 수도 있고 iOS, 안드로이드 같은 네이티브 플랫폼일 수도 있습니다)에서 현실로 만듭니다.

다음 코드를 살펴봅시다.

```
import { useState } from "react";

const App = () => {
```

```
  const [count, setCount] = useState(0);

  return (
    <main>
      <div>
        <h1>안녕하세요!</h1>
        <span>카운트: {count}</span>
        <button onClick={() => setCount(count + 1)}>증가</button>
      </div>
    </main>
  );
};
```

이 코드에 있는 엘리먼트 트리는 우리가 원하는 UI 상태의 선언적 설명입니다. 이 코드를 읽은 동료는 이 코드가 카운트를 증가시키는 버튼이 있는 카운터 앱을 만들려고 한다는 사실을 알 수 있습니다. 똑같은 사실을 리액트도 알고 있습니다. 재조정 과정을 이해하기 위해 리액트가 이러한 컴포넌트를 만났을 때 내부적으로 어떻게 처리하는지 알아보겠습니다.

먼저, JSX는 리액트 엘리먼트의 트리가 됩니다. 이에 대해서는 앞서 3장에서 살펴봤습니다. `App` 컴포넌트는 함수로 호출되면 자손 엘리먼트 4개를 포함한 리액트 엘리먼트를 반환합니다. 우리에게 불변 객체인 리액트 엘리먼트는 우리가 그리고자 하는 UI의 상태를 표현합니다. 실제 UI의 상태는 아닙니다. 리액트 엘리먼트는 `React.createElement` 또는 JSX의 `<` 기호를 사용해 생성되는데, 위 예시 코드는 다음과 같이 변환됩니다.

```
const App = () => {
  const [count, setCount] = useState(0);

  return React.createElement(
    "main",
    null,
    React.createElement(
      "div",
      null,
      React.createElement("h1", null, "안녕하세요!"),
      React.createElement("span", null, "카운트: ", count),
      React.createElement(
        "button",
        { onClick: () => setCount(count + 1) },
        "증가"
```

```
      )
    )
  );
};
```

그러면 생성된 리액트 엘리먼트의 트리가 다음과 같이 표시됩니다.

```
{
  type: "main",
  props: {
    children: {
      type: "div",
      props: {
        children: [
          {
            type: "h1",
            props: {
              children: "안녕하세요!",
            },
          },
          {
            type: "span",
            props: {
              children: ["카운트: ", count],
            },
          },
          {
            type: "button",
            props: {
              onClick: () => setCount(count + 1),
              children: "증가",
            },
          },
        ],
      },
    },
  },
}
```

이 코드는 `Counter` 컴포넌트에서 반환하는 가상 DOM을 나타냅니다. 첫 번째 렌더링이므로 이제 이 트리는 꼭 필요한 최소한의 DOM API만 호출해 브라우저에 반영됩니다. 리액트는 필요한 DOM API 호출을 어떻게 최소화할까요? 가상 DOM의 변경 사항을 단 한 번의 실제 DOM 업데이트로 일괄 처리하고, 이전 장에서 설명한 이유 때문에 가능한 한 DOM을 적게 건드리는 방식으로 업데이트를 수행합니다. 일괄 처리에 대해 좀 더 자세히 알아보겠습니다.

4.2 일괄 처리

3장에서 DOM에 내장된 API인 브라우저의 문서 조각에 대해 배웠습니다. 문서 조각은 다수의 DOM 노드를 포함하는 가벼운 컨테이너로, 일종의 임시 스테이징 영역처럼 동작해서 문서의 실제 DOM에 영향을 주지 않고 여러 변경 사항을 반영합니다. 그리고 최종적으로 문서 조각을 DOM에 추가하면 단 한 번의 리플로와 리페인팅이 발생합니다.

비슷한 맥락에서 리액트는 재조정 과정에서 여러 가상 DOM 업데이트를 모아 한 번의 DOM 업데이트로 결합한 후 실제 DOM에 대한 업데이트를 일괄 처리합니다. 이렇게 하면 실제 DOM을 업데이트하는 횟수가 줄어 웹 애플리케이션의 성능이 개선됩니다.

이를 이해하기 위해 상태를 빠르게 연이어 업데이트하는 컴포넌트를 예로 들겠습니다.

```
function Example() {
  const [count, setCount] = useState(0);

  const handleClick = () => {
    setCount((prevCount) => prevCount + 1);
    setCount((prevCount) => prevCount + 1);
    setCount((prevCount) => prevCount + 1);
  };

  return (
    <div>
      <p>카운트: {count}</p>
      <button onClick={handleClick}>증가</button>
    </div>
  );
}
```

예시에서는 `handleClick` 함수가 `setCount`를 세 번 연속으로 호출합니다. 일괄 처리를 하지 않으면 count 값은 한 번 변경되는 것으로 보이지만, 실제 DOM은 세 번 업데이트 됩니다. 이런 실행으로 성능이 낭비되고 애플리케이션이 느려질 수 있습니다.

그러나 리액트는 일괄 업데이트를 수행하기 때문에 count + 1을 따로 실행해 DOM을 세 번 업데이트하는 대신 count + 3로 DOM을 한 번만 업데이트합니다.

DOM에 대한 가장 효율적인 일괄 업데이트를 계산하기 위해 리액트는 현재 가상 DOM 트리를 복제해 새로운 가상 DOM 트리를 생성하고 업데이트된 값을 적용합니다. 예시에서는 count가 업데이트되어 3이 됩니다. 이 트리는 현재 브라우저에 있는 트리를 재조정해 0을 3으로 바꿔야 합니다. 이제 리액트는 DOM을 일일이 세 번 업데이트하지 않고 새 가상 DOM 값 3을 사용해 DOM을 한 번만 업데이트하면 된다고 계산합니다. 이것이 바로 일괄 처리가 동작하는 과정입니다. 일괄 처리는 앞으로 살펴볼 재조정의 일부이며, 더 광범한 주제인 재조정은 예상되는 다음 DOM 상태와 현재 DOM을 일치시키는 과정입니다.

오늘날의 리액트 내부 동작을 들여다보기 전에, 리액트가 16 미만 버전에서 오래된 '스택stack' 재조정자를 사용해 재조정한 방법을 소개하겠습니다. 이를 통해 요즘 인기 있는 파이버 재조정자의 필요성을 이해할 수 있습니다.

> **노트** 지금부터 논의할 모든 주제는 시간이 지나면 변경될 수도 있는 리액트 내부 구현의 세부 사항이라는 점을 밝힙니다. 여기서는 리액트가 작동하는 메커니즘을 리액트의 실제 사용법과 분리해 설명합니다. 이는 리액트의 내부 메커니즘을 이해함으로써 애플리케이션에서 리액트를 효과적으로 사용하도록 하기 위함입니다.

4.3 기존 기술

예전 리액트는 렌더링에 스택 데이터 구조를 사용했습니다. 필요한 배경 지식을 짚고 넘어가는 의미에서 스택 데이터 구조를 간략히 살펴보겠습니다.

4.3.1 스택 재조정자

컴퓨터 과학에서 스택은 선형 데이터 구조로, LIFOlast in, first out (나중에 들어온 것이 먼저 나감)

원칙을 따릅니다. 즉, 스택에 마지막으로 추가된 원소가 가장 먼저 제거됩니다. 스택에는 푸시push와 팝pop이라는 두 가지 기본 작업이 있으며, 이를 통해 각 스택의 맨 위에 원소를 추가하고 제거합니다.

스택은 수직으로 배열된 원소의 집합으로 시각화할 수 있으며, 맨 위에 있는 원소가 가장 최근에 추가된 것입니다. 다음은 원소가 세 개 있는 스택의 문자 그림입니다.

```
-----
¦ 3 ¦
¦___¦
¦ 2 ¦
¦___¦
¦ 1 ¦
¦___¦
```

예시에서 가장 최근에 추가된 원소는 스택의 맨 위에 있는 3입니다. 가장 먼저 추가된 원소인 1은 스택의 맨 아래에 위치합니다.

이 스택에서 푸시 작업은 스택의 맨 위에 원소를 추가합니다. 자바스크립트 코드에서는 다음과 같이 배열과 push 메서드를 사용해 실행합니다.

```
const stack = [];

stack.push(1); // stack은 현재 [1]
stack.push(2); // stack은 현재 [1, 2]
stack.push(3); // stack은 현재 [1, 2, 3]
```

팝 작업은 스택에서 맨 위에 있는 원소를 제거합니다. 자바스크립트 코드에서는 다음과 같이 배열과 pop 메서드를 사용해 실행합니다.

```
const stack = [1, 2, 3];

const top = stack.pop(); // top의 값은 3이고 stack은 현재 [1, 2]
```

예시에서 pop 메서드는 스택에서 맨 위에 있는 원소(3)를 제거한 후 반환합니다. 이제 스택 배열에는 나머지 원소(1과 2)만 남습니다.

예전에 사용되던 리액트의 재조정자는 스택 기반 알고리듬을 사용해 새 가상 트리를 이전 가상 트리와 비교하고 그에 따라 DOM을 업데이트했습니다. 스택 재조정자는 간단한 경우에는 잘 작동했지만, 애플리케이션 규모가 커지고 복잡해지면서 여러 가지 문제가 발생했습니다.

문제가 발생한 원인을 간단하게 살펴보겠습니다. 업데이트할 목록이 다음 조건을 만족한다고 가정해 봅시다.

1 필수적이지 않고 계산 비용이 비싼 ExpensiveComponent를 렌더링합니다. 이 컴포넌트는 CPU 자원을 소모합니다.
2 사용자가 input 엘리먼트에 입력합니다.
3 입력이 유효하면 Button이 활성화됩니다.
4 Form 컴포넌트의 상태가 변경되면 컴포넌트가 다시 렌더링됩니다.

코드로는 다음과 같이 표현할 수 있습니다.

```
import React, { useReducer } from "react";

const initialState = { text: "", isValid: false };

function Form() {
  const [state, dispatch] = useReducer(reducer, initialState);

  const handleChange = (e) => {
    dispatch({ type: "handleInput", payload: e.target.value });
  };

  return (
    <div>
      <ExpensiveComponent />
      <input value={state.text} onChange={handleChange} />
      <Button disabled={!state.isValid}>전송</Button>
    </div>
  );
}

function reducer(state, action) {
  switch (action.type) {
    case "handleInput":
      return {
        text: action.payload,
```

```
        isValid: action.payload.length > 0,
      };
    default:
      throw new Error();
  }
}
```

예시에서 스택 재조정자는 작업을 일시 중지하거나 연기하지 않고 순차적으로 변경 사항을 렌더링합니다. 계산 비용이 비싼 컴포넌트가 렌더링을 막아 버리면 사용자 입력이 눈에 띄게 버벅거리며 화면에 표시됩니다. 이로 인해 텍스트 필드의 응답성은 나빠지고 사용자 경험은 엉망이 됩니다. 만약 그리 중요하지 않지만 계산 비용이 큰 컴포넌트의 렌더링보다 사용자 입력의 우선순위를 높게 설정해 입력 내용을 화면에 바로 반영하고 계산 비용이 큰 컴포넌트를 뒤늦게 렌더링할 수 있다면, 사용자 경험이 한결 즐거워질 것입니다.

사용자 입력처럼 우선순위가 높은 렌더링 작업이 끼어들 때는 현재 진행 중인 렌더링 작업을 멈출 수 있어야 합니다. 그러려면 리액트가 특정 종류의 렌더링 연산을 다른 종류의 렌더링보다 우선시해야 합니다.

스택 재조정자는 업데이트의 우선순위를 설정하지 않습니다. 그래서 덜 중요한 업데이트가 더 중요한 업데이트를 방해할 수 있었습니다. 예를 들어 우선순위가 낮은 툴팁 업데이트가 우선순위가 높은 텍스트 입력 업데이트를 막아 버릴 수 있습니다. 스택 재조정자에서 가상 트리에 대한 업데이트는 추가된 순서대로 실행되었습니다.

리액트 애플리케이션에서 가상 트리에 대한 업데이트는 중요도가 각기 다를 수 있습니다. 이를테면 입력 폼에 대한 업데이트가 게시물의 좋아요 수를 표시하는 업데이트보다 더 중요할 수 있습니다. 사용자가 입력 폼에 직접 입력하고 상호 작용하고 그에 따라 반응해 주기를 기대하기 때문입니다.

스택 재조정자에서는 업데이트가 추가된 순서대로 실행되었기 때문에 덜 중요한 업데이트가 더 중요한 업데이트를 차단할 수 있었습니다. 이를테면 폼 입력 업데이트 전에 좋아요 수 업데이트가 추가되었다면, 좋아요 수 업데이트가 먼저 실행되어 폼 입력 업데이트를 차단할 수 있습니다.

계산 비용이 크거나 그 외 이유로 좋아요 수 업데이트가 실행되는 데 시간이 오래 걸리면, 업데이트 도중 사용자가 애플리케이션과 상호 작용하려고 할 때 사용자 인터페이스가 눈에 띄게 느려지거나 끊김 현상이 발생할 수 있습니다.

스택 재조정자의 또 다른 문제는 업데이트를 중단하거나 취소할 수 없다는 점이었습니다. 다시 말해 설령 스택 재조정자가 업데이트 우선순위를 조정할 수 있다 해도, 우선순위가 높은 업데이트를 실행하기 위해 덜 중요한 업데이트를 중단할 수 없으므로 우선순위에 따라 업데이트를 원활하게 동작시키기 어려웠습니다.

어떤 웹 애플리케이션에서든 업데이트 중요도가 똑같지 않습니다. 예상치 못하게 무작위로 나타나는 알림은 버튼 클릭에 대한 반응보다 중요하지 않습니다. 버튼 클릭은 즉각적인 반응이 필요한 의도적인 행동인 반면, 알림은 예상치 못한 것이고 심지어 사용자에게 달갑지 않기도 합니다.

스택 재조정자에서는 업데이트를 중단하거나 취소할 수 없기 때문에 토스트 알림 창[1] 같은 불필요한 업데이트가 사용자 상호 작용을 방해하면서 수행되는 경우가 있었습니다. 이로 인해 가상 트리와 DOM에서 불필요한 작업이 수행되어 애플리케이션의 성능에 부정적 영향을 미칠 수 있습니다.

애플리케이션의 규모와 복잡성이 증가함에 따라 스택 재조정자는 여러 가지 문제를 일으켰습니다. 주요한 문제점은 끊김 현상과 사용자 인터페이스의 느린 응답 속도였습니다. 이러한 점을 해결하기 위해 리액트 팀은 파이버 트리라는 데이터 구조를 기반으로 하는 신기술, 이름하여 파이버 재조정자를 개발했습니다. 다음 절에서 살펴보겠습니다.

4.4 파이버 재조정자

파이버 재조정자Fiber reconciler에는 조정자를 위한 작업 단위를 나타내는 '파이버Fiber'라는 데이터 구조가 사용됩니다. 파이버는 3장에서 다룬 리액트 엘리먼트에서 생성되는데, 핵심적인 차이점은 파이버는 상태를 저장하고 수명이 긴 반면 리액트 엘리먼트는 임시적이고 상태가 없다는 것입니다.

1 옮긴이_ 일반적으로 화면 아래쪽에서 위로 떠오르듯 나타나는 일시적인 메시지창입니다. 대체로 사용자의 명시적인 입력이 없으면 일정 시간 이후 자동으로 사라집니다.

유명한 리액트 전문가이자 리덕스Redux 프로젝트의 메인테이너인 마크 에릭슨Mark Erikson은 파이버를 '특정 시점에 존재하는 실제 컴포넌트 트리를 나타내는 리액트의 내부 데이터 구조'라고 설명합니다. 이 글을 쓰는 시점에 마크는 Replay.io를 사용해 리액트 앱의 시간 여행 디버깅에 전념하고 있습니다. Replay.io는 앱의 상태를 되감고 재생하며 디버깅하는 도구입니다. https://www.replay.io에서 자세한 내용을 확인해 보세요.

이름에서 짐작되듯이 리액트는 재조정에 파이버 트리를 사용합니다. 마치 가상 DOM이 엘리먼트의 트리를 표현하는 것과 비슷합니다.

4.4.1 데이터 구조로서의 파이버

리액트의 파이버 데이터 구조는 파이버 재조정자의 핵심 요소입니다. 파이버 재조정자는 업데이트의 우선순위를 정하고 이에 따라 동시 실행을 가능케 해서 리액트 애플리케이션의 성능과 응답성을 향상시킵니다. 이제 파이버 데이터 구조를 꼼꼼히 둘러보겠습니다.

본질적으로 파이버 데이터 구조는 리액트 애플리케이션에서 컴포넌트 인스턴스와 그 상태를 표현합니다. 앞서 설명한 것처럼 파이버 데이터 구조는 변경 가능한 인스턴스로 설계되었으며 조정 과정에서 필요에 따라 업데이트되고 재배치됩니다.

파이버 노드의 각 인스턴스에는 해당 컴포넌트에 대한 정보, 다시 말해 프롭, 상태, 하위 컴포넌트 등이 포함됩니다. 뿐만 아니라 컴포넌트 트리에서의 위치 정보, 파이버 재조정자가 업데이트 우선순위를 정하고 실행하는 데 사용하는 메타데이터도 들어 있습니다.

간단한 파이버 노드의 예시입니다.

```
{
  tag: 3, // 3 = ClassComponent
  type: App,
  key: null,
  ref: null,
  props: {
    name: "Tejas",
    age: 30
  },
  stateNode: AppInstance,
  return: FiberParent,
```

```
  child: FiberChild,
  sibling: FiberSibling,
  index: 0,
  // ...
}
```

예시의 파이버 노드는 ClassComponent라는 App을 나타냅니다. 파이버 노드에는 다음과 같은 컴포넌트에 대한 정보가 들어 있습니다.

tag
예시에서는 3으로 설정되었는데 리액트는 이를 클래스 컴포넌트로 식별합니다. 각 컴포넌트 유형(클래스 컴포넌트, 함수 컴포넌트, 서스펜스 및 오류 경계, 조각 등)에는 고유한 숫자 ID가 파이버로 설정됩니다.

type
App은 이 파이버가 나타내는 함수 또는 클래스 컴포넌트를 나타냅니다.

props
{name: "Tejas", age: 30}는 컴포넌트에 대한 입력 프롭 또는 함수에 대한 입력 인수를 나타냅니다.

stateNode
이 파이버가 나타내는 App 컴포넌트의 인스턴스입니다. 컴포넌트 트리에서의 위치는 return, child, sibling, index로 표현되는데 각각 부모, 자녀, 형제, 파이버의 색인을 의미하며, 파이버 재조정자는 이를 사용해 트리를 순회합니다.[2]

파이버 재조정에는 현재 파이버 트리와 다음 파이버 트리를 비교해 어느 노드를 업데이트, 추가, 제거할지 파악하는 작업이 포함됩니다.

조정 과정 중에 파이버 재조정자는 가상 DOM의 각 리액트 엘리먼트에 대해 파이버 노드를 생성합니다. 이 작업은 createFiberFromTypeAndProps라는 함수가 수행합니다. 이 함수에서 말하는 '타입과 프롭'은 다른 말로 리액트 엘리먼트라고도 부를 수 있습니다. 기억을 되살려 보면, 리액트 엘리먼트는 타입과 프롭으로 이루어집니다.

```
{
  type: "div",
  props: {
```

2 옮긴이_ 트리의 각 노드를 하나씩 살펴보는 것을 가리켜 'walk the tree' 혹은 '트리를 순회한다'고 표현합니다.

```
      className: "container"
    }
  }
```

이 createFiberFromTypeAndProps 함수는 엘리먼트에서 파생된 파이버를 반환합니다. 파이버 노드가 생성되면 파이버 재조정자는 **작업 루프**work loop를 사용해 사용자 인터페이스를 업데이트합니다. 작업 루프는 루트 파이버 노드에서 시작해 컴포넌트 트리를 따라 내려가면서 업데이트가 필요한 경우 각 파이버 노드를 '더티'로 표시합니다. 끝에 도달하면 다시 반대로 순회하면서 브라우저의 DOM 트리와는 분리된 새 DOM 트리를 메모리에 생성합니다. 새 DOM 트리는 이후 화면에 반영됩니다. 반영되는 것을 다른 말로 내보내진다flushed라고도 합니다. 이 작업은 두 가지 함수로 표현할 수 있습니다. beginWork(작업 시작)는 위에서 아래로 이동하며 컴포넌트를 '업데이트가 필요함'으로 표시하고, completeWork(작업 완료)는 다시 위로 이동하며 브라우저에서 분리된 실제 DOM 엘리먼트의 트리를 메모리에 구성합니다. 이러한 오프스크린 렌더링 프로세스off-screen rendering process[3]는 사용자가 볼 수 없으므로 언제든지 중단하고 버릴 수 있습니다.

파이버 아키텍처는 다음 화면을 화면 밖에서 준비한 다음 현재 화면으로 내보내는 '더블 버퍼링double buffering'이라는 게임 업계의 개념에서 착안했습니다. 파이버 아키텍처를 더 잘 이해하기 위해 이 개념을 조금 더 자세히 이해한 다음 넘어가겠습니다.

4.4.2 더블 버퍼링

더블 버퍼링은 컴퓨터 그래픽 및 비디오 처리에서 깜박임을 줄이고 체감 성능을 개선하는 기술입니다. 이 기술은 이미지나 프레임을 저장하기 위한 두 개의 버퍼(또는 메모리 공간)를 생성하고 일정한 간격으로 두 버퍼를 전환해 최종 이미지나 동영상을 표시합니다.

실제로 더블 버퍼링이 작동하는 방식은 다음과 같습니다.

1 첫 번째 버퍼가 초기 이미지나 프레임으로 채워집니다.
2 첫 번째 버퍼가 표시되는 동안 두 번째 버퍼가 새 데이터나 이미지로 업데이트됩니다.
3 두 번째 버퍼가 준비되면 첫 번째 버퍼로 전환되어 화면에 표시됩니다.

3 옮긴이_ 화면에는 반영되지 않는 렌더링 과정입니다.

4 첫 번째와 두 번째 버퍼가 일정한 간격으로 전환되어 최종 이미지나 동영상을 표시하는 프로세스가 계속 됩니다.

더블 버퍼링을 사용하면 최종 이미지나 동영상이 중단이나 지연 없이 표시되므로 깜박임 및 기타 시각적 잔상이 줍니다.

파이버 재조정은 더블 버퍼링과 비슷합니다. 업데이트가 발생하면 현재 파이버 트리가 포크fork되어 주어진 사용자 인터페이스의 새로운 상태를 반영하도록 업데이트됩니다. 이를 **렌더링**이라고 합니다. 그 후 현재 트리를 대체할 트리가 준비되고 사용자가 기대하는 상태를 정확하게 반영하면, 더블 버퍼링에서 비디오 버퍼를 교체하는 것처럼 현재 파이버 트리와 교체됩니다. 이를 재조정의 **커밋 단계**commit phase 또는 **커밋**commit이라고 합니다.

파이버 재조정자가 화면에 표시되지 않는 작업용 트리를 사용하면 여러 장점이 있습니다.

- 실제 DOM에 대한 불필요한 업데이트를 피할 수 있어 성능을 개선하고 깜박임을 줄입니다.
- 화면 밖에서 UI의 새 상태를 계산하고 우선순위가 더 높은 새로운 업데이트가 필요한 경우 이를 버릴 수 있습니다.
- 재조정은 화면 밖에서 이루어지므로 사용자가 현재 보고 있는 내용을 망치지 않고 일시 중지했다가 다시 시작할 수도 있습니다.

파이버 재조정자를 사용하면 JSX 엘리먼트의 사용자 정의 트리에서 두 가지 트리가 만들어집니다. '현재' 파이버를 포함하는 트리와 작업용 파이버를 포함하는 트리입니다. 두 가지 트리를 자세히 살펴보겠습니다.

4.4.3 파이버 재조정

파이버 재조정은 렌더링 단계와 커밋 단계로 이루어집니다. [그림 4-1]에 소개된 두 단계 접근법 덕분에 리액트는 렌더링 작업을 수행하고 이를 DOM에 커밋해서 사용자에게 보여 주기 전에 언제든 폐기할 수 있게 되었습니다. 렌더링 중단이 가능해진 것입니다. 조금 더 자세히 말하면, 렌더링이 중단 가능한 듯 보이는 이유는 리액트 스케줄러가 5 밀리초마다 실행을 메인 스레드로 돌려주기 때문입니다.[4] 5 밀리초는 초당 120 프레임을 표현하는 기기에서 프레임 하나

4 옮긴이_ 렌더링 작업 중간중간에 메인 스레드에서 다른 기능이 관여할 여지를 둔다는 의미입니다. 이런 과정이 없으면 계산이 아주 오래 걸리는 작업의 경우, 사용자 UI가 멈춘 듯 보이는 현상이 발생할 수 있습니다.

보다 짧은 시간입니다.

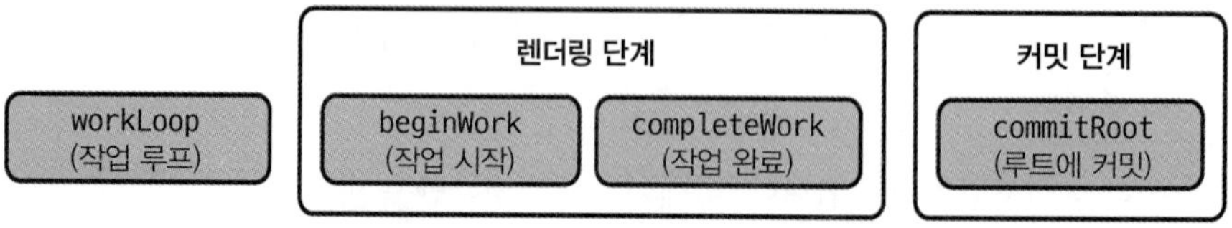

그림 4-1 파이버 재조정자의 재조정 흐름

스케줄러에 대한 자세한 내용은 7장에서 리액트의 동시성 기능과 함께 다룹니다. 우선은 재조정 단계에 대해 살펴보겠습니다.

렌더링 단계

렌더링 단계는 현재 트리에서 상태 변경 이벤트가 발생하면 시작합니다. 리액트는 각 파이버를 재귀적, 단계적으로 순회하고 업데이트가 보류 중이라는 신호 플래그를 설정해 대체 트리에 **오프스크린** 변경 작업을 수행합니다(그림 4-2). 앞서 언급한 대로 이는 리액트 내부적으로 `beginWork`라는 함수에서 발생합니다.

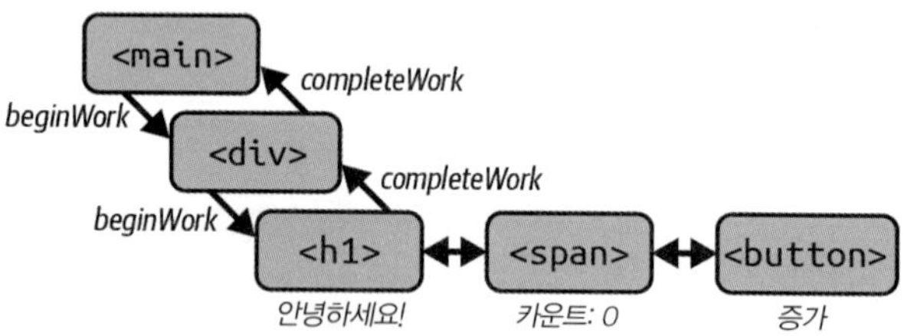

그림 4-2 렌더링 단계의 호출 순서

beginWork(작업 시작)

`beginWork`는 작업용 트리에 있는 파이버 노드의 업데이트 필요 여부를 나타내는 플래그를 설정합니다. 여러 플래그를 설정하고 계속해서 다음 파이버 노드로 이동하며 트리의 맨 아래에 도달할 때까지 동일한 작업을 수행합니다. 이 작업이 완료되면 파이버 노드에서 `completeWork`를 호출하고 다시 거슬러 올라가며 순회합니다.

beginWork의 시그니처입니다.

```
function beginWork(
  current: Fiber | null,
  workInProgress: Fiber,
  renderLanes: Lanes
): Fiber | null;
```

completeWork는 나중에 설명합니다. 우선은 beginWork에 대해 자세히 알아보겠습니다. 시그니처에는 다음 인수가 포함됩니다.

current

업데이트 중인 작업용 노드에 해당하는 현재 트리의 파이버 노드에 대한 참조입니다. 트리의 이전 버전과 새 버전 간에 변경된 사항과 업데이트할 사항을 결정하는 데 사용됩니다. 불변하는 값이며 비교용으로만 사용됩니다.

workInProgress

작업용 트리에서 업데이트 중인 파이버 노드입니다. beginWork 함수에 의해 업데이트되어 '더티'로 표시된 채 반환되는 노드입니다.

renderLanes

렌더 레인은 리액트 파이버 재조정자에서 기존의 renderExpirationTime을 대체하는 새로운 개념입니다. 이전의 renderExpirationTime 개념보다 조금 더 복잡하지만, 이를 통해 리액트가 업데이트 우선순위를 더 잘 정하고 업데이트 프로세스를 더 효율적으로 만들 수 있습니다. renderExpirationTime은 이제 사용되지 않으므로 여기서는 renderLanes를 중점적으로 다루겠습니다.

renderLanes는 간단히 말해 업데이트가 처리되는 '레인lane'을 나타내는 비트마스크bitmask입니다. 여기서 말하는 레인은 우선순위를 비롯한 여러 기준에 따라 업데이트를 분류하는 방식입니다. 리액트 컴포넌트를 변경하면 우선순위를 비롯한 여러 특성에 따라 레인이 할당됩니다. 변경의 우선순위가 높을수록 더 높은 레인이 할당됩니다.

업데이트가 올바른 순서로 처리되도록 하기 위해 renderLanes 값이 beginWork 함수에 전달됩니다. 우선순위가 높은 레인에 할당된 업데이트는 우선순위가 낮은 레인에 할당된 업데이트보다 먼저 처리됩니다. 이렇게 하면 사용자 상호 작용이나 접근성에 영향을 미치는 업데이트처럼 우선순위가 높은 업데이트가 최우선적으로 처리됩니다.

업데이트 우선순위를 지정하는 것 외에 다른 역할도 있습니다. renderLanes는 리액트가 동시성을 더 잘 관리하도록 지원합니다. 리액트는 '타임 슬라이싱time slicing'이라는 기술을 사용해 실행 시간이 긴 업데이트를 더 작고 관리하기 쉬운 덩어리로 분할합니다. 이 과정에서 renderLanes가 주된 역할을 하는데, 리액트가 어떤 업데이트를 먼저 처리할지, 어떤 업데이트를 미룰지 결정하기 때문입니다.

렌더링 단계가 완료되면 getLanesToRetrySynchronouslyOnError 함수가 호출되어 렌더링 단계 도중에 미뤄진 업데이트가 있는지 확인합니다. 미뤄진 업데이트가 있는 경우 updateComponent 함수는 새로운 작업 루프를 시작하고 beginWork와 getNextLanes를 사용해 업데이트를 처리하며 레인에 따라 우선순위를 지정합니다.

동시성을 다루는 7장에서 렌더 레인을 깊게 살펴봅니다. 지금은 파이버 재조정 흐름을 이어 알아보겠습니다.

completeWork(작업 완료)

completeWork 함수는 작업용 파이버 노드에 업데이트를 적용하고 애플리케이션의 업데이트된 상태를 나타내는 실제 DOM 트리를 새롭게 생성합니다. 이 작업을 통해 DOM에서 분리된 트리를 브라우저가 시각적으로 표현하는 영역 바깥에 구성합니다.

호스트 환경이 브라우저라면 document.createElement 또는 newElement.appendChild 같은 작업을 수행할 것입니다. 이 엘리먼트 트리가 아직 브라우저 내 문서에 추가되지 않은 상태인 것에 유의하세요. 리액트는 화면 밖에서 다음에 보여 줄 UI를 만들었을 뿐입니다. 화면 밖에서 이 작업을 수행하면 중단할 수 있습니다. 리액트가 계산하는 다음 상태는 아직 화면에 그려지지 않았으므로, 만약 우선순위가 더 높은 업데이트가 예약되면 여기서 만들어진 UI는 버려질 수 있습니다. 그것이 바로 파이버 재조정자 기능의 핵심입니다.

completeWork의 시그니처는 다음과 같습니다.

```
function completeWork(
  current: Fiber | null,
  workInProgress: Fiber,
  renderLanes: Lanes
): Fiber | null;
```

이 시그니처는 beginWork와 동일합니다.

completeWork 함수는 beginWork 함수와 관계가 밀접합니다. beginWork가 파이버 노드에서 '업데이트가 필요함' 상태에 대한 플래그를 설정하는 역할을 한다면, completeWork는 호스트 환경에 커밋할 새 트리를 구성하는 역할을 합니다. completeWork가 트리 맨 위에 도달해 새 DOM 트리를 구성하면 '렌더링 단계가 완료되었다'고 볼 수 있습니다. 이제 리액트는 커밋 단계로 넘어갑니다.

커밋 단계

커밋 단계commit phase(그림 4-3)는 렌더링 단계에서 가상 DOM에 적용된 변경 사항을 실제 DOM에 반영합니다. 커밋 단계에서는 새 가상 DOM 트리가 호스트 환경에 커밋되고 작업용 트리가 현재 트리로 바뀝니다. 이 단계에서는 효과도 모두 실행됩니다(바로 이어 나타납니다). 커밋 단계는 변형 단계와 레이아웃 단계로 나뉩니다.

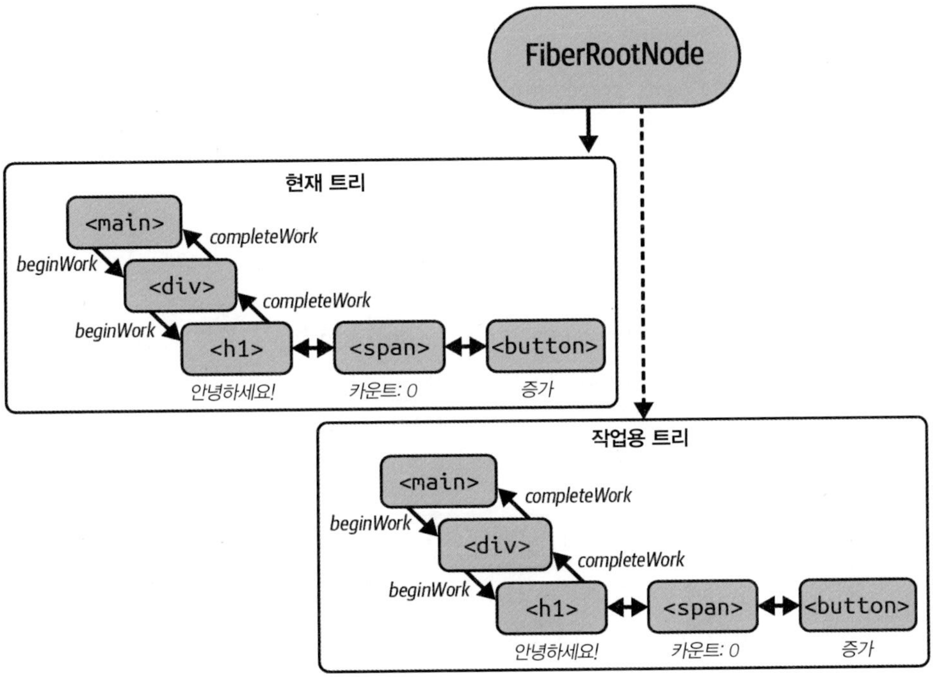

그림 4-3 FiberRootNode의 커밋 단계

변형 단계

변형 단계mutation phase는 커밋 단계의 첫 부분으로, 가상 DOM에 적용된 변경 사항을 실제 DOM에 반영합니다. 이 단계에서 리액트는 적용할 업데이트를 식별하고 `commitMutationEffects`라는 특수 함수를 호출합니다. 이 함수는 렌더링 단계에서 작업용 트리의 파이버 노드에 적용된 업데이트를 실제 DOM에 반영합니다.

다음은 `commitMutationEffects`의 구현을 보여 주는 의사코드 예시입니다.

```
function commitMutationEffects(Fiber) {
  switch (Fiber.tag) {
    case HostComponent: {
      // 새로운 프롭과 자식을 사용한 DOM 노드 업데이트
      break;
    }
    case HostText: {
      // DOM 노드의 텍스트 콘텐츠 업데이트
      break;
    }
    case ClassComponent: {
      //  componentDidMount, componentDidUpdate 같은 수명 주기 메서드 호출
      break;
    }
    // ... 그 외의 경우는 다른 종류의 노드를 처리
  }
}
```

변형 단계에서 리액트는 `commitUnmount` 및 `commitDeletion` 같은 특수 함수를 호출해 더 이상 필요하지 않은 노드를 DOM에서 제거하기도 합니다.

레이아웃 단계

레이아웃 단계layout phase는 커밋 단계의 둘째 부분으로, DOM에서 업데이트된 노드의 새 레이아웃을 계산합니다. 이 단계에서 리액트는 `commitLayoutEffects`라는 특수 함수를 호출합니다. 이 함수는 DOM에서 업데이트된 노드의 새 레이아웃을 계산합니다.

`commitMutationEffects`와 마찬가지로 `commitLayoutEffects`도 업데이트되는 노드의 종류에 따라 함수를 호출하는 커다란 스위치 문장으로 이루어집니다.

레이아웃 단계가 완료되면, 리액트는 렌더링 단계에서 가상 DOM에 적용되었던 변경 사항을 실제 DOM에 성공적으로 반영하게 됩니다.

리액트는 커밋 단계를 변형 단계와 레이아웃 단계로 나눠서 DOM 업데이트를 효율적인 방식으로 적용할 수 있습니다. 커밋 단계는 재조정자의 주요 기능들과 함께 동작해서 더 복잡해지고 더 많은 데이터를 처리하게 되는 상황에서도 리액트 애플리케이션이 빠르고 응답성이 뛰어나며 안정되도록 도와줍니다.

효과

리액트 재조정 과정의 커밋 단계에서는 여러 부작용이 특정 순서로 실행되며, 그 순서는 효과 종류에 따라 달라질 수 있습니다. 커밋 단계에서 발생하는 효과는 다음과 같습니다.

배치 효과

새 컴포넌트가 DOM에 추가될 때 발생합니다. 예를 들어 폼에 새 버튼이 추가되면 배치 효과placement effect가 발생해 해당 버튼이 DOM에 추가됩니다.

업데이트 효과

컴포넌트가 새로운 프롭이나 상태로 업데이트될 때 발생합니다. 예를 들어 버튼의 텍스트가 변경되면 업데이트 효과update effect가 발생해 DOM의 텍스트가 업데이트됩니다.

삭제 효과

컴포넌트가 DOM에서 제거될 때 발생합니다. 예를 들어 폼에서 버튼이 제거되면 삭제 효과deletion effect가 발생해 DOM에서 버튼이 제거됩니다.

레이아웃 효과

브라우저의 페인트 가능 시점 전에 발생하며 페이지 레이아웃을 업데이트하는 데 사용됩니다. 레이아웃 효과 layout effect는 함수 컴포넌트에서는 `useLayoutEffect` 훅을, 클래스 컴포넌트에서는 `componentDidUpdate` 수명 주기 메서드를 사용해 관리합니다.

이 같은 커밋 단계의 효과와 달리 패시브 효과passive effect는 브라우저의 페인트 가능 시점 후에 실행되도록 예약된 사용자 정의 효과이며, `useEffect` 훅을 사용해 관리됩니다.

패시브 효과는 API에서 데이터 요청이나 분석 추적처럼 페이지의 초기 렌더링에 중요하지 않은 작업을 수행하는 데 유용합니다. 패시브 효과는 렌더링 단계에서 수행되지 않으므로 사용자 인터페이스를 개발자가 원하는 상태로 만드는 데 필요한 최소 업데이트 집합의 계산 시간에 영향을 주지 않습니다.

화면에 모두 표시하기

리액트는 현재 트리current tree나 작업용 트리workInProgress tree 중 하나 위에 `FiberRootNode`를 둡니다. `FiberRootNode`는 재조정 과정의 커밋 단계를 관리하는 핵심 데이터 구조입니다.

가상 DOM이 업데이트되면 리액트는 현재 트리를 변경하지 않은 채 작업용 트리를 업데이트합니다. 이를 통해 애플리케이션의 현재 상태를 유지하면서 가상 DOM을 계속 렌더링하고 업데이트할 수 있습니다.

렌더링 프로세스가 완료되면 리액트는 `commitRoot` 함수를 호출해 작업용 트리에 적용된 변경 사항을 실제 DOM에 커밋합니다. `commitRoot`는 `FiberRootNode`의 포인터를 현재 트리에서 작업용 트리로 전환하고, 작업용 트리를 새로운 현재 트리로 만듭니다.

이 시점부터 향후 모든 업데이트는 새로운 현재 트리를 기반으로 이루어집니다. 이 과정을 통해 애플리케이션이 일관된 상태를 유지하고, 업데이트를 정확하고 효율적으로 적용할 수 있습니다. 그리고 이 모든 작업은 즉시 브라우저에 반영됩니다. 재조정은 바로 이런 방식으로 이루어집니다.

4.5 돌아보기

리액트 재조정의 개념을 살펴보고 파이버 재조정자에 대해 배웠습니다. 강력한 스케줄러와 함께 효율적이고 중단 없는 렌더링을 가능케 하는 파이버도 알아봤습니다. 또 재조정 과정의 두 가지 주요 단계인 렌더링과 커밋도 배웠습니다. 마지막으로 재조정 과정의 커밋 단계를 관리하는 핵심 데이터 구조인 `FiberRootNode`를 살펴봤습니다.

4.6 복습하기

이 장에서 배운 개념에 대한 이해도를 확인하기 위해 몇 가지 질문을 해 보겠습니다.

1. 리액트의 재조정이란 무엇인가요?
2. 파이버 데이터 구조의 역할은 무엇인가요?
3. 왜 트리가 두 개 필요한가요?
4. 애플리케이션이 업데이트되면 어떻게 되나요?

이 질문에 답할 수 있다면, 리액트의 파이버 재조정자와 재조정 과정을 한층 더 깊이 이해한 것입니다.

4.7 미리보기

5장에서는 리액트에 대해 자주 묻는 질문과 몇 가지 고급 패턴을 살펴봅니다. `useMemo` 사용 빈도와 `React.lazy` 사용 시기에 대한 질문의 답을 찾아보겠습니다. `useReducer`와 `useContext`를 사용해 리액트 애플리케이션에서 상태를 관리하는 방법도 살펴봅시다.

곧 다시 뵙겠습니다.

CHAPTER 5

자주 묻는 질문과 유용한 패턴

이제 리액트가 하는 일과 내부 동작을 잘 알게 되었으니 실제 사례를 통해 리액트 애플리케이션을 작성하는 방법을 자세히 살펴봅시다. 이 장에서는 메모화, 지연 로딩, 성능을 강화하기 위해 일반적인 리액트 질문의 답을 찾아보겠습니다. 먼저 메모화부터 살펴봅니다.

5.1 React.memo를 사용한 메모화

메모화memoization는 컴퓨터 과학에서 이전에 계산된 결과를 캐싱해서 함수의 성능을 최적화하는 기법입니다. 간단히 말해 메모화는 입력을 기준으로 함수의 출력을 저장해 두었다가 같은 입력을 사용해 함수를 다시 호출하면 출력을 다시 계산하지 않고 캐시된 결과를 반환합니다. 이를 통해 특히 계산 비용이 많이 들거나 자주 호출되는 함수를 실행하는 데 필요한 시간과 리소스를 크게 줄일 수 있습니다. 메모화는 함수의 순수성을 필요로 합니다. 다시 말해 함수가 주어진 입력에 대해 동일한 출력을 예측 가능하게 반환해야 합니다. 다음은 순수 함수의 예입니다.

```
function add(num1, num2) {
  return num1 + num2;
}
```

여기서 add 함수는 인자로 1, 2가 주어지면 항상 3을 반환하므로 안전하게 메모화할 수 있습니다. 이 기능이 네트워크 통신 같은 부작용에 의존한다면 메모화할 수 없습니다. 다음 예시를 봅시다.

```
async function addToNumberOfTheDay(num) {
  const todaysNumber = await fetch("https://fake-api.com/random-number")
    .then((r) => r.json())
    .then((data) => data.number);
  return num + todaysNumber;
}
```

이 함수는 동일한 입력 2가 주어져도 매번 다른 결과를 반환하므로 메모화할 수 없습니다. 단순한 예시로 보일 수도 있겠지만, 메모화의 기본적인 사항을 이해하기에는 무리가 없습니다.

메모화는 비용이 많이 드는 계산을 처리하거나 항목이 많은 목록을 렌더링할 때 유용합니다. 다음과 같은 함수를 가정해 봅시다.

```
let result = null;
const doHardThing = () => {
  if (result) return result;

  // ... 리소스가 많이 필요한 작업

  result = hardSutff; // 비용이 비싼 작업의 결과물
  return hardStuff;
};
```

doHardThing 함수를 한 번 호출하면 어려운 작업을 수행하는 데 몇 분이 걸릴 수 있지만 그 다음 두 번째, 세 번째, 네 번째 또는 n 번째로 호출하면 실제로 작업을 수행하지 않고 저장된 결과를 반환합니다. 이것이 바로 메모화의 핵심입니다.

리액트에서는 함수 컴포넌트에 React.memo를 사용해 메모화를 적용할 수 있습니다. React.memo 함수에서 반환하는 새 컴포넌트는 프롭이 변경되었을 때만 다시 렌더링합니다. 4장의 내용을 떠올려 보면, '렌더링한다'는 말은 곧 함수를 다시 호출한다는 의미입니다. React.memo로 감싸진 함수는 프롭이 변경되지 않는 한 재조정 과정에서 다시 호출되지 않습니다. 함수 컴포넌트를 메모화하면 불필요한 렌더링을 방지해서 리액트 애플리케이션 성능이 전반적으로 향상됩니다.

4장에서 언급했듯이 리액트 컴포넌트는 재조정을 위해 호출되는 함수입니다. 리액트는 함수 컴포넌트를 프롭과 함께 재귀적으로 호출해서 가상 DOM 트리를 생성하고, 생성된 가상 DOM 트리를 기반으로 재조정에 사용되는 두 개의 파이버 트리를 만듭니다. 때로는 함수 컴포넌트 내에 복잡한 계산이 많으면 렌더링 시간이 길어지기도 합니다. 4장에서 다룬 바와 같이 컴포넌트를 DOM에 배치하거나 업데이트하는 과정에서 복잡한 계산이 많은 경우에도 렌더링 시간이 길어질 수 있습니다. 여기서 말하는 렌더링을 다른 말로 표현하면 컴포넌트 함수 호출입니다. 메모화는 비용이 큰 계산의 결과를 저장했다가 동일한 입력이 함수에 전달되거나 동일한 프롭이 컴포넌트에 전달될 때 저장해 둔 결과를 반환하는 방식을 통해 렌더링이 오래 걸리는 문제를 방지합니다.

`React.memo`의 중요성을 이해하기 위해 컴포넌트에서 렌더링할 목록이 있는 일반 시나리오를 생각해 봅시다. 다음과 같이 컴포넌트에 표시하려는 할 일 목록이 있다고 하겠습니다.

```
function TodoList({ todos }) {
  return (
    <ul>
      {todos.map((todo) => (
        <li key={todo.id}>{todo.title}</li>
      ))}
    </ul>
  );
}
```

이제 이 컴포넌트를 사용자 입력이 있을 때마다 다시 렌더링하는 컴포넌트와 조합해 보겠습니다. 편의상 `todos`는 적절하게 채워져 있다고 가정합니다.

```
function App() {
  const todos = Array.from({ length: 1000000 });
  const [name, setName] = useState("");

  return (
    <div>
      <input value={name} onChange={(e) => setName(e.target.value)} />
      <TodoList todos={todos} />
    </div>
  );
}
```

App 컴포넌트에서는 input 필드에 입력이 있을 때마다 TodoList가 다시 렌더링됩니다. 즉, TodoList 함수 컴포넌트는 키 입력이 있을 때마다 입력된 값을 프롭으로 사용하여 반복 호출됩니다. 이는 성능 문제를 일으킬 수 있습니다. 사실 컴포넌트에서 상태 변경이 발생하면 재조정 과정에서 하위 트리에 있는 모든 함수 컴포넌트가 다시 호출되는 것은 리액트 작동 원리의 핵심입니다.

할 일 목록이 크고 컴포넌트가 자주 다시 렌더링된다면 애플리케이션 성능에 병목 현상이 발생할 수 있습니다. 이 컴포넌트를 최적화하는 방법 하나는 React.memo를 사용해 메모화하는 것입니다.

```
const MemoizedTodoList = React.memo(function TodoList({ todos }) {
  return (
    <ul>
      {todos.map((todo) => (
        <li key={todo.id}>{todo.title}</li>
      ))}
    </ul>
  );
});
```

TodoList 컴포넌트를 React.memo로 감싸면, 리액트는 프롭이 변경된 경우에만 해당 컴포넌트를 다시 렌더링합니다. 주변 상태의 변경은 영향을 미치지 않습니다. 즉, 할 일 목록이 동일하게 유지되는 동안에는 컴포넌트가 다시 렌더링되지 않고 캐시된 출력이 대신 사용됩니다. 이렇게 하면 특히 컴포넌트가 복잡하고 할 일 목록이 많은 경우에는 리소스와 시간이 상당히 절약됩니다.

렌더링 비용이 많이 드는 중첩된 컴포넌트가 여러 개 있는 복잡한 컴포넌트라고 생각해 봅시다.

```
function Dashboard({ data }) {
  return (
    <div>
      <h1>대시보드</h1>
      <UserStats user={data.user} />
      <RecentActivity activity={data.activity} />
      <ImportantMessages messages={data.messages} />
    </div>
  );
}
```

data 프롭이 자주 변경되는 경우, 특히 중첩된 컴포넌트가 복잡하다면 렌더링 비용이 많이 들 수 있습니다. React.memo를 사용해 중첩된 각 컴포넌트를 메모화하면 이 컴포넌트를 최적화할 수 있습니다.

```
const MemoizedUserStats = React.memo(function UserStats({ user }) {
  // ...
});

const MemoizedRecentActivity = React.memo(function RecentActivity({
  activity,
}) {
  // ...
});

const MemoizedImportantMessages = React.memo(function ImportantMessages({
  messages,
}) {
  // ...
});

function Dashboard({ data }) {
  return (
    <div>
      <h1>대시보드</h1>
      <MemoizedUserStats user={data.user} />
      <MemoizedRecentActivity activity={data.activity} />
      <MemoizedImportantMessages messages={data.messages} />
    </div>
  );
}
```

중첩된 각 컴포넌트를 메모화하면 리액트는 변경된 컴포넌트만 다시 렌더링하고 변경되지 않은 컴포넌트에는 캐시된 출력을 사용합니다. 그러면 Dashboard 컴포넌트의 성능이 크게 개선되고 불필요한 리렌더링이 줍니다. 예시에서 보듯이 React.memo는 리액트에서 함수형 컴포넌트의 성능을 최적화하는 데 필수적인 도구입니다. 렌더링 비용이 많이 들거나 로직이 복잡한 컴포넌트에 특히 유용합니다.

5.1.1 React.memo에 능숙해지기

`React.memo`의 작동 방식을 간단히 살펴보겠습니다. 업데이트가 발생하면 리액트는 컴포넌트를 이전 렌더링에서 반환된 가상 DOM의 결과와 비교합니다. 예를 들어 프롭이 변경되어 비교 결과가 다르다면, 재조정자는 엘리먼트가 호스트 환경(일반적으로 브라우저 DOM)에 이미 존재하는 경우에는 업데이트 효과를 실행하고, 그렇지 않은 경우에는 배치 효과를 실행합니다. 프롭이 동일하더라도 컴포넌트는 다시 렌더링되고, 이에 따라 DOM도 업데이트될 수 있습니다.

바로 이때 `React.memo`를 활용하면 각 렌더링 사이에 컴포넌트의 프롭이 동일한 경우 불필요한 렌더링을 피할 수 있습니다. 리액트에서 이 작업이 가능한 것은 알겠는데, 그렇다면 얼마나 많이, 얼마나 자주 메모화해야 할까요? 모든 컴포넌트를 메모화하면 애플리케이션 전체의 성능이 더 좋아질까요?

5.1.2 리렌더링되는 메모화된 컴포넌트

`React.memo`는 프롭에 얕은 비교shallow comparison를 수행해 프롭의 변경 여부를 확인합니다. 문제는 자바스크립트에서 스칼라 타입scala type은 매우 정확하게 비교할 수 있지만, 스칼라가 아닌 타입은 그렇지 않다는 점입니다. 논의를 진전하기 위해 스칼라 타입과 스칼라가 아닌 타입이 무엇이며 각 타입에 비교 연산이 어떻게 동작하는지 간략하게 살펴보겠습니다.

스칼라(원시 타입)

원시 타입primitive type이라고 부르기도 하는 스칼라 타입은 기본 자료형입니다. 이 타입은 단일한 개별 값을 표현합니다. 배열이나 객체 같은 더 복합적인 데이터 구조와 달리, 속성이나 메서드가 없으며 본질적으로 불변합니다. 즉, 한 번 설정된 스칼라 값은 완전히 새로운 값을 만들지 않고는 변경하지 못합니다. 자바스크립트에는 숫자, 문자열, 불리언boolean을 비롯해 `Symbol`, `BigInt`, `undefined`, `null` 등의 스칼라 타입이 있고 제각각 고유한 용도로 사용됩니다. 이를테면 숫자는 설명이 필요 없지만 `Symbol`은 고유 식별자를 만들고, `undefined`와 `null`은 다양한 상황에서 값이 없음을 나타냅니다. 스칼라 값을 비교할 때는 해당 값이 담고 있는 실제 내용이나 값을 고려합니다.

스칼라가 아닌 타입(참조 타입)

스칼라의 단순함을 넘어가면 참조 타입reference type이라고도 하는 스칼라가 아닌 타입을 만나게 됩니다. 이 타입은 데이터 자체가 아니라 데이터가 메모리에 저장된 위치에 대한 참조 또는 포인터를 저장합니다. 그 차이는 코드에서 해당 타입을 비교, 조작, 상호 작용하는 방식에 영향을 미치기 때문에 매우 중요합니다. 자바스크립트에서 흔하게 보는 참조 타입은 객체와 배열입니다. 객체는 키-값 쌍으로 구조화된 데이터를 저장하고, 배열은 정렬된 데이터 집합을 저장합니다. 함수도 자바스크립트에서는 참조 유형으로 간주됩니다. 이 타입의 주요 특징은 여러 참조가 동일한 메모리 위치를 가리킬 수 있다는 점입니다. 즉, 하나의 참조를 통해 데이터를 수정하면 동일한 데이터를 가리키는 다른 참조에도 영향을 미칩니다. 참조 타입을 비교할 때는 내용이나 값이 아닌 메모리 참조를 기준으로 합니다. 이 개념에 익숙하지 않은 사람들은 의도하지 않은 결과를 초래할 때도 있습니다. 예를 들어 내용은 같지만 메모리 위치가 다른 두 배열은 엄격한 동등성 연산자를 사용해 비교할 때 동등하지 않은 것으로 간주됩니다.

다음 예를 살펴봅시다.

```
// 스칼라 타입
"a" === "a"; // 문자열; true
3 === 3; // 숫자; true

// 스칼라가 아닌 타입
[1, 2, 3] === [1, 2, 3]; // 배열; false
{ foo: "bar"} === { foo: "bar" } // 객체; false
```

예시에서는 배열, 객체 같은 스칼라가 아닌 타입을 참조로 비교합니다. 다시 말해 컴퓨터 메모리에서 왼쪽 배열의 위치에 대한 참조가 오른쪽의 메모리 위치와 동일한지 확인합니다. 이 때문에 배열 비교의 값은 `false`가 됩니다. 객체도 마찬가지입니다. 여기에 있는 객체 비교를 할 때, 왼쪽 항과 오른쪽 항에 있는 서로 다른 두 개의 객체가 메모리에 만들어집니다. 당연히 두 객체는 메모리 위치가 다른 별개의 객체입니다. 다만 내용이 같을 뿐입니다.

이 같은 특성 때문에 `React.memo`를 사용하기 까다로울 수 있습니다. 항목 배열을 프롭으로 받아 렌더링하는 함수형 컴포넌트 `List`가 있다고 생각해 봅시다.

```
const List = React.memo(function List({ items }) {
  return (
```

```
    <ul>
      {items.map((item) => (
        <li key={item}>{item}</li>
      ))}
    </ul>
  );
});
```

이번에는 부모 컴포넌트에서 이 컴포넌트를 사용하고 부모가 렌더링할 때마다 새 배열 인스턴스를 전달한다고 가정합니다. 코드의 isFavorite은 선호하는 과일 여부를 반환하는 함수입니다.

```
function ParentComponent({ allFruits }) {
  const [count, setCount] = React.useState(0);
  const favoriteFruits = allFruits.filter((fruit) => isFavorite(fruit));

  return (
    <div>
      <button onClick={() => setCount(count + 1)}>증가</button>
      <List items={favoriteFruits} />
    </div>
  );
}
```

증가 버튼을 클릭할 때마다 ParentComponent가 다시 렌더링됩니다. List로 전달된 프롭의 각 항목의 값이 변경되지 않았더라도 매번 ['apple', 'banana', 'cherry']를 사용해 새 배열 인스턴스가 생성됩니다. React.memo는 프롭을 얕게 비교하기 때문에 새 배열 인스턴스를 이전 렌더링에서 사용한 배열과 다른 프롭으로 간주해 List 컴포넌트를 불필요하게 다시 렌더링합니다.

이때 useMemo 훅으로 배열을 메모화하면 문제가 해결됩니다.

```
function ParentComponent({ allFruits }) {
  const [count, setCount] = React.useState(0);
  const favoriteFruits = React.useMemo(
    () => allFruits.filter((fruit) => isFavorite(fruit)),
    [ allFruits ]
  );
```

```
  return (
    <div>
      <button onClick={() => setCount(count + 1)}>증가</button>
      <List items={favoriteFruits} />
    </div>
  );
}
```

이제 배열은 한 번만 생성되고 렌더링이 새롭게 되더라도 동일한 참조를 유지하므로 List 컴포넌트가 불필요하게 다시 렌더링되지 않습니다.

이 예시는 스칼라 타입이 아닌 프롭과 React.memo를 사용할 때 참조 비교의 이해가 중요하다는 것을 알려 줍니다. 주의 깊게 사용하지 않으면 최적화는커녕 의도하지 않은 성능 문제를 일으킬 수도 있습니다.

React.memo 역시 다른 참조 타입인 함수로 인해 쉽게 무력화되곤 합니다. 다음 예시를 봅시다.

```
<MemoizedAvatar
  name="Tejas"
  url="https://github.com/tejasq.png"
  onChange={() => save()}
/>
```

여기서 name, url, onChange 프롭은 모두 상숫값이므로 외부의 상태가 변경되어도 프롭이 변경되지 않을 것처럼 보이지만, 프롭을 비교해 보면 다음 결과를 얻게 됩니다.

```
"Tejas" === "Tejas"; // <- `name` 프롭; true
"https://github.com/tejasq.png" === "https://github.com/tejasq.png";

(() => save()) === (() => save()); // <- `onChange` 프롭; false
```

다시 한번 말하자면, 자바스크립트에서는 **함수를 참조로 비교하기 때문에** 이런 결과를 얻습니다. 프롭이 다르면 컴포넌트가 메모화되지 않습니다. 이런 경우에는 MemoizedAvatar의 부모 컴포넌트에서 useCallback 훅으로 문제를 해결할 수 있습니다.

```
const Parent = ({ currentUser }) => {
  const onAvatarChange = useCallback(
```

```
    (newAvatarUrl) => {
      updateUserModel({ avatarUrl: newAvatarUrl, id: currentUser.id });
    },
    [currentUser]
  );

  return (
    <MemoizedAvatar
      name="Tejas"
      url="https://github.com/tejasq.png"
      onChange={onAvatarChange}
    />
  );
};
```

이제 현재 사용자 정보 같은 의존성 배열(useCallback의 두 번째 인수) 항목이 변하지 않는 한 onAvatarChange는 절대 변경되지 않습니다. 이를 통해 메모화는 제대로 마무리되고 신뢰할 수 있습니다. 이 방식은 함수가 프롭으로 전달되는 컴포넌트를 메모화할 때 권장됩니다.

좋습니다. 이제 메모화된 컴포넌트는 불필요하게 다시 렌더링되지 않습니다. 정말 그럴까요? 사실 주의해야 할 것이 하나 더 있습니다.

5.1.3 강제가 아닌 권장 사항

리액트는 React.memo를 재조정자에 대한 힌트로 사용해 컴포넌트의 프롭이 동일하게 유지되면 다시 렌더링하지 않도록 합니다. React.memo 함수는 리액트에 힌트를 전할 뿐입니다. 결국 모든 작업은 리액트의 책임입니다. React.memo의 일관된 동작은 부모로부터 전파되는 리렌더링을 피하기 위해 만들어졌습니다. 그렇다고 해서 컴포넌트가 절대 리렌더링되지 않는 것은 아닙니다. 이 책의 서두에서 말한 대로, 리액트는 우리가 원하는 것을 설명하는 사용자 인터페이스의 선언적 추상화로 의도되었으며 이를 수행하는 최선의 방법을 찾아내는 것은 리액트의 몫입니다. React.memo도 이러한 과정의 일부입니다.

컴포넌트 트리의 변경이나 애플리케이션의 전역 상태 변경이 발생하면, 리액트가 메모화된 컴포넌트를 다시 렌더링할 수 있으므로 React.memo가 항상 리렌더링을 방지하는 것은 아닙니다.

이해를 돕기 위해 리액트의 소스에 있는 일부 코드를 확인해 봅시다.

먼저 React.memo의 구현을 살펴보겠습니다.

```
function memo(type, compare) {
  return {
    $$typeof: REACT_MEMO_TYPE,
    type,
    compare: compare === undefined ? null : compare,
  };
}
```

이 구현에서 React.memo는 메모화된 컴포넌트를 나타내는 새 객체를 반환합니다. 객체에는 메모화된 컴포넌트를 식별하는 $$typeof 속성, 원본 컴포넌트를 참조하는 type 속성, 메모화에 사용할 비교 함수를 설정하는 compare 속성이 있습니다.

다음으로 재조정자에서 React.memo가 어떻게 사용되는지 살펴봅시다.[1]

```
function updateMemoComponent(
  current: Fiber | null,
  workInProgress: Fiber,
  Component: any,
  nextProps: any,
  renderLanes: Lanes
): null | Fiber {
  if (current === null) {
    const type = Component.type;
    if (
      isSimpleFunctionComponent(type) &&
      Component.compare === null &&
      // 단순 메모 컴포넌트라면 외부 프롭을 처리하지 않습니다.
      Component.defaultProps === undefined
    ) {
      let resolvedType = type;
      if (__DEV__) {
        resolvedType = resolveFunctionForHotReloading(type);
      }
      // 기본 프롭이 없는 평범한 함수 컴포넌트이고 기본값인 얕은 비교를 사용한다면
      // 이 컴포넌트를 단순 메모 컴포넌트(SimpleMemoComponent)로 업그레이드해서
```

1 옮긴이_ 원본 소스 코드에서 주석 부분만 이해를 돕기 위해 번역했습니다.

```
    // 빠른 경로 업데이트가 가능하도록 합니다.
    workInProgress.tag = SimpleMemoComponent;
    workInProgress.type = resolvedType;
    if (__DEV__) {
      validateFunctionComponentInDev(workInProgress, type);
    }
    return updateSimpleMemoComponent(
      current,
      workInProgress,
      resolvedType,
      nextProps,
      renderLanes
    );
  }
  if (__DEV__) {
    const innerPropTypes = type.propTypes;
    if (innerPropTypes) {
      // 메모 컴포넌트 내부의 프롭은 현재 createElement에서 검증하지 않습니다.
      // 아래 코드를 그쪽으로 옮길 수도 있지만, 게으른 코드 경로에도 이 작업이
      // 필요합니다.
      checkPropTypes(
        innerPropTypes,
        nextProps, // Resolved props
        "prop",
        getComponentNameFromType(type)
      );
    }
    if (Component.defaultProps !== undefined) {
      const componentName = getComponentNameFromType(type) || "Unknown";
      if (!didWarnAboutDefaultPropsOnFunctionComponent[componentName]) {
        console.error(
          "%s: Support for defaultProps will be removed from components " +
            "in a future release. Use JavaScript default parameters instead.",
          componentName
        );
        didWarnAboutDefaultPropsOnFunctionComponent[componentName] = true;
      }
    }
  }
  const child = createFiberFromTypeAndProps(
    Component.type,
    null,
    nextProps,
    null,
```

```
    workInProgress,
    workInProgress.mode,
    renderLanes
  );
  child.ref = workInProgress.ref;
  child.return = workInProgress;
  workInProgress.child = child;
  return child;
}
if (__DEV__) {
  const type = Component.type;
  const innerPropTypes = type.propTypes;
  if (innerPropTypes) {
    // 메모 컴포넌트 내부의 프롭은 현재 createElement에서 검증하지 않습니다.
    // 아래 코드를 그쪽으로 옮길 수도 있지만, 게으른 코드 경로에도 이 작업이
    // 필요합니다.
    checkPropTypes(
      innerPropTypes,
      nextProps, // Resolved props
      "prop",
      getComponentNameFromType(type)
    );
  }
}
// 여기서는 자식 노드가 항상 하나만 있습니다.
const currentChild = ((current.child: any): Fiber);
const hasScheduledUpdateOrContext = checkScheduledUpdateOrContext(
  current,
  renderLanes
);
if (!hasScheduledUpdateOrContext) {
  // current.memoizedProps와 달리 defaultProps 기본 프롭이 프롭으로 저장됩니다.
  const prevProps = currentChild.memoizedProps;
  // 얕은 비교를 기본값으로 설정합니다.
  let compare = Component.compare;
  compare = compare !== null ? compare : shallowEqual;
  if (compare(prevProps, nextProps) && current.ref === workInProgress.ref) {
    return bailoutOnAlreadyFinishedWork(current, workInProgress, renderLanes);
  }
}
// 리액트 DevTools에서 이 플래그를 읽습니다.
workInProgress.flags |= PerformedWork;
const newChild = createWorkInProgress(currentChild, nextProps);
newChild.ref = workInProgress.ref;
```

```
    newChild.return = workInProgress;
    workInProgress.child = newChild;
    return newChild;
  }
```

이 코드에서 하는 일을 하나씩 자세히 설명하겠습니다.

1. 초기 점검

updateMemoComponent 함수는 현재 파이버와 작업 중인 파이버, 컴포넌트, 새 프롭, 업데이트의 우선순위와 타이밍을 나타내는 렌더 레인render lane 등 여러 인수를 받습니다. 초기 검사(if (current === null))를 통해 현재 작업이 컴포넌트의 초기 렌더링인지 아닌지 결정합니다. current가 null이면 컴포넌트가 처음 마운트된 것입니다.

2. 타입 및 빠른 경로 최적화

그런 다음 Component.compare와 Component.defaultProps를 확인해 컴포넌트가 단순 함수 컴포넌트이고 빠른 경로 업데이트fast path update[2]가 가능한지 확인합니다. 이러한 조건이 충족되면 진행 중인 파이버의 태그를 더 단순한 컴포넌트를 가리키는 SimpleMemoComponent로 설정합니다. 이를 통해 더 효율적인 업데이트가 가능해집니다.

3. 개발 모드 확인

이 함수는 개발 모드(__DEV__)에서 프롭 타입에 유효성 검사를 수행하고 추가 검사를 통해 사용되지 않는 기능에 경고를 표시합니다. 예를 들어 함수 컴포넌트에 defaultProps를 설정하는 경우 경고 메시지를 표시합니다.

4. 새로운 파이버 생성

최초 렌더링인 경우 createFiberFromTypeAndProps를 사용해 새 파이버를 생성합니다. 이 파이버는 리액트 렌더러를 위한 작업 단위를 의미합니다. 참조를 설정하고 자식(새 파이버)을 반환합니다.

5. 기존 파이버 업데이트

컴포넌트가 업데이트 중(current !== null)인 경우 개발 모드 검사와 유사한 동작을 수행합니다. 그 후 얕은 비교(shallowEqual) 또는 사용자 정의 비교 기능(제공된 경우)으로 이전 프롭과 새 프롭을 비교해 컴포넌트에 업데이트가 필요한지 확인합니다.

6. 업데이트 종료

프롭이 동일하고 참조가 변경되지 않은 경우 bailoutOnAlreadyFinishedWork를 사용해 업데이트 작업에서 벗어날 수 있습니다. 작업에서 벗어난 컴포넌트에는 렌더링 작업을 더 진행하지 않습니다.

2 옮긴이_ 프로그래밍에서 빠른 경로(fast path)란 더 빠르고 효율적으로 작업할 수 있는 코드 경로나 흐름을 의미합니다. 복잡한 계산을 모두 처리해야 하는 느린 경로(slow path)와 대비하여, 계산이 단순하거나 이미 처리된 경우는 빠른 경로가 됩니다.

7. 작업용 파이버 업데이트

업데이트가 필요한 경우 이 함수는 작업용 파이버에 PerformedWork 플래그를 설정합니다. 그리고 현재 자식을 기반으로 하되 새로운 프롭이 포함된 새로운 작업용 자식 파이버를 생성합니다.

요약하자면, 이 함수는 메모화된 컴포넌트(React.memo로 래핑된 컴포넌트)를 업데이트해야 하는지 아니면 성능 최적화를 위해 업데이트를 건너뛸 수 있는지 판단하는 역할을 합니다. 최초 렌더링과 업데이트를 모두 처리하며, 새 파이버를 생성해야 하는지 아니면 기존 파이버를 업데이트해야 하는지에 따라 다른 작업을 수행합니다.

다음은 이 함수의 각 부분에 대한 설명입니다. React.memo 컴포넌트가 리렌더링되는 조건과 그렇지 않은 조건에 대해 알아봅시다.

이전 렌더링 없음(최초 마운트)

current === null인 경우 컴포넌트가 처음 마운트되는 것이므로 렌더링을 건너뛸 수 없습니다. 컴포넌트가 렌더링할 새 파이버가 생성되고 반환됩니다.

단순 함수 컴포넌트 최적화

컴포넌트가 (기본 프롭이 없고 사용자 정의 비교 함수가 없는) 단순 함수 컴포넌트인 경우, 리액트는 이를 SimpleMemoComponent로 최적화합니다. 이렇게 하면 컴포넌트가 프롭 외의 의존성은 없다고 가정하고 얕은 비교만으로 업데이트 여부를 결정할 수 있게 되고, 이를 통해 리액트는 업데이트에 빠른 경로를 사용할 수 있습니다.

비교 함수

이전 렌더링이 있는 경우에는 비교 함수가 false를 반환할 때만 컴포넌트가 업데이트됩니다. 이 비교 함수는 사용자가 설정할 수 있으며, 기본값으로는 얕은 비교(shallowEqual)가 사용됩니다. 비교 함수가 새 프롭이 이전 프롭과 동등하며 ref가 동일하다고 판단하면, 컴포넌트는 다시 렌더링되지 않으며 함수는 렌더링 프로세스에서 벗어납니다.

개발 모드에서 기본 프롭과 프롭 타입

개발 모드(__DEV__)에서는 defaultProps와 propTypes에 검사를 수행합니다. 향후 버전의 리액트는 함수 컴포넌트에서 defaultProps를 더 이상 지원하지 않을 계획이기 때문에 defaultProps를 사용하면 개발 모드에서 경고 메시지가 나타납니다. propTypes에 대한 검사는 유효성을 확인하기 위해 실행됩니다.

빠른 종료 조건

예정된 업데이트 또는 콘텍스트 변경이 없는 경우(hasScheduledUpdateOrContext가 false일 때), 비교 함수는 이전 프롭과 새 프롭이 동일하다고 간주하고 ref가 변경되지 않으면 bailoutOnAlreadyFinishedWork 결과를 반환해 리렌더링을 효과적으로 생략합니다.

> 그러나 예정된 리액트 콘텍스트 업데이트가 있는 경우에는 프롭이 변경되지 않았더라도 컴포넌트를 다시 렌더링합니다. 콘텍스트 업데이트가 컴포넌트 프롭의 범위 바깥에 있는 것으로 간주되기 때문입니다. 상태 변경, 콘텍스트 변경, 예정된 업데이트도 모두 렌더링을 일으킬 수 있습니다.
>
> **수행된 작업 플래그**
>
> 업데이트가 필요한 경우에는 작업용(`workInProgress`) 파이버에 `PerformedWork` 플래그를 설정해 현재 렌더링 중에 이 파이버가 작업을 수행했다고 표시합니다.

살펴본 바와 같이 `React.memo` 컴포넌트는 상태나 콘텍스트 변경에 의해 예정된 업데이트가 없고, 기존 프롭과 새 프롭을 비교한 결과 두 프롭이 동일하면 다시 렌더링되지 않습니다. 프롭을 비교할 때는 기본값으로 제공되는 얕은 비교 함수 또는 사용자가 제공하는 비교 함수를 사용합니다. 두 프롭이 다르거나 상태나 콘텍스트 변경이 있다면 컴포넌트가 다시 렌더링됩니다.

5.2 useMemo를 사용한 메모화

`React.memo`와 `useMemo` 훅은 모두 메모화를 위한 도구지만 용도가 매우 다릅니다. `React.memo`는 전체 컴포넌트를 메모화해 렌더링이 다시 발생하지 않게 합니다. `useMemo`는 컴포넌트 내부의 특정 계산을 메모화해 비용이 많이 드는 재계산을 피하고 결과에 대한 일관된 참조를 유지합니다.

`useMemo`를 간단히 살펴보겠습니다. 다음과 같은 컴포넌트를 생각해 봅시다.

```
const People = ({ unsortedPeople }) => {
  const [name, setName] = useState("");
  const sortedPeople = unsortedPeople.sort((a, b) => b.age - a.age);

  // ... 컴포넌트의 나머지 부분
};
```

이 컴포넌트에 있는 정렬 작업은 애플리케이션을 느리게 만들 수 있습니다. 정렬 작업의 시간 복잡도는 평균 및 최악의 시나리오에서 일반적으로 O(n log n)입니다. 예컨대 목록에 백만 명이 포함되었다면 렌더링할 때마다 계산에 상당한 과부하가 발생할 수 있습니다. 컴퓨터 과학의 관점에서 정렬 작업의 효율성은 주로 항목 수인 n에 의해 결정되며, 따라서 시간 복잡도는

O(n log n)입니다.

이를 최적화하려면 useMemo 훅을 사용해 렌더링할 때마다 매번 배열을 정렬하지 않도록 합니다. 특히 unsortedPeople 배열이 변경되지 않은 경우에는 정렬을 다시 하지 않도록 확실히 합니다.

현재 컴포넌트의 구현에는 심각한 성능 문제가 있습니다. 입력 필드 내에서 키 입력을 할 때마다 상태가 업데이트되고, 상태가 업데이트될 때마다 컴포넌트가 다시 렌더링됩니다. 목록에 1,000,000명이 포함되었다고 가정해 봅시다. 예를 들어 '한빛'처럼 키를 6번 눌러 이름을 입력하면 컴포넌트는 6번 다시 렌더링됩니다. 렌더링할 때마다 목록을 정렬하는데, 정렬의 시간 복잡성으로 인해 1,000,000 × log(1,000,000) 정도의 연산을 수행합니다. 한국어 이름 겨우 두 글자를 입력해도 연산을 수백만 번 수행합니다. 다행히도 useMemo 훅을 사용하면 이러한 비효율성을 완화하고, unsortedPeople 배열이 변경될 때만 정렬 작업이 실행되게 할 수 있습니다.

코드를 조금 변경해서 작성하겠습니다.

```
const People = ({ unsortedPeople }) => {
  const [name, setName] = useState("");
  const sortedPeople = useMemo(
    // 배열을 전개해 원래 배열을 변경하지 않도록 합니다.
    () => [...unsortedPeople].sort((a, b) => b.age - a.age),
    [unsortedPeople]
  );

  return (
    <div>
      <div>
        이름을 입력하세요: {" "}
        <input
          type="text"
          placeholder="예) 김태곤"
          onChange={(e) => setName(e.target.value)}
        />
      </div>
      <h1>안녕하세요, {name} 님! 다음은 연령별로 정렬한 인명 목록입니다.</h1>
      <ul>
        {sortedPeople.map((p) => (
          <li key={p.id}>
```

```
            {p.name}, age {p.age}
          </li>
        ))}
      </ul>
    </div>
  );
};
```

훨씬 나아 보입니다! sortedPeople 값을 useMemo로 감쌌고, 원래의 함수는 useMemo의 첫 번째 인수로 전달했습니다. useMemo에 전달하는 두 번째 인수는 변경되었을 때 재정렬 계산을 유발하는 값의 배열입니다. 여기서는 unsortedPeople만 배열에 포함되므로, 이름 입력 필드에 입력할 때는 배열이 재정렬되지 않고 인명 목록이 변경될 때마다 배열이 한 차례씩 정렬됩니다. 불필요한 재계산을 피하기 위해 useMemo를 사용하는 좋은 사례입니다.

5.2.1 useMemo의 나쁜 사례

컴포넌트 내부의 모든 변수 선언을 useMemo로 감싸면 성능이 나아질까 생각할 수 있지만, 늘 좋은 결과로 이어지는 것은 아닙니다.

useMemo는 계산 비용이 많이 드는 연산을 메모화하거나 객체와 배열에 대한 안정적인 참조를 유지하는 데 특히 유용합니다. 문자열, 숫자, 불리언 같은 스칼라 값은 대체로 useMemo를 사용할 필요가 없습니다. 이러한 스칼라 값은 자바스크립트에서 참조가 아닌 실젯값으로 전달되고 비교되기 때문입니다. 따라서 스칼라 값을 설정하거나 비교할 때 실제로 다루게 되는 것은 변경 가능한 메모리 위치에 대한 참조가 아닌 값 그 자체입니다.

이러한 경우에는 useMemo 함수를 읽고 실행하는 작업이 최적화하려는 실제 작업보다 비용이 더 많이 들 수 있습니다. 다음 예를 생각해 봅시다.

```
const MyComponent = () => {
  const [count, setCount] = useState(0);
  const doubledCount = useMemo(() => count * 2, [count]);

  return (
    <div>
      <p>카운트: {count}</p>
      <p>2x 카운트: {doubledCount}</p>
```

```
      <button onClick={() => setCount((oldCount) => oldCount + 1)}>
        증가
      </button>
    </div>
  );
};
```

예시에서는 doubledCount 변수가 useMemo 훅을 사용해 메모화됩니다. 하지만 count는 스칼라 값이므로 메모화할 필요가 없습니다. 대신 JSX에서 직접 두 배로 늘어난 카운트를 계산하면 됩니다.

```
const MyComponent = () => {
  const [count, setCount] = useState(0);

  return (
    <div>
      <p>카운트: {count}</p>
      <p>2x 카운트: {count * 2}</p>
      <button onClick={() => setCount((oldCount) => oldCount + 1)}>
        증가
      </button>
    </div>
  );
};
```

이제 doubledCount가 메모화되지 않지만, useMemo를 사용하지 않기 때문에 컴포넌트는 동일한 계산을 더 적은 메모리 사용량과 부하로 수행합니다. 굳이 필요 없을 때 useMemo를 사용하지 않는 좋은 사례입니다.

그러나 성능 문제가 될 만한 부분은 남았습니다. 메모리 참조로 전달되는 onClick 핸들러를 렌더링할 때마다 다시 생성한다는 것입니다. 정말 문제가 되는 걸까요? 자세히 살펴봅시다.

일각에서는 onClick 핸들러를 useCallback으로 메모화해야 한다고 말합니다.

```
const MyComponent = () => {
  const [count, setCount] = useState(0);
  const doubledCount = useMemo(() => count * 2, [count]);
  const increment = useCallback(
    () => setCount((oldCount) => oldCount + 1),
```

```
    [setCount]
  );

  return (
    <div>
      <p>카운트: {count}</p>
      <p>2x 카운트: {doubledCount}</p>
      <button onClick={increment}>증가</button>
    </div>
  );
};
```

정말 메모화해야 할까요? 대답은 '아니오'입니다. `<button>`은 브라우저 네이티브 엘리먼트이고 호출할 수 있는 리액트 함수 컴포넌트가 아니므로, 여기서 `increment` 함수를 메모화해서 얻는 이점이 없습니다. 게다가 이 버튼 엘리먼트에는 리액트가 렌더링을 이어가야 할 자식 컴포넌트도 없습니다.

리액트에서 내장 컴포넌트 또는 '호스트host' 컴포넌트(`div`, `button`, `input` 등)[3]는 함수 프롭 등의 프롭을 사용자 정의 컴포넌트와는 조금 다르게 취급합니다.

내장 컴포넌트에서 함수 프롭을 사용하면 다음과 같은 일이 발생합니다.

직접 전달

함수 프롭(가령 `onClick` 핸들러)을 내장 컴포넌트에 전달하면, 리액트는 이를 실제 DOM 엘리먼트에 직접 전달합니다. 이러한 함수에 래퍼 생성 등의 추가 작업을 수행하지 않습니다.

특히 `onClick` 같은 이벤트 기반 프롭의 경우, 리액트는 이벤트 핸들러를 DOM 엘리먼트에 직접 추가하는 대신 이벤트 위임을 사용해 이벤트를 처리합니다. 다시 말해 우리가 `onClick` 핸들러를 `<button>` 같은 내장 리액트 엘리먼트에 설정하면, 리액트는 `onClick` 핸들러를 버튼의 DOM 노드에 직접 추가하지 않습니다. 대신 최상위 수준에 한 개의 이벤트 리스너를 추가하고 여기서 모든 이벤트를 수신합니다. 최상위 이벤트 리스너는 문서의 루트(또는 리액트 애플리케이션의 루트)에 첨부되며, 이벤트 버블링을 사용해 개별 엘리먼트에서 발생하는 이벤트를 포착합니다. 이러한 접근 방식은 메모리 사용량도 줄이고 이벤트 핸들러의 초기 설정 시간을 단축하기 때문에 효율적입니다. 각 엘리먼트의 이벤트 인스턴스마다 개별 핸들러를 연결하고 관리할 필요 없이 리액트는 클릭과 같은 특정한 종류의 모든 이벤트를 단 한 개의 실제 이벤트 리스너로만 처리할 수 있습니다. 이벤트가 발생하면 리액트는 이를 적절한 컴포넌트에 매핑하고 예상 전파 경로를 따라 정의한 핸들러를 호출합니다. 이런 방식을 통해 이벤트 포착은 최상위 수준에서 이루어지더라도 마치 특정 요소에 이벤트 리스너가 직접 연결된 것처럼 동작합니다. 사실 사용자는 리액트 애플리케이션을 작성할 때 이

3 옮긴이_ 호스트 환경에서 제공되는 컴포넌트. 브라우저 환경에서는 `div`, `button` 등 브라우저 네이티브 엘리먼트를 의미합니다.

러한 이벤트 위임 시스템을 전혀 고려할 필요가 없습니다. 직접 추가할 때와 동일한 방식으로 onClick 핸들러를 정의하면 됩니다. 다만 리액트가 내부적으로 사용자를 위해 이벤트 처리를 최적화하고 있습니다.

렌더링 동작

내장 컴포넌트는 리렌더링된 상위 컴포넌트의 일부가 아니라면, 함수 프롭의 변경에 의해서는 리렌더링되지 않습니다. 한 가지 예로 부모 컴포넌트가 리렌더링해서 내장 컴포넌트에 새로운 함수를 프롭으로 전달하는 경우, 내장 컴포넌트는 프롭이 변경되었기 때문에 리렌더링됩니다. 그러나 이때의 리렌더링은 일반적으로 빠르기 때문에, 대체로 프로파일링 등을 통해 성능에 문제가 된다고 판명되지 않는 한 최적화할 필요가 없습니다.

함수에 대한 가상 DOM 비교하지 않음

내장 컴포넌트에 대한 가상 DOM 비교는 함수 프롭의 동일성을 기반으로 합니다. 인라인 함수(예: `onClick={() => doSomething()}`)를 전달하면 컴포넌트가 렌더링될 때마다 새로운 함수가 되지만, 리액트는 변경 사항을 감지하기 위해 함수에 대해 깊은 비교를 수행하지 않습니다. 단순히 새 함수는 DOM 엘리먼트에 설정된 기존 함수를 대체하게 되며, 덕분에 내장 컴포넌트에서 성능을 절약하게 됩니다.

이벤트 풀링[4]

리액트는 이벤트 핸들러에 이벤트 풀링event pooling[5]을 사용해 메모리 부하를 줄입니다. 이벤트 핸들러에 전달되는 이벤트 객체는 풀링된 합성 이벤트synthetic event인데, 여러 이벤트 핸들러에 재사용됨으로써 가비지 컬렉션garbage collection 부하를 줄입니다.

내장 컴포넌트 함수 프롭의 성격은 사용자 정의 컴포넌트와 매우 대조적입니다. 사용자 정의 컴포넌트의 경우, 새 함수를 프롭으로 전달하면 자식 컴포넌트가 순수 컴포넌트이거나 메모화가 적용된 경우(예: `React.memo`) 프롭의 변화를 감지해 다시 렌더링할 수 있습니다. 그러나 내장 컴포넌트라면 대부분의 경우 메모화로 이득 없이 부하만 추가되기 때문에 리액트는 내장 메모화를 제공하지 않습니다. 리액트가 출력하는 실제 DOM 요소에는 메모화 개념이 없습니다. 속성이 변경되면 새 함수 참조로 업데이트할 뿐입니다.

실질적으로 리렌더링 비용이 많이 드는 사용자 정의 컴포넌트에 새 함수 인스턴스를 전달할 때는 주의를 기울여야 하지만, 내장 컴포넌트를 사용할 때는 신경을 덜 써도 됩니다. 그러나 함수를 새로 생성하고 전달하는 것에 대해서는 항상 주의하는 편이 좋습니다. 불필요한 함수 생성은 가비지 컬렉션을 자주 유발하며, 업데이트가 매우 잦은 경우에는 성능 문제로도 이어질 수 있습니다.

---

4 옮긴이_ 모던 브라우저에서는 성능 개선 효과가 없어서 리액트 17부터는 이벤트 풀링을 사용하지 않습니다.

5 옮긴이_ 컴퓨터 과학에서 풀링(pooling)은 자원을 효율적으로 관리하기 위해 미리 생성된 자원을 재사용하는 기법을 의미합니다.

따라서 useCallback은 크게 도움이 되지 않으며, 사실 쓸모없을 뿐만 아니라 애플리케이션에 불필요한 부하만 추가합니다. useCallback을 가져와서 호출하고 의존성을 전달한 다음 의존성을 비교해 함수를 다시 계산해야 하는지 확인해야 하기 때문입니다. 이 모든 과정은 성능에 이롭기보다 오히려 해로운 런타임 복잡성을 초래합니다.

그렇다면 useCallback의 좋은 사용 사례는 무엇일까요? useCallback은 자주 리렌더링할 가능성이 있는 컴포넌트가 있고 하위 컴포넌트에 콜백을 전달할 때, 특히 하위 컴포넌트가 React.memo 또는 shouldComponentUpdate로 최적화된 경우 매우 유용합니다. 콜백을 메모화하면 부모 컴포넌트를 렌더링할 때 자식 컴포넌트가 불필요하게 다시 렌더링하지 않습니다.

다음은 useCallback이 유용한 예시입니다.

```
import React, { useState, useCallback } from "react";

const ExpensiveComponent = React.memo(({ onButtonClick }) => {
  // 이 컴포넌트는 렌더링 비용이 비싼 컴포넌트입니다.
  // 따라서 불필요한 렌더링을 줄이고자 합니다.
  // 여기서 비용이 비싼 계산을 수행합니다.
  const now = performance.now();
  while (performance.now() - now < 1000) {
    // 인위적인 지연 -- 1000 밀리초 멈춤
  }

  return <button onClick={onButtonClick}>Click Me</button>;
});

const MyComponent = () => {
  const [count, setCount] = useState(0);
  const [otherState, setOtherState] = useState(0);

  // 이 콜백은 메모화되었으며 count가 변경될 때만 업데이트됩니다.
  const incrementCount = useCallback(() => {
    setCount((prevCount) => prevCount + 1);
  }, [setCount]); // 의존성 배열

  // 여기서 상태 업데이트를 하면 MyComponent가 다시 렌더링됩니다.
  const doSomethingElse = () => {
    setOtherState((s) => s + 1);
  };
```

```
  return (
    <div>
      <p>카운트: {count}</p>
      <ExpensiveComponent onButtonClick={incrementCount} />
      <button onClick={doSomethingElse}>Do Something Else</button>
    </div>
  );
};
```

예시 코드를 자세히 살펴봅시다.

- ExpensiveComponent는 React.memo로 감싸진 자식 컴포넌트로, 프롭이 변경될 때만 다시 렌더링됩니다. 렌더링할 때마다 새 함수 인스턴스를 전달하지 않으려는 경우입니다.
- MyComponent에는 count와 otherState라는 두 개의 상태가 있습니다.
- incrementCount는 count를 업데이트하는 콜백입니다. useCallback으로 메모화되므로 MyComponent가 변경되어 otherState가 다시 렌더링되더라도 ExpensiveComponent는 다시 렌더링되지 않습니다.
- doSomethingElse 함수는 otherState를 변경하지만 useCallback이나 다른 자식에게 전달되지 않으므로 ExpensiveComponent와 함께 메모화할 필요가 없습니다.

useCallback을 사용하면 MyComponent가 count와 무관한 이유로 리렌더링할 때 ExpensiveComponent가 불필요하게 리렌더링되지 않도록 합니다. 자식 컴포넌트 렌더링의 비용이 비싸서 렌더링 횟수를 줄여 성능을 최적화하려는 경우에 유용합니다.

이 예시는 useCallback을 사용해 불필요한 리렌더링을 피하고, 값비싼 컴포넌트에 전달되는 함수가 한 번만 생성되고 리렌더링 간에 동일한 참조를 유지하도록 하는 좋은 사례입니다. 이렇게 하면 값비싼 컴포넌트의 불필요한 리렌더링을 방지할 수 있습니다. useCallback은 본질적으로 함수를 위한 useMemo입니다.

다른 예를 살펴봅시다.

```
const MyComponent = () => {
  const dateOfBirth = "1993-02-19";
  const isAdult =
    new Date().getFullYear() - new Date(dateOfBirth).getFullYear() >= 19;

  if (isAdult) {
    return <h1>성인입니다!</h1>;
  } else {
```

```
    return <h1>미성년자입니다!</h1>;
  }
};
```

여기서는 useMemo를 사용하지 않는데 이 컴포넌트가 무상태 컴포넌트stateless component, 즉 상태가 없는 컴포넌트이기 때문입니다. 그런데 다음과 같이 리렌더링을 유발하는 입력이 있다면 어떨까요?

```
const MyComponent = () => {
  const [birthYear, setBirthYear] = useState(1993);
  const isAdult = new Date().getFullYear() - birthYear >= 19;

  return (
    <div>
      <label>
        Birth year:
        <input
          type="number"
          value={birthYear}
          onChange={(e) => setBirthYear(e.target.value)}
        />
      </label>
      {isAdult ? <h1>성인입니다!</h1> : <h1>미성년자입니다!</h1>}
    </div>
  );
};
```

이제 키 입력이 될 때마다 new Date()를 다시 계산합니다. useMemo로 이 문제를 해결해 보겠습니다.

```
const MyComponent = () => {
  const [birthYear, setBirthYear] = useState(1993);
  const today = useMemo(() => new Date(), []);
  const isAdult = today.getFullYear() - birthYear >= 19;

  return (
    <div>
      <label>
        Birth year:
        <input
```

```
          type="number"
          value={birthYear}
          onChange={(e) => setBirthYear(e.target.value)}
        />
      </label>
      {isAdult ? <h1>성인입니다!</h1> : <h1>미성년자입니다!</h1>}
    </div>
  );
};
```

여기서 today는 컴포넌트가 렌더링될 때마다 항상 동일한 객체에 대한 참조가 됩니다. 이 컴포넌트는 항상 동일한 날에 렌더링된다고 가정하므로 좋은 코드가 됩니다.

> **노트** 이 컴포넌트를 사용하는 동안 사용자의 시계가 자정을 넘어 날짜가 변경되는 에지 케이스가 있지만 지금은 무시해도 되는 드문 사례입니다. 물론 실제 프로덕션 코드에서는 처리를 더 잘할 수 있습니다.

이 예시를 보고 나면 더 어려운 질문이 하나 새롭게 떠오릅니다. 여기서 isAdult의 값을 useMemo로 감싸야 할까요? isAdult는 메모리 할당 외에는 계산이 필요 없는 스칼라 값이기 때문에 '아니오'가 정답입니다. 비록 .getFullYear를 매번 호출하긴 하지만 자바스크립트 엔진과 리액트 런타임이 성능 부분을 도맡아 줄 것이라고 믿습니다. isAdult의 값을 정하는 부분은 정렬, 필터, 매핑처럼 추가 계산이 필요 없는 단순한 할당입니다.

이 경우에는 useMemo를 가져오고, 호출하고, 의존성을 전달한 다음 의존성을 비교해 값을 다시 계산해야 하는지 확인하는 등 useMemo 자체의 부하에 의해 애플리케이션 속도가 오히려 느려질 가능성이 높으므로 useMemo를 사용하지 않아야 합니다. 이런 동작들은 애플리케이션 성능에 도움이 되기는커녕 오히려 해가 될 수 있는 런타임 복잡성을 초래합니다. 리액트가 필요한 경우에 컴포넌트를 자체적으로 최적화해 줄 것을 믿고 메모화 대신 할당만 해도 됩니다.

이제 예시의 애플리케이션은 과중한 연산에도 불구하고 리렌더링 성능이 더 빨라졌습니다. 여기서 더 개선할 수 있을까요? 다음 절에서는 리액트 팀에서 개발 중인 흥미로운 기능을 몇 가지 살펴보겠습니다. 이 기능들은 메모화를 자동으로 적용하며, 우리로 하여금 세부 사항이 아닌 애플리케이션 자체에 집중하게 해 줍니다. 이를 기반으로 지금까지 다룬 내용이 향후 몇 년 내에 어떻게 변화하게 될지 알아보겠습니다.

5.2.2 모두 잊고 포겟하세요

리액트 컴파일러React Compiler는 리액트 애플리케이션에서 메모화를 자동화하기 위한 새로운 도구로 `useMemo`, `useCallback` 같은 훅을 쓸모없게 만들 수 있습니다. 메모화를 자동으로 처리해 컴포넌트 렌더링을 최적화하는 리액트 컴파일러는 사용자 경험(UX)과 개발자 경험(DX)을 모두 개선합니다.

리액트 컴파일러는 리액트 리렌더링 동작의 객체 동일성 비교를 깊은 비교 없는 시맨틱 값 비교로 변환해 성능을 향상시킵니다.[6] React Conf 2021에서 리액트 포겟React Forget이라는 이름으로 소개된 리액트 컴파일러는 이 글을 쓰는 시점에서 실험적인experimental 버전이 발표되었으며, 페이스북, 인스타그램 등 메타의 제품에 사용되어 지금까지는 내부적으로 '기대 이상의 성과'를 거두고 있습니다.

독자 여러분이 리액트 컴파일러에 관심이 많다면 개정판에서 다룰 생각입니다.

5.3 지연 로딩

애플리케이션 규모가 커지면서 자바스크립트 코드의 양도 증가합니다. 어떤 때는 코드의 일부만 사용할 건데 두 자릿수 메가바이트급의 방대한 자바스크립트 번들을 다운로드해야 합니다. 그러면 사용자의 초기 로딩이 더딘데다, 번들을 제공하는 서버에 접근할 수 없거나 캐시에 필요한 헤더를 추가할 수 없는 상황에서는 다른 페이지에 접속할 때마다 번들을 다시 다운로드해야 합니다.

문제는 자바스크립트를 너무 많이 전송하면 페이지 로딩 시간이 느려질 수 있다는 것입니다. 자바스크립트 파일은 일반적으로 HTML, CSS 같은 종류의 웹 파일보다 크기가 크고 실행하려면 더 많은 처리 시간이 필요합니다. 특히 인터넷 연결 속도가 느리거나 디바이스가 구형이라면 페이지 로딩 시간이 더 길 수 있습니다.

다음과 같은 페이지를 열었을 때 대용량 자바스크립트 파일을 읽어 들인다고 생각해 봅시다.

---

6 옮긴이_ `const user = { name: "John" };` 같은 값이 프롭으로 전달된다고 가정할 때, `user`는 항상 새롭게 만들어지기 때문에 컴포넌트가 계속 리렌더링됩니다. 하지만 리액트 컴파일러에서는 `user.name`을 비교해 실제로 변화가 있을 때만 리렌더링이 이루어지도록 합니다.

```html
<!DOCTYPE html>
<html>
  <head>
    <title>웹사이트 예시</title>
    <script src="https://example.com/large.js"></script>
  </head>
  <body>
    <!-- 여기에 페이지 콘텐츠를 둡니다. -->
  </body>
</html>
```

예시에서는 페이지의 <head>에서 large.js 파일을 읽고 있으므로 페이지의 다른 콘텐츠보다 먼저 실행되는데, 인터넷 연결 속도가 느리거나 디바이스가 구형인 경우에는 페이지 로딩 시간이 느려질 수 있습니다. 이런 문제는 async 속성을 사용해 자바스크립트 파일을 비동기적으로 읽어 들이면 대체로 해결됩니다.

```html
<!DOCTYPE html>
<html>
  <head>
    <title>웹사이트 예시</title>
    <script async src="https://example.com/large.js"></script>
  </head>
  <body>
    <!-- 여기에 페이지 콘텐츠를 둡니다. -->
  </body>
</html>
```

예시에서는 async 속성을 사용해 large.js 파일을 비동기적으로 읽어 들입니다. 간단히 말해 페이지의 다른 리소스와 병렬로 다운로드되므로 페이지 로드 시간을 개선하는 데 도움이 될 수 있습니다.

자바스크립트를 너무 많이 전송하면 겪게 되는 또 다른 문제는 데이터 사용량이 증가한다는 점입니다. 대개 자바스크립트 번들의 크기는 다른 유형의 웹 파일보다 크기 때문에 네트워크를 통해 전송할 데이터가 더 많습니다. 전송량이 제한적인 데이터 요금제를 사용하거나 인터넷 연결 속도가 더딘 사용자는 비용 증가와 페이지 로딩 시간 지연 같은 문제가 생길 수 있습니다.

이러한 문제를 완화하기 위해 몇 가지 단계를 통해 사용자에게 제공되는 자바스크립트의 용량을 줄일 수 있습니다. 그중 하나는 코드 분할code splitting을 사용해 특정 페이지나 기능에 필요한 자바스크립트만 읽어 들이는 방법입니다. 이를 통해 필요한 코드만 읽어 들여서 페이지 로딩 시간과 데이터 사용량을 줄입니다.

다음 코드 조각은 코드 분할을 사용해 특정 페이지에 필요한 자바스크립트만 읽어 들이는 예시입니다.

```
import("./large.js").then((module) => {
  // 여기서 module을 사용합니다.
});
```

예시에서 `import` 함수는 필요할 때 `large.js` 파일을 비동기적으로 읽어 들이는 데 사용됩니다. 필요한 코드만 읽어 들이므로 페이지 로드 시간과 데이터 사용량을 줄일 수 있습니다.

또 다른 방법은 지연 로딩lazy loading[7]을 사용해서 페이지가 완전히 읽어 들여질 때까지 초기 실행에 필수적이지 않은 자바스크립트의 로딩을 미뤄 두는 것입니다. 필요할 때만 코드를 읽어 들이므로 페이지 로드 시간과 데이터 사용량을 줄일 수 있습니다.

다음 코드는 지연 로딩을 사용해 필수적이지 않은 자바스크립트의 로딩을 지연합니다.

```
<!DOCTYPE html>
<html>
  <head>
    <title>웹사이트 예시</title>
  </head>
  <body>
    <!-- 여기에 페이지 콘텐츠를 둡니다. -->
    <button id="load-more">콘텐츠 추가 로드</button>
    <script>
      document.getElementById("load-more").addEventListener("click", () => {
        import("./non-critical.js").then((module) => {
          // 여기서 module을 사용합니다.
        });
      });
    </script>
  </body>
</html>
```

7 옮긴이_ '게으른 로딩'이라 부르기도 합니다.

예시에서는 import 함수를 사용해 '콘텐츠 추가 로드' 버튼을 클릭할 때만 non-critical.js 파일을 비동기적으로 로드합니다. 이렇게 하면 초기 실행에 필수적이지 않은 코드를 필요할 때만 읽어 들이므로 페이지 로드 시간과 데이터 사용량이 절약됩니다.

다행히 리액트에는 React.lazy와 Suspense(서스펜스)를 사용한 지연 로딩이라는 훨씬 더 직관적인 해결책이 있습니다. 이 기술을 사용해 애플리케이션의 성능을 개선하는 방법을 살펴보겠습니다.

지연 로딩은 이전 예시에서 본 것과 유사하게 필요한 컴포넌트만 읽어 들이는 기술입니다. 이는 초기 렌더링에 필요하지 않은 컴포넌트가 많은 대규모 애플리케이션에 유용합니다. 규모가 큰 애플리케이션에 접이식 사이드바가 있고, 이 사이드바에 다른 페이지로 연결되는 링크 목록이 있다고 해 봅시다. 처음 로드할 때 사이드바가 접혀 있다면 처음부터 전체 사이드바를 읽어 들이지 않고 사용자가 사이드바를 펼쳤을 때 읽어 들여도 됩니다.

다음 코드 샘플을 살펴봅시다.

```
import Sidebar from "./Sidebar"; // 불러올 용량 22 MB

const MyComponent = ({ initialSidebarState }) => {
  const [showSidebar, setShowSidebar] = useState(initialSidebarState);

  return (
    <div>
      <button onClick={() => setShowSidebar(!showSidebar)}>
        사이드바 토글
      </button>
      {showSidebar && <Sidebar />}
    </div>
  );
};
```

예시에서 <Sidebar />는 용량이 22 MB에 달하는 자바스크립트라고 가정합니다. 다운로드, 구문 분석, 실행할 자바스크립트가 매우 많은데 사이드바가 접혀 있는 초기 렌더링에서는 굳이 필요하지 않습니다. 여기서 React.lazy를 사용해 showSidebar의 값이 true일 때만 컴포넌트를 지연 로드할 수 있습니다. 간단히 말해 필요할 때만 불러와서 사용하는 것입니다.

```
import { lazy, Suspense } from "react";
import FakeSidebarShell from "./FakeSidebarShell"; // 불러올 용량 1 KB

const Sidebar = lazy(() => import("./Sidebar"));

const MyComponent = ({ initialSidebarState }) => {
  const [showSidebar, setShowSidebar] = useState(initialSidebarState);

  return (
    <div>
      <button onClick={() => setShowSidebar(!showSidebar)}>
        사이드바 토글
      </button>
      <Suspense fallback={<FakeSidebarShell />}>
        {showSidebar && <Sidebar />}
      </Suspense>
    </div>
  );
};
```

예시에서는 `./Sidebar`를 정적으로 가져오지 않고 동적으로 가져옵니다. 다시 말해 읽어 들인 모듈의 프라미스promise를 반환하는 함수를 `lazy` 함수에 전달합니다. 동적으로 가져온 모듈은 즉시 사용 가능하지 않을 수도 있어서 모듈 자체가 아닌 프라미스 인스턴스를 반환합니다. 우선 서버에서 다운로드해야 합니다. 리액트의 `lazy` 함수는 실제로 렌더링되기 전에는 내부의 컴포넌트(예시에서는 `Sidebar`)를 호출하지도 않고 파일을 읽어 들이지도 않습니다. 이와 같은 방식을 통해 실제로 `<Sidebar />`를 렌더링하기 전에는 용량이 22 MB나 되는 사이드바를 읽어 들이지 않아도 됩니다.

예시를 살펴보면 Suspense라는 새로운 기능도 눈에 띌 것입니다. 이 기능은 트리에서 대상이 되는 컴포넌트를 Suspense로 감싸서 사용합니다. Suspense는 프라미스가 해결되기resolved 전까지, 다시 말해 사이드바 다운로드가 완료되기 전까지 폴백 컴포넌트fallback component[8]를 표시할 수 있는 컴포넌트입니다. 위 예시에서는 무거운 사이드바가 다운로드되는 동안 무거운 사이드바의 가벼운 버전인 가짜 사이드바를 폴백 컴포넌트로 표시하고 있습니다. 사이드바를 읽어 들이는 동안 사용자에게 즉각적인 피드백을 제공하는 좋은 방법입니다.

8 옮긴이_ 폴백(fallback)은 대비책이라는 의미가 있습니다. 여기서는 아직 컴포넌트가 준비되지 않은 상황에서 표시할 예비 컴포넌트를 의미합니다.

이제 사용자가 사이드바를 펼치기 위해 버튼을 클릭하면 사이드바를 읽고 렌더링하는 동안 '스켈레톤 UI'가 표시되어 사용자가 변경될 화면을 인식하게 됩니다.

5.3.1 Suspense를 통한 더 나은 UI 제어

리액트의 Suspense는 try/catch 블록처럼 작동합니다. try/catch 블록은 말 그대로 코드 어디에서든 예외를 던지면(throw) catch 블록에서 이를 잡아 처리하는데, 서로 다른 모듈에서도 가능합니다. 그리고 Suspense도 이와 완전히 같지는 않지만 비슷한 방식으로 동작합니다. 컴포넌트 트리 어디든 지연 로드되고 비동기로 읽어 들이는 요소를 두면, 해당 트리의 상위 계층 어디에서든 Suspense 컴포넌트를 사용해 이러한 요소를 처리합니다. 심지어 Suspense 경계가 다른 파일에서도 동작합니다.

이 내용을 알면, 22 MB나 되는 사이드바의 로딩 상태를 어디에서 처리해야 하는지 알 수 있습니다. 또 사이드바가 로딩되는 동안 전체 애플리케이션을 숨길 수 있고 사이드바의 로딩 상태만 표시할 수도 있습니다. 물론 사이드바 하나 때문에 사용자가 전체 애플리케이션을 사용할 수 없게 만드는 것은 좋지 않은 생각이지만, Suspense의 기능을 이해하기 위해 전자를 수행하는 방법을 살펴봅시다.

```
import { lazy, Suspense, useState } from "react";

const Sidebar = lazy(() => import("./Sidebar"));

const MyComponent = () => {
  const [showSidebar, setShowSidebar] = useState(false);

  return (
    <Suspense fallback={<p>로딩 중...</p>}>
      <div>
        <button onClick={() => setShowSidebar(!showSidebar)}>
          사이드바 토글
        </button>
        {showSidebar && <Sidebar />}
        <main>
          <p>안녕하세요, 반갑습니다. 여기는 메인 영역입니다.</p>
        </main>
      </div>
```

```
    </Suspense>
  );
};
```

전체 컴포넌트를 Suspense로 감싸고 모든 비동기 자식의 프라미스가 해결될 때까지 fallback을 렌더링합니다. 다시 말해 사이드바를 읽는 중에는 전체 애플리케이션이 숨겨집니다. 모든 컴포넌트가 준비될 때까지 기다렸다가 사용자에게 한꺼번에 사용자 인터페이스를 표시하려는 경우에는 유용할 수 있지만, 사용자는 그동안 무슨 일이 일어나는지 의문을 가질 수 있고 애플리케이션과 전혀 상호 작용하지 못하기 때문에 좋은 방법은 아닐 것입니다.

따라서 Suspense는 지연 로딩이 필요한 컴포넌트를 감싸는 용도로만 사용해야 합니다.

```
import { lazy, Suspense } from "react";

const Sidebar = lazy(() => import("./Sidebar"));

const MyComponent = () => {
  const [showSidebar, setShowSidebar] = useState(false);

  return (
    <div>
      <button onClick={() => setShowSidebar(!showSidebar)}>
        사이드바 토글
      </button>
      <Suspense fallback={<p>Loading...</p>}>
        {showSidebar && <Sidebar />}
      </Suspense>
      <main>
        <p>안녕하세요, 반갑습니다. 여기는 메인 영역입니다.</p>
      </main>
    </div>
  );
};
```

Suspense 경계는 레이아웃 이동을 해결하고 사용자 인터페이스를 더욱 직관적으로, 응답성이 좋게 만드는 매우 강력한 기본 요소입니다. 두고두고 자주 사용할 만한 유용한 도구입니다. 또 fallback에서 멋진 스켈레톤 UI를 사용하면, 지연 로드된 컴포넌트를 읽어 들이는 동안 사용자에게 어떤 작업을 진행하고 있는지, 잠시 후 나타날 화면은 무엇인지 안내할 수 있어 인터페이스가 준비되기 전에 미리 상호 작용할 인터페이스를 알아차리게 할 수 있습니다. 이 모든 요소를 잘 사용하면 애플리케이션의 성능을 개선하는 한편, 리액트를 전문가답게 활용할 수 있습니다.

다음으로 많은 리액트 개발자들이 궁금해하는 또 다른 흥미로운 질문을 다루어 보겠습니다. useState와 useReducer는 언제 사용해야 할까요?

5.4 useState와 useReducer

리액트에는 상태 관리를 위한 두 개의 훅으로 useState와 useReducer가 있습니다. 이 둘은 모두 컴포넌트의 상태를 관리하는 데 사용합니다. 하지만 useState는 단일 상태를 관리하는 데 적합하고 useReducer는 복잡한 상태를 관리한다는 점에서 다릅니다. useState를 사용해 컴포넌트의 상태를 관리하는 방법을 살펴보겠습니다.

```
import { useState } from "react";

const MyComponent = () => {
  const [count, setCount] = useState(0);

  return (
    <div>
      <p>카운트: {count}</p>
      <button onClick={() => setCount(count + 1)}>증가</button>
    </div>
  );
};
```

예시에서는 useState를 사용해 count라는 단일 상태를 관리하고 있습니다. 하지만 상태가 조금 복잡해지면 어떻게 될까요?

```
import { useState } from "react";

const MyComponent = () => {
  const [state, setState] = useState({
```

```
    count: 0,
    name: "Tejumma",
    age: 30,
  });

  return (
    <div>
      <p>카운트: {state.count}</p>
      <p>이름: {state.name}</p>
      <p>나이: {state.age}</p>
      <button onClick={() => setState({ ...state, count: state.count + 1 })}>
        증가
      </button>
    </div>
  );
};
```

이제 상태가 더 복잡해져서 count, name, age라는 속성을 포함합니다. 버튼을 클릭하면 count를 증가시킵니다. 조금 더 들여다보면 상태를 이전 상태와 속성이 같은 **새로운 객체**로 생성하되 count를 1만큼 증가시킨 것입니다. 이 동작은 리액트에서 매우 일반적인 패턴이지만, 버그가 발생할 가능성이 높다는 문제가 있습니다. 예를 들어 이전 상태를 주의 깊게 전개하지 않으면 실수로 상태의 일부 속성을 덮어쓸 수 있습니다.

재미있는 사실은 useState가 내부적으로 useReducer를 사용한다는 것입니다. useState는 useReducer의 상위 추상화라고 볼 수 있습니다. 사실 원한다면 useState 대신 useReducer를 사용해도 됩니다.

다음과 같이 작성할 수 있습니다.

```
import { useReducer } from "react";

function useState(initialState) {
  const [state, dispatch] = useReducer(
    (state, newValue) => newValue,
    initialState
  );
  return [state, dispatch];
}
```

동일한 예시를 useReducer로는 다음과 같이 구현합니다.

```
import { useReducer } from "react";

const initialState = {
  count: 0,
  name: "Tejumma",
  age: 30,
};

const reducer = (state, action) => {
  switch (action.type) {
    case "increment":
      return { ...state, count: state.count + 1 };
    default:
      return state;
  }
};

const MyComponent = () => {
  const [state, dispatch] = useReducer(reducer, initialState);

  return (
    <div>
      <p>카운트: {state.count}</p>
      <p>이름: {state.name}</p>
      <p>나이: {state.age}</p>
      <button onClick={() => dispatch({ type: "increment" })}>증가</button>
    </div>
  );
};
```

useReducer가 useState보다 장황하다고 말하는 이가 있을 테고 이 말에 많은 사람이 동의하겠지만, 추상화 계층에서 한 단계 아래로 내려갈수록 코드가 장황해지는 것은 당연합니다. 결국 대부분의 경우 추상화는 복잡한 논리를 편의적인 구문으로 대체하기 위해 이루어집니다. 여기서 질문이 떠오릅니다. useState에서도 useReducer와 동일한 작업을 수행할 수 있으니 더 간단한 useState만 사용하면 되지 않을까요?

이 질문에 대한 답변으로 useReducer를 사용할 때 얻는 이점 세 가지를 알려드립니다.

- 상태 업데이트 로직을 컴포넌트에서 분리합니다. 함께 제공되는 reducer 함수는 단독으로 테스트하고 다른 컴포넌트에서도 재사용이 가능합니다. 이 방법은 컴포넌트를 깔끔하고 단순하게 유지하고 **단일 책임 원칙**을 따르기에 좋습니다.

리듀서는 다음과 같이 테스트할 수 있습니다.

```
describe("reducer", () => {
  test("증가 액션이 주어지면 카운트가 증가해야 합니다", () => {
    const initialState = {
      count: 0,
      name: "Tejumma",
      age: 30,
    };
    const action = { type: "increment" };
    const expectedState = {
      count: 1,
      name: "Tejumma",
      age: 30,
    };
    const actualState = reducer(initialState, action);
    expect(actualState).toEqual(expectedState);
  });

  test("알 수 없는 액션이 주어지면 동일한 객체를 반환해야 합니다",
    () => {
    const initialState = {
      count: 0,
      name: "Tejumma",
      age: 30,
    };
    const action = { type: "unknown" };
    const expectedState = initialState;
    const actualState = reducer(initialState, action);
    expect(actualState).toBe(expectedState);
  });
});
```

예시에서는 증가 액션이 리듀서로 전송되는 경우와 알 수 없는 액션이 전송되는 경우의 두 가지 시나리오를 테스트하고 있습니다.

첫 번째 테스트에서는 카운트 값이 0인 초기 상태 객체와 증가 액션 객체를 생성합니다. 결과 상태 객체의 카운트 값은 1로 증가될 것으로 기대합니다. toEqual을 사용해 기대 상태 객체와 실제 상태 객체를 비교합니다.

두 번째 테스트에서는 카운트 값이 0인 초기 상태 객체와 알 수 없는 액션 객체를 생성합니다. 결과 상태 객체가 초기 상태 객체와 동일할 것으로 기대합니다. 참조 동일성을 테스트하기 때문에 toBe를 사용해 기대 상태 객체와 실제 상태 객체를 비교합니다.

이러한 방식으로 리듀서를 테스트하면 다양한 입력 시나리오가 주어질 때 리듀서가 올바르게 작동하고 기대와 같은 출력을 생성하는지 확인할 수 있습니다.

- 상태와 상태 변경 방식은 항상 명시적으로 useReducer와 함께 사용됩니다. 어떤 이들은 useState가 JSX 트리 계층을 통한 컴포넌트 상태 업데이트의 전반적인 흐름을 파악하기 어렵게 만들 수 있다고 주장하기도 합니다.
- useReducer는 **이벤트 소스**event source 모델입니다. 즉, 애플리케이션에서 발생하는 이벤트를 모델링해서 일종의 진단 로그를 추적하는 데 사용할 수 있다는 의미입니다. 이 진단 로그는 애플리케이션의 이벤트를 재생해 버그를 재연하거나 **시간 여행 디버깅**을 구현하는 데 사용할 수 있습니다. 또 실행 취소, 재실행, 낙관적 업데이트, 인터페이스 전반의 일반적인 사용자 행동에 대한 분석 추적 같은 강력한 패턴도 사용 가능합니다.

useReducer는 도구 상자에 담아 두면 좋지만 항상 필요하지는 않습니다. 사실 대부분의 사용 사례에서 이 기능은 지나친 경우가 많습니다. 그렇다면 useState와 useReducer는 언제 사용해야 할까요? 정답은 상태의 복잡성에 따라 달라집니다. 이 절에서 다룬 정보를 바탕으로 어떤 것을 사용할지 보다 현명하게 결정 내리길 바랍니다.

5.4.1 Immer와 편의성

인기 있는 리액트 라이브러리인 Immer(이머)는 애플리케이션에서 복잡한 상태 관리를 처리할 때 특히 유용합니다. 상태가 중첩되거나 복잡한 형태라면, 기존에 사용하던 상태 업데이트 방식은 장황하고 오류가 발생하기 쉽습니다. Immer는 변경 가능한 초안draft 상태로 작업하고, 한 번 생성된 상태는 변경 불가로 만들어서 복잡성을 관리할 수 있도록 도와줍니다.[9]

리액트 애플리케이션에서 상태 관리는 일반적으로 useState 또는 useReducer 훅을 사용해 처리합니다. useState가 단순한 상태에 적합하다면 useReducer는 복잡한 상태 관리에 적합한데, 복잡한 상태 관리야말로 Immer가 가장 빛을 발하는 부분입니다.

useReducer로 작업할 때 제공하는 리듀서 함수는 순수해야 하며 항상 새 상태 객체를 반환해야 합니다. 때문에 중첩된 상태 객체를 처리할 때 장황한 코드가 생길 수 있습니다. 하지만 use-immer 라이브러리의 useImmerReducer를 사용해 Immer와 useReducer를 통합하면,

9 옮긴이_ Immer에서 모든 객체는 기본적으로 수정이 불가능하지만, 기존 객체를 기반으로 새롭게 작성된 초안은 수정이 가능합니다. 생성이 완료된 초안은 수정이 불가합니다.

실제로는 Immer가 제공하는 초안 상태에서 동작하면서 마치 상태를 직접 변경하는 것처럼 보이는 리듀서를 작성할 수 있습니다. 이를 통해 더 단순하고 직관적인 리듀서 함수를 작성하게 됩니다.

```
import { useImmerReducer } from "use-immer";

const initialState = {
  user: {
    name: "John Doe",
    age: 28,
    address: {
      city: "New York",
      country: "USA",
    },
  },
};

const reducer = (draft, action) => {
  switch (action.type) {
    case "updateName":
      draft.user.name = action.payload;
      break;
    case "updateCity":
      draft.user.address.city = action.payload;
      break;
    // 다른 액션...
    default:
      break;
  }
};

const MyComponent = () => {
  const [state, dispatch] = useImmerReducer(reducer, initialState);

  // ...
};
```

예시에서 `useImmerReducer`는 리듀서 함수를 크게 단순화해, 기존 리듀서에서는 전개나 `Object.assign` 동작이 필요했던 중첩 상태 속성을 직접 할당해 업데이트할 수 있습니다.

또한 Immer 사용은 `useReducer`에 국한되지 않습니다. 복잡한 상태 객체의 상태를 업데이트할 때 불변성을 보장하고 싶은 경우 useState와 함께 사용할 수도 있습니다. Immer는 현재 상태와 일련의 명령어를 기반으로 다음 상태를 생성하는 데 사용하는 produce 함수를 제공합니다.

```
import produce from "immer";
import { useState } from "react";

const MyComponent = () => {
  const [state, setState] = useState(initialState);

  const updateName = (newName) => {
    setState(
      produce((draft) => {
        draft.user.name = newName;
      })
    );
  };

  // ...
};
```

updateName 함수에서 Immer의 produce 함수에는 현재 상태(state)의 초안(draft)을 수신하는 함수를 전달합니다. 이 함수 내부에서는 초안을 변경하며 작업할 수 있고, Immer는 생성된 상태를 새로운 불변 객체로 만듭니다.

Immer는 특히 복잡하거나 중첩된 상태 구조에서 상태 업데이트를 단순화하는 데 유용하기 때문에 리액트의 상태 관리 훅과 함께 사용하기에 좋습니다. 이를 통해 더 깔끔하고 유지 보수하기 쉬우며 오류 발생 가능성이 적은 코드를 작성할 수 있습니다.

5.5 강력한 패턴

소프트웨어 디자인 패턴은 소프트웨어 개발에서 반복되는 문제에 주로 사용되는 해결책입니다. 이러한 패턴은 다른 개발자가 이미 겪고 해결한 문제를 어떻게 해결했는지 알려 주어 소프트웨어 개발 과정에서 시간과 노력을 절약해 줍니다. 디자인 패턴은 종종 다양한 상황에서 사용할 수 있는 소프트웨어 제작 템플릿이나 지침으로 표현되기도 합니다. 소프트웨어 디자인 패턴은 공통된 용어와 표기법으로 기술되는 경우가 많아서 개발자들이 더 쉽게 이해하고 더 쉽게 소통할 수 있습니다. 이를 통해 소프트웨어 시스템의 품질, 유지 보수성, 효율성도 향상시킬 수 있습니다.

소프트웨어 디자인 패턴은 여러 가지 이유로 중요합니다.

재사용성

흔히 겪는 문제에 대한 재사용 가능한 해결책을 제공해 소프트웨어 개발 시간과 노력을 절약할 수 있습니다.

표준화

문제를 해결하는 표준 방법을 제공하므로 개발자끼리 서로 더 잘 이해하고 소통할 수 있습니다.

유지 보수성

유지 보수 및 수정이 쉬운 코드로 구조화하는 방법을 지원해 소프트웨어 시스템의 수명을 향상시킬 수 있습니다.

효율성

일반적인 문제에 효율적인 해결책을 제공해 소프트웨어 시스템의 성능을 개선할 수 있습니다.

일반적으로 소프트웨어 디자인 패턴은 실무에서 발생한 요구 사항에 대응해 자연스럽게 생겨납니다. 이러한 패턴은 엔지니어가 경험하는 특정 문제를 해결하고 다양한 사용 사례에서 '엔지니어의 무기'로 활용됩니다. 어떤 패턴이 다른 패턴에 비해 근본적으로 더 좋거나 나쁘지 않습니다. 각자 나름의 역할이 있습니다.

대부분의 패턴은 이상적인 추상화 수준을 도출해 내는 데 유용합니다. 다시 말해 가독성이 떨어지거나 유지 보수가 불가능할 정도로 상태와 설정이 과도하게 증가하는 것을 방지하고, 대신 좋은 와인처럼 오래도록 잘 유지되게 코드를 작성하는 법을 찾는 데 도움이 됩니다. 이 때문에 디자인 패턴을 선택할 때 대체로 제어control를 고려하게 됩니다. 즉, 사용자에게 얼마나 많은 권한을 부여할지, 프로그램이 얼마나 많이 처리할지 고려합니다.

이제 인기 있는 리액트 디자인 패턴 몇 가지를 대략적인 등장 시기 순으로 알아보겠습니다.

5.5.1 프레젠테이션/컨테이너 컴포넌트

흔히 볼 수 있는 리액트 디자인 패턴 하나는 **프레젠테이션 컴포넌트**presentational component와 **컨테이너 컴포넌트**container component라는 두 가지 컴포넌트의 조합으로 구성됩니다. 프레젠테이션 컴포넌트는 UI를 렌더링하고 컨테이너 컴포넌트는 UI의 상태를 처리합니다. 카운터를 예시로 생각해 봅시다. 이 패턴을 다음과 같이 사용해 카운터를 구현할 수 있습니다.

```
const PresentationalCounter = (props) => {
  return (
    <section>
      <button onClick={props.increment}>+</button>
      <button onClick={props.decrement}>-</button>
      <button onClick={props.reset}>재설정</button>
      <h1>현재 카운트: {props.count}</h1>
    </section>
  );
};

const ContainerCounter = () => {
  const [count, setCount] = useState(0);
  const increment = () => setCount(count + 1);
  const decrement = () => setCount(count - 1);
  const reset = () => setCount(0);

  return (
    <PresentationalCounter
      count={count}
      increment={increment}
      decrement={decrement}
      reset={reset}
    />
  );
};
```

예시에는 `PresentationalCounter`(프레젠테이션 컴포넌트)와 `ContainerCounter`(컨테이너 컴포넌트)라는 두 컴포넌트가 있습니다. 프레젠테이션 컴포넌트는 UI를 렌더링하고 컨테이너 컴포넌트는 상태를 처리합니다.

이 패턴이 널리 사용되는 이유는 무엇일까요? 이 패턴은 단일 책임 원칙 때문에 매우 유용하며, 애플리케이션에서 관심사를 분리해 모듈화, 재사용, 테스트를 가능케 함으로써 더 나은 확장을 실현합니다. 컴포넌트의 외형과 작동 방식에 대한 책임을 한 컴포넌트에 두지 않고 다른 컴포넌트로 분리했습니다. 결과는 어떤가요? `PresentationalCounter`는 다른 유상태 컨테이너stateful container[10]에 전달되어도 의도한 모양을 유지하고, `ContainerCounter`를 다른 유상태 컨테이너로 대체해도 역시 의도한 기능을 유지할 수 있습니다.

`ContainerCounter`를 단독으로 단위 테스트할 수도 있고, 스토리북 등을 사용해 `PresentationalCounter`를 단독으로 시각적 테스트를 할 수도 있습니다. 시각적 작업에 익숙한 개발자나 개발 팀을 `PresentationalCounter`에 배정하고, 데이터 구조와 알고리듬을 선호하는 개발자를 `ContainerCounter`에 배정하는 것도 가능합니다.

접근 방식이 분리되어 얻는 이점은 훨씬 더 많습니다. 덕분에 프레젠테이션/컨테이너 컴포넌트 패턴은 꽤 많은 인기를 끌었으며 오늘날에도 여전히 사용되고 있습니다. 그러나 훅이 도입되고 훨씬 더 편리하게 컴포넌트에 상태를 추가하게 되면서 컨테이너 컴포넌트가 상태를 공급하지 않게 되었습니다.

요즘에는 대부분의 프레젠테이션/컨테이너 패턴을 훅으로 대체할 수 있습니다. 여전히 활용할 수 있고, 심지어 훅과 함께 사용할 수도 있지만 소규모 애플리케이션에서는 과도한 설계로 간주되기 쉽습니다.

5.5.2 고차 컴포넌트

위키피디아에서는 고차 함수[11]를 다음과 같이 정의합니다.

> 수학 및 컴퓨터 과학에서 고차 함수higher-order function(HOF)는 다음 중 하나 이상을 수행하는 함수이다. 하나 이상의 함수를 인수로 취한다(예: 절차적 매개변수). 함수를 결과로 반환한다.

JSX 세계에서 고차 컴포넌트는 기본적으로 다른 컴포넌트를 인수로 받아 두 컴포넌트의 합성 결과인 새로운 컴포넌트를 반환하는 컴포넌트입니다. 고차 컴포넌트는 **여러 컴포넌트에서 공유하는 동작을 반복 작성하고 싶지 않을 때** 유용합니다.

---

10 옮긴이_ 내부에 상태가 포함된 컨테이너 컴포넌트를 의미합니다.
11 옮긴이_ https://ko.wikipedia.org/wiki/고차_함수

예를 들어 많은 웹 애플리케이션이 일부 데이터 소스에서 비동기적으로 데이터를 요청합니다. 로딩 상태와 오류 상태의 발생은 거의 필수지만, 소프트웨어를 작성할 때는 깜빡하는 경우가 있습니다. 컴포넌트에 `loading`, `data`, `error` 프롭을 수동으로 추가하면 일부를 누락할 가능성이 훨씬 더 높아집니다. 기본적인 할 일 목록 앱을 예로 들어 보겠습니다.

```
const App = () => {
  const [data, setData] = useState([]);

  useEffect(() => {
    fetch("https://mytodolist.com/items")
      .then((res) => res.json())
      .then(setData);
  }, []);

  return <BasicTodoList data={data} />;
};
```

이 애플리케이션에는 문제가 있습니다. 로딩이나 오류 상태를 고려하지 않았습니다. 이 문제를 해결해 보겠습니다.

```
const App = () => {
  const [isLoading, setIsLoading] = useState(true);
  const [data, setData] = useState([]);
  const [error, setError] = useState();

  useEffect(() => {
    fetch("https://mytodolist.com/items")
      .then((res) => res.json())
      .then((data) => {
        setIsLoading(false);
        setData(data);
      })
      .catch(setError);
  }, []);

  return isLoading ? (
    "로딩 중..."
  ) : error ? (
    error.message
  ) : (
```

```
    <BasicTodoList data={data} />
  );
};
```

이런, 순식간에 코드가 엉망이 되어 버렸습니다. 게다가 이렇게 바꿔 봐야 겨우 **단 하나의 컴포넌트에 대한 문제만 해결합니다**. 외부 데이터 소스와 상호 작용하는 모든 컴포넌트에 이러한 상태(예: 로딩, 데이터 및 오류)를 일일이 추가해야 할까요? 여기서 말한 로딩과 오류 상태 처리가 **여러 컴포넌트의 공통 관심사**이고, 바로 이 부분에서 고차 컴포넌트가 빛을 발합니다.

외부 데이터 소스와 비동기적으로 통신하는 모든 컴포넌트에 대해 이러한 로딩, 오류 및 데이터 패턴을 반복하는 대신 고차 컴포넌트 팩토리를 사용해 이러한 상태를 대신 처리할 수 있습니다. 이 문제를 해결하는 withAsync라는 고차 컴포넌트 팩토리를 생각해 봅시다.

```
const TodoList = withAsync(BasicTodoList);
```

withAsync는 로딩 및 오류 상태를 처리하고 데이터를 사용할 수 있을 때 컴포넌트를 렌더링합니다. 구현 코드를 살펴보겠습니다.

```
const withAsync = (Component) => (props) => {
  if (props.loading) {
    return "로딩 중...";
  }

  if (props.error) {
    return error.message;
  }

  return (
    <Component
      // `Component`에 전달할 프롭을 모두 그대로 전달
      {...props}
    />
  );
};
```

이제 Component가 withAsync에 전달되면, 해당 컴포넌트는 프롭에 따라 적절한 정보를 렌더링하는 새로운 컴포넌트로 반환됩니다. 이를 통해 초기에 만든 컴포넌트는 더 유연하게 사용

할 수 있는 컴포넌트로 변경됩니다.

```
const TodoList = withAsync(BasicTodoList);

const App = () => {
  const [isLoading, setIsLoading] = useState(true);
  const [data, setData] = useState([]);
  const [error, setError] = useState([]);

  useEffect(() => {
    fetch("https://mytodolist.com/items")
      .then((res) => res.json())
      .then((data) => {
        setIsLoading(false);
        setData(data);
      })
      .catch(setError);
  }, []);

  return <TodoList loading={isLoading} error={error} data={data} />;
};
```

여기에는 겹쳐 쓴 삼항식이 없습니다. 그리고 `TodoList` 자체는 로딩 중인지, 오류가 있는지, 데이터가 있는지에 따라 적절한 정보를 표시할 수 있습니다. `withAsync` 고차 컴포넌트 팩토리가 이러한 공통적인 문제를 처리하기 때문에 외부 데이터 소스와 통신하는 컴포넌트는 무엇이든 `withAsync`로 감싸서 `loading`과 `error` 프롭에 반응하는 새로운 컴포넌트로 만들 수 있습니다. 예를 들어 블로그를 생각해 봅시다.

```
const Post = withAsync(BasicPost);
const Comments = withAsync(BasicComments);

const Blog = ({ req }) => {
  const { loading: isPostLoading, error: postLoadError } = usePost(
    req.query.postId
  );
  const { loading: areCommentsLoading, error: commentLoadError } = useComments({
    postId: req.query.postId,
  });

  return (
```

```
      <>
        <Post
          id={req.query.postId}
          loading={isPostLoading}
          error={postLoadError}
        />
        <Comments
          postId={req.query.postId}
          loading={areCommentsLoading}
          error={commentLoadError}
        />
      </>
    );
  };

  export default Blog;
```

예시에서 Post와 Comments는 모두 withAsync 고차 컴포넌트 패턴을 사용하고, loading과 error 프롭에 반응하는 새로운 버전의 BasicPost와 BasicComments를 반환합니다. 이 공통적인 문제에 대한 동작은 withAsync의 구현이 집중 관리하기 때문에, 여기에 있는 고차 컴포넌트 패턴을 사용하기만 하면 로딩 및 오류 상태를 '자동으로' 처리합니다.

그러나 프레젠테이션 및 컨테이너 컴포넌트와 마찬가지로 훅도 비슷한 이점을 제공하면서 편의성이 더 좋기 때문에 고차 컴포넌트 대신 훅을 사용할 때가 더 많습니다.

고차 컴포넌트 합성

여러 고차 컴포넌트를 합성compose하는 것도 자주 사용되는 리액트 디자인 패턴입니다. 이를 통해 개발자는 여러 컴포넌트의 기능과 동작을 혼합하고 일치시킬 수 있습니다. 다음은 여러 개의 고차 컴포넌트를 합성하는 방법의 예입니다.

withLogging과 withUser라는 두 개의 고차 컴포넌트가 있다고 가정해 봅시다.

```
// withLogging.js
const withLogging = (WrappedComponent) => {
  return (props) => {
    console.log("렌더링에 사용한 프롭:", props);
    return <WrappedComponent {...props} />;
  };
```

```
};

// withUser.js
const withUser = (WrappedComponent) => {
  const user = { name: "John Doe" }; // 다른 데이터 소스에서 왔다고 가정합니다.
  return (props) => <WrappedComponent {...props} user={user} />;
};
```

이제 두 개의 고차 컴포넌트를 합성한다고 생각해 봅시다. 이를 수행하는 방법 하나는 중첩입니다.

```
const EnhancedComponent = withLogging(withUser(MyComponent));
```

그러나 중첩된 고차 컴포넌트의 호출은 특히 고차 컴포넌트의 수가 증가하면서 코드를 읽고 유지 보수하기가 점점 까다로워지기 마련입니다. 시간이 흘러 애플리케이션이 다음 형태가 될 수도 있습니다.

```
const EnhancedComponent = withErrorHandler(
  withLoadingSpinner(
    withAuthentication(
      withAuthorization(
        withPagination(
          withDataFetching(
            withLogging(withUser(withTheme(withIntl(withRouting(MyComponent)))))
          )
        )
      )
    )
  )
);
```

더 나은 접근 방식은 여러 개의 고차 컴포넌트를 하나의 고차 컴포넌트로 합성하는 유틸리티 함수를 작성하는 것입니다. 이러한 유틸리티 함수는 다음과 같이 보일 것입니다.

```
// compose.js
const compose =
  (...hocs) =>
  (WrappedComponent) =>
```

```
    hocs.reduceRight((acc, hoc) => hoc(acc), WrappedComponent);

// 사용법:
const EnhancedComponent = compose(withLogging, withUser)(MyComponent);
```

compose 함수에서 reduceRight는 오른쪽에서 왼쪽으로 각 고차 컴포넌트를 WrappedComponent에 적용하는 데 사용됩니다. 이렇게 하면 가독성도 좋고 관리하기도 쉬운 플랫flat 목록에 고차 컴포넌트를 나열할 수 있습니다. compose 함수는 함수형 프로그래밍에서 흔히 사용되는 유틸리티이며, 리덕스 같은 라이브러리에서는 이를 위해 자체적으로 compose 유틸리티 함수를 제공합니다.

앞의 지저분한 예시를 새로운 compose 유틸리티로 다시 작성하면 다음과 같습니다.

```
const EnhancedComponent = compose(
  withErrorHandler,
  withLoadingSpinner,
  withAuthentication,
  withAuthorization,
  withPagination,
  withDataFetching,
  withLogging,
  withUser,
  withTheme,
  withIntl,
  withRouting
)(MyComponent);
```

더 좋아 보이지 않나요? 들여쓰기가 줄고 가독성이 향상되며 유지 보수가 쉬워집니다. 나열된 각 고차 컴포넌트는 이전 고차 컴포넌트가 생성한 컴포넌트를 감싸고 자체적인 동작을 추가합니다. 이렇게 하면 각각 단일 관심사에 초점을 맞춘 간단한 컴포넌트와 고차 컴포넌트를 함께 사용해 복잡한 컴포넌트를 구성할 수 있습니다. 뿐만 아니라 코드가 더 모듈화되고 이해하기 쉬우며 테스트도 수월해집니다.

고차 컴포넌트와 훅 비교

훅이 도입된 이후 고차 컴포넌트의 인기가 식었습니다. 훅을 사용하면 컴포넌트에 더 편리하게 기능을 추가할 수 있으며, 고차 컴포넌트가 가진 문제도 몇 가지 해결합니다. 이를테면 참조 전달에 문제를 일으키고, 잘못 사용하면 불필요한 리렌더링이 발생하는 것입니다. [표 5-1]에 이 두 기술을 조금 더 자세히 비교했습니다.

표 5-1 고차 컴포넌트와 훅의 비교

기능	고차 컴포넌트	훅
코드 재사용	여러 컴포넌트에서 로직을 공유하는 데 탁월합니다.	컴포넌트 내 또는 유사한 컴포넌트 간에 로직을 추출하고 공유하는 데 이상적입니다.
렌더링 로직	감싸진 컴포넌트의 렌더링을 제어합니다.	렌더링에 직접 영향을 주지는 않지만 함수형 컴포넌트 내에서 렌더링과 관련된 부수적 작용을 관리하는 데 사용합니다.
프롭 조작	프롭을 삽입하고 조작해 추가 데이터나 기능을 제공할 수 있습니다.	프롭을 직접 주입하거나 조작할 수 없습니다.
상태 관리	감싸진 컴포넌트 외부에서 상태를 관리하고 조작합니다.	함수 컴포넌트 내에서 로컬 상태를 관리하도록 설계되었습니다.
수명 주기 방법	감싸진 컴포넌트와 관련된 수명 주기 로직을 캡슐화합니다.	`useEffect`를 비롯한 훅은 함수 컴포넌트 내에서 수명 주기 이벤트를 처리합니다.
합성 용이성	합성할 수 있지만 잘 관리하지 않으면 래퍼 지옥wrapper hell[12]이 되기도 합니다.	쉽게 합성할 수 있으며 여러 개의 컴포넌트를 추가하지 않고도 다른 훅과 함께 사용할 수 있습니다.
테스트 용이성	추가 래퍼 컴포넌트로 인해 테스트가 더 복잡해질 수 있습니다.	일반적으로 고차 컴포넌트보다 쉽게 격리할 수 있으므로 테스트하기가 더 쉽습니다.
타입 안전성	타입스크립트를 사용하면 특히 깊게 중첩된 고차 컴포넌트의 경우 올바르게 입력하기가 까다로울 수 있습니다.	타입스크립트로 타입 추론이 향상되고 입력이 쉬워집니다.

[표 5-1]은 고차 컴포넌트와 훅을 비교해 각각의 강점과 사용 사례를 제시합니다. 고차 컴포넌트도 여전히 유용한 패턴이지만, 일반적으로 대부분의 사용 사례에서는 단순성과 사용 편의성 면에서 훅이 선호됩니다.

표에서 보듯이 고차 컴포넌트와 훅은 리액트에서 컴포넌트 간에 로직을 공유할 때 중요한 역할을 하지만, 적합한 사용 사례가 약간 다릅니다. 고차 컴포넌트는 여러 컴포넌트에서 로직을 공유하는 데 탁월하며, 특히 감싸진 컴포넌트의 렌더링을 제어하고 프롭을 조작해 컴포넌트에 추가 데이터나 기능을 제공하는 데 능숙합니다. 감싸진 컴포넌트 외부의 상태를 관리하고 감싸진 컴포넌트와 관련된 수명 주기 로직을 캡슐화할 수 있습니다. 하지만 잘 관리하지 않으면 '래퍼

12 옮긴이_ 고차 컴포넌트가 과도하게 중첩된 상태. 과도한 콜백 함수의 중첩을 나타내는 콜백 지옥(callback hell)에 빗댄 표현입니다.

지옥'으로 이어질 수 있으며, 많은 고차 컴포넌트가 함께 중첩된 경우에는 더욱 그렇습니다. 이러한 중첩은 테스트를 더 복잡하게 만들 수 있으며, 특히 깊게 중첩된 고차 컴포넌트는 타입스크립트를 사용한 타입 안전성이 까다로워질 수 있습니다.

반면에 훅은 컴포넌트의 레이어를 추가하지 않고도 컴포넌트 내 또는 유사한 컴포넌트 간에 로직을 추출하고 공유하는 데 이상적이므로 '래퍼 지옥' 시나리오를 피할 수 있습니다. 고차 컴포넌트와 달리 렌더링에 직접 영향을 주지 않으며 프롭을 직접 주입하거나 조작하지 못합니다. 함수 컴포넌트 내에서 로컬 상태를 관리하고 `useEffect` 훅을 사용해 수명 주기 이벤트를 처리하도록 설계되었습니다. 합성이 용이하고 일반적으로 고차 컴포넌트보다 쉽게 격리할 수 있어 테스트하기가 쉽습니다. 또 훅을 타입스크립트와 함께 사용하면 타입 추론이 향상되고 입력이 쉬워져 타입 오류와 관련된 버그가 감소합니다.

고차 컴포넌트와 훅은 모두 로직을 재사용하는 메커니즘을 제공하지만, 훅은 함수 컴포넌트 내에서 상태, 수명 주기 이벤트, 기타 리액트 기능을 관리하기 위한 보다 직접적이고 덜 복잡한 접근 방식입니다. 반대로 고차 컴포넌트는 컴포넌트에 동작을 주입하는 보다 구조화된 방법이므로 대규모 코드베이스나 아직 훅을 채택하지 않은 코드베이스에서 유용할 수 있습니다. 각각 장단점이 있으므로, 프로젝트의 요구 사항, 각 패턴에 대한 친숙도에 따라 훅과 고차 컴포넌트 중에서 어느 것을 사용할지 선택할 수 있습니다.

우리가 자주 사용하는 리액트 고차 컴포넌트가 있는데 무엇일까요? 사실 바로 앞에서 다룬 `React.memo`라는 고차 컴포넌트입니다. 그 밖에 `React.forwardRef`는 하위 컴포넌트에 대한 참조를 전달하는 고차 컴포넌트입니다. 다음 코드를 봅시다.

```
const FancyInput = React.forwardRef((props, ref) => (
  <input type="text" ref={ref} {...props} />
));

const App = () => {
  const inputRef = useRef(null);

  useEffect(() => {
    inputRef.current.focus();
  }, []);

  return (
    <div>
```

```
      <FancyInput ref={inputRef} />
    </div>
  );
};
```

예시에서는 React.forwardRef를 사용해 FancyInput 컴포넌트에 대한 참조를 전달합니다. 이를 통해 부모 컴포넌트는 입력 엘리먼트의 focus 메서드에 접근할 수 있습니다. 이는 리액트에서 흔히 볼 수 있는 패턴으로, 고차 컴포넌트를 사용해 일반적인 컴포넌트로 감당하기 어려운 문제를 해결하는 좋은 사례입니다.

5.5.3 렌더 프롭

JSX 표현식에 대해서는 이미 논의한 바 있습니다. 컴포넌트의 상태를 전달받는 함수를 프롭으로 사용하는 것도 흔히 보게 되는 패턴이며, 이를 통해 코드의 재사용성을 늘릴 수 있습니다. 다음은 간단한 예입니다.

```
<WindowSize
  render={({ width, height }) => (
    <div>
      창 크기: {width}x{height}px
    </div>
  )}
/>
```

여기서 함수를 값으로 받는 render라는 프롭에 주목하세요. 이 프롭은 실제로 렌더링되는 JSX 마크업도 출력합니다. 그런데 이렇게 사용해야 할 이유가 있을까요? 사실 WindowSize는 내부적으로 사용자 창 크기를 계산하는 작업을 수행한 후, props.render를 호출해 우리가 선언한 구조를 반환합니다. 이 과정에서 컴포넌트의 상태를 활용해 창 크기를 표시하는 엘리먼트를 렌더링합니다.

조금 더 잘 이해하기 위해 WindowSize를 살펴보겠습니다.

```
const WindowSize = (props) => {
  const [size, setSize] = useState({ width: -1, height: -1 });
```

```
  useEffect(() => {
    const handleResize = () => {
      setSize({ width: window.innerWidth, height: window.innerHeight });
    };
    window.addEventListener("resize", handleResize);
    return () => window.removeEventListener("resize", handleResize);
  }, []);

  return props.render(size);
};
```

예시에서 WindowSize는 이벤트 리스너를 사용해 크기가 조정될 때마다 상태에 일부 데이터를 저장하지만 이 컴포넌트 자체는 헤드리스headless입니다. 다시 말해 UI를 표현하는 방법을 명시하지 않습니다. 대신 자신을 렌더링하는 부모 컴포넌트로부터 전달받은 **렌더 프롭**render prop을 호출해 렌더링 작업에 대한 제어를 부모에게 넘겨 제어를 역전inversion합니다.

이를 통해 렌더링할 창 크기에 의존하는 컴포넌트는 useEffect 부분을 복제하지 않고도 이 정보를 읽을 수 있으며, 코드는 DRYdon't repeat yourself(반복하지 말라) 원칙을 조금 더 잘 지키게 됩니다. 하지만 이 패턴은 더 이상 널리 사용되지 않으며 사실상 리액트 훅으로 대체되었습니다.

자식 함수

children도 프롭이므로 render 프롭의 이름을 아예 삭제하고 대신 children만 사용하는 것을 선호하는 이도 있습니다. 그러면 WindowSize의 사용법이 다음과 같이 달라집니다.

```
<WindowSize>
  {({ width, height }) => (
    <div>
      창 크기: {width}x{height}px
    </div>
  )}
</WindowSize>
```

일부 리액트 개발자는 이 방식이 코드의 의도에 더 충실하다고 보고 이 방법을 선호합니다. 여기서 WindowSize는 리액트 콘텍스트와 비슷해 보이며, 렌더링은 이 콘텍스트를 사용하는 자식처럼 느껴집니다. 다시 말하지만, 리액트 훅으로 인해 이 패턴은 더 이상 사용되지 않으므로 주의를 기울일 필요가 있습니다.

5.5.4 제어 프롭

리액트의 제어 프롭control props 패턴은 상태 관리에 대한 전략적 접근 방식으로, 제어 컴포넌트의 개념을 확장한 것입니다. 이 패턴은 컴포넌트 내의 상태 관리 방법을 결정하기 위한 유연한 메커니즘을 제공합니다. 이해를 위해 먼저 제어 컴포넌트controlled component에 관해 알아보겠습니다.[13]

제어 컴포넌트는 내부에 자체 상태를 유지하지 않는 컴포넌트입니다. 이들의 현잿값은 부모 컴포넌트에서 전달한 프롭에 의해 결정되며 부모 컴포넌트가 단일 정보 출처source of truth의 역할을 합니다. 상태가 변경되어야 할 때, 제어 컴포넌트는 보통 onChange 같은 콜백 함수를 통해 부모에게 알립니다. 따라서 상태를 관리하고 제어 컴포넌트의 값을 업데이트하는 책임은 모두 부모 컴포넌트에 있게 됩니다.

예를 들어 제어 컴포넌트인 <input> 엘리먼트는 다음과 같습니다.

```
function Form() {
  const [inputValue, setInputValue] = React.useState("");

  function handleChange(event) {
    setInputValue(event.target.value);
  }

  return <input type="text" value={inputValue} onChange={handleChange} />;
}
```

제어 프롭 패턴은 제어 컴포넌트의 원리를 확장합니다. 컴포넌트는 외부에서 프롭으로 제어될 수도 있고 내부적으로 자체 상태를 관리하면서 선택적으로 외부 제어를 가능하게 합니다. 이 패턴을 따르는 컴포넌트는 상탯값 그리고 상태를 업데이트하는 함수 두 가지를 프롭으로 받습니다. 두 가지 기능을 모두 지원함으로써 부모는 여전히 자식 컴포넌트의 상태를 제어할 수 있지만, 부모가 제어하지 않는 경우 자식 컴포넌트가 독립적으로 동작하기도 합니다.

13 옮긴이_ <input> 엘리먼트가 대표적인 제어 컴포넌트라는 사실을 기억하고 이어지는 내용을 읽으면 이해에 도움이 됩니다.

제어 프롭 패턴의 예로는 부모에 의해 제어되거나 자체 상태를 관리할 수 있는 토글 버튼이 있습니다.

```
function Toggle({ on, onToggle }) {
  const [isOn, setIsOn] = React.useState(false);

  const handleToggle = () => {
    const nextState = on === undefined ? !isOn : on;
    if (on === undefined) {
      setIsOn(nextState);
    }
    if (onToggle) {
      onToggle(nextState);
    }
  };

  return (
    <button onClick={handleToggle}>
      {on !== undefined ? on : isOn ? "On" : "Off"}
    </button>
  );
}
```

`Toggle` 컴포넌트에서 `isOn`은 내부 상태를 나타내고, on은 외부 제어 프롭입니다. 부모가 on 프롭을 전달하면 컴포넌트는 제어 모드에서 작동할 수 있습니다. on 프롭이 전달되지 않으면 내부 상태인 `isOn`을 사용합니다. `onToggle` 프롭은 부모 컴포넌트가 상태 변경에 반응할 수 있도록 하는 콜백으로, 부모가 자신이 가진 상태를 `Toggle` 컴포넌트의 상태와 동기화하게 해 줍니다.

이 패턴은 제어 및 비제어 작동 모드를 모두 제공해 컴포넌트의 유연성을 향상시킵니다. 이를 통해 필요한 경우 부모가 제어하며, 명시적으로 제어되지 않을 때는 컴포넌트가 자체 상태에 대한 자율성을 유지합니다.

5.5.5 프롭 컬렉션

여러 개의 프롭을 함께 묶어야 하는 경우도 이따금 발생합니다. 한 예로 드래그 앤드 드롭 사용자 인터페이스를 만들 때는 관리할 프롭이 꽤 많습니다.

onDragStart
사용자가 엘리먼트를 드래그하기 시작할 때 브라우저에 수행할 작업을 알려 줍니다.

onDragOver
드롭존dropzone을 식별할 때 사용합니다.

onDrop
드래그하던 엘리먼트를 현재 엘리먼트에 드롭했을 때 코드를 실행합니다.

onDragEnd
엘리먼트 드래그가 완료되면 브라우저에 수행할 작업을 알려 줍니다.

기본적으로 데이터나 엘리먼트는 다른 엘리먼트에 드롭할 수 없습니다. 한 엘리먼트를 드래그해서 다른 엘리먼트에 드래그하려면 엘리먼트에서 기본 동작을 방지하도록 해야 합니다. 이 작업을 위해서는 드롭존에 발생한 `onDragOver` 이벤트의 핸들러에서 `event.preventDefault`를 실행해야 합니다.

앞서 말한 프롭의 집합, 즉 프롭 컬렉션prop collection은 대부분 함께 사용되며 `onDragOver`의 기본값은 일반적으로 `event => { event.preventDefault(); moreStuff(); }`이므로 이러한 프롭을 한데 모아두면 다양한 컴포넌트에서 다음과 같이 재사용할 수 있습니다.

```
export const droppableProps = {
  onDragOver: (event) => {
    event.preventDefault();
  },
  onDrop: (event) => {},
};

export const draggableProps = {
  onDragStart: (event) => {},
  onDragEnd: (event) => {},
};
```

이제 드롭존으로 동작할 리액트 컴포넌트가 있다면, 해당 컴포넌트에 다음과 같이 프롭 컬렉션을 사용할 수 있습니다.

```
<Dropzone {...droppableProps} />
```

이러한 사용법을 가리켜 프롭 컬렉션 패턴이라고 하는데, 여러 프롭을 재사용할 수 있게 합니다. 접근성을 고려해 개발할 때 접근 가능한 컴포넌트에 여러 aria-* 프롭을 포함하기 위해 사용되는 경우도 흔히 봅니다. 하지만 문제가 하나 있습니다. 컴포넌트에 직접 onDragOver 프롭을 작성해 프롭 컬렉션을 덮어 씌우면 프롭 컬렉션의 함수에서 제공한 event.preventDefault 호출이 사라져 버린다는 것입니다.

이로 인해 예기치 않은 동작이 발생해 Dropzone에 컴포넌트를 드롭하는 기능이 제거될 수 있습니다.

```
<Dropzone
  {...droppableProps}
  onDragOver={() => {
    alert("Dragged!");
  }}
/>
```

다행히 프롭 게터를 사용하면 이 문제를 해결할 수 있습니다.

프롭 게터

간단히 말해 프롭 게터prop getter는 사용자 정의 프롭을 프롭 컬렉션에 조합하고 병합합니다. 예시에서는 droppableProps 컬렉션의 onDragOver 핸들러에 event.preventDefault 호출을 유지하면서 alert("Dragged!");라는 기능도 추가하고 싶습니다. 프롭 게터를 사용해 이 작업을 수행해 보겠습니다.

먼저 droppableProps 컬렉션을 프롭 게터로 변경합니다.

```
export const getDroppableProps = () => {
  return {
    onDragOver: (event) => {
      event.preventDefault();
    },
    onDrop: (event) => {},
  };
};
```

여기까지는 프롭 컬렉션을 직접 내보내는 대신 프롭 컬렉션을 반환하는 함수를 내보내는 것 외에 달라진 점이 없습니다. 이 함수가 바로 프롭 게터입니다. 프롭 게터는 함수이기 때문에 사용자가 정의한 함수 `onDragOver` 등도 인수로 받습니다. 기본값이 있는 `onDragOver`를 인수로 받아서 다음과 같이 조합할 수 있습니다.

```
const compose =
  (...functions) =>
  (...args) =>
    functions.forEach((fn) => fn?.(...args));

export const getDroppableProps = ({
  onDragOver: replacementOnDragOver,
  ...replacementProps
}) => {
  const defaultOnDragOver = (event) => {
    event.preventDefault();
  };

  return {
    onDragOver: compose(replacementOnDragOver, defaultOnDragOver),
    onDrop: (event) => {},
    ...replacementProps,
  };
};
```

이제 프롭 게터를 이렇게 사용할 수 있습니다.

```
<Dropzone
  {...getDroppableProps({
    onDragOver: () => {
      alert("Dragged!");
    },
  })}
/>
```

여기서 사용자가 정의한 `onDragOver`는 기본 `onDragOver`로 구성되며 `event.preventDefault()`는 물론이고 `alert("Dragged!")`까지 두 가지 동작이 모두 실행됩니다. 이것이 바로 프롭 게터 패턴입니다.

5.5.6 복합 컴포넌트

때때로 아코디언 컴포넌트는 다음과 같은 형태로 표현됩니다.

```
<Accordion
  items={[
    { id: 1, label: "One", content: "lorem ipsum for more, see https://one.com" },
    { id: 2, label: "Two", content: "lorem ipsum for more, see https://two.com" },
    { id: 3, label: "Three", content: "lorem ipsum for more, see https://three.com" },
  ]}
/>
```

이 컴포넌트는 다음과 같은 형태의 목록을 렌더링하지만, 한 번에 한 개의 항목만 열 수 있다는 점이 특징입니다.

- One
- Two
- Three

이 컴포넌트는 내부적으로 다음과 같이 동작합니다.

```
export const Accordion = ({ items }) => {
  const [activeItemIndex, setActiveItemIndex] = useState(0);

  return (
    <ul>
      {items.map((item, index) => (
        <li onClick={() => setActiveItemIndex(index)} key={item.id}>
          <strong>{item.label}</strong>
          {index === activeItemIndex && item.content}
        </li>
      ))}
    </ul>
  );
};
```

그런데 Two와 Three 사이에 구분 기호를 보여 주고 싶다면 어떻게 해야 할까요? 세 번째 링크를 빨간색으로 만들려면 어떻게 해야 할까요? 아마 다음과 같은 꼼수를 사용할 것입니다.

```
<Accordion
  items={[
    { id: 1, label: "One", content: "lorem ipsum for more, see https://one.com" },
    { id: 2, label: "Two", content: "lorem ipsum for more, see https://two.com" },
    { label: "---" },
    { id: 3, label: "Three", content: "lorem ipsum for more, see https://three.com" },
  ]}
/>
```

하지만 이렇게 해도 원하는 모양이 나타나지 않습니다. 그래서 꼼수에 또 다른 꼼수를 더하게 됩니다.

```
export const Accordion = ({ items }) => {
  const [activeItemIndex, setActiveItemIndex] = useState(0);

  return (
    <ul>
      {items.map((item, index) =>
        item === "---" ? (
          <hr />
        ) : (
          <li onClick={() => setActiveItemIndex(index)} key={item.id}>
            <strong>{item.label}</strong>
            {index === activeItemIndex && item.content}
          </li>
        )
      )}
    </ul>
  );
};
```

원하는 건 이루었지만 자랑스러운 코드인지는 모르겠습니다. 그래서 복합 컴포넌트compound component[14]가 필요한 것입니다. 복합 컴포넌트는 서로 연결되고 상태를 공유하면서도 독립적으로 렌더링되는 컴포넌트를 한데 묶어 엘리먼트 트리를 더 세밀하게 제어하게 해 줍니다.

복합 컴포넌트 패턴을 사용해 표현한 아코디언은 다음과 같을 것입니다.

14 옮긴이_ compound component는 복합 컴포넌트 또는 합성 컴포넌트로 번역되는데, 이 책에서는 '고차 컴포넌트 합성'과 같이 새로운 컴포넌트를 작성하는 동작인 '합성'과 구분하면서 여러 컴포넌트가 독립적으로 사용된다는 의미를 담기 위해 '복합 컴포넌트'로 번역했습니다.

```
<Accordion>
  <AccordionItem item={{ label: "One" }} />
  <AccordionItem item={{ label: "Two" }} />
  <AccordionItem item={{ label: "Three" }} />
</Accordion>
```

이 패턴을 리액트에서 어떻게 구현할 수 있을까요? 두 가지 방법을 고려해 볼 수 있습니다.

- 자식에게 React.cloneElement 사용
- 리액트 콘텍스트 사용

React.cloneElement는 레거시 API로 간주되므로 여기서는 리액트 콘텍스트를 사용해 처리하겠습니다. 먼저 아코디언의 각 부분이 읽을 수 있는 콘텍스트부터 작성합니다.

```
const AccordionContext = createContext({
  activeItemIndex: 0,
  setActiveItemIndex: () => 0,
});
```

Accordion 컴포넌트는 단순히 자식에게 콘텍스트를 제공합니다.

```
export const Accordion = ({ children }) => {
  const [activeItemIndex, setActiveItemIndex] = useState(0);

  return (
    <AccordionContext.Provider value={{ activeItemIndex, setActiveItemIndex }}>
      <ul>{children}</ul>
    </AccordionContext.Provider>
  );
};
```

이제 이 콘텍스트를 소비하고 이에 응답하는 개별 AccordionItem 컴포넌트를 만듭니다.

```
export const AccordionItem = ({ item, index }) => {
  // 여기서 상태가 아니라 콘텍스트를 사용하고 있음에 주의하세요!
  const { activeItemIndex, setActiveItemIndex } = useContext(AccordionContext);

  return (
```

```
    <li onClick={() => setActiveItemIndex(index)} key={item.id}>
      <strong>{item.label}</strong>
      {index === activeItemIndex && i.content}
    </li>
  );
};
```

이제 Accordion을 복합 컴포넌트로 만들기 위해 여러 개의 파트를 분리했습니다. 다시 한번, 기존 Accordion의 사용법은 다음과 같습니다.

```
<Accordion
  items={[
    { label: "One", content: "lorem ipsum for more, see https://one.com" },
    { label: "Two", content: "lorem ipsum for more, see https://two.com" },
    { label: "Three", content: "lorem ipsum for more, see https://three.com" },
  ]}
/>
```

이를 복합 컴포넌트로 만들면 다음과 같이 설정할 수 있습니다.

```
<Accordion>
  {items.map((item, index) => (
    <AccordionItem key={item.id} item={item} index={index} />
  ))}
</Accordion>
```

이 방식의 이점은 각 AccordionItem이 Accordion의 더 큰 상태를 인식하면서도 훨씬 더 많이 제어할 수 있다는 것입니다. 이제 map이 아닌 더 자유로운 방식으로 Two와 Three 사이에 가로줄을 표시할 수 있습니다.

```
<Accordion>
  <AccordionItem key={items[0].id} item={items[0]} index={0} />
  <AccordionItem key={items[1].id} item={items[1]} index={1} />
  <hr />
  <AccordionItem key={items[2].id} item={items[2]} index={2} />
</Accordion>
```

아니면 두 가지 방식을 섞어 사용해도 좋습니다.

```
<Accordion>
  {items.slice(0, 2).map((item, index) => (
    <AccordionItem key={item.id} item={item} index={index} />
  ))}
  <hr />
  {items.slice(2).map((item, index) => (
    <AccordionItem key={item.id} item={item} index={index} />
  ))}
</Accordion>
```

복합 컴포넌트의 이점은 자식이 콘텍스트 상태를 인식하게 하면서 동시에 렌더링 제어를 부모에게 넘기는 것입니다. 탭 UI에도 동일한 접근 방식을 사용할 수 있는데, 탭은 다양한 수준의 엘리먼트가 중첩되고 현재 탭의 상태를 인식해야 하는 사용자 인터페이스입니다.

이 패턴의 또 다른 이점은 상태와 관심사 분리가 자연스럽게 이루어지도록 돕기 때문에 애플리케이션의 확장성이 훨씬 더 좋아진다는 것입니다.

5.5.7 상태 리듀서

상태 리듀서state reducer 패턴은 리액트 분야에서 세계적으로 유명한 전문가이자 교육자인 켄트 C. 도즈Kent C. Dodds가 만들고 널리 알렸습니다. 이 패턴은 유연하고 사용자 정의 가능한 컴포넌트를 만드는 강력한 방법을 제시합니다. 상태 리듀서의 개념을 토글 버튼 컴포넌트를 통해 설명해 보겠습니다. 예시에서는 기본 토글 컴포넌트를 개선해서 상태 로직을 사용자 정의할 수 있도록 하고, 이를 통해 특정 요일만 토글을 비활성화하는 기능을 추가합니다.

먼저 useReducer 훅을 사용하는 기본 토글 컴포넌트로 시작하겠습니다. 이 컴포넌트는 토글이 On과 Off 중 어느 위치에 있는지 결정하는 내부 상태를 가집니다. 초기 상태는 false로 설정되어 Off 상태를 나타냅니다.

```
import React, { useReducer } from "react";

function toggleReducer(state, action) {
  switch (action.type) {
```

```
    case "TOGGLE":
      return { on: !state.on };
    default:
      throw new Error(`알 수 없는 액션 타입: ${action.type}`);
  }
}

function Toggle() {
  const [state, dispatch] = useReducer(toggleReducer, { on: false });

  return (
    <button onClick={() => dispatch({ type: "TOGGLE" })}>
      {state.on ? "On" : "Off"}
    </button>
  );
}
```

상태 리듀서 패턴을 구현하기 위해 `Toggle` 컴포넌트를 수정해 `stateReducer`라는 프롭을 받아들이도록 합니다. 이 프롭을 사용하면 컴포넌트의 내부 상태 로직을 변경하거나 확장할 수 있습니다. 컴포넌트의 `internalDispatch` 함수는 내부 리듀서 로직과 `stateReducer` 프롭을 통해 전달되는 외부 리듀서를 결합합니다.

```
function Toggle({ stateReducer }) {
  const [state, internalDispatch] = useReducer(
    (state, action) => {
      const nextState = toggleReducer(state, action);
      return stateReducer(state, { ...action, changes: nextState });
    },
    { on: false }
  );

  return (
    <button onClick={() => internalDispatch({ type: "TOGGLE" })}>
      {state.on ? "On" : "Off"}
    </button>
  );
}

Toggle.defaultProps = {
  stateReducer: (state, action) => state, // 기본 리듀서는 특별한 동작을 하지 않습니다.
};
```

코드를 보면 stateReducer 프롭이 컴포넌트의 내부 상태 로직을 변경하는 데 사용되었습니다. stateReducer 함수를 호출할 때 현재 상태와 액션 객체를 전달하는데, 액션에는 changes라는 추가 속성을 포함시킵니다. changes 속성에는 내부 리듀서에 의해 계산되는 컴포넌트의 다음 상태가 포함됩니다. 이를 통해 외부 리듀서는 컴포넌트의 다음 상태를 알게 되고, 이를 기반으로 의사 결정을 내립니다.

이 패턴에 기반하여, Toggle 컴포넌트를 사용자 정의 동작으로 제어하는 방법을 알아보겠습니다. 다음 예시에서 App 컴포넌트는 Toggle을 사용하고 사용자 정의된 stateReducer를 제공합니다. 이 애플리케이션이 사용되는 장소에서는 수요일이 보통 '휴일이 아닌' 날이기 때문에 수요일에는 토글을 끌 수 없도록 하는 로직을 리듀서에 포함시켰습니다. 이 예시는 상태 리듀서 패턴을 통해 컴포넌트 자체를 변경하지 않고도 컴포넌트 동작을 유연하게 수정할 수 있는 방법을 보여 줍니다.

```
function App() {
  const customReducer = (state, action) => {
    // 사용자 정의 로직: 수요일에는 토글을 끌 수 없도록 함
    if (new Date().getDay() === 3 && !action.changes.on) {
      return state;
    }
    return action.changes;
  };

  return <Toggle stateReducer={customReducer} />;
}
```

보다시피 상태 리듀서 패턴을 사용하면 매우 유연하고 재사용 가능한 컴포넌트를 만들 수 있습니다. 외부 로직이 컴포넌트의 내부 상태 관리와 통합될 수 있도록 허용함으로써 다양한 동작과 사용 사례를 충족할 수 있고, 컴포넌트의 유용성과 다양성까지 향상할 수 있습니다.

이번 장은 내용이 꽤 많았습니다! 여기서 마무리하고 지금까지 배운 내용을 요약해 보겠습니다.

5.6 돌아보기

메모화, 지연 로딩, 리듀서, 상태 관리 등 리액트의 다양한 면면을 둘러봤습니다. 이들 주제에 대한 다양한 접근 방식의 장점과 잠재적 문제, 리액트 애플리케이션의 성능과 유지 보수성에 미치는 영향을 살펴봤습니다.

먼저 리액트의 메모화와 컴포넌트 렌더링 최적화를 위한 메모화의 이점을 알아봤습니다. React.memo 함수와 이를 사용해 불필요한 컴포넌트 리렌더링을 방지하는 방법을 살펴봤습니다. 또 오래된 상태와 신중한 의존성 관리 등 메모화의 잠재적 문제 몇 가지도 확인했습니다.

다음으로 리액트의 지연 로딩과 이를 사용해 특정 컴포넌트나 리소스가 실제로 필요할 때까지 로딩을 지연하는 방법에 대해 이야기했습니다. React.lazy와 Suspense 컴포넌트를 살펴보고 이를 이용해 리액트 애플리케이션에서 지연 로딩을 구현하는 방법을 알아봤습니다. 또 복잡성 증가와 잠재적 성능 문제 등 지연 로딩의 장단점도 논의했습니다.

그런 다음 리듀서로 넘어가 리액트에서 상태 관리를 위해 리듀서를 사용하는 방법을 배웠습니다. useState와 useReducer의 차이점을 살펴보고, 상태 업데이트 관리에 중앙 집중식 리듀서 기능을 사용할 때 우세한 점에 대해 논의했습니다.

개념을 배울 때는 책에서 구현한 예제 코드를 통해 필요한 개념을 설명했습니다. 이러한 예제들이 내부적으로 어떻게 작동하는지, 리액트 애플리케이션의 성능과 유지 보수성에 어떤 영향을 미치는지 살펴봤습니다.

예제 코드와 깊이 있는 설명을 통해 이 장에서 다룬 여러 주제를 배우고, 이 기술들의 실제 리액트 애플리케이션 적용 방법을 심도 있게 확인했습니다.

5.7 복습하기

이 장에서 배운 개념을 잘 이해했는지 확인하기 위해 몇 가지 질문을 해 보겠습니다.

1. 리액트에서 메모화란 무엇이며, 컴포넌트 렌더링을 최적화하는 데 어떻게 사용할 수 있을까요?
2. 리액트에서 상태 관리를 위해 useReducer를 사용하면 어떤 우세한 점이 있으며, useReducer는 useState와 어떻게 다른가요?
3. `React.lazy`와 Suspense 컴포넌트를 사용하는 리액트 애플리케이션에서 지연 로딩을 어떻게 구현할 수 있나요?
4. 리액트에서 메모화를 사용할 때 발생할 수 있는 잠재적 문제는 무엇이며 어떻게 완화할 수 있을까요?
5. 리액트에서 컴포넌트에 프롭으로 전달된 함수를 메모화하기 위해 `useCallback` 훅을 어떻게 사용할 수 있나요?

5.8 미리보기

6장에서는 서버 사이드 리액트를 자세히 살펴봅니다. 서버 사이드 렌더링과 그 장점과 단점, 하이드레이션, 프레임워크 등입니다. 곧 다시 뵙겠습니다!

CHAPTER 6

서버 사이드 리액트

리액트는 처음 출시된 이래 상당히 발전했습니다. 클라이언트 사이드 라이브러리로 시작했지만, 앞으로 살펴볼 여러 가지 이유로 점차 서버 사이드 렌더링server-side rendering(SSR)에 대한 요구가 증가했습니다. 이 장에서는 서버 사이드 리액트를 살펴보며 클라이언트 전용 리액트와 어떻게 다른지, 이를 활용해 리액트 애플리케이션의 수준을 높이는 방법을 알아보겠습니다.

이전 장에서 설명했듯이, 리액트는 효율적이고 확장 가능한 UI의 필요성을 해결하기 위해 메타에서 개발했습니다. 3장에서는 개발자가 가상 DOM을 통해 UI 컴포넌트를 쉽게 만들고 관리하는 방법을 살펴봤습니다. 리액트의 클라이언트 사이드 접근 방식은 웹 생태계에 성능이 뛰어나고 반응이 빠른 사용자 경험을 구현했습니다. 그러나 웹이 계속 발전함에 따라 클라이언트 사이드 렌더링의 한계가 더욱 분명해졌습니다.

6.1 클라이언트 사이드 렌더링 한계

클라이언트 사이드 렌더링client-side rendering(CSR)은 2013년에 리액트가 처음 오픈 소스로 공개된 이래 사용자 인터페이스를 작성하는 주요한 방법이었습니다. 하지만 결국 이러한 접근 방식에는 몇 가지 한계가 나타나기 시작했고, 이로 인해 점점 더 많은 관심사를 서버 사이드로 이전하게 되었습니다.

6.1.1 검색 엔진 최적화(SEO)

클라이언트 사이드 렌더링의 주요 한계 중 하나는 일부 검색 엔진의 크롤러crawler[1]가 자바스크립트를 실행하지 않으며, 자바스크립트를 실행하는 크롤러도 예상대로 실행되지 않을 수 있기에 콘텐츠를 올바르게 색인하지 못할 수 있다는 것입니다.

검색 엔진 크롤러의 구현 방식이 매우 다양하고, 그중 상당수가 폐쇄적이며 공개되지 않았기 때문에 클라이언트 사이드 렌더링은 특정 웹사이트나 애플리케이션이 수집되는 범위와 관련해 명확하지 않은 부분이 발생합니다.

2015년 검색 엔진 랜드는 기사를 통해 다양한 검색 엔진이 클라이언트 전용 애플리케이션에서 어떻게 작동하는지 테스트하는 몇 가지 실험에 대해 설명했습니다.

> 일련의 테스트를 통해 구글이 다양한 구현 방식으로 자바스크립트를 실행하고 색인할 수 있다는 사실을 확인했습니다. 또한 구글이 전체 페이지를 렌더링하고 DOM을 읽어 동적으로 생성된 콘텐츠를 색인할 수 있다는 사실도 확인했습니다.

이 기사는 작성 당시 구글과 빙Bing이 클라이언트 전용 웹사이트를 색인할 만큼 충분히 발전했다는 사실을 알려 주지만, 방대한 비공개 지식의 한 조각에 불과한 연구 프로젝트일 뿐입니다. 우리가 알지 못하는 부분이 훨씬 큽니다.

따라서 클라이언트 전용 애플리케이션은 최신 검색 엔진에서 잘 작동하지만, 서버 기반 애플리케이션이 없다면 문제가 발생할 위험도 있습니다. 기존 웹 애플리케이션에서는 사용자나 검색 엔진 크롤러가 페이지를 요청하면 서버가 해당 페이지의 HTML을 렌더링해 다시 전송합니다. HTML에는 모든 콘텐츠, 링크, 데이터가 포함되어 페이지의 모든 콘텐츠가 텍스트, 즉 마크업에 불과하므로 검색 엔진 크롤러가 검색 엔진 결과를 위해 콘텐츠를 쉽게 읽고 색인을 생성할 수 있습니다.

그러나 리액트와 같은 라이브러리 또는 프레임워크로 구축되는 클라이언트 사이드 렌더링 애플리케이션에서는 서버가 거의 비어 있는 HTML 파일을 전송하는데, 이 파일의 유일한 역할은 동일한 서버 혹은 동일한 기능을 수행하는 대체 서버에 있는 별도의 파일에서 자바스크립트를 읽어 들이는 것입니다. 그러면 자바스크립트 파일이 다운로드되고 브라우저에서 실행되어

1 옮긴이_ 웹에 공개된 자료와 문서를 자동으로 수집하는 애플리케이션입니다.

페이지 콘텐츠가 동적으로 렌더링됩니다. 이 접근 방식은 네이티브 애플리케이션과 유사한 부드러운 사용자 경험을 제공하지만 검색 엔진 최적화(SEO) 및 성능 측면에서는 불리한 단점이 있습니다. 처음 요청할 때 사용자에게 필요한 파일 전부를 다운로드하지 않고, 페이지를 읽어 들인 후 다시 요청을 해서 전체 사이트를 위한 자바스크립트를 읽어 들여야 합니다. 이를 네트워크 폭포network waterfall라고 합니다.

따라서 성능은 클라이언트 사이드 렌더링의 두 번째 불리한 점이라고 볼 수 있습니다. 이에 대해 조금 더 자세히 이야기해 보겠습니다.

6.1.2 성능

클라이언트에서 렌더링되는 애플리케이션은 느린 네트워크나 낮은 성능 기기에서 성능 문제를 겪을 수 있습니다. 콘텐츠를 렌더링하기 전에 자바스크립트를 다운로드하고, 구문 분석parsing과 실행까지 해야 하기 때문에 콘텐츠 렌더링이 상당히 지연될 수 있습니다. '인터랙티브 가능 시간time to interactive'은 사용자 참여율과 이탈률(사용자가 페이지를 이탈하는 비율)에 직접적인 영향을 미치기 때문에 매우 중요한 측정 지표입니다. 애플리케이션을 읽어 들이는 시간이 매우 오래 걸리면 사용자가 페이지를 떠날 수 있으며, 이는 검색 엔진의 페이지 순위에 부정적 영향을 미칠 수 있습니다.

또 CPU 가용성이 낮은 저전력 기기에서 클라이언트 사이드 렌더링을 사용하면 사용자 경험이 나빠질 수 있습니다. 자바스크립트를 실행하는 기기의 처리 능력이 부족해 애플리케이션이 느리게 동작하거나 응답하지 못하기 때문입니다. 그러면 사용자는 불만을 제기하고 사용자 경험은 악화됩니다. 서버에서 자바스크립트를 먼저 실행하고 최소한의 데이터나 마크업을 클라이언트로 전송하면, 저전력 클라이언트가 많은 작업을 수행할 필요가 없으므로 사용자 환경이 개선됩니다.

넓은 관점에서 보면, 클라이언트 사이드 렌더링 애플리케이션의 검색 엔진 최적화와 성능 문제는 웹 표준과 모범 사례를 준수하는 것이 얼마나 중요한지 보여 줍니다. 특히 콘텐츠가 많은 사이트나 애플리케이션의 경우, 성능이 뛰어나고 접근성이 좋은 방식으로 콘텐츠를 제공하고자 할 때 서버 사이드 렌더링 또는 정적 사이트 생성이 더 신뢰할 수 있는 대안임을 시사합니다.

기본 콘텐츠와 기능을 모든 브라우저에 보이도록 제공하되, 고급 기능을 선택 가능한 개선 사항으로 보는 점진적 개선의 원칙은 앞서 말한 대안과 일치합니다. 핵심 콘텐츠를 서버 사이드에서 렌더링하면, 모든 사용자와 검색 엔진이 자바스크립트 실행 여부와 관계없이 기본 콘텐츠와 기능에 접근할 수 있습니다. 일단 서버에서 렌더링한 후, 클라이언트 사이드 자바스크립트는 이를 지원하는 브라우저와 기기에 상호 작용과 풍부한 애니메이션을 비롯한 고급 기능을 추가해 사용자 경험을 향상시킬 수 있습니다. 전체 사용자 경험이 오직 클라이언트 사이드 자바스크립트로만 구성되는 것은 웹의 설계 의도에 부합하지 않습니다. 자바스크립트의 역할은 웹 페이지를 보완해 개선하는 것이지 웹 페이지 그 자체가 되는 것이 아닙니다.

다음 예를 생각해 봅시다.

```
import React, { useEffect, useState } from "react";

const Home = () => {
  const [data, setData] = useState([]);

  useEffect(() => {
    fetch("https://api.example.com/data")
      .then((response) => response.json())
      .then((data) => setData(data));
  }, []);

  return (
    <div>
      {data.map((item) => (
        <div key={item.id}>{item.title}</div>
      ))}
    </div>
  );
};

export default Home;
```

이 예시에서는 데이터를 API에서 가져와 클라이언트 사이드에서 렌더링하고 있습니다. 데이터를 가져오는 데 `useEffect` 훅을 사용하고, 데이터를 상태에 저장하는 데 `useState` 훅을 사용하므로 클라이언트 사이드 코드임을 알아차릴 수 있습니다. `useEffect` 훅은 클라이언트, 다시 말해 브라우저 내부에서만 실행됩니다.

서버 사이드 렌더링을 구현하지 않으면, 일부 검색 엔진 크롤러가 이 콘텐츠를 보지 못할 수 있다는 중대한 문제가 있습니다. 이 경우 크롤러는 빈 화면이나 대체 메시지만 보게 되며 이로 인해 SEO가 저하될 수 있습니다.

앞서 얘기한 것처럼 클라이언트 전용 애플리케이션의 또 다른 문제는 네트워크 폭포 현상입니다. 이는 웹사이트나 웹 애플리케이션을 표시하기 위해 브라우저가 다운로드, 파싱, 실행해야 하는 자바스크립트 때문에 초기 페이지 로드가 차단되는 현상을 말합니다. 네트워크 연결이 제한적인 경우에는 웹사이트나 웹 애플리케이션이 상당한 시간 동안 응답이 전혀 없을 수 있습니다.

앞서 본 예시에서는 일부 데이터를 검색하기 위해 외부 API 엔드포인트(`https://api.example.com/data`)로 데이터 페치fetch 요청을 시작합니다. 이 요청은 초기 자바스크립트 번들을 다운로드하고 파싱 및 실행한 후에 발생하는데, 자바스크립트의 다운로드는 초기 HTML을 읽어 들인 후에 시작됩니다. 이것이 성능 최적화를 방해하는 네트워크 폭포입니다. 이를 시각화한 [그림 6-1]을 보겠습니다.

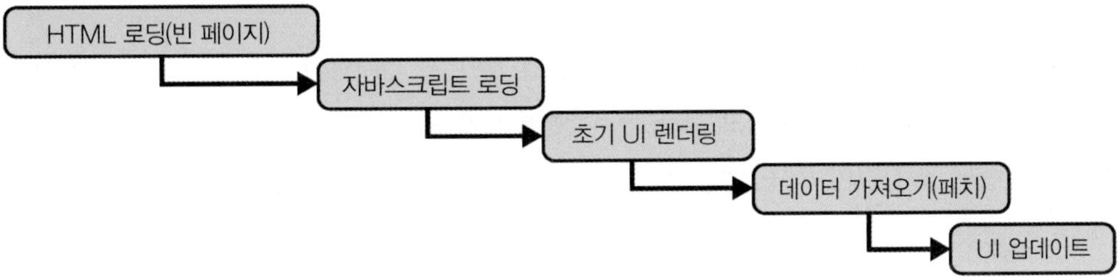

그림 6-1 데이터 페치 요청

너무 길군요. 서버 사이드 렌더링을 사용하면 사용자가 유용한 콘텐츠를 즉시 볼 수 있도록 개선할 수 있습니다. 이를 다이어그램으로 표현하면 다음과 같습니다.

필요한 데이터를 가져와서 서버에서 렌더링했기 때문에 처음 페이지를 로딩하는 순간부터 이미 사용자에게 유용한 정보로 가득합니다. 네트워크 폭포는 없으며, 사용자는 모든 정보를 즉각 얻습니다. 서버 사이드 렌더링의 존재감이 부각되는 순간입니다.

리액트 18을 기준으로 리액트와 리액트 DOM의 번들 크기는 각각 6.4 KB와 130.2 KB입니다. 이 크기는 이 글을 작성하는 시점의 최신 리액트를 기준으로 한 것이므로, 현재 버전과 약간의 차이가 있을 수 있습니다. 두 번들의 용량, 다시 말해 프로덕션 환경에서도 사용자가 실제 애플리케이션 부분을 다운로드, 파싱, 실행하기 전에 다운로드할 자바스크립트 용량이 리액트(리액트 + 리액트 DOM 합산)만 약 136 KB란 의미입니다. 따라서 성능이 좋지 않은 기기나 느린 네트워크에서는 초기 페이지 로딩 속도가 더뎌 사용자가 불편할 수 있습니다. 게다가 리액트가 기본적으로 DOM 전체를 제어하므로 클라이언트 전용 애플리케이션은 리액트 없이는 사용자 인터페이스를 그릴 수 없기 때문에, 애플리케이션 코드에 앞서 리액트와 리액트 DOM을 먼저 전부 읽어 들일 때까지 기다릴 수밖에 없습니다.

반면 서버에서 렌더링된 애플리케이션은 자바스크립트가 다운로드되기 전에 렌더링된 HTML을 클라이언트로 스트리밍해 사용자가 유의미한 콘텐츠를 즉시 볼 수 있습니다. 페이지가 최초 렌더링된 후 사용자가 인터페이스에 익숙해지는 동안 관련 자바스크립트를 읽어 들이는데, 이 과정에서 '하이드레이션hydration'이라는 프로세스가 동작하기도 합니다. 이에 대해서는 다음 절에서 자세히 설명합니다.

렌더링된 HTML을 처음 스트리밍한 다음, 자바스크립트로 DOM에 하이드레이션하면[2] 사용자가 애플리케이션과 더 빨리 상호 작용할 수 있어 사용자 경험이 향상됩니다. 사용자는 추가 로딩을 기다릴 필요 없이 즉시 애플리케이션을 사용할 수 있습니다.

6.1.3 보안

클라이언트 사이드 렌더링은 특히 민감한 데이터를 처리할 때 보안이 문제시될 수 있습니다. 이는 애플리케이션의 모든 코드가 클라이언트의 브라우저로 다운로드되어 크로스 사이트 요청 위조cross-site request forgery(CSRF) 같은 공격에 취약하기 때문입니다.

CSRF를 아주 깊이 알지 못해도 이를 방어할 수 있는데, 일반적인 방법은 웹사이트나 웹 앱을 사용자에게 제공하는 서버를 제어하는 것입니다. 이 서버를 제어할 수 있다면, 신뢰할 수 있는 출처인 서버에서 클라이언트로 적절한 CSRF 방지 토큰을 전송할 수 있습니다. 이후 클라이언트가 해당 토큰을 폼이나 기타 방법으로 서버에 다시 제출하면, 서버는 요청이 올바른 클라이

2 옮긴이_ 사전적인 의미의 하이드레이션(hydration) 혹은 수화(水化)는 물 분자가 어떤 물질에 결합되거나 흡수되는 과정을 뜻합니다. 리액트에서는 자바스크립트 인터랙션이 빠진 HTML에 인터랙티브한 기능을 추가하는 과정을 가리켜 하이드레이션이라고 표현합니다.

언트로부터 왔는지 검증할 수 있습니다. 이는 CSRF를 방어하는 일반적인 방법입니다.

기술적으로는 우리가 제어하는 정적 사이트 서버에서 클라이언트 전용 애플리케이션을 제공하고 그를 통해 CSRF를 방지하는 것도 가능하지만, 앞서 논의한 장단점의 트레이드오프 때문에 클라이언트 전용 애플리케이션은 웹사이트를 구현하는 최선의 방식이 아닙니다. 서버를 제어할 수 있는 상황이라면, 굳이 서버 사이드 렌더링을 추가하지 않을 이유가 있을까요?

궁극적으로 말씀드리고 싶은 것은 이렇습니다.

- 서버에 접근할 수 없고 프런트엔드 클라이언트 전용 코드만 있는 팀에서 작업하면서 `git push`를 통해 마법처럼 어딘가에 배포되는 상황이라면, CSRF 위험 가능성이 있습니다.
- 서버에 접근할 수 있고 웹사이트 또는 웹 앱이 클라이언트 전용이라면 CSRF 위협을 상당히 잘 방어할 수 있고 관련된 보안 위험 요소도 사라질 것입니다.
- 서버에 접근할 수 있고 웹사이트나 웹 앱이 클라이언트 전용이라면, 서버 사이드 렌더링을 진지하게 고민할 필요가 있습니다. 서버에도 접근할 수 있고, 서버 사이드 렌더링을 통해 앞서 다룬 SEO 또는 성능과 관련한 이점이 크기 때문입니다.

조금 더 실용적인 다음 예시를 살펴봅시다.

```
import React, { useState } from "react";

const Account = () => {
  const [balance, setBalance] = useState(100);

  const handleWithdrawal = async (amount) => {
    // 아래 코드는 서버에 출금 프로세스를 요청한다고 가정합니다.
    const response = await fetch("/withdraw", {
      method: "POST",
      headers: {
        "Content-Type": "application/json",
      },
      credentials: "include",
      body: JSON.stringify({ amount }),
    });

    if (response.ok) {
      const updatedBalance = await response.json();
      setBalance(updatedBalance);
    }
  };
```

```
    return (
      <div>
        <h1>계좌 잔액: {balance}</h1>
        <button onClick={() => handleWithdrawal(10)}>$10 출금</button>
        <button onClick={() => handleWithdrawal(50)}>$50 출금</button>
        <button onClick={() => handleWithdrawal(100)}>$100 출금</button>
      </div>
    );
  };

  export default Account;
```

이 코드에서 `handleWithdrawal`은 출금을 처리하기 위해 가상의 서버 측 엔드 포인트 `/withdraw`에 `POST` 요청을 보냅니다. 이 엔드 포인트가 요청의 출처를 제대로 검증하지 않고 CSRF 방지 토큰도 요구하지 않는다면 CSRF 위험이 발생할 수 있습니다.

공격자는 사용자가 버튼을 클릭하도록 속이는 악성 웹 페이지를 만든 다음 사용자를 대신해 `POST` 요청을 `/withdraw` 엔드 포인트로 전송해서 사용자의 계정에서 무단 인출을 유도할 수 있습니다. 브라우저가 쿠키를 자동으로 포함시켜 요청하는데, 서버는 쿠키를 사용해 사용자를 인증하기 때문에 이러한 공격이 가능합니다. 서버가 요청이 어디서 온 것인지 확인하지 않으면 잘못된 요청에 그대로 속아서 공격자의 계정으로 송금할 수 있습니다.

이 컴포넌트가 클라이언트 사이드에서 렌더링된다면, 서버와 클라이언트 간에 공유하는 공통 비밀이나 계약이 없기 때문에 CSRF 공격에 취약할 수 있습니다. 간단히 말하면, 클라이언트와 서버는 서로를 알지 못합니다. 이 때문에 공격자는 돈을 훔치거나 애플리케이션의 데이터를 조작할 수 있습니다.

서버 렌더링을 사용하는 경우 서버에서 컴포넌트를 렌더링할 때 서버에서 생성된 특수한 비밀 토큰을 사용하고, 비밀 토큰이 포함된 HTML을 클라이언트로 전송해 이러한 보안 문제를 완화할 수 있습니다. 그런 다음 클라이언트는 이 토큰을 발급한 서버로 다시 전송해 안전한 양방향 계약을 설정합니다. 이를 통해 서버는 악의적인 공격자일 가능성이 있는 정체불명의 클라이언트가 아니라, 사전 승인한 올바른 클라이언트에서 요청이 온 것인지 검증할 수 있습니다.

6.2 서버 렌더링의 부상

이러한 이유로 서버 사이드 렌더링은 웹 애플리케이션의 성능과 사용자 경험을 개선하는 데 있어 탁월한 기술로 떠올랐습니다. 서버 렌더링을 사용하면 애플리케이션을 속도와 접근성에 맞게 최적화해 로딩 시간을 단축하고 SEO를 개선하며 사용자 참여도를 높일 수 있습니다.

6.2.1 서버 렌더링의 장점

서버 렌더링의 장점을 자세히 알아보겠습니다. 클라이언트 사이드 렌더링의 한계를 이해하면 서버 렌더링의 장점을 더 분명히 알게 됩니다.

최초 의미 있는 페인트[3]가 완성되는 시간이 더 빨라집니다

서버가 초기 HTML 마크업을 렌더링해 클라이언트로 전송하면 바로 콘텐츠를 볼 수 있기 때문입니다. 애플리케이션이 렌더링되기 전에 클라이언트가 자바스크립트를 다운로드, 파싱, 실행할 때까지 기다려야 하는 클라이언트 사이드 렌더링과 대조적입니다.

웹 애플리케이션의 접근성을 개선합니다

인터넷 연결 속도가 느리거나 저전력 기기를 사용하는 사용자는 클라이언트 사이드 자바스크립트가 페이지를 로드하고 렌더링할 때까지 기다리는 대신 완전히 렌더링된 HTML을 받기 때문에 사용자 경험이 좋습니다.

웹 애플리케이션의 SEO를 개선할 수 있습니다

검색 엔진 크롤러가 사이트의 색인을 생성할 때 완전히 렌더링된 HTML을 볼 수 있으므로 사이트의 콘텐츠와 구조가 더 쉽게 이해됩니다.

웹 애플리케이션의 보안도 향상시킬 수 있습니다

핵심 콘텐츠를 서버 사이드에서 렌더링하면, 모든 사용자와 검색 엔진이 자바스크립트 실행과 관계없이 기본 콘텐츠와 기능에 접근할 수 있습니다. 이후 클라이언트 사이드 자바스크립트는 상호 작용, 더 풍부한 애니메이션과 그 밖의 고급 기능을, 이런 기능을 지원할 수 있는 브라우저와 디바이스에 추가해 사용자 경험을 향상시킬 수 있습니다.

그러나 서버에서 렌더링된 HTML은 정적이며 자바스크립트를 읽어 들이지 않은 상태이기에 상호 작용 지원이 부족합니다. 이벤트 리스너나 기타 동적 기능도 포함되지 않았습니다. 사용자 상호 작용을 비롯한 동적 기능을 활성화하려면, 필요한 자바스크립트를 정적 HTML에 촉촉

3 옮긴이_ 최초 의미 있는 페인트(first meaningful paint)는 사용자가 처음으로 의미 있는 콘텐츠를 볼 수 있는 시점입니다.

하게 공급해 줘야 합니다. 하이드레이션을 해야 한다는 의미입니다. 이 개념을 조금 더 자세히 살펴보겠습니다.

6.3 하이드레이션

하이드레이션은 서버에서 생성되어 클라이언트로 전송되는 정적 HTML에 이벤트 리스너와 여러 자바스크립트 기능을 추가하는 프로세스를 의미하는 용어입니다. 하이드레이션의 목적은 브라우저가 서버 렌더링 애플리케이션을 읽어 들인 후 여기에 상호 작용을 추가해서 사용자에게 빠르고 원활한 경험을 제공하는 것입니다.

리액트 애플리케이션에서 하이드레이션은 클라이언트가 서버에서 렌더링된 리액트 애플리케이션을 다운로드한 후에 발생합니다. 이후에는 다음 단계로 진행됩니다.

클라이언트 번들 로딩

브라우저는 정적 HTML을 렌더링하는 동안 애플리케이션의 코드가 포함된 자바스크립트 번들을 다운로드하고 파싱합니다. 이 번들에는 리액트 컴포넌트와 애플리케이션의 기능에 필요한 코드가 포함되어 있습니다.

이벤트 리스너 추가

자바스크립트 번들이 로드되면 리액트는 이벤트 리스너 및 기타 동적 기능을 DOM 요소에 추가해 정적 HTML을 '하이드레이션'합니다. 이 동작은 일반적으로 `react-dom` 패키지의 `hydrateRoot` 함수를 사용해 수행되며, 이 함수는 루트 리액트 컴포넌트와 DOM 컨테이너를 인수로 받습니다. 하이드레이션이 완료되면 정적 HTML이 완전한 인터랙티브 리액트 애플리케이션으로 변환됩니다.

하이드레이션 프로세스가 완료되면 애플리케이션은 완전히 인터랙티브하게 변해서 필요에 따라 사용자 입력에 응답하고, 데이터를 가져오고, DOM을 업데이트합니다.

리액트는 하이드레이션을 하면서 정적 HTML의 DOM 엘리먼트 구조를 리액트 컴포넌트가 JSX를 사용해 정의한 구조와 일치시킵니다. 리액트 컴포넌트에 의해 생성된 구조가 정적 HTML의 구조와 일치하는 것은 매우 중요합니다. 불일치하면 리액트는 이벤트 리스너를 올바르게 연결할 수 없으며 리액트 엘리먼트가 어떤 DOM 엘리먼트에 직접 매핑되어야 하는지 인식하지 못해 애플리케이션이 예상대로 동작하지 않게 됩니다.

개발자는 서버 사이드 렌더링과 하이드레이션을 결합해 빠르게 읽어 들이며, 사용자 경험이 자연스럽고 인터랙티브한 웹 애플리케이션을 만들 수 있습니다.

6.3.1 하이드레이션에 대한 비판

하이드레이션은 서버에서 렌더링된 HTML을 인터랙티브하게 만드는 좋은 방법이지만, 일부에서는 하이드레이션이 필요 이상으로 느리다고 비판하며 재개 가능성resumability을 더 나은 대안으로 꼽기도 합니다(그림 6-2). 이에 대해 조금 더 자세히 살펴보겠습니다.

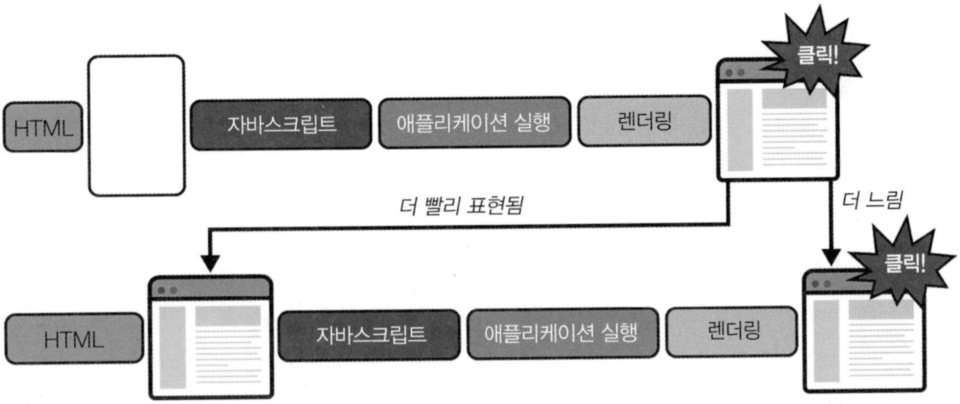

그림 6-2 하이드레이션

하이드레이션을 사용하면 서버에서 리액트 애플리케이션을 먼저 렌더링한 다음 렌더링된 출력을 클라이언트에 전달합니다. 하지만 이 시점까지는 인터랙티브한 기능이 없습니다. 이후 브라우저는 클라이언트 번들을 다운로드하고 이벤트 리스너를 추가한 후 클라이언트를 효과적으로 '리렌더링'해야 합니다. 많은 작업을 필요로 하며 때로는 콘텐츠가 사용자에게 표시되는 시점과 사용자가 실제로 사이트를 사용할 수 있는 시점 사이에 지연이 발생할 수 있습니다.

[그림 6-3]의 재개 가능성은 약간 다르게 작동합니다.

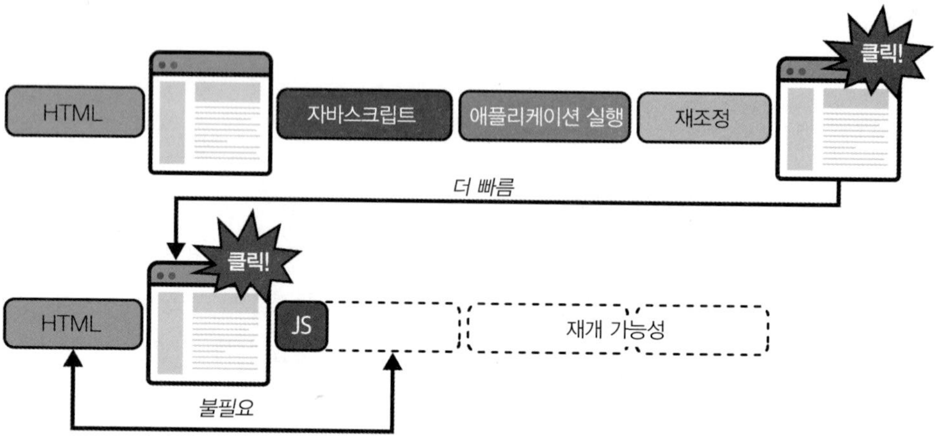

그림 6-3 재개 가능성

재개 가능성을 활용하면 전체 애플리케이션이 서버에서 렌더링되어 브라우저로 스트리밍됩니다. 초기 마크업과 함께 모든 인터랙티브 동작이 직렬화되어serialized 클라이언트로 전송됩니다. 이 시점에서 클라이언트는 이미 인터랙티브해지는 방법에 대한 모든 정보를 가지므로 서버가 중단한 부분부터 다시 시작할 수 있습니다. 하이드레이션(즉, 이벤트 리스너를 연결하고 클라이언트 사이드에서 페이지를 렌더링)할 필요 없이 서버가 제공한 내용을 역직렬화해 그에 따라 반응할 수 있습니다. 하이드레이션 단계를 건너뛰면 인터랙티브 시간time to interactive (TTI)[4]이 짧아지고 사용자 경험이 향상될 수 있습니다.

재개 가능성에 장점이 있음은 자명하지만, 구현에 따르는 복잡성을 감수할 가치가 있냐고 개발자 커뮤니티는 묻습니다. 하이드레이션보다 더 복잡한 접근 방식이며, 장점이 비용보다 더 큰지는 아직 명확하지 않습니다. 인터랙티브 시간이 몇 밀리초 더 빠르긴 하지만, 복잡성을 감수하면서까지 재개 가능성을 구현할 가치가 있을까요? 이 질문은 지금까지도 리액트 커뮤니티에서 논란이 되고 있습니다.

4 옮긴이_ 사용자가 실제로 웹 페이지를 인터랙티브하게 사용할 수 있는 시점까지 걸리는 시간입니다.

6.4 서버 렌더링 작성

이미 클라이언트 전용 리액트 앱이 존재할 때 서버 렌더링을 추가하려면 어떻게 해야 할까요? 다행히 기존 리액트 앱에 서버 렌더링을 추가하는 것은 비교적 간단합니다. 서버 렌더링 프레임워크(예: Next.js 또는 Remix)를 사용하는 것입니다. 프레임워크를 사용하면 렌더링된 리액트 애플리케이션에 서버 지원을 쉽게 추가할 수 있습니다. 하지만 프레임워크가 제공하는 추상화는 내부 메커니즘을 이해하고자 하는 호기심 많은 개발자들의 갈증을 더욱 키울 뿐입니다.

호기심이 많고 서버 렌더링을 클라이언트 전용 리액트 앱에 수동으로 추가하는 방법이 궁금하거나 프레임워크가 이를 수행하는 방법에 관심이 있다면, 이어지는 내용을 보세요. 다시 강조하자면, 다음 내용은 궁금한 분들을 위한 교육용 자료일 뿐 실제 업무용은 아닙니다.

6.4.1 클라이언트 전용 리액트 앱에 서버 렌더링을 수동으로 추가하기

클라이언트 전용 애플리케이션이 있을 때 서버 렌더링을 추가하는 방법을 소개하겠습니다. 먼저 프로젝트의 루트에 `server.js` 파일을 생성합니다. 이 파일에는 서버의 코드가 포함됩니다.

```
// server.js

// 필요한 모듈 가져오기
const express = require("express"); // Express 라이브러리 가져오기
const path = require("path"); // 파일 경로를 다루기 위해 path 모듈 가져오기
const React = require("react"); // React 라이브러리 가져오기
// 서버 사이드 렌더링을 위해 ReactDOMServer 가져오기
const ReactDOMServer = require("react-dom/server");

// src 디렉터리에 있는 App 컴포넌트 가져오기
const App = require("./src/App");

// Express 애플리케이션 초기화
const app = express();

// 'build' 디렉터리에 있는 정적 파일 서빙하기
app.use(express.static(path.join(__dirname, "build")));

// 모든 GET 요청 처리
app.get("*", (req, res) => {
```

```
  // App 컴포넌트를 렌더링해 HTML 문자열을 생성합니다.
  const html = ReactDOMServer.renderToString(<App />);

  // 렌더링된 App 컴포넌트가 포함된 HTML 응답을 전송합니다.
  res.send(`
    <!DOCTYPE html>
    <html>
      <head>
        <title>예시 리액트 애플리케이션</title>
      </head>
      <body>
        <!-- 렌더링된 App 컴포넌트를 여기에 삽입 -->
        <div id="root">${html}</div>
        <!-- 메인 자바스크립트 번들을 연결 -->
        <script src="/static/js/main.js"></script>
      </body>
    </html>
  `);
});

// 서버를 3000번 포트에서 시작합니다.
app.listen(3000, () => {
  // 서버가 시작되고 나면 메시지를 콘솔에 기록합니다.
  console.log("Server listening on port 3000");
});
```

이 예시에서는 Express를 사용해 `./build` 디렉터리에서 정적 파일을 서비스하는 서버를 생성한 다음, 서버에서 리액트 앱을 렌더링합니다. 또 `ReactDOMServer`를 사용해 리액트 앱을 HTML 문자열로 렌더링한 다음, 클라이언트로 전송되는 응답에 삽입합니다.

이 시나리오에서는 클라이언트 전용 리액트 앱에 있는 `build` 스크립트를 실행하면 `build` 디렉터리에 클라이언트 전용 자바스크립트 번들을 출력한다고 가정합니다. 출력된 번들은 앞서 본 코드에서 참조됩니다. 이는 하이드레이션에 있어 중요한 부분입니다. 이제 모든 준비를 마쳤으니 서버를 시작해 봅시다.

```
node server.js
```

이 명령을 실행하면 3000번 포트에서 서버가 시작되고 `Server listening on port 3000`이 출력되어야 합니다.

이제 서버에서 렌더링된 리액트 앱이 생겼습니다. 서버 렌더링에 대한 '내부 원리 살펴보기'를 통해 서버 렌더링의 작동 방식을 이해하고 리액트 애플리케이션이 얻는 장점도 더 깊이 이해할 수 있습니다.

브라우저를 열고 `http://localhost:3000`을 방문하면 서버에서 렌더링된 애플리케이션이 보입니다. 이 페이지에 관해 소스 보기를 실행하면 빈 문서가 아니라 실제 HTML 마크업이 표시되므로, 서버에서 렌더링된 페이지임을 확인할 수 있습니다.

말하자면, HTML 마크업은 다음과 같이 보여야 합니다.

```
<!DOCTYPE html>
<html>
  <head>
    <title>React 앱 예시</title>
  </head>
  <body>
    <div id="root">
      <div>
        <h1>안녕하세요!</h1>
        <p>React 앱 예시입니다.</p>
      </div>
    </div>
    <script src="/static/js/main.js"></script>
  </body>
</html>
```

위 코드는 클라이언트로 전송되는 HTML 마크업입니다. 이 마크업은 완전히 렌더링된 리액트 애플리케이션의 HTML이 포함되어서 검색 엔진이 색인할 수 있고, 인터넷 속도가 느리거나 접속이 불안정한 사용자도 효율적으로 접근할 수 있습니다. 이를 통해 리액트 앱의 SEO가 향상되고 접근성이 개선됩니다.

6.4.2 하이드레이션

서버에서 렌더링된 출력 결과가 사용자에게 전달되고, 파일 끝부분의 `<script>` 태그를 통해 클라이언트 번들을 로드할 때 하이드레이션이 발생합니다. 앞서 설명한 것처럼 하이드레이션은 서버에서 생성되어 클라이언트로 전송되는 정적 HTML에 이벤트 리스너를 비롯한 자바스크립트 기능을 추가하는 과정입니다. 하이드레이션의 목적은 서버에서 렌더링된 애플리케이션을 브라우저에서 완전히 인터랙티브하게 만드는 것입니다.

애플리케이션의 클라이언트 사이드 번들에서 하이드레이션 단계를 살펴보면 다음과 같을 것입니다.

```
// 필요한 라이브러리 가져오기
import React from "react";
import { hydrateRoot } from "react-dom/client";
// App이 애플리케이션의 메인 컴포넌트라고 가정합니다.
import App from "./App";

// 클라이언트 사이드에서 애플리케이션을 하이드레이션합니다.
hydrateRoot(document, <App />);
```

서버에서 발생하는 렌더링과 클라이언트에서 발생하는 하이드레이션을 통해 애플리케이션은 완전히 인터랙티브하게 변해서 필요에 따라 사용자 입력에 응답하고, 데이터를 가져오고, DOM을 업데이트합니다.

6.5 리액트의 서버 렌더링 API

앞 절에서는 클라이언트 전용 리액트 애플리케이션에 Express와 `ReactDOMServer`를 사용해 서버 렌더링을 직접 추가했습니다. 구체적으로 말하면 `ReactDOMServer.renderToString()`을 사용해 리액트 애플리케이션을 HTML 문자열로 렌더링했습니다. 이는 리액트 애플리케이션에 서버 렌더링을 추가하는 가장 기본적인 방법입니다. 하지만 다른 방법도 존재합니다. 리액트에서 제공하는 서버 렌더링 API를 자세히 알아보고 언제 어떻게 사용하는지 배워 봅시다.

`renderToString`을 시작으로 여러 API를 자세히 살펴보면서 사용법과 유리한 장점, 불리한 단점, 적절한 사용 사례 등을 알아보겠습니다. 특히 다음 내용을 확인하겠습니다.

- API 정의
- 작동 방식
- 적절한 적용 사례

이제 API의 정의부터 말해 봅시다.

6.5.1 renderToString

renderToString은 리액트에서 제공하는 서버 사이드 렌더링 API로, 서버에서 리액트 컴포넌트를 HTML 문자열로 렌더링할 때 사용합니다. 이 API는 동기식으로 동작하며 완전히 렌더링된 HTML 문자열을 반환합니다. 이렇게 반환받은 HTML 문자열을 클라이언트에 응답으로 보낼 수 있습니다. renderToString은 성능, SEO, 접근성을 개선하기 위해 서버에서 리액트 애플리케이션을 렌더링할 때 주로 사용됩니다.

사용법

renderToString을 사용하려면 react-dom/server 패키지에서 renderToString 함수를 가져와야 합니다. 그런 다음 리액트 컴포넌트를 인수로 전달하며 이 함수를 호출하면 완전히 렌더링된 HTML 문자열을 반환받습니다. 다음은 renderToString을 사용해 간단한 리액트 컴포넌트를 렌더링하는 예시입니다.

```
import React from "react";
import { renderToString } from "react-dom/server";

function App() {
  return (
    <div>
      <h1>안녕하세요!</h1>
      <p>리액트 앱 예시입니다.</p>
    </div>
  );
}

const html = renderToString(<App />);
console.log(html);
```

이 예시에서는 간단한 앱 컴포넌트를 생성하고 컴포넌트를 인수로 전달하며 renderToString을 호출합니다. 이 함수는 클라이언트로 전송할 수 있는 완전히 렌더링된 HTML 문자열을 반환합니다.

작동 방식

이 함수는 리액트 엘리먼트의 트리를 탐색하고 이를 실제 DOM 엘리먼트에 해당하는 문자열 표현으로 변환한 다음, 전체 문자열을 결과로 반환합니다.

여기서 기억할 점은 리액트에서는 `<div>`가 다음과 같이 변환된다는 것입니다.

```
React.createElement("div", {}, "Hello, world!");
```

이 엘리먼트는 다음과 같이 표현됩니다.

```
{
  type: "div",
  props: {},
  children: ["안녕하세요!"]
}
```

이전 장에서 다룬 내용이기는 하지만, 앞으로 배울 내용을 위해 상기할 필요가 있습니다. 기본적으로 JSX는 다음의 흐름을 거쳐 HTML로 변환됩니다.

```
JSX -> React.createElement -> React 엘리먼트 -> renderToString(React element) ->
HTML
```

`renderToString`은 흐름을 가로막는 동기식 API이므로 실행이 중단되거나 일시적으로 중지될 수 없습니다. 대상이 되는 컴포넌트가 루트에서 몇 단계 깊이에 있다면, 처리하는 시간이 어느 정도 걸릴 수 있습니다. 서버는 다수의 클라이언트에 서비스를 제공하는 게 일반적이기 때문에 캐시와 같은 적절한 방지책이 없다면, 모든 클라이언트에서 `renderToString`이 호출되어 빠르게 이벤트 루프의 진행을 가로막고 시스템이 과부하될 수 있습니다.

코드 측면에서 `renderToString`을 살펴보겠습니다. 다음 리액트 엘리먼트를 가정해 봅시다.

```
React.createElement(
  "section",
  { id: "list" },
  React.createElement("h1", {}, "내가 만든 목록!"),
  React.createElement(
    "p",
```

```
    {},
    "굉장하지 않나요? 어마어마한 걸 담고 있거든요!"
  ),
  React.createElement(
    "ul",
    {},
    amazingThings.map((t) => React.createElement("li", { key: t.id }, t.label))
  )
);
```

renderToString은 리액트 엘리먼트를 다음과 같이 변환합니다.

```
<section id="list">
  <h1>내가 만든 목록!</h1>
  <p>굉장하지 않나요? 어마어마한 걸 담고 있거든요!</p>
  <ul>
    <li>아이템 1</li>
    <li>아이템 2</li>
    <li>아이템 3</li>
  </ul>
</section>
```

리액트는 선언적이고 리액트 엘리먼트는 선언적 추상화이므로, 리액트 엘리먼트의 트리는 다른 어떤 트리로도 변환됩니다. 예시에서는 리액트 엘리먼트 트리를 HTML 엘리먼트 트리의 문자열 표현으로 변환했습니다.

단점

renderToString은 유리한 장점이 많지만 불리한 단점도 몇 가지 있습니다.

성능

renderToString의 주요 단점 하나는 대규모 리액트 애플리케이션에서는 처리 속도가 느릴 수 있다는 것입니다. 동기식이기 때문에 이벤트 루프를 차단하고 서버가 응답하지 않게 만들 수 있습니다. 이는 동시 사용자가 많아 트래픽이 큰 애플리케이션에서 특히 문제가 됩니다. 또한 renderToString은 완전히 렌더링된 HTML 문자열을 반환하므로 대규모 애플리케이션에서는 메모리 사용량이 과도할 수 있습니다. 이로 인해 서버의 메모리 사용량이 증가해 응답 시간이 느려지거나 과부하 상태에서 서버 프로세스가 중단되는 패닉 상태에 이를 수도 있습니다.

스트리밍 지원 부족

renderToString은 스트리밍을 지원하지 않으므로 클라이언트로 전송하려면 HTML 문자열 전체를 생성해야 합니다. 이로 인해 첫 번째 바이트 시간time to first byte(TTFB)[5]이 느려지고 클라이언트가 HTML 수신을 시작하기까지 더 오랜 시간이 걸릴 수 있습니다. 이러한 제한은 콘텐츠가 많은 대규모 애플리케이션에서 특히 문제가 되는데, HTML 문자열 전체를 생성할 때까지 대기한 후에 클라이언트가 콘텐츠를 표시할 수 있기 때문입니다.

규모가 큰 애플리케이션이나 renderToString의 단점이 문제가 되는 상황을 대비해 리액트는 서버 사이드 렌더링에 사용할 수 있는 renderToPipeableStream, renderToReadableStream 같은 API도 제공합니다. 두 API는 완전히 렌더링된 HTML 문자열 대신 각각 Node.js 스트림과 브라우저 스트림을 반환하므로 제공하는 성능과 스트리밍 지원이 더 우수합니다. 이에 관해서는 다음 절에서 자세히 다루겠습니다.

6.5.2 renderToPipeableStream

renderToPipeableStream은 리액트 18에 도입된 서버 사이드 렌더링 API로, 대규모 리액트 애플리케이션을 Node.js 스트림에 렌더링하는 보다 효율적이고 유연한 방법입니다. 이 API는 응답 객체로 파이프할 수 있는 스트림을 반환하며, HTML이 렌더링되는 방식을 더 세밀하게 제어할 수 있어서 더 쉽게 다른 Node.js 스트림과 통합할 수 있습니다.

또한 리액트의 동시성 기능, 특히 서버 사이드 렌더링 중 비동기 데이터 페치를 더 잘 처리해주는 Suspense를 완벽하게 지원합니다. 스트림이기 때문에 네트워크를 통해 스트리밍할 수 있으며, HTML 청크chunk[6]를 클라이언트에 비동기적으로 전송할 수 있어서 네트워크 지연 없는 점진적인 데이터 전달이 가능합니다. 이를 통해 첫 번째 바이트 시간(TTFB) 지표가 향상되고 전반적인 성능이 개선됩니다.

앞서 본 서버를 renderToPipeableStream을 사용해 작성하면 다음과 같습니다.

5 옮긴이_ 서버에서 보낸 데이터를 클라이언트가 수신을 시작하기까지 걸린 시간입니다.

6 옮긴이_ 파일, 네트워크, 메모리 등에서 관리 편의성이나 성능 개선을 위해 큰 데이터 덩어리를 작은 단위의 덩어리로 나누어 처리하거나 관리하는데, 이때 작은 단위의 덩어리를 청크라고 합니다.

```
// server.js

const express = require("express");
const path = require("path");
const React = require("react");
const ReactDOMServer = require("react-dom/server");

const App = require("./src/App");

const app = express();

app.use(express.static(path.join(__dirname, "build")));

app.get("*", (req, res) => {
  // 시작 부분 변경
  const { pipe } = ReactDOMServer.renderToPipeableStream(<App />, {
    // 데이터를 페치하기 전에 앱이 준비되는 경우
    onShellReady: () => {
      // 서버가 HTML을 보낼 거라고 클라이언트에 통지
      res.setHeader("Content-Type", "text/html");
      pipe(res); // 리액트 스트림의 출력 결과를 응답 스트림에 파이프
    },
  });
});

app.listen(3000, () => {
  console.log("Server listening on port 3000");
});
```

renderToPipeableStream에 대해 자세히 살펴보면서 기능, 유리한 장점, 사용 사례에 대해 논의하겠습니다. 또 리액트 애플리케이션에서 이 API를 구현하는 방법을 더 잘 이해할 수 있도록 코드와 예시도 제시합니다.

작동 방식

renderToString과 유사하게, renderToPipeableStream은 선언적으로 기술된 리액트 엘리먼트의 트리를 인수로 받습니다. 단, 변환 결과는 HTML 문자열이 아니라 Node.js 스트림이 됩니다. Node.js 스트림은 Node.js 런타임 환경에서 데이터 처리와 조작을 효율적으로 하게 하는 중요한 개념입니다. 스트림을 사용하면 전체 데이터를 메모리에 한꺼번에 읽어 들이는

대신 청크 단위로 점진적으로 처리합니다. 이러한 접근 방식은 메모리에 모두 읽어 들일 수 없거나 네트워크를 통해 한번에 전송하지 못하는 대용량 문자열이나 데이터 스트림을 다룰 때 특히 유용합니다.

Node.js 스트림

기본적으로 Node.js 스트림은 출발지에서 목적지로 흐르는 데이터의 흐름을 나타냅니다. 데이터가 흐르는 도관에 빗대어 생각할 수 있는데, 그 과정에서 데이터를 변환하거나 처리하기 위한 다양한 작업이 적용됩니다.

Node.js 스트림은 데이터 흐름의 특성과 방향에 따라 네 가지 종류로 분류할 수 있습니다.

읽기 가능 스트림

읽을 수 있는 데이터 출처를 나타내며 `data`, `end`, `error` 같은 이벤트를 발생시킵니다. 읽기 가능 스트림readable stream의 예로는 파일에서 데이터 읽기, HTTP 요청에서 데이터 수신, 사용자 정의 데이터 생성기를 사용한 데이터 생성 등이 있습니다.

리액트의 `renderToPipeableStream` 함수는 읽기 가능 스트림을 반환하는데, 이를 통해 HTML의 스트림을 읽을 수 있으며 Express의 `res` 응답 객체와 같은 쓰기 가능 스트림에 출력할 수도 있습니다.

쓰기 가능 스트림

데이터를 쓸 수 있는 대상을 나타내며, 스트림으로 데이터를 전송하는 `write()`, `end()` 같은 메서드를 제공합니다. 쓰기 가능한 스트림writable stream은 대상이 더 많은 데이터를 처리할 수 있을 때 `drain` 같은 이벤트를 발생시키고, 쓰기 중 오류가 발생하면 `error` 같은 이벤트를 발생시킵니다. 예로는 Express의 `res` 응답 객체가 있습니다.

양방향 스트림

동시에 읽기 가능한 스트림도 되고 쓰기 가능한 스트림도 됩니다. 양방향 데이터 흐름을 허용하므로 스트림에서 읽고 쓸 수 있습니다. 양방향 스트림duplex stream은 데이터가 양방향으로 흐르도록 해야 하는 네트워크 소켓이나 통신 채널에 주로 사용됩니다.

변환 스트림

데이터가 흐르는 동안 데이터 변환을 수행하는 특수한 양방향 스트림입니다. 입력 데이터를 읽고 처리한 후 처리된 데이터를 출력으로 제공합니다. 변환 스트림transform stream을 사용해 압축, 암호화, 압축 해제 또는 데이터 구문 분석과 같은 작업을 수행할 수 있습니다.

옮긴이 노트

스트림은 데이터의 흐름을 표현하고, 서로 다른 두 개의 스트림을 연결하는 것은 파이프pipe한다고 표현합니다. 읽기 가능 스트림은 물을 공급하는 수원에, 쓰기 가능 스트림은 물을 내보내는 수전에, 그 외 스트림은 수도관에 빗대어 생각하면 조금 더 이해하기 쉽습니다. 수원부터 수전까지 파이프로 연결하듯이, 스트림끼리 파이프로 연결합니다. 예를 들어 HTML 데이터가 담긴 읽기 가능한 스트림을 Express의 res 응답 객체의 쓰기 가능 스트림에 파이프 연결하면 HTML 데이터가 Express의 응답으로 출력됩니다.

파이프 개념을 잘 사용하는 곳 하나가 리눅스나 유닉스의 명령줄 인터페이스인데, 파이프 문자(¦)를 통해 두 명령어의 출력과 입력을 연결해 다양하게 활용합니다. 예를 들어 다음 명령을 봅시다.

```
ls ¦ grep .js ¦ wc -l
```

이 명령에서 `ls`는 현재 디렉터리의 파일 목록을 출력하고, 파이프(¦)는 `ls`의 출력을 `grep`으로 전달하며, `grep .js`는 입력받은 목록에서 `.js`로 끝나는 파일만 추려 출력합니다. 두 번째 파이프는 세 번째 명령어로 `.js` 파일의 목록을 전달하는데, 세 번째 명령어인 `wc -l`은 입력받은 문자열의 줄 개수, 여기서는 `.js` 파일의 개수를 출력합니다.

Node.js 스트림의 강력한 기능 하나는 스트림 간에 데이터를 파이프하는 기능입니다. 파이프를 사용하면 읽기 가능한 스트림의 출력을 쓰기 가능한 스트림의 입력에 직접 연결해서 데이터 흐름이 원활해집니다. 이를 통해 데이터 처리 프로세스가 크게 간소화되고 메모리 사용량이 줍니다. 실제로 리액트의 스트리밍 서버 사이드 렌더링도 이와 같은 방식으로 동작합니다.

Node.js의 스트림은 백프레셔backpressure[7] 처리도 지원합니다. 백프레셔는 데이터 전송 중에 발생하는 문제로, 버퍼 뒤에 데이터가 쌓이는 것을 말합니다. 쓰기 가능 스트림이 데이터를 충분히 빠르게 처리하지 못하면 읽기 가능 스트림은 `data` 이벤트 발생을 일시적으로 중지해 데이터 손실을 방지합니다. 쓰기 가능 스트림이 추가 데이터를 처리할 준비가 되면 `drain` 이벤트를 발생시켜 읽기 가능 스트림이 데이터 전송을 재개하도록 신호를 보냅니다.

여기서는 깊이 다루지 않으므로 한마디로 말하면, Node.js 스트림은 메모리를 효율적으로 처리할 수 있는 확장 가능하고 강력한 추상화 기능을 제공합니다. 데이터를 관리 가능한 청크로 나누고 점진적으로 처리함으로써, 스트림은 대용량 데이터 세트, 파일 입출력 작업, 네트워크 통신 등을 효율적으로 처리할 수 있습니다.

---

7 옮긴이_ 기계공학 등에서 사용되는 용어를 받아들여 '배압(背壓)'으로 번역하기도 하며, 드물게 '역압(逆壓)'으로 번역하는 경우도 있습니다.

리액트의 renderToPipeableStream

리액트는 서버에서 렌더링한 애플리케이션의 첫 번째 바이트 시간(TTFB) 지표를 개선하기 위해 리액트 컴포넌트를 쓰기 가능 스트림으로 스트리밍합니다. 이를 통해 HTML 마크업 전체가 생성될 때까지 서버가 기다렸다가 클라이언트에 전송하는 대신, HTML 응답 청크가 준비되는 즉시 전송을 시작해 전반적인 지연 시간을 줄입니다.

`renderToPipeableStream` 함수는 리액트 서버 렌더러의 일부로, 리액트 애플리케이션을 Node.js 스트림으로 스트리밍 렌더링할 수 있도록 설계되었습니다. 이는 '피즈Fizz'라고 불리는 서버 렌더러 아키텍처의 일부입니다.

> **노트** 리액트 구현의 세세한 사항을 알아보기에 앞서, 여기서 설명하는 내용은 시간이 지나면 달라질 수 있다는 점을 일러둡니다. 다시 한번 강조하자면, 이 내용은 교육을 목적으로 하며 독자의 호기심을 충족하기 위한 것입니다. 현재 책에서 설명하는 내용이 미래에 독자가 책을 읽는 시점의 리액트 구현과 완벽하게 일치하지 않을 수 있지만, 현 기술의 작동 방식을 이해하기에는 충분합니다. 이 내용은 실무용도 아니고 리액트 사용에 필수적인 것도 아닙니다. 단지 교육을 위해 지적 호기심을 해소할 뿐입니다.

서버 렌더링의 맥락에서 많이 벗어나지 않도록 주의하면서, 서버 렌더링의 작동 방식과 흐름을 간단하게 설명하겠습니다.

요청 생성

`renderToPipeableStream` 함수는 렌더링할 리액트 엘리먼트와 선택적인 옵션 객체를 인수로 전달받습니다. 그다음에는 `createRequestImpl` 함수를 사용해 요청 객체를 생성합니다. 이 요청 객체는 리액트 엘리먼트, 리소스, 응답 상태, 포맷 콘텍스트format context[8]를 캡슐화합니다.

작업 시작

요청 객체를 생성한 후 이를 인수로 사용해 `startWork` 함수를 호출합니다. 이 함수는 렌더링 프로세스를 시작합니다. 렌더링 프로세스는 비동기식이며 필요에 따라 중단했다가 다시 시작할 수 있는데, 여기서 리액트 Suspense가 중요한 역할을 합니다. 컴포넌트가 Suspense 경계로 감싸졌고 그 컴포넌트가 데이터 페치 같은 비동기 작업을 시작하면, 그 컴포넌트(또는 경우에 따라 형제 컴포넌트까지)의 렌더링이 해당 작업 완료 시까지 '일시 중단suspend'될 수 있습니다.

컴포넌트가 일시 중단된 상태에서는 폴백fallback[9]이 렌더링될 수 있습니다. 폴백으로는 대체로 로딩 애니메이션이나 플레이스 홀더가 표시됩니다. 작업이 완료되면 컴포넌트가 '재개resume'되어 최종 상태로 렌더링됩니

8 옮긴이_ HTML로 렌더링할 때 필요한 형식 관련 정보입니다.

9 옮긴이_ 콘텐츠 렌더링에 필요한 데이터가 준비 중일 때, 실제 콘텐츠 대신 보여 줄 예비 콘텐츠를 '대비책'이라는 뜻의 폴백으로 부릅니다.

다. 서버 사이드 렌더링 중에 Suspense는 비동기 데이터 페치와 지연 로딩을 효과적으로 처리할 수 있게 하는 강력한 기능입니다.

이 기능의 장점은 사용자가 즉시 의미 있는 콘텐츠를 볼 수 있고, 많은 데이터가 확보되는 대로 점진적으로 페이지를 향상시킬 수 있다는 것입니다. 이를 통해 리액트 애플리케이션의 사용자 경험을 크게 개선합니다.

파이프 가능 스트림으로 반환

`renderToPipeableStream`은 `pipe` 메서드와 `abort` 메서드를 포함하는 객체를 반환합니다. `pipe` 메서드는 렌더링된 출력을 Node.js의 HTTP 응답 객체와 같은 쓰기 가능 스트림으로 전달하는 데 사용됩니다. `abort` 메서드는 대기 중인 모든 입출력 작업을 취소하고, 남은 작업을 클라이언트 렌더링 모드로 전환하는 데 사용할 수 있습니다.

목적지로 파이핑

`pipe` 메서드가 목적지 스트림과 함께 호출되면, 데이터가 전송되기 시작했는지 확인합니다. 이미 전송을 시작했다면 `hasStartedFlowing`을 `true`로 설정하고 요청과 목적지를 인수로 사용해 `startFlowing` 함수를 호출합니다. 또 목적지 스트림의 `drain`, `error`, `close` 이벤트에 대한 핸들러도 설정합니다.

스트림 이벤트 처리

목적지 스트림이 더 많은 데이터를 수신할 준비가 되면 `drain` 이벤트 핸들러는 `startFlowing`을 호출해 데이터 흐름을 재개합니다. 목적지 스트림에서 오류가 발생하거나 스트림이 조기 종료되면 `error`와 `close` 이벤트 핸들러는 `abort` 함수를 호출해 렌더링 프로세스를 중지합니다.

렌더링 중단

반환된 객체의 `abort` 메서드를 호출할 때는 렌더링 프로세스를 중단하는 이유를 전달할 수 있습니다. 요청과 중단 이유를 인수로 사용해 `react-server` 모듈의 `abort` 함수를 호출합니다.

이러한 함수의 실제 구현에는 점진적 렌더링, 오류 처리, 다른 리액트 서버 렌더러와의 통합 등을 처리할 더 복잡한 로직이 필요합니다. 함수의 실제 코드는 리액트 소스 코드의 `react-server`와 `react-dom` 패키지에서 찾을 수 있습니다.

renderToPipeableStream의 기능

`renderToPipeableStream`은 다음 기능이 있습니다.

스트리밍

파이프 가능한 Node.js 스트림을 반환하며, 이를 응답 객체로 파이프할 수 있습니다. 이를 통해 서버는 전체 페이지가 렌더링되기 전에 HTML을 클라이언트에 전송할 수 있어서 사용자 경험을 개선하고 대규모 애플리케이션에서 성능을 향상시킵니다.

유연성

HTML이 렌더링되는 방식을 더 세밀하게 제어할 수 있습니다. 다른 Node.js 스트림과 쉽게 통합할 수 있으므로 개발자는 렌더링 파이프라인을 목적에 맞게 조정해 더욱 효율적인 서버 사이드 렌더링 솔루션을 만들 수 있습니다.

Suspense 지원

리액트의 동시성 기능, 특히 Suspense를 완벽하게 지원합니다. 이를 통해 서버 사이드 렌더링을 하는 동안 비동기 데이터 페치와 지연 로딩을 보다 효과적으로 관리하고, 필요한 데이터가 준비되었을 때만 이 데이터에 의존하는 컴포넌트를 렌더링할 수 있습니다.

사용 사례

이 API의 장점을 보여 주는 몇 가지 코드를 살펴보겠습니다. 견종 목록을 표시하는 애플리케이션을 생각해 봅시다. 목록의 데이터는 특정한 API 엔드포인트에서 가져옵니다. 서버는 renderToPipeableStream을 사용해 애플리케이션을 렌더링한 다음 클라이언트로 전송합니다. 견종 목록 컴포넌트부터 보겠습니다.

```
// ./src/DogBreeds.jsx

const dogResource = createResource(
  fetch("https://dog.ceo/api/breeds/list/all")
    .then((r) => r.json())
    .then((r) => Object.keys(r.message))
);

function DogBreeds() {
  return (
    <ul>
      <Suspense fallback="Loading...">
        {dogResource.read().map((profile) => (
          <li key={profile}>{profile}</li>
        ))}
      </Suspense>
    </ul>
  );
}

export default DogBreeds;
```

이제 DogBreeds 컴포넌트를 포함하는 전체 App을 살펴보겠습니다.

```
// src/App.js
import React, { Suspense } from "react";

const ListOfBreeds = React.lazy(() => import("./DogBreeds"));

function App() {
  return (
    <div>
      <h1>견종</h1>
      <Suspense fallback={<div>견종 목록을 불러오는 중...</div>}>
        <ListOfBreeds />
      </Suspense>
    </div>
  );
}

export default App;
```

여기서는 이전 장에서 언급한 것처럼 React.lazy를 사용하고 있습니다. 이는 또 다른 Suspense 경계를 추가해 renderToPipeableStream이 Suspense를 어떻게 처리하는지 보여주기 위함입니다. 이제 모두 통합해 Express 서버와 함께 사용해 봅시다.

```
// server.js
import express from "express";
import React from "react";
import { renderToPipeableStream } from "react-dom/server";
import App from "./App.jsx";

const app = express();

app.use(express.static("build"));

app.get("/", async (req, res) => {
  // 초기 HTML 구조 정의
  const htmlStart = `
    <!DOCTYPE html>
    <html lang="ko">
      <head>
        <meta charset="UTF-8" />
```

```
        <meta name="viewport" content="width=device-width, initial-scale=1.0" />
        <title>React Suspense + renderToPipeableStream</title>
      </head>
      <body>
        <div id="root">
  `;

  // 응답에 초기 HTML을 출력
  res.write(htmlStart);

  // renderToPipeableStream을 호출하면서 React App 컴포넌트와
  // 셸의 준비 상태를 다루는 옵션 객체를 인수로 전달합니다.
  const { pipe } = renderToPipeableStream(<App />, {
    onShellReady: () => {
      // 준비가 되면 렌더링된 출력을 응답에 파이프합니다.
      pipe(res);
    },
  });
});

// 서버를 3000번 포트에서 시작하고 콘솔에 메시지를 기록합니다.
app.listen(3000, () => {
  console.log("Server is listening on port 3000");
});
```

이 코드는 HTML 스트림을 사용해 요청에 응답하고 있습니다. renderToPipeableStream을 사용해 App 컴포넌트를 스트림으로 렌더링한 다음, 해당 스트림을 응답 객체로 파이프합니다. 또 셸[shell]이 준비되면 onShellReady 옵션을 사용해 스트림을 응답 객체로 파이프합니다. 셸은 리액트 애플리케이션이 하이드레이션되기 전, Suspense 경계로 감싸진 컴포넌트의 데이터 의존성이 해결되기 전에 렌더링되는 HTML입니다. 이 예시에서 셸은 API에서 견종을 가져오기 전에 렌더링되는 HTML입니다. 이 코드를 실행할 때 발생하는 일을 순서대로 알아보겠습니다.

http://localhost:3000에 접속하면 '견종'이라는 제목과 '견종 목록을 불러오는 중...'이라는 Suspense의 폴백이 있는 페이지가 보입니다. 이게 바로 API에서 견종 데이터를 읽어 들이기 전에 렌더링된 셸입니다. 정말 멋진 점은 클라이언트 사이드에서 리액트를 HTML에 포함하지 않거나 페이지를 하이드레이트하지 않아도, API에서 데이터를 가져오면 Suspense의 폴백이 실제 견종 목록으로 대체된다는 것입니다. 이 데이터가 준비되면 DOM의 교체는 심지어 클

라이언트 사이드 리액트가 없어도 모두 서버 사이드에서 이루어집니다!

작동 방식을 조금 더 자세히 알아봅시다.

> **노트** 다시 한번 강조하자면, 지금부터 살펴볼 리액트 구현의 세부 사항은 시간이 지나면 변경될 확률이 매우 높습니다. 예시와 이 책의 주안점은 개개의 구현 세부 사항에 있지 않고 기본 메커니즘을 이해해서 리액트를 더 깊이 알고 생각하게 돕는 것입니다. 메커니즘을 이해하면 리액트 사용에 필수이지는 않지만 제법 쓸 만한 힌트와 도구를 얻을 수 있습니다. 자, 계속 진행해 봅시다.

`http://localhost:3000`을 방문하면 서버는 '견종'이라는 제목과 '견종 목록을 불러오는 중...'이라는 `Suspense` 폴백이 포함된 HTML 셸로 응답합니다. 이 HTML은 다음과 같습니다.

```
<!DOCTYPE html>
<html lang="ko">
  <head>
    <meta charset="UTF-8" />
    <meta name="viewport" content="width=device-width, initial-scale=1.0" />
    <title>React Suspense + renderToPipeableStream</title>
  </head>
  <body>
    <div id="root">
      <div>
        <h1>사용자 프로필</h1>
        <!--$?--><template id="B:0"></template>
        <div>사용자 프로필 로딩 중...</div>
        <!--/$-->
      </div>
      <div hidden id="S:0">
        <ul>
          <!--$-->
          <li>아펜핀셔</li>
          <li>아프리칸</li>
          <li>에어데일</li>
          [...]
          <!--/$-->
        </ul>
      </div>
      <script>
        function $RC(a, b) {
```

```
            a = document.getElementById(a);
            b = document.getElementById(b);
            b.parentNode.removeChild(b);
            if (a) {
              a = a.previousSibling;
              var f = a.parentNode,
                c = a.nextSibling,
                e = 0;
              do {
                if (c && 8 === c.nodeType) {
                  var d = c.data;
                  if ("/$" === d)
                    if (0 === e) break;
                    else e--;
                  else ("$" !== d && "$?" !== d && "$!" !== d) || e++;
                }
                d = c.nextSibling;
                f.removeChild(c);
                c = d;
              } while (c);
              for (; b.firstChild; ) f.insertBefore(b.firstChild, c);
              a.data = "$";
              a._reactRetry && a._reactRetry();
            }
          }
          $RC("B:0", "S:0");
        </script>
      </div>
    </body>
  </html>
```

꽤나 흥미로운 게 보입니다. 생성된 ID(B:0)가 설정된 <template> 엘리먼트와 HTML 주석이 몇 개 있습니다. HTML 주석은 셸의 시작과 끝을 표시하는 마커 또는 '구멍' 역할을 합니다. 이 마커는 Suspense가 해결되면 해결된 데이터가 들어갈 위치입니다. HTML의 <template> 엘리먼트는 문서 하위 트리를 구성하고, DOM 계층에 추가 단계를 들이지 않고도 노드를 보관할 수 있도록 합니다. 이를 통해 DOM을 조작할 때 수행되는 작업을 줄여 성능을 향상시킬 수 있는 경량 컨테이너 역할을 합니다.

이 페이지에는 <script> 엘리먼트도 있습니다. <script> 태그에는 $RC라는 함수가 포함되었는데, 이 함수는 셸을 실제 콘텐츠로 대체하는 데 사용됩니다. $RC 함수는 두 개의 인수를 받습니다. 마커를 포함하는 <template> 엘리먼트의 ID와, 폴백을 포함하는 <div> 엘리먼트의 ID입니다. 이 함수는 데이터를 사용할 수 있게 된 후 마커를 렌더링된 UI로 채우면서 폴백을 제거합니다.

함수의 코드가 최소화된 것은 안타깝지만, 동작을 이해하기 위해 최소화를 풀어 보면 다음과 같을 것입니다.

```
function reactComponentCleanup(reactMarkerId, siblingId) {
  let reactMarker = document.getElementById(reactMarkerId);
  let sibling = document.getElementById(siblingId);
  sibling.parentNode.removeChild(sibling);

  if (reactMarker) {
    reactMarker = reactMarker.previousSibling;
    let parentNode = reactMarker.parentNode,
      nextSibling = reactMarker.nextSibling,
      nestedLevel = 0;

    do {
      if (nextSibling && 8 === nextSibling.nodeType) {
        let nodeData = nextSibling.data;
        if ("/$" === nodeData) {
          if (0 === nestedLevel) {
            break;
          } else {
            nestedLevel--;
          }
        } else if ("$" !== nodeData && "$?" !== nodeData && "$!" !== nodeData) {
          nestedLevel++;
        }
      }
      let nextNode = nextSibling.nextSibling;
      parentNode.removeChild(nextSibling);
      nextSibling = nextNode;
    } while (nextSibling);

    while (sibling.firstChild) {
      parentNode.insertBefore(sibling.firstChild, nextSibling);
    }

    reactMarker.data = "$";
    reactMarker._reactRetry && reactMarker._reactRetry();
```

```
    }
  }

  reactComponentCleanup("B:0", "S:0");
```

더 자세히 분석해 보겠습니다.

이 함수에는 reactMarkerId와 siblingId라는 두 개의 인수가 전달됩니다. 사실상 마커는 데이터의 준비가 끝나면 컴포넌트를 렌더링해서 채워 넣을 구멍이고, siblingId가 나타내는 형제 노드는 Suspense의 폴백입니다.

데이터를 사용할 수 있을 때가 되면, 이 함수는 부모 노드의 removeChild 메서드를 사용해 형제 엘리먼트, 즉 폴백을 DOM에서 제거합니다.

reactMarker 엘리먼트가 존재하면 그다음 기능이 실행됩니다. reactMarker 변수는 현재 reactMarker 엘리먼트의 바로 이전 형제 엘리먼트로 설정됩니다. 또 parentNode, nextSibling, nestedLevel 변수가 초기화됩니다.

그다음으로는 do...while 루프를 사용해 nextSibling 엘리먼트부터 시작해 DOM 트리를 탐색합니다. nextSibling 엘리먼트가 존재하는 한 계속 반복됩니다. 루프 내에서는 nextSibling 엘리먼트가 주석 노드(nodeType 값이 8인 노드)인지 확인합니다.

- nextSibling 엘리먼트가 주석 노드라면 해당 노드의 데이터, 다시 말해 주석의 텍스트 콘텐츠를 살펴보고 데이터가 중첩 구조의 끝을 나타내는 "/$"와 같은지 확인합니다. 데이터가 "/$"이고 nestedLevel 값이 0이라면 루프를 중단해 원하는 구조의 끝에 나타냅니다. nestedLevel 값이 0이 아니라면, 현재 "/$" 주석 노드가 중첩 구조에 포함되었다는 의미이므로 중첩 단계를 뜻하는 nestedLevel 값을 감소시킵니다.
- 주석 노드 데이터가 "/$"와 같지 않으면 노드 데이터가 새로운 중첩 구조의 시작을 뜻하는 "$", "$?" 또는 "$!"와 같은지 확인합니다. 세 가지 값 중 하나라도 일치하면 nestedLevel의 값이 증가됩니다.

루프의 각 회차마다 nextSibling 엘리먼트(즉, Suspense 경계)는 부모 노드의 removeChild 메서드를 통해 DOM에서 제거됩니다. 루프는 DOM 트리의 다음 형제 엘리먼트로 계속됩니다.

루프가 완료되면 이 함수는 insertBefore 메서드를 사용해 형제 엘리먼트의 모든 자식을 nextSibling 엘리먼트 바로 앞 위치로 옮깁니다. 이를 통해 reactMarker 엘리먼트를 중심으로 DOM을 효과적으로 재구성하고 Suspense 폴백을 Suspense 경계 안에 있는 컴포넌트로 대체합니다.

그 후 이 함수는 reactMarker 엘리먼트의 데이터를 "$"로 설정하는데, 이는 이후의 처리나 참조를 위해 해당 컴포넌트를 표시해 두는 것으로 보입니다. 만약 reactMarker 엘리먼트에 reactRetry 속성이 존재하고, 그 속성이 함수라면 reactRetry 속성으로 전달된 함수를 호출합니다.

일부 이해하지 못하는 내용이 있더라도 걱정하지 마세요. 간단하게 정리해 보겠습니다. 기본적으로 이 함수는 데이터에 의존적인 리액트 컴포넌트가 준비될 때까지 대기한 후, 준비가 완료되면 Suspense 폴백을 서버에서 렌더링된 컴포넌트로 대체합니다. 특정한 형식의 데이터를 가진 주석 노드를 사용해 컴포넌트의 구조를 파악하고, 그에 따라 DOM을 조작합니다. 이 과정은 서버에 있는 HTML에 인라인으로 포함되기 때문에 renderToPipeableStream을 사용해 데이터를 스트리밍하고 브라우저가 준비된 UI를 렌더링할 수 있습니다. 리액트를 브라우저 번들에 포함시키거나 하이드레이션을 하지 않아도 가능합니다.

보다시피 renderToPipeableStream은 서버에서 렌더링할 때 renderToString보다 훨씬 더 많은 제어 기능과 성능을 제공합니다.

6.5.3 renderToReadableStream

앞서 다룬 API는 내부적으로 Node.js 스트림을 사용합니다. 브라우저도 스트림을 지원하는데, 브라우저 스트림은 Node.js 스트림과 약간 다릅니다. Node.js 스트림은 주로 파일 입출력, 네트워크 입출력, 종단간end-to-end 스트리밍을 다루는 서버 환경에서 작동하도록 설계되었습니다. Node.js 스트림은 Node.js에 맞춰 작성된 API를 따르며 오랫동안 Node.js의 코어로 기능해 왔습니다. Node.js 스트림에는 읽기 가능, 쓰기 가능, 양방향, 변환 스트림 각각에 대한 개별 클래스가 있으며 data, end, error 같은 이벤트를 활용해 스트림의 흐름을 관리하고 데이터를 처리합니다.

브라우저 스트림은 웹 브라우저 내의 클라이언트 환경에서 작동하도록 설계되었으며, 주로 네트워크 요청, 미디어 스트리밍, 브라우저의 데이터 처리 작업에서 스트리밍 데이터를 처리합니다. 브라우저 스트림은 웹 전체의 API 표준화를 목표로 하는 WHATWG(웹 하이퍼텍스트 애플리케이션 테크놀로지 워킹 그룹)에서 정의한 스트림 표준을 따릅니다. Node.js 스트림과 달리 브라우저 스트림은 read(), write(), pipeThrough() 등의 메서드를 사용해 데이터의 흐름을 제어하고 스트리밍된 데이터를 처리합니다. 또 보다 표준화된 프라미스 기반 API를 제공합니다. 다음은 브라우저 환경에서 읽을 수 있는 스트림의 예입니다.

```
const readableStream = new ReadableStream({
  start(controller) {
    controller.enqueue("Hello, ");
    controller.enqueue("world!");
    controller.close();
  },
});

const reader = readableStream.getReader();

async function readAllChunks(streamReader) {
  let result = "";
  while (true) {
    const { done, value } = await streamReader.read();
    if (done) {
      break;
    }
    result += value;
  }
  return result;
}

readAllChunks(reader).then((text) => {
  console.log(text);
});
```

Node.js 스트림과 브라우저 스트림은 모두 스트리밍 데이터 처리를 목적으로 하지만, 동작하는 환경이 다르며 각 환경이 따르는 API와 표준도 조금씩 다릅니다. Node.js 스트림은 이벤트 기반이며 서버 측 작업에 적합한 반면, 브라우저 스트림은 최신 웹 표준에 따라 프라미스 기반이며 클라이언트 측 작업에 맞게 조정되었습니다.

두 환경을 모두 지원하기 위해 리액트에는 Node.js 스트림용 `renderToPipeableStream`과 브라우저 스트림용 `renderToReadableStream` 함수가 있습니다. `renderToReadableStream` API는 `renderToPipeableStream`과 유사하지만, Node.js 네이티브 스트림 대신 브라우저에서 읽을 수 있는 스트림을 반환합니다.

6.5.4 언제 무엇을 사용해야 하나요?

renderToString은 동기식으로 동작하기 때문에 적합하지 않을 때가 있습니다. 원인은 다음과 같습니다.

네트워크 I/O는 비동기식입니다

우리가 수행하는 모든 데이터 페치는 데이터베이스, 웹 서비스, 파일 시스템 등 어딘가에서 데이터를 가져옵니다. 이러한 작업은 대체로 비동기식으로 수행되는데, 다시 말해 시작과 끝이 동시에 이루어지지 않고 서로 다른 시점에 발생한다는 의미입니다. renderToString은 동기식이기 때문에 비동기 요청이 완료될 때까지 기다릴 수 없으며 문자열을 즉시 브라우저로 전송해야 합니다. 서버는 다른 작업을 완료할 수 없고 클라이언트는 셸이라는 껍데기만 받은 채로 시작한 다음에 데이터를 로딩하고 하이드레이션을 한 후, 서버가 멈췄던 지점부터 이어 처리합니다. 이 과정에서 네트워크 폭포 문제가 발생하며 이로 인해 성능이 저하될 수 있습니다.

서버는 여러 클라이언트에 응답합니다

renderToString을 호출하는 서버가 문자열을 렌더링하는 도중 30개의 클라이언트에서 새로운 요청을 보낸다면, 새 클라이언트는 현재 렌더링 작업이 완료될 때까지 대기해야 합니다. renderToString은 동기식이기 때문에 작업을 완료할 때까지 다른 동작을 차단합니다. 서버와 클라이언트 같은 1:N 관계에서 작업 차단은 곧 클라이언트가 예상보다 오래 대기해야 한다는 의미가 됩니다.

renderToPipeableStream, renderToReadableStream 같은 대안은 이러한 문제를 모두 해결하는 비동기 스트림 기반 방식이며, renderToReadableStream은 브라우저 네이티브, renderToPipeableStream은 서버 네이티브 방식입니다. 따라서 '서버에서 사용하기에 가장 좋은 API는 무엇인가?'라는 질문의 답은 환경에 따라 renderToPipeableStream일 수 있고 renderToReadableStream이 될 수도 있습니다.

다만, renderTo*Stream 계열의 API가 더 우수해 보이더라도, 이 글을 작성하는 시점에서는 이러한 API에 대한 '완벽한 사용자 스토리'가 존재하지 않습니다. 현재 사용 중인 많은 서드파티 라이브러리, 특히 데이터 페치나 CSS 관련 라이브러리는 이러한 API와 호환되지 않습니다. 많은 서드파티 라이브러리가 개념적으로는 서버에서 완전히 실행이 끝나야 데이터를 생성하고, 그 데이터를 사용해 애플리케이션을 다시 렌더링해야 실제로 서버에서 스트리밍할 수 있기 때문입니다. 간단히 말해 이 라이브러리들은 서버에서 렌더링이 완료되지 않은 채 브라우저에서 부분적으로 하이드레이션을 시작해야 하는 사용 사례를 지원하지 않습니다.

리액트 18까지는 데이터의 스트리밍이나 부분적인 재수정을 지원하는 API가 존재하지 않았지만, 리액트 팀은 최근 릴리스한 리액트 19의 react-dom에 prefetchDNS, preconnect, preload 등의 새로운 API를 추가하여 더 효율적인 서버 렌더링을 지원하고 있습니다. 하지만 이러한 API가 있다 해도 renderToPipeableStream을 함께 사용하려면 중요한 API가 몇 가지 더 추가되어야 합니다.

현재 renderToPipeableStream과 서드파티 데이터를 함께 사용할 수 있는 유일한 방안은 renderToPipeableStream을 호출하기 전에 필요한 모든 데이터를 미리 가져오는 것입니다. 예를 들어 CSS 라이브러리라면 전체 애플리케이션을 renderToString으로 렌더링해 렌더링이 필요한 모든 CSS 클래스를 미리 기록해 두는 것입니다. 하지만 이는 renderToString보다 우월했던 장점을 대부분 없애고 다시 동기식 API로 돌아가는 것과 마찬가지입니다.

이 모든 내용을 종합할 때 '언제 무엇을 사용해야 하는가'란 질문에 답하려면, 사전에 많은 사항을 고려하고 신중하게 계획을 세운 후 프로젝트와 사용 사례에 적합한 API도 찾아보면서 고민해야 합니다. 정답은 '상황에 따라 다르다' 내지는 '그냥 프레임워크를 사용하라' 정도가 될 것입니다. 전 세계 많은 개발자의 의견에 귀 기울이고 그들이 제시하는 모범 사례를 눈여겨봐도 좋습니다.

6.6 직접 구현하지 마세요

리액트 애플리케이션을 위한 서버 렌더러를 직접 구현하는 작업은 굉장히 어렵고 시간도 많이 걸릴 것입니다. 리액트가 서버 렌더링을 위한 API를 일부 제공해 준다 해도, 처음부터 직접 서버 렌더링을 구현하려면 비효율적일 뿐만 아니라 다양한 문제를 겪게 됩니다. 이 절에서는 자체 서버 렌더링 솔루션을 구축하는 대신 Next.js 혹은 Remix 같은 기존 프레임워크를 사용하는 편이 더 나은 이유를 살펴봅니다.[10]

에지 케이스 및 복잡성 처리

리액트 애플리케이션은 상당히 복잡해질 수 있습니다. 특히 서버 렌더링을 구현하려면 비동기 데이터 페치, 코드 분할, 다양한 리액트 수명 주기 이벤트 관리 등 복잡성을 더하는 동작과 다양한 에지 케이스를 해결해야 합니다. Next.js 또는 Remix 같은 프레임워크에는 일반적인 에지 케이스에 대한 해결책이 대거 포함됐으므로 이런 프레임워크를 사용하면 이 같은 복잡성을 직접 처리할 필요가 없습니다.

보안도 에지 케이스에 속합니다. 서버는 수많은 클라이언트 요청을 처리하기 때문에 한 클라이언트의 민

10 옮긴이_ 참고로 2024년 5월에 열린 React Conf에서 Remix의 창시자인 라이언 플로렌스(Ryan Florence)는 리액트 라우터(React Router)와 Remix가 제공하는 기능이 거의 비슷하므로 향후 Remix가 리액트 라우터로 통합될 것을 예고한 바 있습니다.

감한 데이터가 실수로 다른 클라이언트로 유출되지 않도록 하는 것이 중요합니다. 이때 Next.js, Remix, Gatsby(개츠비) 같은 프레임워크를 사용하면, 보안 문제를 처리하는 데 매우 유용합니다. A라는 클라이언트가 서버에 접근하고 데이터가 서버에 캐시된다고 생각해 봅시다. 서버가 실수로 캐시된 데이터를 B라는 클라이언트에 제공하면 민감한 정보가 노출될 수 있습니다.

다음 예시를 봅시다.

```
// server.js

// express 모듈 가져오기
const express = require("express");

// 새로운 express 애플리케이션 인스턴스 생성
const app = express();

// 캐시된 사용자 데이터를 저장할 변수를 선언합니다.
// 캐시할 데이터가 없으므로 초깃값은 null로 설정합니다.
let cachedUserData = null;

// "/user/:userId"에 대한 GET 요청을 처리할 라우트 핸들러를 정의합니다.
// 특정 사용자 아이디에 대해 사용자 데이터를 응답으로 반환합니다.
app.get("/user/:userId", (req, res) => {
  // 사용자 아이디를 의미하는 userId를 요청 파라미터에서 가져옵니다.
  const { userId } = req.params;

  // 캐시된 사용자 데이터가 있는지 확인합니다.
  // 있으면 캐시된 데이터를 응답으로 반환합니다.
  if (cachedUserData) {
    return res.json(cachedUserData);
  }

  // 없으면 데이터베이스 등에서 사용자 데이터를 가져옵니다.
  // fetchUserData 함수는 다른 곳에 정의되어 있다고 가정합니다.
  const userData = fetchUserData(userId);

  // 가져온 사용자 데이터로 캐시를 업데이트합니다.
  cachedUserData = userData;

  // 가져온 사용자 데이터를 응답으로 반환합니다.
  res.json(userData);
});

// 3000번 포트에서 서버를 시작합니다.
// 서버가 준비되고 나면 메시지를 콘솔에 기록합니다.
```

```
app.listen(3000, () => {
  console.log("Server listening on port 3000");
});
```

예시 코드에서 cachedUserData는 사용자 데이터를 캐시하는 변수지만, userId에 관계없이 모든 요청에 공통으로 사용됩니다. /user/:userId에 요청이 있을 때마다 서버는 cachedUserData를 보고 캐시된 데이터가 있는지 없는지 확인합니다. 있는 경우, userId가 캐시된 데이터의 userId와 일치하는지 확인하는 과정 없이 캐시된 데이터를 반환합니다. 캐시된 데이터가 없는 경우, 데이터를 가져와서 캐시한 후 반환합니다. 다시 말해 /user/1과 /user/2로 두 개의 요청이 순차적으로 이루어지면 두 번째 요청은 첫 번째 사용자의 데이터를 수신하게 된다는 뜻입니다. 이는 심각한 보안 문제입니다.

보다 안전한 캐싱 전략은 각 사용자가 고유한 캐시를 갖도록 userId와 연결된 방식으로 데이터를 캐싱하는 것입니다. 이를 수행하는 한 방법은 userId를 키로 사용해 캐시된 데이터를 저장하는 객체를 사용하는 것입니다.

자체적으로 구현하면 인적 오류의 위험이 존재하기 마련입니다. 대규모 커뮤니티에서 구축한 프레임워크를 활용하면 이러한 위험이 감소합니다. 이러한 프레임워크는 보안을 염두에 두고 설계되었으며 민감한 데이터의 올바른 처리를 보장합니다. 안전하고 격리된 데이터 페치 방식을 사용해 데이터 유출 가능성을 미연에 방지합니다.

성능 최적화

프레임워크는 수많은 성능 최적화 기능을 기본으로 제공하는데, 자동 코드 분할, 서버 렌더링, 캐싱 등의 기능입니다. 직접 서버 렌더링 솔루션을 구현할 때는 이러한 최적화가 기본으로 포함되지 않을 수 있으며, 직접 최적화하려면 까다롭고 시간이 많이 소요될 수 있습니다. 예를 들어 Next.js 13 이전 버전에서 기본으로 지원하던 페이지 라우터에 대한 경로 기반 코드 분할은 Next.js가 수행하는 최적화 방식의 하나입니다. 이 경우 각 페이지는 자동으로 개별 번들로 코드 분할되어 페이지가 요청될 때만 로드됩니다. 이렇게 하면 초기 번들 크기가 줄고 첫 번째 바이트 시간(TTFB) 지표를 개선해 성능이 크게 향상됩니다.

개발자 경험 및 생산성

직접 서버 렌더링을 구현하는 것은 복잡하고 시간이 많이 걸립니다. Next.js 혹은 Remix 같은 프레임워크를 사용하면, 개발자는 기본 서버 렌더링 인프라를 걱정하지 않고 애플리케이션 기능 구현에만 전념하고 결국 생산성 향상과 전반적인 개발자 경험 개선이라는 좋은 결과를 수확하게 됩니다.

모범 사례와 코딩 규칙

Next.js 혹은 Remix 같은 프레임워크를 사용하면 프로젝트에서 모범 사례와 코딩 규칙을 적용하는 데도 도움이 됩니다. 모범 사례를 염두에 두고 설계된 프레임워크이므로 여기서 제안하는 코딩 규칙을 따르면 탄탄한 기반에서 애플리케이션을 작성할 수 있습니다.

```
// Remix의 모범 사례 예시
// File: routes/posts/$postId.tsx

import { useParams } from "react-router-dom";
```

```
import { useLoaderData } from "@remix-run/react";

// 모범 사례: 데이터 페치는 가능한 한  빠르게 실행
// 모범 사례: 데이터와 UI는 같은 곳에 두기
export function loader({ params }) {
  return fetchPost(params.postId);
}

function Post() {
  const { postId } = useParams();
  const post = useLoaderData();

  return (
    <div>
      <h1>{post.title}</h1>
      <div>{post.content}</div>
    </div>
  );
}

export default Post;
```

Next.js, Remix와 같이 검증된 프레임워크가 제공하는 장점과 최적화를 고려하면, 리액트 애플리케이션을 위해 직접 서버 렌더링 솔루션을 구현하는 것은 그리 이상적인 접근 방식이 아닙니다. 프레임워크를 활용함으로써 개발 시간을 절약하고, 모범 사례를 준수하며, 각 프레임워크 커뮤니티에서 제공하는 지속적인 개선과 지원 혜택을 누릴 수 있습니다.

6.7 돌아보기

결론적으로 서버 사이드 렌더링과 하이드레이션은 웹 애플리케이션의 성능, 사용자 경험, SEO의 개선을 보장하는 강력한 기술입니다. 리액트는 서버 렌더링을 위한 `renderToString`, `renderToPipeableStream` 같은 다양한 API를 제공하는데, 각 API에는 고유한 강점과 장단점이 있습니다. 이러한 API를 이해하고 애플리케이션 규모, 서버 환경, 개발자 경험 등 다양한 요소에 적합한 API를 선택하면, 서버 사이드 성능과 클라이언트 사이드 성능 양쪽 모두에 최적화된 리액트 애플리케이션을 만들 수 있습니다.

이 장에서 살펴본 것처럼 `renderToString`은 간단하고 직관적이어서 작은 애플리케이션에 적합한 서버 렌더링 API입니다. 그러나 동기식 특성과 이벤트 루프를 차단할 여지가 있기 때문에 대규모 애플리케이션에는 효율적이지 않을 수 있습니다. 반면 `renderToPipeableStream`은 더 유연한 고급 API로, 렌더링 프로세스를 더 잘 제어하며 Node.js 스트림과 더 잘 통합되기 때문에 대규모 애플리케이션에 적합합니다.

6.8 복습하기

이제 리액트의 서버 사이드 렌더링과 하이드레이션을 확실히 이해했으니, 몇 가지 복습 질문을 통해 지식을 확인할 차례입니다. 다음 질문에 자신 있게 답한다면 리액트의 메커니즘을 명확하게 이해했다는 뜻이며, 다음 여정으로 나아가도 좋다는 신호입니다. 답하기가 모호하다면, 이 장의 내용을 주의 깊게 읽어 보는 것이 좋겠지만, 계속 진행해도 무리는 없을 것입니다.

1 리액트 애플리케이션에서 서버 사이드 렌더링을 사용할 때 유리한 주요 장점은 무엇인가요?

2 리액트에서 하이드레이션은 어떻게 작동하며 왜 중요한가요?

3 재개 가능성이란 무엇인가요? 하이드레이션보다 좋다고 주장하는 근거는 무엇인가요?

4 클라이언트 사이드 렌더링의 주요 장점과 약점은 무엇인가요?

5 리액트에서 `renderToReadableStream`과 `renderToPipeableStream` API의 주요 차이점은 무엇인가요?

6.9 미리보기

서버 사이드 렌더링과 하이드레이션을 완전히 익혔다면 리액트 개발에서 더 발전된 주제를 탐구할 토대가 마련된 것입니다. 7장에서는 리액트의 동시성에 대해 자세히 알아봅니다. 웹 애플리케이션이 나날이 복잡해지면서 원활한 사용자 경험을 만들기 위한 비동기 동작 처리도 갈수록 중요해지고 있습니다.

리액트 동시성의 활용법을 배우면 복잡한 데이터 상호 작용을 쉽게 처리하며, 성능이 뛰어나고 확장성이 좋으며 사용자 친화적인 애플리케이션을 만들 수 있습니다. 계속 관심을 가지고 리액트 동시성의 세계로 여행하면서 리액트 기술의 레벨 업을 준비하세요!

CHAPTER 7

리액트 동시성

이전 장에서는 리액트를 사용한 서버 사이드 렌더링을 자세히 살펴봤습니다. 특히 최신 웹 개발에서 애플리케이션의 성능과 사용자 경험을 개선하는 서버 사이드 렌더링의 중요한 역할을 알게 되었습니다. 다양한 서버 렌더링 API로 `renderToString`, `renderToPipeableStream`을 살펴보고 사용 사례와 장점도 알아봤습니다. 또 서버 사이드 렌더링 구현의 어려움과 복잡한 작업을 처리하려면 Next.js 또는 Remix 같은 기존 프레임워크에 의존하는 편이 좋다는 결론도 내렸습니다.

하이드레이션의 개념을 배우고, 서버에서 렌더링된 마크업과 클라이언트 측 리액트 컴포넌트와 연결해 원활한 사용자 경험을 만드는 하이드레이션의 중요성도 알아봤습니다. 또 여러 클라이언트 연결을 관리할 때 발생하는 보안 문제와 서버 환경에서 마주하는 어려움도 논했으며, 이러한 문제를 효과적으로 처리할 수 있는 프레임워크의 필요성도 확인했습니다.

이제 리액트 동시성concurrent으로 넘어가면서, 지금까지 배운 내용을 바탕으로 더 깊이 들어가겠습니다. 파이버 재조정자Fiber reconciler에 대해 더 자세히 알아보고, 리액트의 동시성 기능, 업데이트와 렌더링을 효율적으로 관리하는 방법을 배웁니다. 스케줄링scheduling, 지연 업데이트deferring update, 렌더 레인을 살펴보고 리액트의 코어 아키텍처 덕분에 가능해진 성능 최적화에 대한 안목을 얻을 것입니다.

노트 노파심에서 재차 말씀드리지만, 파이버 자체를 비롯해 지금부터 설명할 내용은 이후 리액트에서 변경될 여지가 있는 구현 세부 사항입니다. 또 리액트를 사용하기 위해 반드시 알아야 하는 것은 아닙니다. 하지만 기본 메커니즘을 배우면 리액트의 작동 원리와 효과적인 사용법을 더 잘 이해하고 엔지니어에게 필요한 전반적인 지식을 쌓을 수 있습니다.

이제 리액트 동시성의 매력적인 세계로 떠나 봅시다. 지금까지 배운 전문 지식을 확장하고, 리액트의 강력한 기능을 활용해 고성능 애플리케이션을 만드는 새로운 방법을 탐구해 보겠습니다.

7.1 동기식 렌더링의 문제

간단히 말해 동기식 렌더링의 문제는 메인 스레드를 가로막아서block 사용자 경험이 저하된다는 것입니다. 특히 컴포넌트가 많고 업데이트가 빈번하며 복잡한 애플리케이션에서 더 말썽입니다. 문제가 발생하면 UI 반응이 느려지거나 응답을 하지 않아서 사용자가 불편을 겪게 됩니다.

이 문제를 완화하는 방법으로 널리 사용되는 것 하나는 여러 업데이트를 일괄 처리해서 메인 스레드에서 수행되는 작업을 최소화하는 것입니다. 작업이 10개 있다고 합시다. 각각 실행해 총 10번을 실행하는 대신, 작업을 하나로 묶어 한꺼번에 처리하는 것입니다. 4장에서 다뤘으니 더 설명하지 않겠지만 일괄 처리가 동기식 렌더링의 문제를 해결하고자 했다는 점만큼은 상기하고 갑시다. 곧 알게 되겠지만, 일괄 처리에도 한계는 있습니다.

설계 측면에서 동기식 렌더링에는 우선순위라는 개념이 없습니다. 그래서 일괄 처리를 사용해 봤자 문제가 더 복잡해질 뿐입니다. 동기식 렌더링은 모든 업데이트를 동일하게 취급하고, 업데이트가 사용자에게 보이는지 여부를 따지지 않습니다. 예를 들어 동기식 렌더링에서는 보이지 않는 탭, 모달창 뒤에 있는 콘텐츠, 로딩 상태 콘텐츠 등 사용자가 볼 수 없는 항목도 동등한 수준으로 취급해 렌더링하고, 이로 인해 메인 스레드가 가로막힐 수 있습니다. CPU 자원에 여유가 있다면 렌더링하는 것이 좋겠지만, 사용자가 볼 수 있고 상호 작용할 수 있는 항목이 우선적으로 먼저 렌더링되어야 합니다. 리액트에 동시성 기능이 도입되기 전에는 중요하지 않은 업데이트가 중요한 업데이트를 가로막아서 사용자 경험이 저하되는 현상이 종종 부각되었습니다.

리액트는 동시성 렌더링concurrent rendering을 사용해 업데이트 작업의 중요도와 긴급도에 따라 우선순위를 정하고, 중요한 업데이트가 덜 중요한 업데이트 때문에 가로막히지 않도록 합니다.

이를 통해 리액트는 많은 작업량에도 불구하고 UI의 응답성을 유지하고, 더 나은 사용자 경험을 제공할 수 있습니다. 예컨대 사용자는 버튼을 마우스로 가리키거나 클릭할 때 해당 동작에 대한 즉각적인 피드백이 표시되기를 기대합니다. 하지만 리액트가 크고 긴 목록을 렌더링하는 도중이라면, 목록을 모두 렌더링할 때까지 버튼 색상 같은 피드백이 미뤄집니다. 그러나 동시성 렌더링을 사용하면 CPU를 많이 소모하는 렌더링 작업은 덜 중요한 작업으로 간주되고, 사용자 상호 작용이나 애니메이션 같은 더 중요한 작업이 우선적으로 처리됩니다. 또한 동시성 렌더링 기능 덕분에 리액트는 타임 슬라이싱time slicing, 다시 말해 렌더링 프로세스를 더 작은 덩어리로 분할해 점진적으로 처리하는 기법도 가능합니다. 이를 통해 리액트는 여러 프레임에 걸쳐 작업을 수행하며 작업을 중지해야 할 때 중지할 수 있습니다.

이제 이 절에서 소개한 여러 개념을 살펴보겠습니다.

7.2 파이버 다시 보기

4장에서 다룬 것처럼, 파이버 재조정자는 동시성 렌더링을 가능케 하는 리액트의 핵심 메커니즘입니다. 이 기능은 리액트 16에 도입되었으며, 그 전에 사용되던 스택 재조정자에 비해 아키텍처 측면이 크게 변화했습니다. 특히 UI가 크고 복잡한 리액트 애플리케이션의 응답성과 성능을 개선하는 것이 주요 목표입니다.

파이버 재조정자는 렌더링 프로세스를 파이버라고 하는 더 작고 관리하기 쉬운 작업 단위로 분할해 처리합니다. 그리고 리액트는 파이버를 활용해서 렌더링 작업을 일시적으로 중지하거나 재개하거나 우선순위를 설정해 중요도에 따라 업데이트를 지연하거나 예약합니다. 덕분에 애플리케이션의 응답성이 향상되고 덜 중요한 작업이 더 중요한 업데이트를 가로막는 일을 방지할 수 있습니다.

7.3 업데이트 예약과 지연

리액트에서 업데이트를 예약하고schedule 지연하는defer 기능은 애플리케이션의 응답성을 유지하는 데 매우 중요합니다. 파이버 재조정자는 이러한 기능을 스케줄러와 여러 효율적인 API에 의

존해 구현합니다. 이러한 API를 통해 리액트는 유휴 시간 동안 작업을 수행하고, 가장 적절한 시기에 업데이트를 예약할 수 있습니다.

스케줄러는 나중에 자세히 다루며, 지금은 단순히 스케줄러가 어떤 시스템인지 이해하는 정도로 충분합니다. 스케줄러는 해야 할 업데이트 작업이 있을 때 `setTimeout`, `MessageChannel` 등의 브라우저 API를 사용해서 '이 작업은 지금 처리하고, 이 작업은 나중에 처리해' 하는 식으로 작업을 예약, 관리하는 시스템입니다.

사용자가 메시지를 바로바로 주고받는 실시간 채팅 애플리케이션을 생각해 봅시다. 이 애플리케이션에는 메시지 목록을 표시하는 채팅 컴포넌트와 사용자가 메시지를 입력하고 전송하는 메시지 입력 컴포넌트가 있습니다. 채팅 애플리케이션은 서버로부터 실시간으로 새로운 메시지를 수신합니다. 여기서는 메시지 입력 및 전송 같은 사용자 상호 작용을 우선시해 응답성을 유지하면서, 새로 들어오는 메시지를 효율적으로 렌더링해 UI를 가로막지 않는 것이 중요합니다.

예시를 구체적으로 설명하기 위해 몇 가지 컴포넌트를 만들어 보겠습니다. 먼저 메시지 목록입니다.

```
const MessageList = ({ messages }) => (
  <ul>
    {messages.map((message, index) => (
      <li key={index}>{message}</li>
    ))}
  </ul>
);
```

이번에는 사용자가 메시지를 입력하고 전송하는 메시지 입력 컴포넌트입니다.

```
const MessageInput = ({ onSubmit }) => {
  const [message, setMessage] = useState("");

  const handleSubmit = (e) => {
    e.preventDefault();
    onSubmit(message);
    setMessage("");
  };

  return (
    <form onSubmit={handleSubmit}>
```

```
      <input
        type="text"
        value={message}
        onChange={(e) => setMessage(e.target.value)}
      />
      <button type="submit">전송</button>
    </form>
  );
};
```

끝으로 두 컴포넌트를 결합해서 메시지를 주고받는 로직을 처리할 채팅 컴포넌트입니다.

```
const ChatApp = () => {
  const [messages, setMessages] = useState([]);

  useEffect(() => {
    // 서버에 접속하고 들어오는 메시지를 구독합니다.
    const socket = new WebSocket("wss://your-websocket-server.com");
    socket.onmessage = (event) => {
      setMessages((prevMessages) => [...prevMessages, event.data]);
    };

    return () => {
      socket.close();
    };
  }, []);

  const sendMessage = (message) => {
    // 메시지를 서버로 전송합니다.
  };

  return (
    <div>
      <MessageList messages={messages} />
      <MessageInput onSubmit={sendMessage} />
    </div>
  );
};
```

예시에서 리액트의 동시성 기능은 메시지 목록 업데이트와 사용자의 메시지 입력 상호 작용 작업을 효율적으로 관리하는 데 중요합니다. 사용자가 메시지를 입력하거나 전송할 때, 리액트는 텍스트 입력 업데이트를 다른 업데이트보다 우선적으로 처리해 부드러운 사용자 경험을 보장합니다.

서버에서 새 메시지가 도착해 이를 렌더링해야 할 때, 리액트는 렌더 레인을 통해 렌더링하는데 이 레인은 동기식으로 DOM을 업데이트합니다. 다시 말해 다른 업데이트를 가로막게 되므로 사용자 입력에 지연이 발생합니다. 새 메시지 목록을 렌더링하는 작업의 우선순위를 낮추려면, 관련 상태 업데이트를 다음과 같이 `useTransition` 훅의 `startTransition` 함수로 감싸면 됩니다.

```
const ChatApp = () => {
  const [messages, setMessages] = useState([]);
  const [isPending, startTransition] = useTransition();

  useEffect(() => {
    // 서버에 접속하고 들어오는 메시지를 구독합니다.
    const socket = new WebSocket("wss://your-websocket-server.com");
    socket.onmessage = (event) => {
      startTransition(() => {
        setMessages((prevMessages) => [...prevMessages, event.data]);
      });
    };

    return () => {
      socket.close();
    };
  }, []);

  const sendMessage = (message) => {
    // 메시지를 서버로 전송합니다.
  };

  return (
    <div>
      <MessageList messages={messages} />
      <MessageInput onSubmit={sendMessage} />
    </div>
  );
};
```

이를 통해 리액트는 메시지 목록 업데이트를 낮은 우선순위로 예약해서 UI를 가로막지 않고 렌더링하도록 설정합니다. 덕분에 채팅 애플리케이션은 과부하 상태에서도 효율적인 동작이 가능합니다. 사용자 입력이 방해받지 않고, 수신되는 메시지는 사용자 상호 작용보다 낮은 우선순위로 처리되므로 사용자 경험에 큰 지장을 주지 않습니다.

이 예시는 성능이나 사용자 경험을 저해하지 않고 복잡한 상호 작용과 빈번한 업데이트를 처리하는 동시성 렌더링 기능의 활용법을 안내합니다. 이 방법으로 응답성 높은 애플리케이션을 구축할 수 있습니다. `useTransition`은 잠시 뒤 다룰 예정이니, 지금은 리액트가 업데이트를 예약하는 방식을 더 상세히 보겠습니다.

7.4 더 깊이 들어가기

리액트에서 업데이트를 예약하고, 우선순위를 정하고, 지연하는 과정은 사용자 인터페이스의 좋은 응답성을 유지하는 데 필수입니다. 이 과정은 우선순위가 높은 작업이 즉각 처리되도록 하고, 우선순위가 낮은 작업은 지연시켜서 과부하 상황에서도 UI가 매끄럽게 유지됩니다. 이 주제를 더 깊이 이해하기 위해 스케줄러, 작업의 우선순위 단계, 업데이트 지연 메커니즘 등의 핵심 개념을 살펴보겠습니다.

> **노트** 본격적으로 설명하기에 앞서 다시 당부하자면, 여기서 다루는 정보는 구현 세부 사항이며 리액트 사용에 필수는 아닙니다. 그러나 이 개념을 이해하면 리액트의 작동 방식과 효과적인 사용법은 물론이고, 그 외 엔지니어링 작업에 적용 가능한 기본 메커니즘도 잘 파악하게 되어 전반적인 기술이 향상됩니다. 이를 염두에 두고 계속 나아가 봅시다.

7.4.1 스케줄러

리액트 아키텍처의 핵심인 스케줄러는 타이밍 관련 유틸리티를 제공하는 독립형 패키지로, 파이버 재조정자와는 별개로 동작합니다. 리액트는 재조정자 내에서 이 스케줄러를 사용합니다. 스케줄러와 재조정자는 렌더 레인을 통해 작업의 긴급도에 따라 우선순위를 설정하고 정리해 여러 작업이 협력하도록 합니다. 렌더 레인도 곧 살펴보겠습니다. 오늘날 리액트에서 스케줄러의 주된 기능은 마이크로태스크microtask[1]를 예약해서 메인 스레드의 제어를 관리하고 원활한 실행을 보장하는 것입니다.

자세히 이해하기 위해 이 글을 작성할 당시의 리액트 소스 코드 일부를 보겠습니다.[2]

```
export function ensureRootIsScheduled(root: FiberRoot): void {
  // 이 함수는 루트에 업데이트가 발생할 때마다 호출되며 두 가지 작업을 수행합니다.
  // 1) 루트가 스케줄에 포함되도록 보장합니다.
  // 2) 루트 스케줄을 처리할 수 있도록 대기 중인 마이크로태스크가 존재하는지 확인합니다.
  //
  // 대부분의 실제 예약 로직은 `scheduleTaskForRootDuringMicrotask` 함수가
  // 실행될 때 수행됩니다.

  // 루트를 스케줄에 추가합니다.
  if (root === lastScheduledRoot || root.next !== null) {
    // 빠른 경로. 해당 루트는 이미 스케줄링되어 있습니다.
  } else {
    if (lastScheduledRoot === null) {
      firstScheduledRoot = lastScheduledRoot = root;
    } else {
      lastScheduledRoot.next = root;
      lastScheduledRoot = root;
    }
  }

  // 루트가 업데이트를 받을 때마다 다음 스케줄을 처리할 때까지 true로 설정합니다.
  // 이 값이 false라면 스케줄 참조 없이 flushSync를 빠르게 종료합니다.
  mightHavePendingSyncWork = true;

  // 현재 이벤트가 끝나면 각 루트를 확인해 올바른 우선순위로 작업이 예약되었는지
  // 확인합니다.
  if (__DEV__ && ReactCurrentActQueue.current !== null) {
    // 현재 `act` 스코프에 있습니다.
    if (!didScheduleMicrotask_act) {
      didScheduleMicrotask_act = true;
      scheduleImmediateTask(processRootScheduleInMicrotask);
    }
  } else {
    if (!didScheduleMicrotask) {
```

1 옮긴이_ 자바스크립트의 이벤트 루프에서 처리되는 작업(task) 종류의 하나로, 현재 실행 중인 작업이 완료된 후 바로 실행되는 작업입니다. 마이크로태스크 큐(microtask queue)로 관리됩니다.

2 옮긴이_ 이해를 돕기 위해 원본 리액트 코드의 주석을 한국어로 번역해 두었습니다.

```
      didScheduleMicrotask = true;
      scheduleImmediateTask(processRootScheduleInMicrotask);
    }
  }

  if (!enableDeferRootSchedulingToMicrotask) {
    // 이 플래그가 비활성화되었으면, 마이크로태스크를 기다리지 않고 즉시 렌더링
    // 작업을 예약합니다.
    // TODO: 추가로 계획된 기능을 가로막지 않으려면 되도록 빠르게
    // enableDeferRootSchedulingToMicrotask를 구현해야 합니다.
    scheduleTaskForRootDuringMicrotask(root, now());
  }

  if (
    __DEV__ &&
    ReactCurrentActQueue.isBatchingLegacy &&
    root.tag === LegacyRoot
  ) {
    // 특수한 `act`라면, 레거시 업데이트가 예약될 때마다 기록합니다.
    ReactCurrentActQueue.didScheduleLegacyUpdate = true;
  }
}
```

리액트 코드베이스의 ensureRootIsScheduled 함수는 렌더링 프로세스를 관리하는 데 중요합니다. 이 함수는 root: FiberRoot로 표시되는 리액트 루트가 업데이트되면 호출되어 두 가지 중요한 작업을 수행합니다. 4장의 내용을 떠올려 보면, 리액트 루트는 업데이트를 수행하는 커밋 단계의 가장 마지막에 '교체'됩니다.

호출된 ensureRootIsScheduled 함수는 루트 스케줄에 루트가 포함되었는지 확인합니다. 여기서 말하는 루트 스케줄은 처리돼야 할 루트를 표현한 목록입니다. 그 후에는 루트 스케줄을 처리하기 위한 마이크로태스크가 대기 중인지 확인합니다.

마이크로태스크는 자바스크립트 이벤트 루프 관리에서 중요한 개념으로, 마이크로태스크 큐에 의해 관리되는 작업task의 일종입니다. 마이크로태스크를 이해하려면 먼저 자바스크립트 이벤트 루프와 관련된 작업 큐의 기본 개념을 알아야 합니다.

이벤트 루프

자바스크립트 엔진은 이벤트 루프를 사용해 비동기 작업을 관리합니다. 이벤트 루프는 콜백 실행 등 수행해야 할 작업이 있는지 계속해서 확인합니다. 이벤트 루프는 매크로태스크 큐macrotask queue와 마이크로태스크

큐 microtask queue라는 두 가지 작업 대기열에서 기본으로 동작합니다.

매크로태스크 큐

이벤트 처리, `setTimeout` 콜백 실행, `setInterval` 콜백 실행, 입출력 작업 수행 등의 작업이 저장되는 곳입니다. 이 대기열의 작업은 한 번에 하나씩 처리되며, 현재 작업이 완료된 후에만 다음 작업이 진행됩니다.

마이크로태스크 큐

마이크로태스크는 더 작고 즉각적인 작업이며, 프라미스, `Object.observe`, `MutationObserver` 같은 연산에서 발생합니다. 이 작업은 일반적인 작업 대기열, 즉 매크로태스크 큐와는 다른 마이크로태스크 큐라는 작업 대기열에 저장됩니다.

실행

마이크로태스크는 현재 작업이 끝나고 자바스크립트 엔진이 작업 대기열에서 다음 매크로태스크를 선택하기 전에 처리됩니다. 작업을 실행한 후 엔진은 마이크로태스크 대기열에 마이크로태스크가 있는지 확인하고, 확인된 마이크로태스크를 모두 실행하고 난 후에 다음 매크로태스크를 실행합니다. 이를 통해 현재 실행 중인 스크립트가 완료된 직후 그리고 렌더링이나 이벤트 처리 같은 다른 작업을 처리하기 전에, 마이크로태스크가 대기열에 쌓인 순서대로 빠르게 처리됩니다.

특성 및 사용법

마이크로태스크는 작업 대기열의 다른 작업보다 우선순위가 높기 때문에 다음 매크로태스크로 넘어가기 전에 실행됩니다. 마이크로태스크가 계속해서 마이크로태스크를 대기열에 추가하면 작업 대기열이 처리되지 않는 상황이 발생하는데, 이런 현상을 **기아 상태** starvation[3]라고 합니다.

리액트와 `ensureRootIsScheduled` 함수의 관점에서, 마이크로태스크는 현재 스크립트 실행 직후에 브라우저가 렌더링이나 이벤트 처리 같은 작업을 수행하기 전에 루트 스케줄의 처리가 높은 우선순위로 이루어지도록 보장하기 위해 사용됩니다. 이를 통해 리액트 프레임워크 내에서 UI 업데이트를 매끄럽게 유지하고 작업도 효율적으로 관리하게 됩니다.

`ensureRootIsScheduled` 함수를 실행하면 루트를 스케줄에 추가하는 작업을 시작합니다. 이 과정은 루트가 이미 예약된 적이 있어서 스케줄 목록에 있는지 확인하는 것은 물론, 마지막에 추가된 루트인지도 확인합니다. 루트가 스케줄에 존재하지 않는다면 스케줄 목록의 마지막에 루트를 추가하고, `lastScheduledRoot`를 현재 루트로 업데이트합니다. 스케줄에 추가된 루트가 없다면(`lastScheduledRoot === null`), 현재 루트는 스케줄의 첫 번째이자 마지막

3 옮긴이_ 자바스크립트만이 아니라 언어에 불문하고 동시성 프로그래밍의 세계에서 널리 사용되는 용어입니다. 작업의 우선순위가 계속 밀려서 실행에 필요한 자원을 할당받지 못하는 상태를 의미합니다. 둘 이상의 작업이 서로 상대 작업이 끝나기만 기다리는 '교착 상태' 또는 '데드록 현상(deadlock)'과 더불어 자주 언급됩니다.

루트가 됩니다.

그다음에는 mightHavePendingSyncWork 플래그를 true로 설정합니다. 이 플래그는 대기 중인 동기 작업이 있을 가능성을 나타내는데, 여기서 말하는 동기 작업은 이후에 다룰 flushSync 함수에 중요하게 작용합니다.

그 후에는 루트 스케줄을 처리할 마이크로태스크가 예약되었는지 확인합니다. 이 작업은 scheduleImmediateTask(processRootScheduleInMicrotask)를 호출해 이루어지는데, 리액트 act 테스트 유틸리티 범위의 안팎에서 발생합니다. act 테스트 유틸리티의 범위는 __DEV__와 ReactCurrentActQueue.current의 조건에 의해 정해집니다.

ensureRootIsScheduled 함수의 또 다른 중요한 부분은 enableDeferRootSchedulingToMicrotask 플래그를 확인하는 조건절입니다. 이 플래그가 비활성화되었다면, 함수는 마이크로태스크 작업을 지연하지 않고 즉시 렌더링 작업을 예약합니다. 이 글을 작성하는 시점을 기준으로 리액트 코드의 이 부분에 TODO 주석이 표시되었는데, 추후 추가 기능을 활성화하기 위해 이 플래그를 구현할 계획이 있다는 의미일 것입니다.

끝으로 리액트의 act 유틸리티 내에서 레거시 업데이트를 처리하는 조건을 포함합니다. 이는 테스트 시나리오에서 업데이트가 다르게 배치되는 경우에 사용되며, 레거시 업데이트가 예약될 때마다 이를 기록합니다.

정리하자면 ensureRootIsScheduled는 리액트의 작업 예약과 렌더링 로직의 여러 측면을 통합한 복잡한 함수로, 리액트 루트에 대한 업데이트를 효율적으로 관리하고 작업과 마이크로태스크를 전략적으로 예약해서 원활한 렌더링을 보장하는 데 중점을 둡니다.

지금까지 살펴본 ensureRootIsScheduled 함수를 통해 리액트에서 스케줄러가 하는 역할을 이해할 수 있었습니다. 스케줄러는 작업이 속하는 렌더 레인을 기반으로 작업을 예약합니다. 렌더 레인은 다음 절에서 깊이 다루겠지만, 우선은 렌더 레인이 업데이트의 우선순위를 나타낸다고만 알아도 괜찮습니다.

스케줄러의 동작을 코드로 표현했습니다.

```
if (nextLane === Sync) {
  queueMicrotask(processNextLane);
} else {
```

```
    Scheduler.scheduleCallback(callback, processNextLane);
  }
```

이를 통해 다음 사실을 알 수 있습니다.

- 다음 레인이 Sync라면, 스케줄러는 다음 레인을 즉시 처리하기 위해 마이크로태스크를 대기열에 추가합니다. 아마 지금쯤이면 마이크로태스크가 무엇이고 어떻게 적용되는지 이해했으리라 짐작합니다.
- 다음 레인이 Sync가 아니라면, 스케줄러는 콜백을 예약하고 다음 레인을 처리합니다.

따라서 스케줄러는 이름 그대로 함수가 속한 레인에 따라 함수를 실행하도록 예약하는 시스템입니다. 지금까지 여러 번 언급한 레인에 대해 이제 자세히 알아보겠습니다.

7.5 렌더 레인

렌더 레인은 리액트의 예약 시스템에서 중요한 요소로, 작업의 렌더링과 우선순위 관리를 효율화합니다. 레인은 우선순위 수준을 나타내는 단위로, 리액트가 렌더링 주기에서 처리할 수 있는 작업을 의미합니다. 렌더 레인의 개념은 리액트 18에서 도입되었으며, 그 전에는 만료 시간expiration time이 있는 예약 메커니즘이 사용되었습니다. 이제 렌더 레인의 세부 사항, 작동 방식, 비트마스크bitmask로 표현하는 내부의 값을 자세히 살펴보겠습니다.

> **노트** 다시 말씀드리지만, 여기서 다루는 리액트의 구현 세부 사항은 언제든 변경될 수 있습니다. 그러나 기본 메커니즘을 이해하면, 일상적인 개발 작업에서 도움을 받고 리액트 작동 방식을 파악해 더 효과적이고 유연하게 사용할 수 있습니다. 세부 사항에 집착하지 않고 메커니즘 자체와 실제 환경에서의 응용 가능성에 집중하는 편이 좋습니다.

렌더 레인은 리액트가 렌더링 과정에서 필요한 업데이트를 구성하고 우선순위를 설정하는 데 사용하는 가벼운 추상화입니다.

예를 들어 `setState`를 호출하면 해당 업데이트가 레인으로 보내집니다. 다양한 업데이트의 우선순위는 업데이트가 발생하는 콘텍스트에 따라 달리 이해하면 됩니다.

- `setState`가 클릭 핸들러 내부에서 호출되면, 해당 업데이트는 Sync 레인(우선순위 가장 높음)에 배정되며, 마이크로태스크로 예약됩니다.

- setState가 startTransition의 트랜지션transition 내에서 호출되면 트랜지션 레인(우선순위가 낮음)에 배치되고 마이크로태스크로 예약됩니다.

각 레인은 각기 다른 우선순위에 대응하며, 우선순위가 높은 레인은 우선순위가 낮은 레인보다 먼저 처리됩니다. 리액트에서 사용되는 레인의 예시를 몇 가지 보겠습니다.

SyncHydrationLane

하이드레이션 도중 사용자가 리액트 앱을 클릭하면 클릭 이벤트가 이 레인으로 들어갑니다.

SyncLane

사용자가 리액트 앱을 클릭하면 클릭 이벤트가 이 레인으로 들어갑니다.

InputContinuousHydrationLane

하이드레이션 도중 발생하는 호버, 스크롤을 비롯한 연속적인 이벤트가 이 레인으로 들어갑니다.

InputContinuousLane

바로 앞에서 설명한 레인과 동일하지만, 하이드레이션 이후의 이벤트를 다룬다는 점이 다릅니다.

DefaultLane

모든 네트워크 업데이트, setTimeout 같은 타이머, 우선순위가 파악되지 않는 초기 렌더링이 이 레인으로 들어갑니다.

TransitionHydrationLane

하이드레이션 도중 startTransition에서 발생하는 모든 트랜지션이 이 레인에 배치됩니다.

TransitionLanes(1-15)

하이드레이션 후 startTransition에서 발생하는 모든 트랜지션이 이 레인에 배치됩니다.

RetryLanes(1-4)

Suspense에서 발생하는 모든 재시도가 이 레인에 배치됩니다.

이들 레인은 이 글을 작성하는 시점의 리액트 내부 구현에 따른 것이며 추후 변경될 수 있다는 점에 유의해야 합니다. 다시 말하지만, 이 책의 목적은 리액트가 작동하는 메커니즘을 이해하는 것이지 정확한 구현 세부 사항에 집착하는 것이 아닙니다. 따라서 레인의 이름은 크게 중요하지 않습니다. 훨씬 더 중요한 부분은 리액트가 이 개념을 어떻게 사용하는지 이해하는 것이며, 이해를 바탕으로 이를 우리의 실무 작업에 적용하는 것입니다.

7.5.1 렌더 레인 작동 방식

컴포넌트가 업데이트되거나 새 컴포넌트가 렌더 트리에 추가되면, 리액트는 해당 업데이트의 우선순위에 따라 앞서 설명한 레인을 할당합니다. 알다시피 우선순위는 업데이트 종류(사용자 상호 작용, 데이터 페치, 백그라운드 작업 등)와 컴포넌트의 가시성visibility 같은 요인에 따라 정해집니다.

이후 리액트는 다음 방식으로 렌더 레인을 사용해 업데이트를 예약하고 우선순위를 정합니다.

1. **업데이트 수집**

   마지막 렌더링 이후에 예약된 모든 업데이트를 수집해서 우선순위에 따라 각 레인에 할당합니다.

2. **레인 처리**

   우선순위가 가장 높은 레인부터 시작해 각 레인에 있는 업데이트를 처리합니다. 같은 레인의 업데이트는 한꺼번에 일괄 처리합니다.

3. **커밋 단계**

   모든 업데이트를 처리한 후, 커밋 단계로 진입해 변경 사항을 DOM에 적용하고, 효과를 실행하고, 기타 마무리 작업을 수행합니다.

4. **반복**

   렌더링을 할 때마다 업데이트가 항상 우선순위대로 처리되도록 보장하고, 우선순위가 높은 업데이트가 우선순위가 낮은 업데이트에 의해 가로막히지 않도록 합니다.

리액트는 우선순위에 따라 올바른 레인에 업데이트를 할당하고 수동 개입 없이도 애플리케이션이 효율적으로 작동하도록 합니다.

업데이트가 발생하면 리액트는 다음 단계를 수행해 우선순위를 결정하고 적절한 레인에 할당합니다.

1. **업데이트의 콘텍스트 확인**

   업데이트가 발생한 콘텍스트를 평가합니다. 이 콘텍스트는 사용자 상호 작용, 상태 혹은 프롭 변경으로 인한 내부 업데이트, 서버 응답에 의한 업데이트일 수도 있습니다. 콘텍스트는 업데이트의 우선순위를 결정하는 데 중요합니다.

2. **콘텍스트에 따라 우선순위 추정**

   업데이트 우선순위는 콘텍스트에 따라 추정합니다. 예컨대 업데이트가 사용자 입력의 결과라면 우선순위가 높을 것이며, 중요하지 않은 백그라운드 프로세스가 발생시킨 업데이트는 우선순위가 낮을 것입니다. 다양한 우선순위 수준에 대해서는 앞서 자세히 설명했습니다.

3. 우선순위 재정의가 있는지 확인

경우에 따라 개발자는 리액트의 `useTransition` 또는 `useDeferredValue` 훅을 사용해 업데이트 우선순위를 명시적으로 설정할 수 있습니다. 이렇게 우선순위가 재정의된 경우에는 추정한 우선순위 대신 명시적으로 설정된 우선순위를 사용합니다.

4. 올바른 레인에 업데이트 할당

우선순위가 결정된 후에는 해당 레인에 업데이트를 할당합니다. 이 과정은 앞서 살펴본 비트마스크를 사용해 이루어지며, 이를 통해 리액트는 여러 레인을 효율적으로 관리하고 업데이트가 올바르게 그룹화되고 처리되도록 보장합니다.

이 과정에서 리액트는 내부 휴리스틱과 업데이트가 발생하는 콘텍스트를 기반으로 우선순위에 대한 판단을 내립니다. 이러한 동적 우선순위 설정과 레인 할당을 통해 응답성과 성능 간에 균형을 잡고, 개발자의 직접적인 개입 없이도 애플리케이션이 효율적으로 동작하도록 보장합니다.

다음에는 리액트가 각 레인에서 업데이트를 처리하는 방식을 살펴보겠습니다.

7.5.2 레인 처리

각 레인에 업데이트가 할당되면 리액트는 우선순위에 따라 업데이트를 처리합니다. 채팅 애플리케이션 예시에서 리액트는 다음 순으로 업데이트를 처리합니다.

`ImmediatePriority`

메시지 입력에 대한 업데이트를 처리해 응답성을 유지하고 빠르게 업데이트합니다.

`UserBlockingPriority`

입력 상태 표시에 대한 업데이트를 처리해 사용자에게 실시간 피드백을 제공합니다.

`NormalPriority`

메시지 목록의 업데이트를 처리해 새 메시지와 업데이트를 적절한 속도로 표시합니다.

리액트는 우선순위에 따라 업데이트를 처리함으로써 부하가 많은 상황에서도 애플리케이션의 핵심인 응답성을 유지하도록 보장합니다.

7.5.3 커밋 단계

모든 업데이트를 각 레인에서 처리한 후, 리액트는 커밋 단계로 진입해 변경 사항을 DOM에 적용하고 부작용을 실행하며 그 외 마무리 작업을 수행합니다. 채팅 애플리케이션을 예로 들면, 커밋 단계에서 메시지 입력값을 업데이트하거나 입력 중 상태를 표시하거나 숨기고 새로운 메시지를 메시지 목록에 추가합니다. 그런 다음 리액트는 다음 렌더링 주기로 이동해 업데이트를 수집하고, 레인을 처리하고 변경 사항을 커밋하는 과정을 반복합니다.

그러나 이 과정은 책에서 다룰 수 있는 수준보다 훨씬 더 복잡합니다. 두 레인을 함께 처리해야 하는 시점을 결정하는 **얽힘**entanglement 개념이나 이미 처리된 업데이트에 새로운 업데이트를 다시 적용할 시점을 결정하는 **리베이스**rebase 같은 개념도 존재합니다. 리베이스는 트랜지션이 완료되기 전에 동기 업데이트가 발생해 트랜지션이 중단된 경우처럼, 두 업데이트를 함께 실행할 때 유용합니다.

효과의 플러싱flushing 또는 내보내기도 이루어집니다. 동기식 업데이트가 발생할 때 리액트는 업데이트 전후에 대기 중인 효과를 한꺼번에 실행하고 처리해서 동기식 업데이트 상태 간에 일관성을 보장합니다.

궁극적으로 이것이야말로 리액트가 존재하는 이유이자 추상화 계층으로서 제공하는 진정한 가치입니다. 리액트가 업데이트 문제, 우선순위 설정, 순서 관리 등의 작업을 자동으로 처리하기 때문에 개발자는 애플리케이션 자체에 집중할 수 있습니다.

리액트는 우선순위를 추정하는 데 능숙하지만, 항상 완벽하지는 않습니다. 개발자가 `useTransition` 및 `useDeferredValue` 같은 API를 사용해 기본값으로 설정된 우선순위를 재정의해서 애플리케이션의 성능과 응답성을 세밀하게 조정해야 할 때도 있습니다. 이때 사용할 API를 자세히 알아보겠습니다.

7.6 useTransition

`useTransition`은 컴포넌트에서 상태 업데이트의 우선순위를 관리하고 우선순위가 높은 업데이트로 인해 UI가 응답하지 않는 것을 방지하는 강력한 리액트 훅입니다. 새로운 데이터를 로드하거나 여러 페이지를 이동하는 등 시각적으로 혼란을 줄 수 있는 업데이트를 처리할 때

매우 유용합니다.

useTransition에서 반환된 startTransition 함수로 감싸진 모든 업데이트는 트랜지션 레인에 들어갑니다. 앞서 설명한 것처럼 트랜지션 레인은 Sync 레인보다 우선순위가 낮기 때문에, 이 특성을 활용해 업데이트 타이밍을 제어합니다. 이를 통해 높은 우선순위의 업데이트들이 메인 스레드에서 경쟁할 때도 사용자 경험이 원활합니다.

useTransition은 훅이므로 함수 컴포넌트 내에서만 사용할 수 있습니다. 이 훅은 두 요소가 포함된 배열을 반환합니다.

isPending
트랜지션이 진행 중인지 여부를 나타내는 불리언 값입니다. useTransition 작동 방식에서 흥미로운 점은 startTransition을 호출하면 가장 먼저 isPending 값을 false로 설정하는 동기적인 setState({ isPending: false })를 예약한다는 것입니다. 이는 isPending에 의존하는 업데이트가 빠르게 이루어져야 useTransition의 목적에 부합한다는 것을 의미합니다.

startTransition
지연되거나 낮은 우선순위가 부여되어야 하는 업데이트를 감쌀 때 사용하는 함수입니다.

여기서 주목할 점은 훅이 아닌 일반 함수로 사용할 수 있는 startTransition API도 존재한다는 것입니다. 긴급하지 않은 트랜지션은 리액트 패키지에서 직접 가져온 startTransition 함수를 사용해서 실행할 수 있습니다. 이 접근 방식은 isPending 플래그를 사용할 수 없지만, useTransition 훅을 사용할 수 없는 환경에서 우선순위가 낮은 업데이트를 리액트에 알리려고 할 때 유용합니다.

7.6.1 간단한 예시

useTransition의 기본 사용법을 보여 주는 간단한 예시입니다.

```
import React, { useState, useTransition } from "react";

function App() {
  const [count, setCount] = useState(0);
  const [isPending, startTransition] = useTransition();

  const handleClick = () => {
```

```
    doSomethingImportant();
    startTransition(() => {
      setCount(count + 1);
    });
  };

  return (
    <div>
      <p>Count: {count}</p>
      <button onClick={handleClick}>증가</button>
      {isPending && <p>로딩 중...</p>}
    </div>
  );
}

export default App;
```

예시에서는 카운터를 증가시키는 상태 업데이트의 우선순위를 관리하기 위해 useTransition을 사용합니다. setCount 업데이트를 startTransition 함수로 감싸서 이 업데이트가 지연될 수 있음을 리액트에 알리고, 이를 통해 높은 우선순위의 업데이트가 동시에 발생할 경우 UI가 응답하지 못하는 문제를 방지합니다.

7.6.2 고급 예시: 페이지 탐색

useTransition은 페이지를 이동할 때도 유용합니다. 페이지 탐색navigation과 관련된 업데이트의 우선순위를 관리하면 복잡한 페이지 전환을 처리하는 경우에도 사용자 환경이 원활하고 응답이 빠른 상태로 유지됩니다.

다음 예시는 단일 페이지 애플리케이션(SPA)에서 useTransition을 사용해 페이지 전환을 관리합니다.

```
import React, { useState, useTransition } from "react";

const PageOne = () => <div>Page One</div>;
const PageTwo = () => <div>Page Two</div>;

function App() {
```

```
  const [currentPage, setCurrentPage] = useState("pageOne");
  const [isPending, startTransition] = useTransition();

  const handleNavigation = (page) => {
    startTransition(() => {
      setCurrentPage(page);
    });
  };

  const renderPage = () => {
    switch (currentPage) {
      case "pageOne":
        return <PageOne />;
      case "pageTwo":
        return <PageTwo />;
      default:
        return <div>Unknown page</div>;
    }
  };

  return (
    <div>
      <nav>
        <button onClick={() => handleNavigation("pageOne")}>Page One</button>
        <button onClick={() => handleNavigation("pageTwo")}>Page Two</button>
      </nav>
      {isPending && <p>로딩 중...</p>}
      {renderPage()}
    </div>
  );
}

export default App;
```

예시에는 SPA에 서로 다른 페이지를 나타내는 두 개의 간단한 컴포넌트가 있습니다. 현재 페이지를 변경하는 상태 업데이트를 useTransition으로 감싸서, 다른 우선순위가 높은 업데이트(예: 사용자 입력)가 동시에 발생하는 경우 페이지 전환이 지연되도록 했습니다.

이쯤에서 '잠시만요. 페이지 전환은 사용자 클릭에 대한 응답으로 발생하니까 즉각적으로 이루어져야 하지 않을까요?'하는 의문이 들 수 있습니다. 맞습니다. 그러나 만약 다음 페이지가 Suspense를 사용해 데이터를 가져와야 한다면, 페이지 전환이 지연될 수 있습니다. 이때

useTransition이 유용합니다. useTransition을 사용하면 탐색과 관련된 업데이트의 우선순위를 관리해 복잡한 페이지 전환에서도 사용자 환경이 매끄럽고 응답이 빠른 상태를 유지할 수 있습니다. 여기서 주의할 점은 만약 다음 페이지의 데이터 페치가 useEffect 내에서 발생한다면 startTranstion은 useEffect 내에서 데이터를 다 가져올 때까지 기다리지 않는다는 것입니다. 그러나 트랜지션 내부에서 일시적으로 중지해 둔다면 리액트는 데이터 페치와 데이터 렌더링이 완료될 때까지 isPending의 상태를 고정해 둡니다.

이 예시에서 페이지 전환이 진행 중인 동안에는 isPending 상태가 true입니다. 사용자가 버튼을 클릭하면 이에 대한 응답으로 로딩 표시를 즉시 보여 줍니다. 전환이 완료되면 isPending 상태가 false가 되고 새로운 페이지가 렌더링됩니다.

7.6.3 더 깊이 들어가기

리액트의 파이버 아키텍처, 스케줄러, 우선순위 수준, 렌더 레인 메커니즘에 대한 배경 지식을 바탕으로 useTransition 훅의 내부 동작을 더 깊이 들여다보겠습니다.

useTransition 훅은 트랜지션을 생성하고 해당 트랜지션 내에서 이루어진 업데이트에 특정 우선순위를 할당하는 방식으로 작동합니다. 트랜지션으로 감싸진 업데이트는 할당된 우선순위 수준에 따라 예약되고 렌더링됩니다.

useTransition 훅 사용과 관련된 단계는 다음과 같이 요약됩니다.

1 함수 컴포넌트 내에서 useTransition 훅을 가져와 호출합니다.
2 이 훅은 두 개의 요소가 있는 배열을 반환합니다. isPending 상태와 startTransition 함수입니다.
3 startTransition 함수로 타이밍을 제어하려는 상태 업데이트나 컴포넌트 렌더링을 감쌉니다.
4 isPending 상태는 전환이 진행 중인지 아니면 완료되었는지 알려 줍니다.
5 리액트는 트랜지션으로 감싸진 업데이트가 적절한 우선순위 수준으로 처리되도록 보장합니다. 이 과정에서 스케줄러와 렌더 레인 메커니즘을 사용해 업데이트를 할당하고 관리합니다.

useTransition을 사용하면 업데이트 타이밍을 효과적으로 제어하고, 우선순위가 높은 여러 업데이트가 메인 스레드에서 경쟁하는 경우에도 사용자 경험을 매끄럽게 유지합니다.

7.7 useDeferredValue

useDeferredValue는 특정 UI 업데이트를 나중으로 미루는 데 사용되는 리액트 훅으로, 애플리케이션이 과부하 작업이나 연산 집약적 작업을 처리할 때 유용합니다. 이를 통해 업데이트의 우선순위를 관리하고, 더 부드러운 전환과 개선된 사용자 경험을 제공하는 데 일조합니다.

초기 렌더링 중에 반환되는 지연된deferred 값은 인수로 전달된 값과 동일합니다. 이후 업데이트에서는 useDeferredValue가 오래된 값을 더 오래 유지하고, 새 값으로 업데이트할 시점을 제어해 부드러운 사용자 경험을 유지하게 합니다. 특히 작업이 연산 집약적일 때 유용합니다. useDeferredValue는 이전 값과 새 값 사이에 렌더링이 여러 번 발생하지 않도록 동작합니다. 즉, 값이 바뀌어도 UI가 매번 새롭게 리렌더링되지 않습니다. 대신 새 값으로 업데이트될 시점을 제어해 한 번에 새 값으로 업데이트되게 합니다. 이 메커니즘은 stale-while-revalidate 전략과 유사하며, 새 값이 도착하기까지 이전 값을 유지함으로써 UI의 응답성을 높입니다.

리액트의 커밋 기록을 보면 useDeferredValue의 첫 구현은 다음과 같은 모습이었습니다.

```
function useDeferredValue(value) {
  const [newValue, setNewValue] = useState(value); // 초깃값만 저장
  useEffect(() {
    // 값이 변경되면 트랜지션 후에 '지연' 업데이트하고 값을 반환
    startTransition(() => {
      setNewValue(value);
    });
  }, [value]);

  return newValue;
}
```

이 코드가 하는 일에 대해 잠시 이야기해 보겠습니다. 처음에는 전달된 초깃값으로 상태(newValue)를 설정합니다. 그런 다음 useEffect 훅을 사용해 이 값의 변화를 관찰합니다. 변경 사항이 감지되면 업데이트를 지연하는 데 중요한 startTransition 함수가 호출됩니다.

startTransition 내부에서 상태는 setNewValue를 사용해 새 값으로 업데이트됩니다. startTransition을 사용하면 이 업데이트가 긴급하지 않음을 리액트가 알게 되어 더 중요하고 긴급한 업데이트를 먼저 처리할 수 있습니다. 현재의 useDeferredValue도 startTransition

과 매우 유사한 방식으로 동작하므로 이를 이해하는 데 도움이 될 것입니다.

useDeferredValue는 리액트 동시성 기능의 일부이며 특정 상태 업데이트를 지연하는 것은 물론 중단도 가능하게 합니다.

컴포넌트가 지연된 값으로 다시 렌더링되면, 리액트는 일정 시간 동안 이전 값을 계속 표시하며 우선순위가 높은 업데이트가 우선순위가 낮은 업데이트보다 먼저 처리되도록 합니다. 이를 통해 렌더링 작업이 더 작은 조각으로 나눠지고 여러 시간으로 분산되어 응답성이 향상됩니다. 또 사용자 상호 작용처럼 우선순위가 높은 업데이트가 우선순위가 낮은 업데이트에 가로막히지 않으므로 사용자 경험도 개선됩니다.

7.7.1 useDeferredValue의 목적

useDeferredValue의 주요 목적은 덜 중요한 업데이트의 렌더링을 지연하는 것입니다. 이는 사용자 상호 작용과 같은 더 중요한 업데이트를, 서버에서 가져온 데이터 표시와 같은 덜 중요한 업데이트보다 우선 처리하려고 할 때 특히 유용합니다.

useDeferredValue를 사용하면 부하가 많거나 복잡한 작업을 처리하는 상황에서도 애플리케이션이 매끄러운 사용자 경험과 응답성을 유지합니다.

useDeferredValue를 사용하려면 리액트 패키지에서 훅을 가져온 후, 지연할 값을 인수로 전달해야 합니다. 그러면 이 훅은 지연된 값을 반환하고 이를 컴포넌트에서 사용하면 됩니다.

간단한 애플리케이션에서 useDeferredValue를 사용하는 예시입니다.

```
import React, { memo, useState, useDeferredValue } from "react";

function App() {
  const [searchValue, setSearchValue] = useState("");
  const deferredSearchValue = useDeferredValue(searchValue);

  return (
    <div>
      <input
        type="text"
        value={searchValue}
        onChange={(event) => setSearchValue(event.target.value)}
```

```
    />
    <SearchResults searchValue={deferredSearchValue} />
  </div>
 );
}

const SearchResults = memo(({ searchValue }) => {
 // 검색과 결과 렌더링 수행
})
```

예시에는 검색 입력과 결과를 표시하는 SearchResults 컴포넌트가 있습니다. useDeferredValue를 사용해 검색 결과의 렌더링을 지연함으로써 애플리케이션이 사용자의 입력을 먼저 처리하게 됩니다. 그리고 결과 목록을 렌더링하는 데 많은 시간이 소요되는 경우에도 응답성이 유지됩니다. 코드를 조금 더 자세히 살펴봅시다.

1 앞서 설명했듯이 컴포넌트에 memo를 사용해 불필요하게 업데이트되지 않도록 합니다.

2 렌더링은 비용이 많이 드는 작업이므로 업데이트하면 성능 문제가 발생할 수 있습니다.

3 지연된 값인 deferredSearchValue를 프롭으로 전달하면 더 긴급한 렌더링 작업이 완료된 후에 업데이트됩니다. 따라서 컴포넌트도 긴급한 작업이 없을 때만 다시 렌더링됩니다. 예컨대 텍스트 입력 필드의 업데이트를 마치고 난 후에야 컴포넌트가 다시 렌더링될 것입니다.

여기서 '그냥 searchValue에 디바운싱debouncing이나 스로틀링throttling을 적용하면 되지 않을까요?'하고 궁금한 독자도 있을 것입니다.

좋은 질문입니다. 두 가지 방법도 비교해 보겠습니다.

디바운싱

목록을 업데이트하기 전에 잠시 멈추고, 사용자가 입력을 완료할 때까지 기다린 후 업데이트를 수행합니다. 이를테면 1초의 지연 시간을 두는 방식입니다.

스로틀링

업데이트 목록을 일정한 간격으로 업데이트합니다. 이를테면 1초에 한 번만 업데이트하도록 제한합니다.

이러한 방법은 특정 상황에서 효과적이지만, 개발자가 임의로 지연 시간을 설정해야 합니다. 하지만 렌더링 최적화에 더 특화된 useDeferredValue는 지연 시간을 사용자 기기의 성능에 맞춰 조정하며 임의로 설정할 필요가 없습니다.

useDeferredValue는 이들 방식과 달리 지연 시간을 동적으로 조정하는 접근 방식을 취합니다. 고정된 지연 시간을 설정할 필요가 없습니다. 성능이 뛰어난 노트북 같은 고성능 기기에서는 렌더링 지연이 눈에 띄지 않을 정도로 거의 즉각적으로 발생합니다. 반면 속도가 느린 기기에서는 장치 성능에 비례해 약간의 렌더링 지연이 발생하며, 입력에 대한 응답이 약간 느리게 나타납니다.

뿐만 아니라 useDeferredValue는 지연된 렌더링을 중단할 수 있습니다. 예를 들어 리액트가 큰 목록을 처리하고 있는 도중에 사용자가 새로운 키 입력을 하면, 리액트는 렌더링을 일시 중지하고 새 입력에 응답한 후 백그라운드에서 렌더링을 다시 진행합니다. 반면 디바운싱과 스로틀링은 둘 다 업데이트를 지연하기는 하지만, 렌더링 도중에 발생하는 사용자 입력 등을 가로막고 불편한 사용자 경험을 초래할 수 있습니다.

하지만 디바운싱과 스로틀링은 렌더링과 직접 관련이 없는 시나리오에서 유용할 수 있습니다. 예를 들어 네트워크 요청 빈도를 줄이는 데 효과적입니다. 이 기법은 useDeferredValue와 함께 사용해 종합적인 최적화를 달성할 수도 있습니다.

지금까지 배운 내용을 바탕으로 리액트 애플리케이션에서 useDeferredValue를 사용할 때 얻는 유익을 정리했습니다.

응답성 개선

앞서 본 예시에서 사용자가 검색창에 입력하면 입력 필드가 즉시 업데이트되고 검색 결과의 렌더링은 지연됩니다. 사용자가 다섯 글자를 연속으로 빠르게 입력하면 입력 필드가 즉시 다섯 번 업데이트되고, 사용자가 입력을 중지한 다음에야 SearchResults가 한 번 렌더링됩니다. 첫 글자부터 넷째 글자를 입력할 때까지는 SearchResults의 렌더링이 중단됩니다.

선언적 우선순위 설정

useDeferredValue는 애플리케이션에서 업데이트의 우선순위를 관리하는 간단하고 선언적인 방법을 제공합니다. 훅 내부에서 업데이트를 지연하는 로직을 캡슐화하면 컴포넌트 코드를 깔끔하게 유지하고, 애플리케이션의 더 중요한 부분에 집중할 수 있습니다.

리소스 활용도 향상

useDeferredValue는 덜 중요한 업데이트를 지연해 애플리케이션이 리소스를 더 잘 활용하도록 합니다. 이를 통해 성능 병목 현상을 줄이고 애플리케이션의 전반적인 성능을 개선합니다.

7.7.2 useDeferredValue 사용 시기

useDeferredValue는 애플리케이션이 특정 업데이트의 우선순위를 다른 업데이트보다 우선시해야 하는 상황에서 가장 유용합니다. useDeferredValue 사용을 고려할 만한 일반적인 사례는 다음과 같습니다.

- 대규모 데이터를 검색하거나 필터링할 때
- 복잡한 시각화나 애니메이션을 렌더링할 때
- 백그라운드에서 서버의 데이터를 업데이트할 때
- 사용자 상호 작용에 영향을 미칠 수 있는 연산 집약적 작업을 처리할 때

이제 useDeferredValue가 특히 유용한 예시를 보겠습니다. 사용자의 입력에 따라 대규모 데이터 목록을 필터링한다고 가정해 봅시다. 대규모 목록을 필터링하는 작업은 많은 연산이 필요한 고비용 작업이므로 useDeferredValue를 사용해 애플리케이션의 응답성을 유지합니다.

```
import React, { memo, useState, useMemo, useDeferredValue } from "react";

function App() {
  const [filter, setFilter] = useState("");
  const deferredFilter = useDeferredValue(filter);

  const items = useMemo(() => generateLargeListOfItems(), []);
  const filteredItems = useMemo(() => {
    return items.filter((item) => item.includes(deferredFilter));
  }, [items, deferredFilter]);

  return (
    <div>
      <input
        type="text"
        value={filter}
        onChange={(event) => setFilter(event.target.value)}
      />
      <ItemList items={filteredItems} />
    </div>
  );
}

const ItemList = memo(({ items }) => {
  // 아이템 목록 렌더링
```

```
});

function generateLargeListOfItems() {
  // 예시로 사용할 거대한 아이템 목록 생성
}
```

예시에서는 useDeferredValue를 사용해 필터링된 목록의 렌더링을 지연합니다. 사용자가 필터 텍스트를 입력할 때 지연된 값이 덜 자주 업데이트되므로 애플리케이션이 사용자 입력을 우선 처리해 응답성을 유지할 수 있습니다.

또한 useMemo 훅을 사용해 items와 filteredItems 배열을 메모화memoization하면 불필요한 리렌더링과 재계산을 방지합니다. 이로써 애플리케이션의 성능은 더욱 향상됩니다.

7.7.3 useDeferredValue가 적합하지 않은 경우

useDeferredValue가 특정 상황에서는 유용할 수 있지만, 이를 사용해 얻는 장점과 감수해야 할 단점을 알아야 합니다. 업데이트를 지연하면 사용자에게 표시되는 데이터가 최신 데이터와는 다른, 오래된stale 데이터일 수 있습니다. 중요하지 않은 데이터라면 이러한 지연이 허용되겠지만, 사용자가 지연된 데이터를 보게 될 때 발생할 영향에 대해서는 고려해야 합니다.

useDeferredValue의 사용 여부를 결정할 때 자문할 마땅한 질문은 '이 업데이트가 사용자 입력에 의한 것인가?'입니다.

리액트라는 이름이 붙은 이유가 있습니다. 리액트는 웹 애플리케이션이 특정 상황에 '반응react' 하게 합니다. 사용자가 즉각적인 반응을 기대할 만한 업데이트는 지연하면 안 됩니다. 그 외의 업데이트는 지연할 수 있습니다.

useDeferredValue를 사용하면 과부하 상태에 있는 애플리케이션의 응답성을 크게 향상시킬 수 있는데, 그렇다고 이것이 마법의 총알이라는 뜻은 아닙니다. 언제나 그렇듯 성능을 향상하는 가장 좋은 방법은 효율적인 코드를 작성하고 불필요한 계산을 피하는 것입니다.

7.8 동시성 렌더링 관련 문제

동시성 렌더링은 성능과 응답성을 높이지만, 개발자가 고려할 새로운 문제도 야기합니다. 그중 업데이트 처리 순서를 예측하기 어렵다는 가장 큰 문제는 예기치 않은 동작과 버그를 유발할 수 있습니다.

버그의 일종인 **티어링**tearing이라는 현상은 업데이트 순서가 어긋나면서 UI가 일관성을 잃게 되는 문제를 가리킵니다. 이 현상은 애플리케이션이 렌더링되는 동안 업데이트가 발생할 때, 컴포넌트가 일관되지 않은 데이터로 렌더링되면서 발생할 수 있습니다. 이에 대해 자세히 알아보겠습니다.

7.8.1 티어링

티어링은 애플리케이션을 렌더링하는 컴포넌트가 의존하고 있는 상태가 업데이트될 때 발생하는 버그입니다. 이를 이해하기 위해 동기식 렌더링과 동시성 렌더링을 비교해 보겠습니다.

동기식 세계에서는 리액트가 컴포넌트 트리를 따라 위에서 아래로 이동하며 한 컴포넌트씩 차례로 렌더링합니다. 이렇게 하면 렌더링 과정에서 애플리케이션 상태가 항상 일관성을 유지합니다. 각 컴포넌트가 최신 상태를 기준으로 렌더링되기에 렌더링이 진행되는 동안 UI가 일관성을 잃지 않습니다.

다음을 생각해 봅시다.[4]

```
import { useState, useSyncExternalStore, useTransition } from "react";

// 외부 상태
let count = 0;
setInterval(() => count++, 1);

export default function App() {
  const [name, setName] = useState("");
  const [isPending, startTransition] = useTransition();

  const updateName = (newVal) => {
```

4 옮긴이_ 한국어 입력은 매끄럽지 않을 수 있으므로 주의하세요.

```
      startTransition(() => {
        setName(newVal);
      });
    };

    return (
      <div>
        <input value={name} onChange={(e) => updateName(e.target.value)} />
        {isPending && <div>로딩 중...</div>}
        <ul>
          <li><ExpensiveComponent /></li>
          <li><ExpensiveComponent /></li>
          <li><ExpensiveComponent /></li>
          <li><ExpensiveComponent /></li>
          <li><ExpensiveComponent /></li>
        </ul>
      </div>
    );
  }

  const ExpensiveComponent = () => {
    const now = performance.now();

    while (performance.now() - now < 100) {
      // 아무것도 하지 않고 단순히 대기
    }

    return <>비용이 비싼 카운트: {count}</>;
  };
```

애플리케이션의 최상단에는 count라는 전역 변수가 있는데, 이 변수는 리액트 렌더링 주기와 관계없이 setInterval을 사용해 count를 지속적으로 업데이트합니다. 이렇게 하면 애플리케이션이 렌더링되는 동안 count 값이 변경되어 티어링 버그가 생길 수 있습니다. 렌더링은 동시적이고 중단될 수 있기 때문에 ExpensiveComponent가 렌더링될 때 count 값이 다르게 반영되어 일관성 없는 데이터가 사용자에게 표시될 수 있습니다. 이런 현상이 바로 티어링입니다.

사용자 입력에 따라 리액트가 렌더링을 '중지'하고 텍스트 입력 필드 업데이트와 같은 더 긴급한 업데이트를 우선 처리하게 되면, ExpensiveComponent는 오래된 count 값을 사용해 렌더링될 수 있습니다. 다만, 늘 발생하는 상황은 아니고 이따금 발생합니다.

이 예시에서는 텍스트 입력 필드와 다섯 개의 ExpensiveComponent 목록을 렌더링합니다. 여기서는 의도적으로 컴포넌트를 메모화하지 않았습니다. 이로 인해 성능 문제가 발생하며 티어링 현상까지 유발하게 됩니다. 실제 애플리케이션에서는 ExpensiveComponent를 React.memo로 감싸서 성능 문제를 피하는 것이 좋습니다. 물론 여기서는 티어링 현상을 재연하기 위해 의도적으로 메모화를 사용하지 않았습니다.

ExpensiveComponent는 렌더링하는 데 시간이 오래 걸리는데, 계산 비용이 큰 작업을 시뮬레이션하기 때문입니다. 또 ExpensiveComponent는 count 변수의 현잿값을 표시합니다. count 변수는 밀리초마다 증가하며, 전역 네임스페이스와 같은 외부 저장소에서 읽어 옵니다.

이 예시를 실행하고 input에 키 입력을 몇 번 하면 다섯 개의 ExpensiveComponent 인스턴스가 각각 다른 count 값으로 렌더링되는 것을 볼 수 있습니다.

이는 ExpensiveComponent가 5회 렌더링되고, 렌더링될 때마다 count 값이 다르게 반영되었기 때문입니다. 리액트가 컴포넌트를 동시적으로 렌더링하기 때문에, ExpensiveComponent가 서로 다른 count 값을 사용해 렌더링될 가능성이 생기는 것입니다. 그러면 사용자에게 일관성 없는 데이터를 보이게 됩니다.

이런 현상을 티어링이라고 하며 애플리케이션이 렌더링되는 동안 컴포넌트가 의존하는 상태가 업데이트될 때 발생하는 버그입니다. 이 예시에서는 ExpensiveComponent가 count 변수에 의존하며, 컴포넌트가 렌더링되는 동안 count가 업데이트되어 애플리케이션이 일관성 없는 데이터를 기반으로 렌더링된 것입니다. 티어링이 발생하면 다섯 개의 ExpensiveComponent 인스턴스가 다음과 같이 출력됩니다.

- 비용이 비싼 카운트: 568
- 비용이 비싼 카운트: 568
- 비용이 비싼 카운트: 569
- 비용이 비싼 카운트: 569
- 비용이 비싼 카운트: 570

논리적으로는 이해됩니다. 먼저 렌더링된 인스턴스는 변경되기 전의 count 값을 사용해 렌더링되고, 해당 값이 DOM에 커밋된 후 나머지 인스턴스가 렌더링되면서 업데이트된 count 값을 사용했기 때문입니다.

리액트가 결국은 일관된 상태를 사용해 렌더링해 줄 테니 큰 문제는 아닙니다. 큰 문제는 다음 경우에 발생합니다.

```
<UserDetails id={user.id} />
```

렌더링하는 도중 전역 저장소에서 해당 사용자가 삭제되면 갑자기 오류가 발생해 사용자가 놀랄 수 있습니다. 티어링이 문제가 되는 이유입니다.

티어링 문제를 해결하기 위해 리액트는 `useSyncExternalStore`라는 훅을 제공합니다. 이 훅에 대해 자세히 알아보겠습니다.

useSyncExternalStore

`useSyncExternalStore`는 애플리케이션의 내부 상태와 외부 상태를 동기화하는 리액트 훅입니다. 적절히 처리하지 않으면 티어링이 발생할 수 있는 고비용 계산 작업을 할 때 특히 유용합니다. `useSyncExternalStore`라는 이름의 'sync'에는 두 가지 의미가 담겼습니다. 동기화synchronize와 동기적synchronous이라는 의미입니다. 다시 말해 외부 저장소store에 변화가 발생할 때 동기적으로 업데이트를 강제해 일관성을 유지한다는 뜻입니다.

`useSyncExternalStore` 훅의 시그니처signature는 다음과 같습니다.

```
const value = useSyncExternalStore(store.subscribe, store.getSnapshot);
```

`store.subscribe`

유일한 인수로 콜백 함수를 받는 함수입니다. 이 함수 내부에서는 외부 저장소의 변경 사항을 구독하고 저장소에 변화가 생길 때마다 콜백 함수를 호출할 수 있습니다. 리액트는 이 콜백 함수 호출을, 새 값을 사용해 컴포넌트를 리렌더링하라는 신호로 간주할 수 있습니다. 이 함수를 실행하면 정리 함수를 반환하는데 반환된 함수를 실행하면 외부 저장소의 구독을 취소합니다.

일반적인 `subscribe` 함수는 다음과 같습니다.

```
const store = {
  subscribe(rerender) {
    const newData = getNewData().then(rerender);
    return () => {
      // 구독 해제
```

```
    };
  },
};
```

subscribe 함수의 간단한 사용 사례는 resize 또는 scroll 이벤트와 같은 브라우저 이벤트를 구독하고 이러한 이벤트가 발생할 때 컴포넌트를 업데이트하는 것입니다.

```
const store = {
  subscribe(rerenderImmediately) {
    window.addEventListener("resize", rerenderImmediately);
    return () => {
      window.removeEventListener("resize", rerenderImmediately);
    };
  },
};
```

이제 브라우저 창 크기가 조정될 때마다 리액트 컴포넌트가 다시 렌더링됩니다. 하지만 새로 업데이트된 값은 어떻게 얻을까요? 바로 이 대목에서 useSyncExternalStore의 두 번째 인수가 필요합니다.

store.getSnapshot

외부 저장소의 현잿값을 반환하는 함수입니다. 이 함수는 컴포넌트가 렌더링될 때마다 호출되며, 반환된 값은 컴포넌트의 내부 상태를 업데이트하는 데 사용됩니다. 동기적으로 호출되므로 비동기 연산을 수행하거나 부작용이 있어서는 안 됩니다. 또 렌더링 시점에 상태의 일관성을 보장해서 여러 인스턴스의 컴포넌트가 동일한 상태를 갖습니다.

창 크기 조정 예시를 그대로 반영하여 현재 창 크기를 가져옵니다.

```
const store = {
  subscribe(immediatelyRerenderSynchronously) {
    window.addEventListener("resize",
      immediatelyRerenderSynchronously);
    return () => {
      window.removeEventListener("resize",
        immediatelyRerenderSynchronously);
    };
  },
  getSnapshot() {
    return {
      width: window.innerWidth,
      height: window.innerHeight,
    };
  },
};
```

> 여기서 { width, height } 객체는 창의 현재 상태를 나타내는 스냅숏이며, useSyncExternalStore가 반환하는 값입니다. 이 객체는 동시적 렌더링 상황에서도 여러 컴포넌트에서 일관성 있게 유지된다는 확신을 가지고 사용할 수 있습니다.
>
> 확신할 수 있는 근거가 무엇일까요? immediatelyRerenderSynchronously 함수가 동기식 리렌더링을 강제하고 리액트가 이 렌더링을 지연하지 못한다는 사실입니다. 이것이 바로 티어링 문제 해결의 핵심입니다.

이제 useSyncExternalStore를 사용해 앞선 예시에서 발생한 티어링 문제를 다뤄 봅시다. 앞 예시에서는 티어링으로 인해 목록에 있는 ExpensiveComponent가 각기 다른 count 값을 가지고 렌더링되었습니다. 이제 useSyncExternalStore를 사용해 이를 해결해 보겠습니다.

저장소를 구독하고 업데이트가 발생할 때마다 리액트가 리렌더링을 일으키도록 만들고 싶지는 않습니다. 다만, 사용자의 입력에 의해 리렌더링이 발생할 때 일관된 상태가 유지되기를 바랍니다. 따라서 subscribe 함수는 비워 두고 대신 getSnapshot 함수를 사용해 count의 현재 값을 가져와 반환함으로써 일관된 상태를 유지하겠습니다.

```
const store = {
  subscribe() {},
  getSnapshot() {
    return count;
  },
};
```

앞 예시의 useSyncExternalStore는 이렇게 사용할 수 있습니다.

```
import { useState, useSyncExternalStore, useTransition } from "react";

let count = 0;
setInterval(() => {
  count++;
  store.callbacks.forEach((cb) => cb());
}, 1);
const store = {
  callbacks: [],
  subscribe(syncRerender) {
    // count가 변경될 때 실행될 콜백
    store.callbacks.push(syncRerender);
    return () => store.callbacks.filter((fn) => fn !== syncRerender);
  },
```

```
  getSnapshot() {
    return count;
  },
};

  return (
    <div>
      <input value={name} onChange={(e) => updateName(e.target.value)} />
      <ul>
        <li><ExpensiveComponent /></li>
        <li><ExpensiveComponent /></li>
        <li><ExpensiveComponent /></li>
        <li><ExpensiveComponent /></li>
        <li><ExpensiveComponent /></li>
      </ul>
    </div>
  );
}

const ExpensiveComponent = () => {
  // count를 전역 저장소에서 읽어 오는 대신
  // 훅을 사용해서 일관된 상태를 유지하도록 함
  const consistentCount = useSyncExternalStore(
    () => {},
    () => count
  );

  const now = performance.now();
  while (performance.now() - now < 100) {
    // 아무것도 하지 않음
  }

  return <>비용이 비싼 카운트: {consistentCount}</>;
};
```

이제 예시를 실행하면 `ExpensiveComponent`가 동일한 `count` 값으로 렌더링되어 티어링 현상이 발생하지 않습니다. 이는 `useSyncExternalStore` 훅 덕분에 렌더링 시점의 상태가 컴포넌트의 여러 인스턴스에서 일관성 있게 유지되었기 때문입니다.

`subscribe` 함수는 최신 상태로 리렌더링할 시점을 리액트에 알려 주는 것이 목적이기 때문에 여기서는 사용하지 않았습니다. 우리 예시에서는 렌더링하는 동안 상태가 일관되게 유지되기

를 원했기 때문에 getSnapshot 함수를 사용해 count의 현잿값을 가져와 반환했습니다. 이를 통해 렌더링 시점의 상태가 컴포넌트의 여러 인스턴스에서 일관되게 유지되었습니다.

이전 예시에 useSyncExternalStore를 추가로 사용해 렌더링 시점의 상태가 컴포넌트의 여러 인스턴스에서 일관되게 유지되게 하는 방법으로 티어링 문제를 해결할 수 있습니다.

그러면 텍스트 입력값이 변경되면서 ExpensiveComponent가 리렌더링될 때 ExpensiveComponent의 모든 인스턴스가 동일한 count 값을 갖게 되어 티어링 현상이 방지됩니다. 그러나 ExpensiveComponent 내부에서 count 값을 외부에서 업데이트하는 것과 같은 간격으로 업데이트하고 싶다면 어떻게 해야 할까요?

이럴 때는 외부와 동일한 업데이트 규칙을 따르는 저장소를 생성하면 됩니다.

```
import { useState, useSyncExternalStore, useTransition } from "react";

let count = 0;
setInterval(() => count++, 1);

const store = {
  subscribe(forceSyncRerender) {
    // count가 변경될 때 실행
    forceSyncRerender();
  },
  getSnapshot() {
    return count;
  },
};

export default function App() {
  const [name, setName] = useState("");
  const [, startTransition] = useTransition();

  const updateName = (newVal) => {
    startTransition(() => {
      setName(newVal);
    });
  };

  return (
    <div>
      <input value={name} onChange={(e) => updateName(e.target.value)} />
```

```
      <ul>
        <li><ExpensiveComponent /></li>
        <li><ExpensiveComponent /></li>
        <li><ExpensiveComponent /></li>
        <li><ExpensiveComponent /></li>
        <li><ExpensiveComponent /></li>
      </ul>
    </div>
  );
}

const ExpensiveComponent = () => {
  // count를 전역 저장소에서 읽어 오는 대신
  // 훅을 사용해서 일관된 상태를 유지하도록 함
  const consistentCount = useSyncExternalStore(
    store.subscribe,
    store.getSnapshot
  );

  const now = performance.now();
  while (performance.now() - now < 100) {
    // 아무것도 하지 않음
  }

  return <>비용이 비싼 카운트: {consistentCount}</>;
};
```

이제 count 값이 변경될 때마다 ExpensiveComponent는 새로운 count 값을 사용해 렌더링되고, 모든 ExpensiveComponent 인스턴스는 동일한 count 값을 표시합니다. 변경 감지 로직은 단순하거나 복잡하게 구성할 수 있지만, 정작 놓치지 말아야 할 점은 useSyncExternalStore가 주요 작업을 수행하는 메커니즘을 이해하는 것입니다. 여기서 말한 주요 작업은 다음 두 가지입니다.

- 동시적 렌더링에서 일관된 상태 보장하기
- 저장소가 변경될 때 동기적으로 리렌더링 강제 적용하기

이제 useSyncExternalStore가 어떻게 작동하는지 배웠고, 이를 활용해 티어링 문제를 해결하는 방법도 알아봤습니다. 다시 말해 리액트의 동시성 렌더링에 대한 탄탄한 이해를 갖추고 동시성 렌더링으로 발생하는 문제의 해결법도 알게 되었습니다. 리액트 개발자로서 매우 바람

직한 경지에 도달한 것입니다.

꽤 깊이 있는 내용을 다뤘는데 거의 끝났습니다. 마지막으로 정리해 보겠습니다.

7.9 돌아보기

파이버 재조정자, 스케줄링, 업데이트 지연, 렌더 레인, `useTransition` 및 `useDeferredValue` 같은 새로운 훅 등 여러 측면을 둘러보면서 리액트 동시성을 심층적으로 탐구했습니다.

먼저 리액트 동시성 렌더링 엔진의 핵심인 파이버 재조정자에 대해 논의했습니다. 파이버 재조정자는 작업을 더 작은 덩어리로 나누고 실행 우선순위를 관리하는 알고리듬으로, 리액트가 작업을 중단하고 동시성 렌더링을 지원하게 해 줍니다. 이를 통해 복잡한 고성능 애플리케이션도 부드럽게 처리하고 무거운 연산이 실행되는 동안에도 사용자 상호 작용이 좋은 응답성을 유지합니다.

다음으로 업데이트 예약과 지연이라는 개념을 살펴봤습니다. 이를 통해 리액트는 특정 상태 업데이트를 다른 업데이트보다 먼저 처리합니다. 리액트는 우선순위가 낮은 업데이트를 지연해 우선순위가 높은 업데이트를 먼저 처리함으로써 애플리케이션이 높은 부하를 받는 상황에서도 원활한 사용자 경험을 유지합니다. 채팅 애플리케이션을 예로 들어, 사용자 인터페이스를 방해하지 않도록 수신된 메시지의 업데이트가 지능적으로 예약되고 렌더링되는 방법을 안내했습니다.

그 후, 리액트 동시성 기능의 핵심 개념인 렌더 레인에 대해 설명했습니다. 렌더 레인은 리액트가 업데이트에 우선순위를 설정하고 실행을 효과적으로 관리하기 위해 사용하는 메커니즘입니다. 리액트는 긴급히 처리할 업데이트와 나중에 처리할 업데이트를 결정할 때 렌더 레인을 활용합니다. 비트마스크를 사용해 여러 우선순위를 효율적으로 관리하는 방법도 제시했습니다.

그다음에는 리액트의 동시성 작업을 처리하기 위해 새로 도입된 `useTransition`과 `useDeferredValue` 훅에 대해 자세히 살펴봤습니다. 이들은 특히 시간이 많이 걸리는 작업을 처리하면서도 매끄러운 사용자 경험을 제공하도록 설계되었습니다.

`useTransition` 훅도 다뤘습니다. `useTransition` 훅은 새로운 상태로 전환할 때, 해당 상태가 준비되기까지 시간이 걸려도 UI가 응답성을 잃지 않게 합니다. 즉, 컴포넌트가 현재 렌더

링 중이라면, 다음 렌더링 주기로 업데이트를 지연할 수 있습니다.

useDeferredValue 훅도 소개했습니다. 이 훅은 사용자 경험이 나빠지는 것을 방지하기 위해 컴포넌트의 덜 중요한 업데이트를 지연합니다. 새 값 계산에 시간이 오래 걸리는 경우, useDeferredValue 훅을 활용하면 리액트가 이전 값을 조금 더 오래 유지해 UI가 매끄럽게 동작합니다.

끝으로 티어링 같은 동시성 문제를 다루고, useSyncExternalStore 훅을 활용해 여러 동시성 렌더링에서도 상태를 일관되게 유지하는 방법을 확인했습니다. 이를 통해 티어링 문제를 해결하고 컴포넌트가 항상 최신 상태로 렌더링되도록 보장할 수 있었습니다.

이 장 전반에 걸쳐 의도한 것은 리액트가 복잡하고 동적인 애플리케이션을 관리하는 전략과 그 이면에 있는 '기능'과 '목적'을 이해하고, 이러한 전략을 활용해 부드럽고 응답성 좋은 사용자 경험을 제공하는 방법을 배우는 것이었습니다.

7.10 복습하기

이 장에서 배운 개념에 대한 이해도를 확인하기 위해 몇 가지 질문을 해 보겠습니다.

1 리액트의 파이버 재조정자는 무엇이며, 복잡한 고성능 애플리케이션을 처리하는 데 어떻게 도움이 되나요?

2 리액트에서 업데이트 예약 및 지연의 개념을 설명하세요. 부하가 많은 상황에서도 원활한 사용자 경험을 유지하는 데 어떻게 도움이 되나요?

3 리액트의 렌더 레인이란 무엇이며, 업데이트 실행을 어떻게 관리하나요? 렌더 레인이 비트마스크를 사용해 여러 우선순위를 처리하는 방법을 설명하세요.

4 리액트에서 useTransition과 useDeferredValue 훅을 사용하는 목적은 무엇인가요? 각 훅이 유용한 상황을 설명하세요.

5 useDeferredValue를 사용하는 것이 부적절한 상황은 어떤 상황일까요? 이 훅을 사용할 때 고려할 장단점은 무엇인가요?

7.11 미리보기

이제 리액트의 동시성 기능과 내부 작동 방식을 깊이 이해했으니 고성능 애플리케이션을 구축할 준비가 충분히 되었습니다. 8장에서는 리액트를 기반으로 개발된 다양한 인기 프레임워크, Next.js와 Remix를 탐구할 예정입니다. 이러한 프레임워크는 모범 사례와 규칙, 추가 기능을 제공해 개발 과정을 간소화합니다.

리액트 기반의 프레임워크는 서버 렌더링, 라우팅, 코드 분할 같은 일반적인 문제를 자동으로 처리하도록 설계되었으며, 이를 통해 복잡한 애플리케이션도 쉽게 구축할 수 있습니다. 프레임워크의 강력한 기능을 활용하면 애플리케이션의 성능을 최적화하고, 뛰어난 사용자 경험을 제공하면서 애플리케이션의 기능 개발에 집중할 수 있습니다.

8장에서는 이러한 강력한 프레임워크를 심도 있게 살펴보겠습니다. 리액트와 리액트의 생태계를 활용해 확장 가능하고, 성능이 뛰어나며, 기능도 풍부한 애플리케이션을 구축하는 방법을 배워 봅시다.

CHAPTER 8

프레임워크

지금까지 리액트와 함께 하는 여정에서 우리는 리액트의 강력한 힘과 다양성에 기여하는 광범위한 기능과 원리를 발견했습니다. 이전 장에서는 `useTransition`, `useDeferredValue` 같은 도구로 응답성이 우수하고 사용자 친화적인 인터페이스를 만드는 매력적인 비동기 리액트의 세계를 탐색했습니다. 파이버 재조정자 덕에 가능해진 리액트의 정교한 스케줄링과 우선순위 지정 메커니즘을 활용해 최적의 성능을 끌어내는 방식도 살펴봤습니다. 이 장에서 설명하는 리액트 프레임워크의 영역을 이해하려면 비동기 패턴도 잘 알아야 합니다.

리액트 자체는 매우 강력하지만, 애플리케이션이 복잡해지면서 비슷한 패턴을 반복하거나 일반적인 문제에 대해 간소화된 솔루션이 필요한 경우가 종종 있습니다. 그래서 프레임워크가 필요합니다. 프레임워크는 리액트를 기반으로 구축된 소프트웨어 라이브러리 또는 툴킷toolkit이며, 일반적인 작업을 보다 효율적으로 처리하고 모범 사례를 적용하기 위한 추상화 계층을 제공합니다.

8.1 프레임워크가 필요한 이유

리액트는 대화형 사용자 인터페이스의 기본 구조를 제공하지만, 중요한 아키텍처 결정은 개발자에게 많이 맡깁니다. 리액트가 아키텍처를 강제하지 않으므로, 개발자는 자신이 적합하다고 생각하는 방식으로 애플리케이션을 유연하게 구성할 수 있습니다. 하지만 애플리케이션이 확장되면 이러한 자유가 부담이 되기도 합니다. 라우팅, 데이터 페치, 서버 사이드 렌더링 같은 일반적인 문제를 반복해 다뤄야 할 수 있습니다.

이 지점에서 리액트 프레임워크가 필요합니다. 프레임워크가 미리 정의된 구조와 일반적인 문제에 대한 해결책을 제공하므로 개발자는 반복 작성해야 하는 코드에 얽매이지 않고 애플리케이션의 고유한 기능에 집중할 수 있습니다. 프레임워크에서 시행하는 모범 사례를 준수해 개발 프로세스를 가속화하고 코드베이스의 품질을 개선할 수 있습니다.

이를 완전히 이해하기 위해 아주 작은 프레임워크를 직접 작성해 보겠습니다. 그러자면 리액트에서 쉽게 얻을 수 없지만 프레임워크에서는 제공하는 주요 기능 몇 가지를 파악해야 합니다. 이 주요 기능을 먼저 세 가지만 간략하게 설명하겠습니다. 실제 프레임워크는 훨씬 더 많은 기능을 수행하지만, 다음 기능을 논의의 출발점으로 삼겠습니다.

- 서버 렌더링
- 라우팅
- 데이터 페치

가상의 리액트 애플리케이션이 존재한다고 가정하고 위에서 언급한 기능을 하나둘 추가하면서 프레임워크의 기능을 알아보려 합니다. 여기서 '프레임워크화'하는 리액트 앱의 구조는 이렇습니다.

```
- index.js
- List.js
- Detail.js
- dist/
  - clientBundle.js
```

각 파일입니다.

```
// index.js

import React, { useState, useEffect } from "react";
import { createRoot } from "react-dom/client";
import Router from "./Router";

const root = createRoot(document);
```

```
const params = new URLSearchParams();
const thingId = params.get("id");

root.render(
  window.location.pathname === "/" ? <List /> : <Detail thingId={thingId} />
);

// List.js

export const List = () => {
  const [things, setThings] = useState([]);
  const [requestState, setRequestState] = useState("initial");
  const [error, setError] = useState(null);

  useEffect(() => {
    setRequestState("loading");
    fetch("https://api.com/get-list")
      .then((r) => r.json())
      .then(setThings)
      .then(() => {
        setRequestState("success");
      })
      .catch((e) => {
        setRequestState("error");
        setError(e);
      });
  }, []);

  return (
    <div>
      <ul>
        {things.map((thing) => (
          <li key={thing.id}>{thing.label}</li>
        ))}
      </ul>
    </div>
  );
};

// Detail.js

export const Detail = ({ thingId }) => {
  const [thing, setThing] = useState([]);
  const [requestState, setRequestState] = useState("initial");
```

```
  const [error, setError] = useState(null);

  useEffect(() => {
    setRequestState("loading");
    fetch("https://api.com/get-thing/" + thingId)
      .then((r) => r.json())
      .then(setThing)
      .then(() => {
        setRequestState("success");
      })
      .catch((e) => {
        setRequestState("error");
        setError(e);
      });
  }, []);

  return (
    <div>
      <h1>The thing!</h1>
      {thing}
    </div>
  );
};
```

이 애플리케이션은 클라이언트에서만 렌더링된 리액트 애플리케이션에서 흔히 발생하는 다음과 같은 문제가 있습니다.

읽어 들일 코드의 주소를 참조한 빈 페이지를 사용자에게 전송한 다음, 자바스크립트를 파싱하고 실행합니다

사용자는 빈 페이지를 다운로드한 다음 애플리케이션을 다운로드하고, 자바스크립트가 실행될 때까지 기다립니다. 만약 사용자가 검색 엔진이라면 이 페이지에는 아무것도 표시되지 않을 수 있습니다. 검색 엔진 크롤러가 자바스크립트를 지원하지 않는 경우, 검색 엔진은 웹사이트의 색인을 생성하지 않습니다.

데이터를 너무 늦게 가져오기 시작합니다

이 애플리케이션은 네트워크 폭포(네트워크 요청이 연속적으로 발생해 애플리케이션 속도가 느려지는 현상)라는 사용자 경험 저주의 희생양이 되었습니다. 애플리케이션은 기본 기능을 위해 서버에 여러 번 요청해야 합니다. 예를 들어 다음 순서로 실행됩니다.

- 자바스크립트를 다운로드, 파싱, 실행합니다.
- 리액트 컴포넌트를 렌더링하고 커밋합니다.
- useEffect에서 데이터를 가져오기 시작합니다.

- 로딩 스피너를 렌더링하고 커밋합니다.
- useEffect가 데이터 페치를 완료합니다.
- 데이터를 렌더링하고 커밋합니다. 데이터가 포함된 페이지를 브라우저에 바로 제공한다면, 다시 말해 7장 서버 사이드 리액트에서 다룬 대로 HTML 마크업을 전송한다면 이 모든 문제를 피할 수 있습니다.

이 앱의 라우터는 클라이언트 기반입니다

브라우저에서 https://our-app.com/detail?thingId=24를 요청하면 서버에 해당 파일이 없으므로 서버는 404 페이지로 응답합니다. 이 문제를 해결하는 데 사용되는 일반적인 우회 방법은 404가 발생했을 때 자바스크립트를 읽어 들이는 HTML 페이지를 반환하고, 해당 페이지의 클라이언트 측 라우터가 주소를 다루도록 하는 것입니다. 이 방법은 자바스크립트 지원이 제한된 검색 엔진이나 환경에서는 작동하지 않습니다.

프레임워크는 앞서 살펴본 모든 문제를 해결하는 데 도움이 됩니다. 정확히 어떻게 도움이 되는지 살펴보겠습니다.

8.1.1 서버 렌더링

프레임워크는 일반적으로 서버 렌더링을 기본으로 제공합니다. 앞서 본 애플리케이션에 서버 렌더링을 추가하려면 서버가 필요합니다. Express 같은 패키지를 사용해 직접 작성할 수 있습니다. 그런 다음 이 서버를 배포하면 서버 사이드 렌더링을 할 준비가 된 것입니다. 이러한 서버를 구동하는 코드를 살펴봅시다.

그 전에 프레임워크가 이러한 기능을 구현하는 기본 메커니즘을 설명하려고 합니다. 더 간단하게 설명하기 위해 renderToString을 사용한다는 점을 기억해 주세요. 프로덕션 환경에서 사용한다면 6장에서 다룬 것처럼 서버 렌더링에 renderToPipeableStream 같은 보다 강력한 비동기 API를 사용하는 것이 좋습니다.

이제 서버 사이드 렌더링 문제를 해결해 봅시다.

```
// ./server.js

import express from "express";
import { renderToString } from "react-dom/server"; // 6장 내용 참고

import { List } from "./List";
```

```
import { Detail } from "./Detail";

const app = express();

app.use(express.static("./dist")); // 클라이언트 JS와 같은 정적 파일 가져오기

const createLayout = (children) => `<html lang="en">
<head>
  <title>My page</title>
</head>
<body>
  ${children}
  <script src="/clientBundle.js"></script>
</body>
</html>`;

app.get("/", (req, res) => {
  res.setHeader("Content-Type", "text/html");
  res.end(createLayout(renderToString(<List />)));
});

app.get("/detail", (req, res) => {
  res.setHeader("Content-Type", "text/html");
  res.end(
    createLayout(renderToString(<Detail thingId={req.params.thingId} />))
  );
});

app.listen(3000, () => {
  console.info("App is listening!");
});
```

애플리케이션에 서버 렌더링을 추가하는 데 필요한 코드는 이게 전부입니다. 클라이언트 측의 `index.js`에 자체 클라이언트 라우터가 있고, 서버를 위해서는 다른 종류의 라우터를 추가한 것에 주목하세요. 대부분의 프레임워크는 클라이언트와 서버 모두에서 작동하는 **동형**isomorphic[1] 라우터를 제공합니다.

1 옮긴이_ 2017년, 웹 브라우저와 서버에서 사용되는 동일한 자바스크립트 코드를 가리키는 'Isomorphic JavaScript'란 표현에서 처음으로 사용되었습니다. 음차해 '아이소모픽'으로 부르기도 하고 '유니버설(universal)'이라는 용어를 대신 사용하는 경우도 있습니다.

8.1.2 라우팅

이제 서버가 동작하게 되었지만 확장성이 좋지는 않습니다. 경로를 추가하려면, 추가하는 각 경로에 대해 `req.get` 호출을 직접 작성해야 합니다. 이를 조금 더 확장 가능하게 만들어 보려고 합니다. 사용할 수 있는 방법으로는 경로를 컴포넌트에 매핑하는 구성 객체나 파일 시스템 기반 라우팅 등 다양한 방법이 있습니다. 공부하는 재미가 있도록, **파일 시스템 기반 라우팅**에 대해 알아봅시다. 이를 통해 Next.js 같은 프레임워크의 규칙과 제약의 이유와 메커니즘을 더 명확하게 이해할 수 있습니다. 모든 페이지가 `./pages` 디렉터리에 있어야 하고 이 디렉터리의 모든 파일 이름이 라우터 경로가 된다는 규칙을 적용한다면, 서버는 규칙을 기반으로 확장성을 높일 수 있습니다.

예를 들어 설명해 보겠습니다. 먼저 디렉터리 구조부터 다듬어 봅시다. 새 디렉터리 구조입니다.

```
- index.js
- pages/
  - list.js
  - detail.js
- dist/
  - clientBundle.js
```

이제 pages의 모든 파일은 경로가 됩니다. 이에 맞게 서버를 업데이트해 봅시다.

```
// ./server.js

import express from "express";
import { join } from "path";
import { renderToString } from "react-dom/server"; // 6장에서 다룬 내용

const app = express();

app.use(express.static("./dist")); // 클라이언트 JS와 같은 정적 파일

const createLayout = (children) => `<html lang="en">
<head>
  <title>My page</title>
</head>
<body>
  ${children}
  <script src="/clientBundle.js"></script>
```

```
</body>
</html>`;

app.get("/:route", async (req, res) => {
  // pages 디렉터리에서 라우트 컴포넌트를 가져오기
  const exportedStuff = await import(
    join(process.cwd(), "pages", req.params.route)
  );

  // 예측 가능한 방법이 필요하므로 이름 붙여서 내보내지(export) 않고
  // 디폴트로 내보냅니다. `.default`는 표준이므로 안정적으로 사용할 수 있습니다.
  const Page = exportedStuff.default;

  // query 문자열에서 props를 짐작할 수 있을까요?
  const props = req.query;

  res.setHeader("Content-Type", "text/html");
  res.end(createLayout(renderToString(<Page {...props} />)));
});

app.listen(3000, () => {
  console.info("App is listening!");
});
```

새로운 ./pages 디렉터리 규칙을 채택한 덕분에 서버 확장성이 훨씬 좋아졌습니다. 마음에 듭니다. 하지만 이제 각 페이지의 컴포넌트는 디폴트로 내보내야default export 합니다. 새로 변경된 접근 방식이 더 범용적이기 때문에 페이지 컴포넌트가 어떤 이름으로 내보내질지 예측할 방법이 없기 때문입니다. 프레임워크를 사용할 때 장점을 얻는 대신 갖게 되는 단점입니다. 하지만 이 경우에는 단점을 감수할 가치가 충분해 보입니다.

8.1.3 데이터 페치

이제 세 가지 기능 중 두 개를 완료했습니다. 서버 렌더링과 파일 시스템 기반 라우팅을 도입했지만 네트워크 폭포로 인한 문제는 아직 남았습니다. 데이터를 불러오는 부분을 수정해 봅시다. 먼저 프롭을 통해 초기 데이터를 받아들이도록 컴포넌트를 업데이트하겠습니다. 간결함을 위해 List 컴포넌트만 다루고 Detail 컴포넌트는 여러분의 과제로 남겨 두겠습니다.

```
// ./pages/list.jsx
// 파일 시스템 기반 라우팅을 위한 디폴트 내보내기

export default function List({ initialThings } /* <- 여기에 초기 프롭 설정 */) {
  const [things, setThings] = useState(initialThings);
  const [requestState, setRequestState] = useState("initial");
  const [error, setError] = useState(null);

  // 필요한 경우 데이터를 가져오는 부분
  useEffect(() => {
    if (initialThings) return;
    setRequestState("loading");
    fetch("https://api.com/get-list")
      .then((r) => r.json())
      .then(setThings)
      .then(() => {
        setRequestState("success");
      })
      .catch((e) => {
        setRequestState("error");
        setError(e);
      });
  }, [initialThings]);

  return (
    <div>
      <ul>
        {things.map((thing) => (
          <li key={thing.id}>{thing.label}</li>
        ))}
      </ul>
    </div>
  );
}
```

좋습니다. 이제 초기 프롭을 추가했으므로 페이지를 렌더링하기 전에 서버에서 필요한 데이터를 가져오고, 이 데이터를 컴포넌트에 전달할 방법이 필요합니다. 우리가 원하는 방식은 다음과 같습니다.

```
// ./server.js

import express from "express";
```

```
import { join } from "path";
import { renderToString } from "react-dom/server"; // 6장에서 다룬 내용

const app = express();

app.use(express.static("./dist")); // 클라이언트 JS와 같은 정적 파일

const createLayout = (children) => `<html lang="en">
<head>
  <title>My page</title>
</head>
<body>
  ${children}
  <script src="/clientBundle.js"></script>
</body>
<html>`;

app.get("/:route", async (req, res) => {
  const exportedStuff = await import(
    join(process.cwd(), "pages", req.params.route)
  );

  const Page = exportedStuff.default;

  // 컴포넌트의 데이터를 가져오기
  const data = await exportedStuff.getData();
  const props = req.query;

  res.setHeader("Content-Type", "text/html");

  // 프롭과 데이터를 전달
  res.end(createLayout(renderToString(<Page {...props} {...data.props} />)));
});

app.listen(3000, () => {
  console.info("App is listening!");
});
```

간단히 말해 데이터가 필요한 페이지 컴포넌트에서 `getData`라는 데이터 페치 함수를 내보내야 합니다. 목록 페이지를 조금 수정해 `getData`를 내보내도록 하겠습니다.

```
// ./pages/list.jsx

// 이 함수는 서버에서 호출되어 props 속성의 값을 그대로 컴포넌트에 전달합니다.
export const getData = async () => {
  return {
    props: {
      initialThings: await fetch("https://api.com/get-list").then((r) =>
        r.json()
      ),
    },
  };
};

export default function List({ initialThings } /* <- 여기에 초기 프롭 설정 */) {
  const [things, setThings] = useState(initialThings);
  const [requestState, setRequestState] = useState("initial");
  const [error, setError] = useState(null);

  // 필요한 경우 데이터를 가져오는 부분
  useEffect(() => {
    if (initialThings) return;
    setRequestState("loading");
    getData()
      .then(setThings)
      .then(() => {
        setRequestState("success");
      })
      .catch((e) => {
        setRequestState("error");
        setError(e);
      });
  }, [initialThings]);

  return (
    <div>
      <ul>
        {things.map((thing) => (
          <li key={thing.id}>{thing.label}</li>
        ))}
      </ul>
    </div>
  );
}
```

끝났습니다! 이제 우리가 구현한 기능은 세 가지입니다.

- 파일당 각 경로에 대해 가능한 경우 서버에서 데이터를 미리 가져오기
- 전체 페이지를 HTML 문자열로 렌더링하기
- 클라이언트에 전송하기

우리는 다양한 프레임워크가 공통으로 지닌 세 가지 기능을 이해하고, 이 기능의 기본 버전을 구현하고 추가했습니다. 이를 통해 프레임워크의 기본 메커니즘을 배우고 이해하게 되었습니다. 그리고 프레임워크에서 제공하는 다음 기능의 작동 원리도 알게 되었습니다.

- 서버 렌더링 제공하기
- 파일 시스템을 기반으로 하는 동형 라우팅 사용하기
- 내보낸 함수를 통한 데이터 페치하기

Next.js의 13 이전 버전을 사용해 본 경험이 있다면, Next.js의 여러 패턴이 왜 사용되었는지 잘 이해하게 되었을 것입니다. 특히 다음과 같은 패턴은 더 명확하게 이해되었으리라 생각합니다.[2]

- `./pages` 디렉터리
- 디폴트로 페이지 내보내기
- `getServerSideProps`와 `getStaticProps`

이제 코드 수준에서 프레임워크의 메커니즘과 몇 가지 규칙의 이유를 이해했으니, 프레임워크 사용의 장점을 간단하게 요약해 보겠습니다.

8.2 프레임워크 사용 시 장점

프레임워크 사용의 장점은 다음과 같습니다.

구조와 일관성

프레임워크는 코드베이스를 구성하기 위해 특정 구조와 패턴을 강제합니다. 이는 일관성을 유지해 신규 개

2 옮긴이_ 이 책에서 작성한 파일 시스템 기반 라우팅은 Next.js 13 버전 전에 사용된 페이지 라우터(Pages Router)의 간소화된 버전입니다. Next.js는 13 버전부터 앱 라우터(App Router)라는 새로운 라우팅 방식을 도입했습니다.

발자가 애플리케이션의 흐름을 더 쉽게 이해하게 됩니다. 또 코드 구조의 사소한 부분까지 신경 쓰지 않고 제품과 기능에만 집중할 수 있습니다.

모범 사례

프레임워크에는 개발자가 따를 것을 권장하는 모범 사례가 기본으로 제공되는 경우가 많습니다. 이렇게 하면 코드 품질이 향상되고 버그가 줄 수 있습니다. 예를 들어 프레임워크는 클라이언트가 데이터를 가져올 때까지 기다리지 않고 서버에서 미리 데이터를 가져오도록 권장할 수 있습니다. 이는 더 나은 성능과 사용자 경험으로 연결됩니다.

추상화

프레임워크는 라우팅, 데이터 페치, 서버 렌더링 등의 일반적인 작업을 처리하기 위해 더 높은 수준의 추상화를 제공합니다. 이렇게 하면 코드가 더 깔끔하고 가독성이 좋으며 유지 보수가 쉬워지는 동시에 커뮤니티의 도움을 받아 추상화의 품질을 보장할 수 있습니다. 한 예로 Next.js에서 제공하는 `useRouter` 훅을 사용해 컴포넌트에서 라우터에 쉽게 접근할 수 있습니다.

성능 최적화

많은 프레임워크에는 코드 분할, 서버 사이드 렌더링, 정적 사이트 생성 등의 최적화 기능이 기본으로 제공됩니다. 이를 통해 애플리케이션의 성능을 크게 향상시킬 수 있습니다. 예를 들어 Next.js는 애플리케이션을 자동으로 코드 분할하고 사용자가 링크 위로 마우스를 가져가면 다음 페이지의 코드를 미리 로드해 페이지 전환 속도를 높입니다.

커뮤니티와 생태계

인기 있는 프레임워크는 대규모 커뮤니티와 플러그인, 라이브러리를 포함한 풍부한 생태계를 갖추고 있습니다. 따라서 문제가 발생했을 때 신속하게 해결책을 찾거나 도움을 받는 경우가 많습니다.

8.3 프레임워크 사용 시 트레이드오프

프레임워크는 이점이 많지만, 얻는 장점만큼 감수해야 하는 단점도 있습니다. 이를 이해하면 프레임워크 사용 여부와 사용할 프레임워크를 선택할 때 정보에 입각한 결정을 내릴 수 있습니다.

학습 곡선

모든 프레임워크에는 학습해야 하는 고유한 개념, API, 규칙이 포함되어 있습니다. 리액트를 처음 사용하는 경우, 프레임워크까지 동시에 학습하는 게 부담스러울 수 있지만 권장합니다. 이미 리액트에 익숙하다면 프레임워크의 특정 기능과 API를 학습하는 데 시간을 투자해야 합니다.

유연성과 규칙

프레임워크의 강제적인 구조와 규칙은 장점이 될 수도 있지만 제약이 될 수도 있습니다. 프레임워크의 모델에 맞지 않는 고유한 요구 사항을 애플리케이션에서 구현해야 하는 경우라면, 프레임워크의 도움을 받기는커녕 프레임워크에 맞서 싸우고 있는 자신을 발견할 수도 있습니다. 빠른 인터넷과 최신 브라우저를 사용하는 특정 사용자 집단을 위해 개발하는 경우에는 서버 사이드 렌더링이나 데이터 페치가 필요하지 않을 수 있는데, 이때는 프레임워크의 기능이 과하게 느껴질 수도 있습니다.

의존과 서약

프레임워크 사용은 일종의 서약입니다. 애플리케이션의 운명을 프레임워크의 운명에 맡기는 셈입니다. 프레임워크가 유지 보수를 중단하거나 사용자의 요구와 맞지 않는 방향으로 나아가는 경우, 많은 비용을 감수하고 다른 프레임워크로 마이그레이션할지 아니면 기존 프레임워크 코드를 직접 유지 보수할지 어려운 결정을 내리게 될 수도 있습니다.

추상화 오버헤드

추상화는 복잡성을 감추어 개발을 단순하게 만들어 주지만, 동시에 내부에서 일어나는 일을 이해하기 어렵게 만들 수도 있습니다. 이로 인해 디버깅과 성능 튜닝에 어려움을 겪게 됩니다. 또 모든 추상화는 약간의 오버헤드를 수반하기 때문에 성능에 영향을 미치기도 합니다. 예를 들어 Next.js의 서버 액션을 위해 `"use server"` 지시어directive를 사용하면 마치 마법처럼 어떻게든 해당 액션이 서버에서 실행되도록 만들어 주지만 내부적으로는 실제로 어떻게 작동하는지 이해하기 어렵습니다.

이제 리액트 프레임워크를 사용해야 하는 이유와 장단점을 이해했으니, 리액트 생태계에 존재하는 특정 프레임워크에 대해 살펴볼 수 있습니다. 곧이어 Next.js 및 Remix와 같이 인기 있는 몇 가지 프레임워크를 살펴보겠습니다. 각 프레임워크는 고유한 기능과 장단점을 제공하며, 이를 이해하면 특정 요구 사항에 적합한 도구를 선택할 수 있는 지식을 갖추게 됩니다.

8.4 인기 있는 리액트 프레임워크

인기 있는 리액트 프레임워크를 몇 가지 살펴보고 기능과 이점, 장단점에 대해 논의해 보겠습니다. 각 프레임워크에 대한 개요로 시작해 기능과 성능을 자세히 비교하겠습니다. 프로젝트에 사용할 프레임워크를 선택할 때 고려할 몇 가지 요소도 설명합니다.

8.4.1 Remix

Remix는 리액트와 웹 플랫폼의 기능을 활용하는 강력한 최신 웹 프레임워크입니다. 작동 원리를 이해하기 위해 몇 가지 실제 사례를 살펴보겠습니다.

기본 Remix 애플리케이션

먼저 기본 Remix 애플리케이션을 설정하겠습니다. npx를 사용해 Remix를 설치합니다. 몇 가지 질문이 나타날 텐데 잘 모르겠다면 기본값을 선택하면 됩니다.

```
npx create-remix@2.12.1
```

현재 디렉터리에 새 Remix 프로젝트가 생성됩니다. 내부를 둘러보고 무엇이 있는지 살펴봅시다. 우선 app 디렉터리에 entry.client.tsx와 entry.server.tsx가 있습니다. 이 디렉터리에는 root.tsx도 있습니다.

파일 이름만 봐도 Remix가 클라이언트 진입점과 서버 진입점을 지원한다는 것을 알 수 있습니다. 또 root.tsx에는 모든 페이지에 공통으로 렌더링되는 공유 레이아웃 컴포넌트가 포함되었습니다. Remix가 미리 정의된 구조를 제공해 빠르게 시작할 수 있도록 도와주는 좋은 예입니다.

서버 렌더링

Remix는 entry.server.tsx를 통해 서버 렌더링을 바로 제공합니다. 자동으로 생성된 파일이지만, 조금만 살펴보도록 하겠습니다. 파일은 다음과 같을 것입니다.[3]

```
import { PassThrough } from "node:stream";

import type { AppLoadContext, EntryContext } from "@remix-run/node";
import { createReadableStreamFromReadable } from "@remix-run/node";
import { RemixServer } from "@remix-run/react";
import isbot from "isbot";
import { renderToPipeableStream } from "react-dom/server";
```

3 옮긴이_ 프레임워크가 자동으로 생성하는 파일에 있는 주석이므로 별도로 번역하지 않았습니다.

```
const ABORT_DELAY = 5_000;

export default function handleRequest(
  request: Request,
  responseStatusCode: number,
  responseHeaders: Headers,
  remixContext: EntryContext,
  loadContext: AppLoadContext
) {
  return isbot(request.headers.get("user-agent"))
    ? handleBotRequest(
        request,
        responseStatusCode,
        responseHeaders,
        remixContext
      )
    : handleBrowserRequest(
        request,
        responseStatusCode,
        responseHeaders,
        remixContext
      );
}

function handleBotRequest(
  request: Request,
  responseStatusCode: number,
  responseHeaders: Headers,
  remixContext: EntryContext
) {
  return new Promise((resolve, reject) => {
    let shellRendered = false;
    const { pipe, abort } = renderToPipeableStream(
      <RemixServer
        context={remixContext}
        url={request.url}
        abortDelay={ABORT_DELAY}
      />,
      {
        onAllReady() {
          shellRendered = true;
          const body = new PassThrough();
          const stream = createReadableStreamFromReadable(body);
```

```
          responseHeaders.set("Content-Type", "text/html");

          resolve(
            new Response(stream, {
              headers: responseHeaders,
              status: responseStatusCode,
            })
          );

          pipe(body);
        },
        onShellError(error: unknown) {
          reject(error);
        },
        onError(error: unknown) {
          responseStatusCode = 500;
          // Log streaming rendering errors from inside the shell.  Don't log
          // errors encountered during initial shell rendering since they'll
          // reject and get logged in handleDocumentRequest.
          if (shellRendered) {
            console.error(error);
          }
        },
      }
    );

    setTimeout(abort, ABORT_DELAY);
  });
}

function handleBrowserRequest(
  request: Request,
  responseStatusCode: number,
  responseHeaders: Headers,
  remixContext: EntryContext
) {
  return new Promise((resolve, reject) => {
    let shellRendered = false;
    const { pipe, abort } = renderToPipeableStream(
      <RemixServer
        context={remixContext}
        url={request.url}
        abortDelay={ABORT_DELAY}
      />,
```

```
      {
        onShellReady() {
          shellRendered = true;
          const body = new PassThrough();
          const stream = createReadableStreamFromReadable(body);

          responseHeaders.set("Content-Type", "text/html");

          resolve(
            new Response(stream, {
              headers: responseHeaders,
              status: responseStatusCode,
            })
          );

          pipe(body);
        },
        onShellError(error: unknown) {
          reject(error);
        },
        onError(error: unknown) {
          responseStatusCode = 500;
          // Log streaming rendering errors from inside the shell.  Don't log
          // errors encountered during initial shell rendering since they'll
          // reject and get logged in handleDocumentRequest.
          if (shellRendered) {
            console.error(error);
          }
        },
      }
    );

    setTimeout(abort, ABORT_DELAY);
  });
}
```

Remix의 가장 큰 장점은 내부적으로 사용되는 이 파일을 사용자도 볼 수 있어서 필요에 따라 수정할 수 있다는 것입니다. 이 파일을 삭제하면 Remix는 이 파일에 해당하는 내부 기본 구현으로 되돌아갑니다. 이는 프레임워크의 '마법'에 갇히지 않으면서도 필요한 경우 서버 렌더링 동작을 사용자에게 맞춰 수정할 수 있는 좋은 탈출구가 되어 줍니다.

이 파일은 Remix 애플리케이션에서 HTTP 응답을 생성하고 처리하는 방식을 정의하고 있습니다. 특히 봇과 일반 브라우저의 요청을 다르게 관리하는 것에 중점을 둡니다. Remix는 현대적인 리액트 애플리케이션을 구축하기 위한 프레임워크이며, 이 파일은 Remix 애플리케이션의 서버 측 로직의 일부를 담당합니다.

먼저 `node:stream`, `@remix-run/node`, `@remix-run/react`, `isbot`, `react-dom/server` 같은 다양한 라이브러리에서 필요한 모듈과 타입을 가져옵니다. 그리고 `ABORT_DELAY` 상수를 5,000 밀리초로 정의해 렌더링 작업의 타임아웃 시간으로 사용합니다.

이 파일은 `handleRequest`라는 함수를 디폴트로 내보내는데, 이 함수는 HTTP 요청, 응답 상태 코드, 응답 헤더, Remix와 애플리케이션의 로드 프로세스를 위한 콘텍스트 등 여러 인수를 받습니다. `handleRequest` 내부에서는 들어오는 요청의 사용자 에이전트를 확인해서 `isbot` 라이브러리를 사용하는 봇이 보낸 요청인지 확인합니다. 봇이 보낸 요청이라면 `handleBotRequest` 함수를 사용하고 브라우저가 보낸 요청이라면 `handleBrowserRequest` 함수를 사용해 각각의 요청을 처리합니다.

이는 검색 엔진 최적화(SEO)와 성능에 도움이 됩니다. 예를 들어 봇이 보낸 요청이라면 응답에 렌더링된 HTML 콘텐츠를 포함시키는 것이 중요한데, `handleBotRequest` 함수가 이를 처리합니다. 반면 브라우저가 보낸 요청이라면 렌더링된 HTML 콘텐츠와 함께 페이지를 하이드레이션하는 데 필요한 자바스크립트 코드도 포함시켜야 하는데, 이는 `handleBrowserRequest` 함수가 처리합니다. Remix가 이 작업을 자동으로 처리해 준다는 점이 멋진 부분입니다.

`handleBotRequest` 함수와 `handleBrowserRequest` 함수는 구조가 상당히 비슷하지만, 렌더링 셸이 준비되었을 때나 오류가 발생했을 때 처리하는 방식이 다릅니다. 두 함수는 모두 HTTP 응답을 해결하는 프라미스를 반환하며 `renderToPipeableStream`을 사용해 렌더링 작업을 파이프 가능한 스트림pipeable stream으로 시작합니다. 이때 `RemixServer` 컴포넌트를 전달하면서, 요청으로부터 받은 필수 콘텍스트와 URL도 함께 전달합니다. 렌더링 작업이 `ABORT_DELAY`에서 정의한 시간보다 오래 걸리는 경우, 타임아웃을 설정해 렌더링 작업을 중단하도록 합니다.

렌더링 작업을 위한 이벤트 핸들러에서는 `PassThrough` 스트림을 만들고 이 스트림에서 읽기 가능 스트림readable stream을 생성합니다. 응답의 `Content-Type` 헤더를 `text/html`로 설정하고, 해당 스트림, 응답 헤더 및 상태 코드를 캡슐화하는 새로운 `Response` 객체로 프라미스를 해결resolve합니다. 렌더링 중 오류가 발생하면 오류가 발생한 렌더링 단계에 따라 프라미스를 거부하거나 콘솔에 오류를 기록합니다.

이 파일은 기본적으로 HTTP 응답이 정확하게 생성되고 반환되도록 하며, 봇이 보낸 요청인지 브라우저가 보낸 요청인지에 따라 다른 렌더링 로직을 적용합니다. 이는 현대적인 웹 애플리케이션의 SEO와 성능을 고려할 때 매우 중요한 요소입니다.

따로 수정할 내용이 없다면 이 파일을 삭제해도 됩니다. 이 경우 Remix는 서버 렌더링을 자동으로 처리합니다. 하지만 일단은 이 파일을 그대로 두기로 하고, Remix가 라우트를 처리하는 방식을 살펴보겠습니다.

라우팅

Remix에서 각 경로는 `routes` 디렉터리에 있는 파일로 표시됩니다. 예를 들어 `./routes/cheese.tsx` 파일이 있고 이 파일에 다음과 같이 디폴트 내보내기가 있다고 가정해 봅시다.

```
export default function CheesePage() {
  return <h1>치즈 이름</h1>;
}
```

이제 `npm run dev`를 통해 로컬 개발 서버를 실행하면 제목이 있는 페이지가 표시됩니다. 다시 한번 말하자면, Remix는 빠르게 시작할 수 있도록 미리 정의된 구조를 제공하며 이 규칙의 디폴트 내보내기 값은 앞서 우리가 구현한 파일 시스템 기반 라우팅과 유사하다는 것을 알 수 있습니다. `./app/root.tsx`의 공유 레이아웃 컴포넌트와 서버 및 클라이언트 진입점을 모두 결합하면 거의 대부분 통용되는 웹사이트의 기초가 됩니다. 하지만 현대적인 웹 애플리케이션의 중요한 컴포넌트인 데이터 불러오기fetching는 아직 살펴보지 못했습니다. Remix가 이를 어떻게 처리하는지 확인해 봅시다.

데이터 페치

이 글을 쓰는 시점을 기준으로 Remix의 데이터 페치는 `loader`(로더)라는 함수를 사용합니다. `loader`라는 비동기 함수를 내보내면, 이 함수에서 반환된 값은 `useLoaderData` 훅을 통해 페이지 컴포넌트에서 사용할 수 있게 됩니다. 예시를 통해 어떻게 작동하는지 살펴보겠습니다.

치즈 페이지로 돌아가서 API에서 치즈 목록을 가져와 페이지에 표시한다고 가정하겠습니다.

./routes/cheese.tsx에서 loader 함수를 내보내면 이 작업을 수행할 수 있습니다.

```
// 몇 가지 유틸리티 기능을 가져옴
import { json } from "@remix-run/node";
import { useLoaderData } from "@remix-run/react";

// 로더
export async function loader() {
  const data = await fetch("https://api.com/get-cheeses");
  return json(await data.json());
}

export default function CheesePage() {
  const cheeses = useLoaderData();
  return (
    <div>
      <h1>치즈 이름</h1>
      <ul>
        {cheeses.map((cheese) => (
          <li key={cheese.id}>{cheese.name}</li>
        ))}
      </ul>
    </div>
  );
}
```

이 코드를 보면 우리가 앞서 구현한 데이터 페치 방식과 유사한 점을 발견할 수 있습니다. 예를 들어 Remix의 loader 함수는 우리가 구현한 getData 함수와 비슷하고, useLoaderData 혹은 우리가 구현한 initialThings 프롭과 역할이 비슷합니다. 이쯤 되면 여러 프레임워크가 이러한 기능을 구현하는 공통적인 패턴과 기본 메커니즘을 파악할 수 있습니다.

지금까지 다룬 내용입니다.

- 서버 렌더링
- 라우팅
- 데이터 페치

아직 다루지 않은 Remix 기능이 하나 있는데, 바로 폼과 서버 액션입니다. 다른 말로 바꾸면, 데이터를 생성하고 업데이트하거나 삭제하는 등 서버에서 데이터를 조작하는 작업입니다. 이제 이 부분을 살펴보겠습니다.

데이터 조작

Remix는 웹의 기본으로 돌아가서 네이티브 웹 플랫폼의 규칙과 동작을 적극적으로 활용하도록 유도합니다. 이러한 성향은 특히 데이터 조작 작업과 Remix의 폼 사용에서 잘 드러납니다. 앞서 다룬 예시를 확장해 살펴보겠습니다. 이번에는 치즈 목록을 수정할 수 있도록 업데이트합니다. 이를 위해 먼저 `./routes/cheese.tsx` 파일을 업데이트하세요.

```
// 몇 가지 유틸리티 기능을 가져옴
import { json } from "@remix-run/node";
import { useLoaderData } from "@remix-run/react";

// 로더
export async function loader() {
  const data = await fetch("https://api.com/get-cheeses");
  return json(await data.json());
}

export default function CheesePage() {
  const cheeses = useLoaderData();
  return (
    <div>
      <h1>치즈 이름</h1>
      <ul>
        {cheeses.map((cheese) => (
          <li key={cheese.id}>{cheese.name}</li>
        ))}
      </ul>
      <form action="/cheese" method="post">
        <input type="text" name="cheese" />
        <button type="submit">치즈 추가</button>
      </form>
    </div>
  );
}
```

이 페이지에는 새로운 `form` 엘리먼트가 추가되었습니다. 이 폼은 `action` 속성으로 `/cheese`를 사용하고 `method` 속성으로 `post`를 사용합니다. 이는 `/cheese` 경로에 `POST` 요청을 전송하는 표준 HTML 폼입니다. 또 input에는 name 속성이 있지만 useState도 없고 onChange 핸들러도 없습니다. Remix에서는 브라우저가 폼의 상태와 행동을 관리하기 때문입니다. Remix가 리액트로 모든 것을 관리하는 대신 웹 플랫폼의 기본 기능을 활용해 훌륭한 개발자 경험을 제공하는 좋은 사례입니다.

폼의 action 속성이 /cheese로 설정되고, 현재 파일이 ./routes/cheese.tsx이므로 이 폼이 같은 경로로 제출된다는 것을 알 수 있습니다. 따라서 이 경로에 POST 메서드로 요청이 오면 폼이 제출된 것으로 볼 수 있고, 기본값인 GET 메서드로 요청이 오면 폼이 제출되지 않은 것으로 볼 수 있습니다. GET 메서드일 때는 초기 UI를 보여 주면 됩니다.

이를 처리할 수 있도록 ./routes/cheese.tsx 파일을 업데이트해 보겠습니다.

```
// 몇 가지 유틸리티 기능을 가져옴
import { json, ActionFunctionArgs, redirect } from "@remix-run/node";
import { useLoaderData } from "@remix-run/react";

// 로더
export async function loader() {
  const data = await fetch("https://api.com/get-cheeses");
  return json(await data.json());
}

// 폼 액션
export async function action({ params, request }: ActionFunctionArgs) {
  const formData = await request.formData();

  await fetch("https://api.com/add-cheese", {
    method: "POST",
    body: JSON.stringify({
      name: formData.get("cheese"),
    }),
  });

  return redirect("/cheese"); // GET 메서드와 함께 원래 페이지로 돌아감
}

export default function CheesePage() {
  const cheeses = useLoaderData();
  return (
    <div>
```

```
        <h1>치즈 목록</h1>
        <ul>
          {cheeses.map((cheese) => (
            <li key={cheese.id}>{cheese.name}</li>
          ))}
        </ul>
        <form action="/cheese" method="post">
          <input type="text" name="cheese" />
          <button type="submit">치즈 추가</button>
        </form>
      </div>
    );
  }
```

주목할 부분은 `params`와 `request` 인수를 받는 새로 추가된 `action` 함수입니다. `params` 인수는 경로의 매개변수를 포함하는 객체입니다. `request` 인수는 요청 객체를 포함하는 객체입니다. 이를 사용해 요청에서 폼 데이터를 가져온 다음, 새 치즈를 추가하도록 API에 요청할 수 있습니다.

그런 다음 동일한 경로로 리디렉션을 반환하는데, 이번에는 `GET` 메서드를 사용합니다. 그러면 페이지가 새로고침되고 `loader` 함수가 다시 호출되어 업데이트된 치즈 목록을 가져옵니다.

Remix는 이처럼 웹 플랫폼의 기본 기능을 최대한 활용하며, 필요한 곳에만 자바스크립트를 사용하고 나머지는 브라우저가 처리하도록 합니다. 이 페이지는 자바스크립트를 사용할 수 없는 환경에서 방문해도 웹 플랫폼의 기본 기능을 사용하기 때문에 정상적으로 동작할 것입니다. 그러나 자바스크립트를 사용할 수 있는 환경이라면, Remix가 상호 작용과 더 나은 사용자 경험을 추가해 경험을 점진적으로 향상시킵니다.

지금까지 Remix가 다음 기능을 어떻게 처리하는지 알아봤습니다.

- 서버 렌더링
- 라우팅 관리
- 데이터 페치
- 데이터 조작

여기까지 배우고 나니, 우리가 직접 구현한 기능과 Remix의 구현 방식에 비슷한 점이 많다는 것을 알게 됩니다. 프레임워크가 이러한 기능을 구현하는 기본 메커니즘을 잘 이해했다는 바람

직한 신호입니다.

이제 Next.js로 시선을 돌려 Next.js에서는 이러한 기능들이 어떻게 구현되었는지 살펴보고 두 프레임워크의 공통점과 차이점을 비교해 보겠습니다.

8.4.2 Next.js

Next.js는 Vercel에서 개발한 인기 있는 리액트 프레임워크로, 서버 사이드 렌더링(SSR)과 정적 웹사이트 제작을 간편하게 할 수 있는 다양한 기능을 제공하는 것으로 유명합니다. Next.js는 설정보다 규칙convention over configuration 원칙[4]을 따르며, 이를 통해 프로젝트를 시작할 때 필요한 반복적인 코드와 의사 결정 과정을 최소화합니다. Next.js 13 버전에서는 앱 라우터App Router라는 주요 기능이 새로 도입되었습니다.

이제 기본적인 Next.js 애플리케이션을 살펴보며 작동 방식을 이해하겠습니다. 먼저 다음 명령을 실행해 새로운 Next.js 프로젝트를 만들어 봅시다.

```
npx create-next-app@14
```

명령어를 실행하고 몇 가지 질문에 답하고 나면, 기본적인 Next.js 프로젝트가 생성됩니다. 무엇이 있는지 살펴보고 내부를 들여다보겠습니다. 먼저 `app` 디렉터리가 보이고, 여기에는 `page.tsx`, `layout.tsx`, `error.tsx`, `loading.tsx` 파일이 있습니다.

한 가지 눈에 띄는 점은 Next.js는 Remix처럼 서버 구성을 노출하지 않고, 대신 개발자가 애플리케이션 구축에 집중할 수 있도록 집중에 방해될 만한 수많은 복잡성을 숨긴다는 점입니다. 프레임워크마다 같은 문제를 해결하는 철학과 접근 방식이 다름을 보여 주는 좋은 사례입니다.

앞서 살펴본 세 가지 주요 기능인 서버 렌더링, 라우팅, 데이터 페치를 Next.js에서는 어떻게 다루는지 알아보겠습니다.

4 옮긴이_ 소프트웨어 개발에서 특정한 규칙이나 표준을 사용해 개발자가 직접 설정해야 할 항목을 최소화하고 기본값을 제공해 생산성을 높이는 개발 원칙입니다.

서버 렌더링

Next.js는 서버 렌더링을 제공할 뿐만 아니라 서버 우선server-first 접근 방식을 따릅니다. Next.js의 모든 페이지와 컴포넌트는 기본적으로 서버 컴포넌트입니다. 서버 컴포넌트는 9장에서 자세히 다루므로, 일단은 서버에서만 렌더링되는 컴포넌트를 서버 컴포넌트라고 부른다는 정도만 알아도 충분합니다. 이 장에서는 서버 컴포넌트가 아니라 Next.js 자체에 집중하므로, 서버 컴포넌트에 대해서는 9장에서 상세하게 다루도록 하겠습니다.

그렇다면 Next.js에서 서버 컴포넌트의 의미는 무엇일까요? 우리가 작성하는 모든 코드는 명시적으로 해당 경로나 컴포넌트 상단에 `"use client"` 지시어를 추가하지 않는 한, 서버에서만 실행됩니다. 이 지시어가 없으면 모든 코드가 서버 코드로 취급됩니다.

하지만 Next.js는 정적 우선static-first 접근 방식도 따릅니다. 빌드 시점에 서버 컴포넌트는 가능한 한 많은 정적 콘텐츠로 렌더링되어 배포됩니다. 서버 우선 접근 방식과 정적 우선 접근 방식의 조합은 Next.js를 매우 강력하게 만들며, 뛰어난 성능을 내게 합니다. 정적 콘텐츠는 사용자에게 가장 빠르게 전달될 수 있는 콘텐츠로, 런타임이나 서버 처리가 필요하지 않은 단순한 텍스트 HTML로 전달됩니다. 정적 콘텐츠의 다음 단계는 서버에서 렌더링된 콘텐츠로 최적화와 캐시가 가능하지만 서버가 필요합니다. 마지막 단계는 페이지의 상호 작용을 위한 하이드레이션을 통해 클라이언트에서 렌더링된 콘텐츠입니다.

정적 우선 접근 방식 덕분에 Next.js는 사용자에게 크기가 더 작은 자바스크립트 번들을 제공하고, 대부분의 콘텐츠는 정적 또는 서버 렌더링된 마크업으로 전달합니다. 이를 통해 Next.js는 매우 세밀한 제어가 가능하며, 서버에서 페이지는 물론이고 컴포넌트 단위로도 렌더링할 수 있습니다. 또 매우 강력한 데이터 페치와 렌더링 패턴도 구현할 수 있습니다. 이러한 패턴을 살펴보기에 앞서 Next.js가 라우팅을 처리하는 방법을 살펴보겠습니다.

라우팅

새로 만든 Next.js 프로젝트의 `app` 디렉터리에는 `layout.tsx`와 `page.tsx`가 있습니다. Next.js의 패턴에 따르면 사용자 브라우저에 표시되는 경로, 즉 페이지의 URL은 `app`을 루트(/)로 둔 디렉터리 이름이며, 그 아래의 모든 디렉터리는 하위 경로가 됩니다.

이를 이해하기 위해 `cheese` 디렉터리를 만들고 여기에 `page.tsx` 파일을 추가해 보겠습니다. `./app` 하위에 있는 디렉터리에 `page.tsx` 파일이 있으면 해당 디렉터리가 경로로 사용됩니다.

`./app/cheese/page.tsx`에 몇 가지 콘텐츠를 추가하겠습니다.

```
export default function CheesePage() {
  return <h1>치즈 목록</h1>;
}
```

이제 개발 서버를 실행하고 `/cheese`로 이동하면 제목이 있는 페이지를 볼 수 있습니다. 여기서 주목할 점은 Next.js에도 Remix와 유사한 공유 레이아웃이라는 개념이 있으며, `./app/layout.tsx`에서 레이아웃 컴포넌트를 정의하면 모든 페이지에 공통적으로 렌더링된다는 점입니다. 예를 들어 `./app/cheese/layout.tsx`는 `/cheese` 경로 아래의 모든 페이지에 렌더링됩니다. 레이아웃은 여러 페이지가 공유하는 헤더나 푸터 같은 고정 요소를 정의하는 데 주로 사용됩니다.

이제 Next.js가 라우팅을 처리하는 방식을 확인했습니다. 우리가 구현한 파일 시스템 기반 라우팅 방식과도 유사하고 Remix와도 비슷하지만, 약간 차이가 있습니다. Next.js에서는 단일 파일이 페이지가 되지 않고, 디렉터리가 하나의 페이지로 간주됩니다. 또 실제 페이지 파일은 항상 `page.tsx`라는 이름으로 정의되어야 합니다. 이 점을 제외하면, Next.js의 라우팅 방식은 앞서 살펴본 방식과 거의 비슷합니다.[5]

이제 데이터 페치에 대해 알아보겠습니다.

데이터 페치

Next.js의 모든 컴포넌트는 서버 컴포넌트이므로 비동기식으로 동작할 수 있으며 따라서 `await` 해야 하는 데이터를 사용할 수 있습니다. 앞서 Remix 예시에서 한 것처럼 치즈 데이터를 가져와서 이번에는 Next.js 방식을 사용해 보겠습니다.

```
export default async function CheesePage() {
  const cheeses = await fetch("https://api.com/get-cheeses").then((r) =>
    r.json()
  );
  return (
    <div>
```

5 옮긴이_ 참고로 Remix에서도 디렉터리를 만든 다음 `route.tsx` 파일을 생성하는 방식을 사용하면 디렉터리가 경로로 사용됩니다.

```
      <h1>치즈 목록</h1>
      <ul>
        {cheeses.map((cheese) => (
          <li key={cheese.id}>{cheese.name}</li>
        ))}
      </ul>
    </div>
  );
}
```

혹시 이 코드에 감동받으셨다면 충분히 이해합니다. 리액트 엔지니어들이 오랫동안 바라 온 구문이며 굉장히 직관적으로 파악할 수 있습니다. CheesePage가 서버 컴포넌트라서 이런 코드가 가능한 것인데, 이 컴포넌트는 클라이언트 번들에 포함되지 않고 서버에서 렌더링됩니다. 다시 말해 await 데이터를 페이지에 직접 렌더링할 수 있습니다.

모든 컴포넌트가 서버 컴포넌트이기 때문에 원한다면 페이지 단위가 아닌 컴포넌트 단위로도 데이터 페치를 할 수 있어서 더 세밀한 제어가 가능합니다. 이 페이지에서 재사용 가능한 CheeseList를 별도의 컴포넌트로 분리한다고 생각해 봅시다.

페이지는 다음과 같을 것입니다.

```
import { CheeseList } from "./CheeseList";

export default function CheesePage() {
  return (
    <div>
      <h1>치즈 목록</h1>
      <CheeseList />
    </div>
  );
}
```

그리고 CheeseList 컴포넌트는 다음처럼 보일 것입니다.

```
export async function CheeseList() {
  const cheeses = await fetch("https://api.com/get-cheeses").then((r) =>
    r.json()
  );
  return (
```

```
    <ul>
      {cheeses.map((cheese) => (
        <li key={cheese.id}>{cheese.name}</li>
      ))}
    </ul>
  );
}
```

이 접근 방식의 진정한 가치는 컴포넌트 단위에서 데이터를 가져온 다음 이를 페이지에 렌더링할 수 있다는 점입니다. 페이지 단위에서 `loader`, `getData`, `getServerSideProps`, `getStaticProps` 등과 같은 함수를 내보내지 않습니다. 대신 컴포넌트 내부에서 데이터를 가져와서 페이지에 렌더링하면 됩니다.

이 데이터를 어떻게 처리할까요? Next.js는 배포할 때 페이지의 첫 번째 로드를 정적으로 생성하고, 이후 로드에서는 서버 렌더링을 사용합니다. 또 데이터 무결성과 성능을 보장하기 위해 다양한 캐싱 및 중복 제거 메커니즘을 사용합니다.

마지막으로 Next.js의 데이터 조작 방식을 살펴보고 비교를 마무리하겠습니다.

데이터 조작

Next.js에는 **서버 액션**server action이라는 개념이 있습니다. 서버 액션은 서버에서 실행되는 함수로, 폼이 제출되거나 사용자가 버튼을 클릭하거나 페이지를 이동할 때 호출됩니다. 이러한 함수들은 서버에서만 실행되며, 클라이언트 번들에는 포함되지 않습니다.

Remix 예시처럼 목록에 치즈를 추가하는 방법을 살펴보겠습니다. 이를 위해 페이지에 폼을 추가합니다.

```
import { CheeseList } from "./CheeseList";

import { redirect } from "next/navigation";
import { revalidatePath } from "next/cache";

export default function CheesePage() {
  return (
    <div>
      <h1>치즈 목록</h1>
      <CheeseList />
```

```
      <form
        action={async (formData) => {
          "use server";
          await fetch("https://api.com/add-cheese", {
            method: "POST",
            body: JSON.stringify({
              name: formData.get("cheese"),
            }),
          });
          revalidatePath("/cheese");
          return redirect("/cheese");
        }}
        method="post"
      >
        <input type="text" name="cheese" />
        <button type="submit">치즈 추가</button>
      </form>
    </div>
  );
}
```

여기서 `action` 속성이 함수라는 점만 제외하면 Remix와 유사한 표준 HTML 폼을 사용하고 있습니다. 이 함수는 서버 액션이며 폼이 제출될 때 호출됩니다. 또 클라이언트 번들에 포함되지 않으며 대신 서버에서 실행되는데, 이는 상단의 `"use server"` 지시자에 의해 강제된 동작입니다.

이 함수는 다음과 같이 서버 컴포넌트 내부 등 어디든 원하는 곳으로 이동할 수 있습니다.

```
import { redirect } from "next/navigation";
import { revalidatePath } from "next/cache";

export default function CheesePage() {
  async function addCheese(formData) {
    "use server";
    await fetch("https://api.com/add-cheese", {
      method: "POST",
      body: JSON.stringify({
        name: formData.get("cheese"),
      }),
    });

    revalidatePath("/cheese");
```

```
    return redirect("/cheese");
  }

  return (
    <div>
      <h1>치즈 목록</h1>
      <CheeseList />
      <form action={addCheese} method="post">
        <input type="text" name="cheese" />
        <button type="submit">치즈 추가</button>
      </form>
    </div>
  );
}
```

혹은 별도의 모듈에 넣을 수도 있습니다.

```
import { addCheeseAction } from "./addCheeseAction";

export default function CheesePage() {
  return (
    <div>
      <h1>치즈 목록</h1>
      <CheeseList />
      <form action={addCheeseAction} method="post">
        <input type="text" name="cheese" />
        <button type="submit">치즈 추가</button>
      </form>
    </div>
  );
}
```

이 경우 addCheeseAction은 개별 파일에 포함되며 다음과 같이 보입니다.

```
"use server";

import { redirect } from "next/navigation";
import { revalidatePath } from "next/cache";

export async function addCheeseAction(formData) {
  await fetch("https://api.com/add-cheese", {
    method: "POST",
    body: JSON.stringify({
```

```
      name: formData.get("cheese"),
    }),
  });

  revalidatePath("/cheese");
  return redirect("/cheese");
}
```

하지만 여기에는 문제가 될 만한 부분이 있습니다. 모든 컴포넌트가 클라이언트 컴포넌트인 Remix와 달리 서버 컴포넌트는 클라이언트 번들에 포함되지 않고 따라서 브라우저에서 로드되지 않기 때문에 상호 작용을 전혀 지원하지 않습니다. 이 때문에 `onClick`과 같은 이벤트 핸들러가 실제로 사용자에게 전달되지 않는다는 문제가 있습니다. 이 문제를 해결하기 위해 Next.js에는 클라이언트 컴포넌트라는 개념이 있습니다. 클라이언트 번들에 포함되어 브라우저에서 로드되는 컴포넌트라는 뜻입니다. 이러한 컴포넌트는 서버 컴포넌트가 아니므로 비동기적일 수 없고 서버 액션을 가질 수도 없습니다.

이번에는 서버와 클라이언트 컴포넌트를 혼합해 치즈를 추가해 보겠습니다. 또 로딩 메시지 등으로 피드백을 즉시 제공함으로써 폼 제출에 즉각적으로 응답할 것입니다. 이를 위해 새 컴포넌트인 `./app/AddCheeseForm.tsx`를 생성합니다.

```
"use client";
import { addCheeseAction } from "./addCheeseAction";

export function AddCheeseForm() {
  return (
    <form action={addCheeseAction} method="post">
      <input type="text" name="cheese" />
      <button type="submit">치즈 추가</button>
    </form>
  );
}
```

이 컴포넌트는 클라이언트 컴포넌트이므로 폼 상태 변경에 대해 대화형 작업을 수행할 수 있습니다. 이를 위해 `AddCheeseForm`를 업데이트하겠습니다.

```
"use client"
import { addCheeseAction } from "./addCheeseAction";
```

```
import { useFormStatus } from "react-dom";

export function AddCheeseForm() {
  return (
    <form action={addCheeseAction} method="POST">
      <Content />
    </form>
  );
}

function Content() {
  const { pending } = useFormStatus();
  return (
    <>
      <input disabled={pending} type="text" name="cheese" />
      <button type="submit" disabled={pending}>
        {pending ? "로딩 중..." : "치즈 추가"}
      </button>
    </>
  );
}
```

AddCheeseForm은 클라이언트 컴포넌트이므로 리액트에서 제공하는 useFormStatus 훅을 사용해 폼의 상태를 가져올 수 있습니다. useFormStatus 훅은 pending 속성을 가진 객체를 반환하는데, 이 속성은 폼이 제출 중인 상태에서는 true로, 그렇지 않을 때는 false로 설정됩니다. 이를 사용해 폼이 제출되는 동안 폼을 비활성화하고 로딩 상태를 표시할 수 있습니다.

이제 서버 컴포넌트인 페이지에서 이 폼을 다음과 같이 사용할 수 있습니다.

```
import { CheeseList } from "./CheeseList";
import { AddCheeseForm } from "./AddCheeseForm";

export default function CheesePage() {
  return (
    <div>
      <h1>치즈 목록</h1>
      <CheeseList />
      <AddCheeseForm />
    </div>
  );
}
```

결과적으로 서버 컴포넌트와 클라이언트 컴포넌트가 함께 사용되었습니다. `CheesePage`와 `CheeseList`는 서버 컴포넌트이고, `AddCheeseForm`은 클라이언트 컴포넌트입니다. 두 종류의 컴포넌트는 모두 재사용이 가능하며 애플리케이션의 다른 곳에서도 사용할 수 있습니다. 클라이언트 및 서버 컴포넌트와 관련된 몇 가지 규칙과 고려 사항이 있지만 9장에서 살펴보도록 하겠습니다.

큰 관점에서 보면 Next.js, Remix, 우리가 직접 구현한 작은 프레임워크는 모두 파일 시스템 기반 라우팅, 데이터 페치, 데이터 조작을 통해 유사한 문제를 다루고 있음을 알 수 있습니다. 각각 조금씩 다른 방식으로 작동하지만 기본 메커니즘은 유사합니다.

지금까지 우리는 Next.js와 Remix 프레임워크를 살펴봄으로써 우리가 프레임워크를 사용하는 이유, 프레임워크가 해결하는 문제, 프레임워크가 어떻게 문제가 되며 어떤 방식으로 이로운지 이해했습니다.

끝으로 프레임워크를 선택하는 방법을 이야기하면서 설명을 마무리하겠습니다.

8.5 프레임워크 선택

개발할 서비스에 사용할 리액트 프레임워크는 각각의 다양한 기능과 장단점을 고려해 신중하게 결정해야 합니다. 이 절에서는 인기 있는 리액트 프레임워크들이 오늘날 개발자들에게 어떤 점에서 유용한지 알아보고 학습 곡선, 유연성, 성능 등의 요소를 확인해 특정 요구 사항에 가장 적합한 프레임워크를 선택하고자 합니다.

전적으로 우월한 프레임워크도, 가장 열등한 프레임워크도 존재하지 않습니다. 프레임워크마다 강점과 약점이 있으며, 프로젝트에 가장 적합한 프레임워크는 특정 요구 사항과 개발자의 선호도에 따라 달라집니다.

8.5.1 프로젝트 요구 사항 이해

각 프레임워크의 세부 사항을 살펴보기 전에 프로젝트의 구체적인 요구 사항을 이해하는 것이 중요합니다. 이때 고려해야 할 중요한 질문입니다.

- 프로젝트의 규모는 어떻게 되나요? 소규모 개인 프로젝트인가요, 여러 기능이 포함된 중간 규모의 애플리케이션인가요, 아니면 대규모의 복잡한 애플리케이션인가요?
- 프로젝트에 포함시키고 싶은 주요 기능과 특징은 무엇인가요?
- 서버 사이드 렌더링(SSR), 정적 사이트 생성(SSG) 또는 이 둘의 조합이 필요한가요?
- 블로그나 이커머스 사이트처럼 우수한 SEO가 큰 장점인 콘텐츠 중심의 사이트를 만드는 중인가요?
- 실시간 데이터나 매우 동적인 콘텐츠가 애플리케이션의 중요한 부분인가요?
- 빌드 프로세스에 대한 커스터마이징과 제어가 어느 정도로 유연해야 하나요?
- 애플리케이션의 성능과 속도가 얼마나 중요한가요?
- 리액트와 일반적인 웹 개발 개념은 얼만큼 숙지했나요?
- 대상 사용자가 누구인가요? 고속 인터넷이 연결된 회사에서 일하는 사내 직원인가요? 아니면 사용하는 기기와 인터넷 속도가 저마다 다른 일반 대중을 대상으로 하나요?

이러한 질문의 답을 이해하면 프레임워크에서 필요한 것이 무엇인지 더 명확하게 파악할 수 있습니다.

8.5.2 Next.js

Next.js의 맥락에서 선택에 도움이 될 만한 몇 가지 측면을 살펴보겠습니다.

학습 곡선

내부적으로 리액트의 최신 기능을 사용하며, 종종 리액트의 카나리아 릴리스canary release[6]를 활용하기도 합니다. 다시 말해 Next.js는 항상 최신 기술을 반영하기 때문에 학습 강도가 조금 높을 수 있습니다. 하지만 Next.js 팀은 프레임워크의 다양한 기능을 다루는 명확한 가이드와 문서를 배포하므로 이를 참고하면 비교적 빠르게 배울 수 있습니다.

유연성

정적 콘텐츠와 서버 렌더링된 콘텐츠 간의 유연한 전환을 염두에 두고 설계되었습니다. 기본적으로 클라이언트 애플리케이션도 지원하지만, 이는 Next.js에서 중점을 두는 부분이 아닙니다. 또 Next.js는 다양한 플러그인과 통합 기능을 제공해 개발 속도를 크게 높일 수 있는 풍부한 생태계를 갖췄습니다.

성능

성능을 매우 중시하며, 정적 생성과 서버 사이드 렌더링, 캐싱에 중점을 둡니다. 이 글을 작성하는 시점을 기

6 옮긴이_ 정식 릴리스가 되기 전, 새 기능을 소개하고 문제점을 찾기 위해 미리 선보이는 버전입니다. 유독 가스를 먼저 탐지하는 '탄광의 카나리아'에서 유래한 이름입니다.

준으로, Next.js는 네 종류의 목적별 캐시 메커니즘을 제공해 다양한 사용 사례에 맞게 성능을 최적화합니다. 그러나 이러한 성능 최적화 때문에 클라이언트/서버 간의 경계와 사용할 방식을 결정할 때 다소 고충이 따를 수 있습니다.

리액트를 개발하는 팀의 일부 구성원이 Next.js를 개발한 Vercel에서 일하고 있다는 점도 주목할 가치가 있습니다. 이는 Next.js와 리액트의 개발이 서로 매우 긴밀하게 이루어질 수 있음을 시사합니다.

8.5.3 Remix

Remix는 Next.js에 비해 비교적 최신의 리액트 프레임워크입니다. 약 10년 전, 리액트 라우터의 개발자가 만들었으며 웹의 기본 원칙에 중점을 두되 강제하는 규칙이 더 적어 유연성이 좋습니다.

학습 곡선

웹의 기본 기능을 더 많이 사용하고, 서버 컴포넌트가 등장하기 전에 많은 사람이 학습하던 방식으로 리액트를 사용하기 때문에 조금 더 쉽게 배울 수 있습니다.

직관성

Remix는 웹 플랫폼의 기본 기능을 적극 활용하여 개발자가 프레임워크의 복잡성에 방해받지 않도록 하는데, 이는 양날의 검과 같습니다. 이러한 점은 직관적이고 친숙해서 좋지만, 여타 프레임워크처럼 '마법' 같은 기능을 제공하지 않아 다소 번거롭거나 제한적으로 느껴질 수 있습니다.

성능

라우팅과 데이터 페치의 독특한 방식은 효율과 성능을 향상시킵니다. 데이터 페치가 라우트와 연결되어 특정 라우트에 필요한 데이터만 가져오기 때문에 전체 데이터 요구량이 줍니다. 또 낙관적 UI 업데이트optimistic UI update와 점진적 향상progressive enhancement 전략을 통해 사용자 경험을 더욱 개선합니다.

8.5.4 트레이드오프

어느 프레임워크를 선택하든 장점에는 감수해야 할 단점이 뒤따릅니다. 이 같은 트레이드오프의 관건은 편의성과 제어권의 균형입니다. 모든 프레임워크는 애플리케이션을 구축할 때 여러 설정과 결정을 표준화해 개발자가 고민할 부분이 적습니다. 이를테면 대다수 프레임워크에는 다음 질문의 해답이 설정되어 있습니다.

- 라우팅은 어떻게 구현할 것인가?
- 정적 자산(이미지, JS/CSS 파일 등)은 어디에 둘 것인가?
- 서버 렌더링을 해야 하는가?
- 데이터 페치는 어디서 실행해야 하는가?

이처럼 프레임워크가 많은 사항을 미리 정해 두기 때문에 개발자에게 일부 결정에 대한 제어권이 사라지는 것은 어쩔 수 없습니다. 대신 편의성이 더 좋아져 애플리케이션의 핵심 비즈니스 로직 같은 중요 부분에 더 집중할 수 있습니다.

대부분의 프레임워크에서 트레이드오프는 편의성과 제어권 간에 균형을 이루고자 할 때 발생합니다.

그렇다면 어떻게 해야 올바른 프레임워크를 선택할 수 있을까요? 선택은 프로젝트의 요구 사항과 개인의 선호에 좌우됩니다.

- 다소 유연한 풀스택 프레임워크가 필요하다면 Next.js가 더 적합할 수 있습니다. Next.js를 사용하면 정적 사이트, 서버 사이드 렌더링, 클라이언트 전용 애플리케이션 등 다양한 방식의 선택이 가능합니다.
- 서버 기반의 점진적 향상과 웹의 기본 원칙을 중시하는 접근 방식을 선호한다면 Remix가 어울릴 수 있습니다.

어떤 경우든, 소규모 프로젝트나 애플리케이션의 일부에 프레임워크를 적용해 보는 것이 좋습니다. 이를 통해 각 프레임워크의 작동 방식을 더 잘 이해하고 어느 프레임워크가 작업하기에 더 편한지 직접 경험해 볼 수 있습니다.

8.5.5 개발자 경험

두 프레임워크는 모두 생산성과 사용 편의성에 중점을 둔 최고 수준의 개발자 경험을 제공합니다. 이 장 앞에서 살펴본 대로 개발자가 고품질 애플리케이션을 구축하는 데 유익한 기능과 도구가 다양합니다.

프로젝트의 복잡성과 규모가 커질수록 빌드 성능은 점점 더 중요해집니다. Next.js와 Remix는 빌드 시간을 개선하기 위해 최적화를 진행했습니다.

Next.js는 기본적으로 정적 생성을 사용하므로 빌드 시 페이지가 미리 렌더링됩니다. 덕분에 페이지 로드가 빨라질 수 있지만 페이지 수가 많은 사이트에서는 빌드 시간이 길어질 수 있습니다.

이를 해결하기 위해 Next.js는 개발자가 정적 페이지를 빌드한 후 전체 재빌드 없이도 정적 페이지를 재생성할 수 있는 증분 정적 재생성Incremental Static Regeneration(ISR) 기능을 도입했습니다. 이 기능을 사용하면 대규모 동적 사이트의 빌드 시간이 크게 개선됩니다.

반면 Remix는 빌드 성능에 대해 독특한 접근 방식을 취합니다. 서버 우선 아키텍처server-first architecture를 선택해 서버에서 필요할 때마다 페이지를 렌더링하고 HTML을 클라이언트로 전송하는 방식입니다.

8.5.6 런타임 성능

Next.js와 Remix는 모두 성능을 염두에 두고 설계되었으며 빠르고 응답성이 뛰어난 애플리케이션이 되도록 여러 가지 최적화를 제공합니다.

Next.js에는 기본적으로 성능 최적화 기능이 내장됩니다. 자동 코드 분할을 지원해 각 페이지에 필요한 코드만 로드하도록 합니다. 또 내장된 `Image` 컴포넌트는 이미지 로딩을 최적화해 성능을 향상시킵니다.

Next.js의 하이브리드 SSG/SSR 모델은 각 페이지에 최적화된 데이터 페치 전략을 선택할 수 있게 해 성능과 데이터 업데이트 간에 균형을 맞춥니다. 새로운 데이터가 필요하지 않은 페이지는 빌드 시점에 미리 렌더링해 빠르게 로딩되게 합니다. 최신 데이터가 필요한 페이지는 SSR 또는 ISR을 사용할 수 있습니다.

Next.js는 데이터가 필요하지 않은 페이지에 대해 자동 정적 최적화를 수행해서 해당 페이지가 정적 HTML 파일로 제공되도록 하므로 첫 번째 바이트 시간(TTFB)이 빨라집니다.

끝으로 Next.js는 가능한 경우 리액트 서버 컴포넌트를 최대한 활용해 클라이언트로 전달되는 자바스크립트의 양을 줄입니다. 그로 인해 페이지 로딩이 빨라지고 오버헤드가 감소됩니다.

반면 Remix는 성능에 대한 접근 방식이 약간 다릅니다. 페이지를 미리 렌더링하지 않고, 서버 렌더링을 사용해 필요한 HTML만 클라이언트로 스트리밍해 전송합니다. 이로 인해 특히 동적 콘텐츠의 경우 첫 번째 바이트 시간(TTFB)이 더 빨라질 수 있습니다.

Remix의 주요 기능 하나는 강력한 캐싱 전략입니다. Remix는 브라우저의 네이티브 페치와 캐시 API를 활용하므로 개발자가 다양한 리소스에 대한 캐싱 전략을 직접 설정할 수 있습니다.

따라서 페이지 로딩이 빨라지고 애플리케이션의 안정성이 향상됩니다.

Next.js와 Remix는 모두 대규모의 복잡한 프로젝트에서 탁월한 성능을 발휘합니다. 두 프레임워크는 개발자 경험, 빌드 성능, 런타임 성능이 뛰어납니다. Next.js는 성숙한 생태계, 다양한 리소스와 플러그인, 하이브리드 SSG/SSR 모델, ISR 같은 혁신적인 기능을 제공해 유리할 수 있습니다. 반면 Remix는 서버 중심의 접근 방식, 페치/캐시 API 같은 웹 플랫폼 기능 활용, Suspense와 서버 컴포넌트 같은 고급 리액트 기능에 중점을 두므로 이를 선호하는 개발자에게 적합할 수 있습니다.

가장 적합한 프레임워크를 선택하는 것은 팀의 전문성, 프로젝트 요구 사항, 선호하는 아키텍처 패턴에 따라 달라집니다. 어떤 선택을 하든 Next.js와 Remix는 모두 고품질의 성능 좋은 리액트 애플리케이션을 구축하기 위한 견고한 기반을 제공할 것입니다.

8.6 돌아보기

리액트 프레임워크의 개념을 자세히 살펴보고 프레임워크 사용의 기본 원리, 이유, 실질적인 영향에 대해 알 수 있었습니다.

먼저 리액트의 동시성과 효율적인 렌더링, 사용자 상호 작용을 위한 동시성의 의미를 되짚어 보는 것으로 논의를 시작했습니다. 이후 리액트 프레임워크의 필요성과 프레임워크가 제공하는 이점, 프레임워크를 사용할 때의 트레이드오프에 대해 설명했습니다.

아주 작은 프레임워크를 직접 구현해 보며 리액트 프레임워크의 내부 메커니즘과 개념을 이해할 수 있었습니다. 또 많은 리액트 프레임워크에서 공통으로 사용하는 파일 시스템 기반 라우팅의 개념을 알아보고, 프레임워크에서 데이터 페치를 수행하는 방법도 배웠습니다.

다음으로 다양한 프레임워크를 비교하며 특히 Next.js와 Remix를 중심으로 논의했습니다. 각 프레임워크가 고유한 기능과 장점을 제공하므로 선택은 프로젝트의 특정 요구 사항에 따라 달라집니다. 이러한 프레임워크가 서버 렌더링, 라우팅, 데이터 페치, 데이터 조작을 어떻게 해결하는지, 그리고 이러한 기능을 우리가 직접 구현한 것과 비교하며 살펴봤습니다.

이를 통해 우리가 구현한 방식과 기존 프레임워크 간의 공통점을 파악하고, 프레임워크 사용시 발생하는 트레이드오프를 이해하고, 단점을 완화할 수 있는 방법도 확인했습니다.

마지막으로 프레임워크를 선택할 때 고려해야 할 사항과 장단점에 대해 논의했습니다. 개발자 경험과 프레임워크 런타임 성능을 비교하고, 프로젝트에 가장 적합한 프레임워크를 선택하기 위한 기준도 다뤘습니다.

8.7 복습하기

이 장을 마무리하면서 지금까지 다룬 개념을 복습하는 데 도움이 되는 몇 가지 질문을 하겠습니다.

- Next.js나 Remix 같은 리액트 프레임워크를 사용하는 주된 이유와 이때 얻는 장점은 무엇인가요?
- 리액트 프레임워크를 사용할 때 생기는 장단점이나 불리한 점에는 어떤 것이 있나요?
- 프레임워크로 해결되는 일반적인 문제에는 어떤 것이 있나요?
- 프레임워크는 이런 문제를 어떻게 해결하나요?

8.8 미리보기

리액트 서버 컴포넌트에 대해 간략하게 언급하고 수박 겉핥기 식으로 살짝 살펴봤습니다. 9장에서는 리액트 서버 컴포넌트를 집중적으로 살펴보고 조금 더 깊이 들어가서, 리액트 서버 컴포넌트를 렌더링하고 서비스하는 최소한의 서버를 작성해 서버 컴포넌트의 가치와 작동 방식을 이해하겠습니다.

또한 리액트 서버 컴포넌트가 새로운 세대의 빌드 도구(번들러, 라우터 등)를 필요로 하는 이유도 알아봅니다. 이를 통해 리액트 서버 컴포넌트의 기본 메커니즘과 작동 원리를 더욱 깊이 이해할 수 있습니다. 분명 유익하고 교육적인 심층 탐구가 될 것입니다.

CHAPTER 9

리액트 서버 컴포넌트

이전 장에서는 Next.js와 Remix를 중심으로 리액트 프레임워크의 세계를 둘러봤습니다. 프레임워크를 사용하는 이유, 추상화의 이점, 개발 속도를 높이는 규칙, 일반 문제에 대한 종합적인 솔루션, 전반적인 생산성 향상을 가져오는 효과 등을 설명했습니다.

아주 기본적인 프레임워크를 직접 만들어 보면서 각 프레임워크가 비슷한 문제를 해결하기 위해 취하는 공통된 접근 방식을 알아보고 Remix와 Next.js를 더 자세히 살펴봤습니다. 또 리액트 서버 컴포넌트React Server Component(RSC)를 완전히 포용한 Next.js의 서버 우선 전략에 대해서도 이야기했습니다.

리액트 서버 컴포넌트, 즉, RSC는 리액트 애플리케이션의 성능, 효율성, 사용자 경험을 개선하기 위해 설계되었습니다. 또 리액트 생태계의 흥미로운 트렌드이기도 합니다. 진보한 애플리케이션 아키텍처인 RSC는 서버에서 렌더링되는 멀티 페이지 애플리케이션multi page application(MPA)과 클라이언트에서 렌더링되는 단일 페이지 애플리케이션single page application(SPA)의 장점을 결합해, 성능이나 유지 보수 편의성을 저해하지 않고 매끄러운 사용자 경험을 제공합니다. 이 장에서는 RSC의 핵심 개념, 이점, RSC 동작의 기반이 되는 개념과 메커니즘에 대해 다룰 것입니다. 이에 관한 최신 정보는 `react.dev`에서 확인할 수 있습니다.[1]

RSC는 서버에서 '실행'되는 새로운 종류의 컴포넌트로, 클라이언트 자바스크립트 번들에 포함되지 않습니다. 이 컴포넌트는 빌드 시점에 실행될 수 있기 때문에 파일 시스템에서 데이터를

1 옮긴이_ 한국어로 번역된 콘텐츠는 `ko.react.dev`에서 볼 수 있습니다.

읽거나 정적 콘텐츠를 가져오거나 데이터 레이어에 접근하는 등의 작업이 가능합니다. 서버 컴포넌트에서 데이터를 브라우저 환경에 있는 클라이언트 컴포넌트의 프롭으로 전달함으로써 매우 효율적이고 성능이 뛰어난 애플리케이션을 작성할 수 있습니다.

그렇다면 서버 컴포넌트는 어떻게 동작할까요? 동작 방식을 이해하기 위해 먼저 서버 컴포넌트에 대해 자세히 살펴보겠습니다.

바로 앞서 설명했듯이, 서버 컴포넌트는 서버에서만 실행되는 특수한 종류의 컴포넌트를 일컫습니다. 새로운 형태의 이 컴포넌트를 더 잘 이해하려면 먼저 리액트 컴포넌트가 리액트 엘리먼트를 반환하는 함수일 뿐이라는 사실을 기억해야 합니다.

```
const Component = () => <div>안녕!</div>;
```

이 코드에서 `Component`는 `<div>안녕!</div>`를 반환하는 함수입니다. 물론 `<div>안녕!</div>`에 사용된 `<`는 `React.createElement`를 간편하게 표기한 것이므로, 이 함수는 리액트 엘리먼트를 반환할 것입니다. 이에 대해서는 2장 JSX 편에서 다뤘습니다. 내용이 잘 기억나지 않으면, 해당 내용으로 돌아가 기억을 되살리기 바랍니다. 결국, 모든 컴포넌트는 가상 DOM인 리액트 엘리먼트를 반환합니다.

서버 컴포넌트도 마찬가지입니다. 서버나 클라이언트에서 실행된 `Component`는 가상 DOM을 반환합니다. 앞서 3장에서는 리액트 엘리먼트가 다음 형식을 따르는 자바스크립트 객체일 뿐임을 배웠습니다.

```
{
  $$typeOf: Symbol("react.element"),
  type: () => ({
    $$typeOf: Symbol("react.element"),
    type: "div",
    props: {
      children: [
        {
          $$typeOf: Symbol("react.element"),
          props: {
            children: "안녕!"
          },
        },
```

```
      ],
    },
  }),
}
```

클라이언트 환경이든 서버 환경이든 `Component` 함수를 호출하면 위와 같은 리액트 엘리먼트가 반환됩니다.

서버 컴포넌트는 서버에서만 호출되어 리액트 엘리먼트를 의미하는 자바스크립트 객체를 반환합니다. 반환된 결과는 네트워크를 통해 클라이언트로 전송됩니다. 물론, 클라이언트 컴포넌트는 우리가 지금까지 사용해 온 평범한 리액트 컴포넌트입니다.

9.1 장점

다음 내용을 이해하면 서버 컴포넌트의 장점이 보입니다.

- 우리가 계산 능력을 제어할 수 있는 서버에서만 실행됩니다. 예측하기 어려운 클라이언트 기기에서 실행되는 것이 아니기 때문에 성능을 더 잘 예측하게 됩니다.
- 안전한 서버 환경에서 실행되므로 토큰과 같은 민감한 정보가 유출될 걱정 없이 서버 컴포넌트에서 안전하게 작업을 수행할 수 있습니다.
- 서버 컴포넌트는 비동기로 동작할 수 있습니다. 따라서 네트워크를 통해 클라이언트로 전송하기 전에 서버 컴포넌트의 동작이 완료될 때까지 기다릴 수 있습니다.

이 같은 장점이 바로 서버 컴포넌트의 진정한 힘입니다. 이제 서버 컴포넌트가 서버 렌더링과 어떻게 연동되는지 살펴보겠습니다.

9.2 서버 렌더링

서버 렌더링은 이전 장에서 자세히 다뤘으니 설명을 생략하고 서버 컴포넌트와 서버 렌더링의 상호 작용에 중점을 두겠습니다.

기본적으로 서버 컴포넌트와 서버 렌더링을 두 개의 독립적인 프로세스로 생각할 수 있습니다.

한 프로세스는 서버에서 컴포넌트를 렌더링한 후 리액트 엘리먼트 트리를 생성합니다. 또 다른 프로세스인 서버 렌더러는 이렇게 생성된 리액트 엘리먼트 트리를 마크업으로 변환합니다. 변환된 마크업은 네트워크를 통해 클라이언트에 스트리밍됩니다.

컴포넌트를 리액트 엘리먼트로 렌더링하는 프로세스와 리액트 엘리먼트를 HTML 문자열이나 스트림으로 렌더링하는 프로세스라는 점을 고려하면 이 두 개념이 어떻게 함께 동작하게 되는지 짐작할 수 있습니다. 서버 컴포넌트를 리액트 엘리먼트의 트리로 바꾸는 첫 번째 프로세스를 **RSC 렌더러**RSC renderer라고 하고, 리액트 엘리먼트를 HTML 스트림으로 바꾸는 두 번째 프로세스를 **서버 렌더러**server renderer라고 하겠습니다.

서버 컴포넌트와 서버 렌더링의 상호 작용을 다음과 같이 이해할 수 있습니다.

1 서버에서 JSX 트리는 엘리먼트 트리로 변환됩니다.

아래와 같은 JSX 트리를 가정해 봅시다.

```
<div>
  <h1>안녕!</h1>
  <p>나는 리액트가 좋아요!</p>
</div>
```

이 트리는 다음과 같은 엘리먼트 트리로 변환됩니다.

```
{
$$typeOf: Symbol("react.element"),
type: "div",
props: {
  children: [
    {
      $$typeOf: Symbol("react.element"),
      type: "h1",
      props: {
        children: "안녕!"
      }
    },
    {
      $$typeOf: Symbol("react.element"),
      type: "p",
      props: {
        children: "나는 리액트가 좋아요!"
      }
```

```
      },
    ],
  },
}
```

2 그런 다음, 서버는 이 엘리먼트 트리를 문자열이나 스트림으로 직렬화serialize[2]합니다.

3 문자열로 변환된 JSON 객체가 클라이언트로 전송됩니다.

4 클라이언트 측의 리액트는 JSON 문자열을 파싱해 읽고 평소와 다름없이 렌더링합니다.

이를 서버 코드로 설명하면 다음과 같습니다.

```
// server.js
const express = require("express");
const path = require("path");
const React = require("react");
const ReactDOMServer = require("react-dom/server");
const App = require("./src/App");

const app = express();

app.use(express.static(path.join(__dirname, "build")));

app.get("*", async (req, res) => {
  // 비법 소스 부분
  const rscTree = await turnServerComponentsIntoTreeOfElements(<App />);
  // 비법 소스 부분 끝

  // 비동기로 동작한 서버 컴포넌트를 문자열로 렌더링
  const html = ReactDOMServer.renderToString(rscTree);

  // 전송
  res.send(`
    <!DOCTYPE html>
    <html>
      <head>
        <title>My React App</title>
      </head>
      <body>
        <div id="root">${html}</div>
```

2 옮긴이_ 데이터나 객체를 저장하거나 전송하기 위해 일련의 바이트나 문자열 형태로 변환하는 과정입니다. 예컨대 자바스크립트 객체를 JSON 문자열로 변환하는 것도 직렬화의 일종입니다.

```
        <script src="/static/js/main.js"></script>
      </body>
    </html>
  `);
});

app.listen(3000, () => {
  console.log("Server listening on port 3000");
});
```

이 서버 코드는 6장 서버 사이드 리액트에서 가져왔습니다. 거의 대부분 동일하지만, 서버 렌더러로 전달하기 전에 서버 컴포넌트를 처리하는 단계가 하나 추가되었습니다(비법 소스 부분).

논리적으로 서버 컴포넌트와 서버 렌더링은 서로 보완적인 프로세스이므로 굉장히 잘 어울립니다.

다시 한번 말하지만, 6장에서 언급했듯이 여기서는 설명을 위해 `renderToString`을 사용할 뿐 대부분의 경우에는 `renderToPipeableStream`과 같은 더 비동기적이고 중단 가능한 API를 사용하는 편이 좋습니다.

이제 서버 렌더링과 서버 컴포넌트의 상호 작용을 이해했으니, 코드에서 본 비밀스러운 `turnServerComponentsIntoTreeOfElements` 함수에 대해 자세히 알아보겠습니다. 이 함수의 역할은 무엇일까요? 서버 컴포넌트를 엘리먼트 트리로 어떻게 변환할까요? 리액트의 렌더러를 사용하면 될까요? 지금부터 확인해 보겠습니다.

9.2.1 내부 구조

먼저 위의 질문에 매우 단순하게 한마디로 답하자면, '그렇다'입니다. `turnServerComponentsIntoTreeOfElements`는 리액트 렌더러의 한 종류입니다. `<App />`과 같은 상위 단계에서 시작해 재귀적으로 컴포넌트를 호출하고, 여기서 반환되는 리액트 엘리먼트(즉, 자바스크립트 객체)를 가져옵니다.

이에 대한 구현을 참조해서 살펴본 다음, 기능에 대해 논의하겠습니다.

```
async function turnServerComponentsIntoTreeOfElements(jsx) {
  if (
    typeof jsx === "string" ||
    typeof jsx === "number" ||
    typeof jsx === "boolean" ||
    jsx == null
  ) {
    // 이 타입에 대해서는 아무 동작이 필요하지 않음
    return jsx;
  }
  if (Array.isArray(jsx)) {
    // 배열의 각 항목을 처리
    return Promise.all(jsx.map(child => renderJSXToClientJSX(child)));
  }

  // 객체를 다루는 경우
  if (jsx != null && typeof jsx === "object") {
    // 객체가 React 엘리먼트인 경우
    if (jsx.$$typeof === Symbol.for("react.element")) {
      // `{ type }은 내장 컴포넌트를 나타내는 문자열
      if (typeof jsx.type === "string") {
        // 여기는 <div />와 같은 내장 컴포넌트인 경우
        // 프롭을 전달해 JSON으로 변환하도록 합니다.
        return {
          ...jsx,
          props: await renderJSXToClientJSX(jsx.props),
        };
      }
      if (typeof jsx.type === "function") {
        // 여기는 <Footer />처럼 사용자가 작성한 리액트 컴포넌트인 경우
        // 함수를 호출하고 반환되는 JSX를 반복해서 처리합니다.
        const Component = jsx.type;
        const props = jsx.props;
        const returnedJsx = await Component(props);
        return await renderJSXToClientJSX(returnedJsx);
      }
      throw new Error("Not implemented.");
    } else {
      // 임의의 객체인 경우(프롭 또는 프롭 내부의 무언가)
      // 리액트 엘리먼트는 앞에서 다루고 있으므로 여기서 다루는 대상은 객체지만
      // 리액트 엘리먼트는 아닙니다. 모든 값을 전달하고 JSX가 있으면 처리합니다.
      return Object.fromEntries(
        await Promise.all(
```

```
            Object.entries(jsx).map(async ([propName, value]) => [
              propName,
              await renderJSXToClientJSX(value),
            ])
          )
        );
      }
    }
    throw new Error("Not implemented");
  }
```

코드가 조금 무섭게 보일 수 있겠지만, 인수를 기반으로 어떤 결과를 반환하는 조금 큰 **if/else**의 집합일 뿐입니다. 입력된 인수 **jsx**부터 시작해서 각 조건 분기에서 어떤 일이 일어나는지 살펴보겠습니다.

첫 번째 조건 분기를 이해하기 위해 다음과 같은 리액트 엘리먼트가 있다고 가정해 봅시다.

```
<div>안녕!</div>
```

이 엘리먼트의 자식인 **"안녕!"**은 문자열일 뿐입니다. 이 문자열을 서버 컴포넌트 렌더러에 전달하면 문자열을 그대로 반환합니다. 이 동작의 핵심은 클라이언트에 있는 리액트와 서버에 있는 리액트가 모두 이해할 수 있는 데이터를 반환하는 것입니다. 리액트는 클라이언트와 서버에서 모두 문자열, 숫자, 불리언 값을 이해하고 렌더링할 수 있으므로 문자열은 그대로 두어도 됩니다.

두 번째 분기에서, 배열이 전달된다면 배열의 **map**을 실행하고 함수를 실행해 재귀적으로 배열의 각 엘리먼트를 처리합니다. 배열은 다음과 같이 여러 개의 자식 엘리먼트로 구성될 수 있습니다.

```
[
  <div>hi</div>,
  <h1>hello</h1>,
  <span>love u</span>,
  (props) => <p id={props.id}>lorem ipsum</p>,
];
```

예를 들어 리액트의 `fragment`는 자식을 배열 형태로 표현합니다. 따라서 이러한 자식을 처리할 때는 각 자식에 대해 재귀적으로 함수를 호출해 처리한 후에 다음 단계로 넘어가면 됩니다.

다음 조건 분기에서 흥미로운 부분이 등장합니다. 객체를 처리하는 단계입니다. 모든 리액트 엘리먼트는 객체지만, 모든 객체가 리액트 엘리먼트는 아닙니다. 그렇다면 객체가 리액트 엘리먼트인지 어떻게 알 수 있을까요? 리액트 엘리먼트는 `$$typeOf` 속성을 지니며, 속성의 값은 `Symbol.for('react.element')`입니다. 따라서 이 속성과 속성의 값이 일치하는지 확인하고, 이를 만족한다면 리액트 엘리먼트로 취급합니다.

이 같은 작업은 코드의 다음 부분에서 이루어집니다.

```
if (jsx.$$typeof === Symbol.for("react.element")) {
  if (typeof jsx.type === "string") {
    // 여기는 <div />와 같은 내장 컴포넌트인 경우
    // 프롭을 전달해 JSON으로 변환하도록 합니다.
    return {
      ...jsx,
      props: await renderJSXToClientJSX(jsx.props),
    };
  }
  if (typeof jsx.type === "function") {
    // 여기는 <Footer />처럼 사용자가 작성한 리액트 컴포넌트인 경우
    // 함수를 호출하고 반환되는 JSX를 반복해서 처리합니다.
    const Component = jsx.type;
    const props = jsx.props;
    const returnedJsx = await Component(props);
    return renderJSXToClientJSX(returnedJsx);
  }
  throw new Error("Not implemented.");
} else {
  // 임의의 객체인 경우(프롭 또는 프롭 내부의 무언가)
  // 리액트 엘리먼트는 앞에서 다루고 있으므로 여기서 다루는 대상은 객체지만
  // 리액트 엘리먼트는 아닙니다. 모든 값을 전달하고 JSX가 있으면 처리합니다.
  return Object.fromEntries(
    await Promise.all(
      Object.entries(jsx).map(async ([propName, value]) => [
        propName,
        await renderJSXToClientJSX(value),
      ])
    )
```

```
    );
  }
```

if 조건이 참이라면 중첩된 조건문에서 다른 검사를 수행합니다. jsx.type이 "string(문자열)"인지 "function(함수)"인지 확인합니다. 이는 리액트 엘리먼트가 두 가지 타입으로 표현되기 때문입니다. "div", "span" 등의 내장 DOM 엘리먼트에는 문자열이 사용되고, 사용자가 작성한 <Footer />와 같은 컴포넌트에는 함수가 사용됩니다.

문자열 타입이라면, 내장된 DOM 엘리먼트이기 때문에 그대로 반환합니다. 다만, 자식으로 동시성 리액트 컴포넌트가 포함될 수도 있으므로 재귀적으로 프롭에 대해 함수를 호출해 처리합니다.

함수 타입이라면, 사용자가 작성한 컴포넌트를 나타내는 것이므로 해당 컴포넌트를 프롭과 함께 호출하고, 컴포넌트가 반환하는 JSX에 대해 재귀적으로 함수를 호출합니다. 이 과정은 문자열, 숫자, 불리언 또는 이러한 값의 배열, 문자열 타입의 리액트 엘리먼트가 반환될 때까지 반복합니다.

함수 타입의 컴포넌트를 호출하는 부분을 보면 앞에 await 키워드가 있습니다. 서버 컴포넌트는 서버에서 실행되기 때문에 함수 컴포넌트의 비동기 작업이 완료될 때까지 기다릴 수 있고, 이를 위해 await를 사용했습니다. 서버 컴포넌트의 마법 같은 기능이기도 합니다. 서버에서 await와 함께 호출된 컴포넌트는 리액트 엘리먼트를 반환하는데, 이를 renderToString이나 renderToPipeableStream에 전달하면 문자열이나 문자열 스트림으로 렌더링할 수 있습니다. 그 결과, 서버에서 모든 비동기 작업이 처리되어 데이터 의존성이 모두 해결된 엘리먼트 트리(즉, 자바스크립트 객체)를 생성할 수 있게 됩니다.

마지막은 객체지만 리액트 엘리먼트가 아닌 경우입니다. 평범한 자바스크립트 객체이기 때문에 해당 객체의 각 값에 대해 함수를 재귀적으로 호출하고 결과를 반환합니다. 이러한 객체는 보통 프롭으로 사용되기 때문에 else 분기에서는 프롭의 각 값을 재귀적으로 호출해 반환하고, 이를 통해 5장에서 다룬 렌더 프롭render prop 패턴처럼 프롭으로 전달될 수 있는 컴포넌트를 효과적으로 풀어내는unwrap 작업을 합니다.

자! 이렇게 해서 아주 간단한 RSC 렌더러가 완성되었습니다. 완벽하지 않지만 출발점으로는 충분합니다. 이를 사용해 서버 컴포넌트를 리액트 엘리먼트로 렌더링한 후에 클라이언트로 전송할 수 있습니다.

이제 해당 엘리먼트 트리를 `renderToString`이나 `renderToPipeableStream`으로 전달하거나 직렬화해서 브라우저로 직접 전송할 수 있습니다. 리액트는 이를 자신이 이해할 수 있는 리액트 엘리먼트 트리로 해석하고 클라이언트에서 렌더링합니다. 하지만 해야 할 일이 남았습니다. 바로 직렬화입니다.

직렬화

리액트 엘리먼트의 직렬화는 조금 까다롭습니다. 이 직렬화는 초기 로드 중에 애플리케이션이 올바르고 효율적으로 렌더링되도록 보장하는 데 매우 중요한 작업입니다. 서버에서 렌더링된 동일한 출력이 클라이언트와 일치해야만 리액트가 올바르게 재조정하고 차이점을 파악할 수 있기 때문입니다. 애플리케이션이 서버에서 렌더링될 때, 생성된 리액트 엘리먼트는 브라우저로 전송될 수 있는 HTML 문자열로 변환되어야 합니다. 이때 리액트 엘리먼트를 문자열로 변환하는 과정을 **직렬화**라고 합니다.

일반적인 리액트 애플리케이션에서 리액트 엘리먼트는 메모리에 있는 객체입니다. 이러한 엘리먼트는 `React.createElement`를 호출하거나 JSX 문법을 사용해 생성됩니다. 리액트 엘리먼트는 컴포넌트가 어떻게 렌더링될지 표현하지만, 아직 실제 DOM 엘리먼트는 아닙니다.

```
const element = <h1>Hello, world</h1>;
```

`ReactDOMServer.renderToString` 같은 함수를 사용해 서버에서 렌더링할 때 이러한 리액트 엘리먼트는 HTML 문자열로 직렬화됩니다. 직렬화 프로세스는 리액트 엘리먼트 트리를 탐색해 각 엘리먼트에 해당하는 HTML을 생성하고 이를 모두 합쳐 하나의 HTML 문자열로 만듭니다.

```
const htmlString = ReactDOMServer.renderToString(element);
// htmlString은 '<h1>Hello, world</h1>'가 됩니다.
```

그런 다음 이 HTML 문자열을 클라이언트로 전송해 페이지의 초기 마크업으로 사용합니다. 자바스크립트 번들이 클라이언트에 로드되면 리액트는 이벤트 핸들러를 추가하고 동적 콘텐츠를 채우면서 DOM을 '하이드레이트'합니다.

직렬화 단계는 여러 가지 이유로 중요합니다. 첫째, 서버가 즉시 표시할 수 있는 완전한 HTML 페이지를 빠르게 클라이언트에 전송할 수 있습니다. 이렇게 하면 사용자가 콘텐츠와 더 빨리 상호 작용하게 되어 페이지의 체감 로딩 속도가 개선됩니다.

또한 리액트 엘리먼트를 HTML 문자열로 직렬화하면 환경에 관계없이 일관되고 예측 가능한 초기 렌더링이 가능합니다. 생성된 HTML은 정적이며 서버에서 렌더링되든 클라이언트에서 렌더링되든 동일하게 표시됩니다. 이러한 일관성은 초기 렌더링과 최종 렌더링이 다를 경우 생기는 깜박임이나 레이아웃 변화를 방지하기 때문에 매끄러운 사용자 경험을 보장하는 데 반드시 필요합니다.

끝으로 직렬화는 클라이언트 측의 하이드레이션 프로세스를 용이하게 합니다. 자바스크립트 번들이 클라이언트에서 로드되면 리액트는 이벤트 핸들러를 추가하고 동적 콘텐츠를 모두 채워야 합니다. 직렬화된 HTML 문자열을 초기 마크업으로 사용하면 리액트가 작업할 수 있는 견고한 기반을 확보해 다시 실행하는 하이드레이션 프로세스를 보다 효율적이고 안정적으로 수행할 수 있습니다.

컴포넌트도 문자열로 직렬화해야 하지만, 리액트 엘리먼트는 평범한 자바스크립트 객체가 아니기 때문에 `JSON.stringify`만으로는 직렬화가 불가능합니다. 리액트 엘리먼트는 리액트가 엘리먼트를 식별하는 데 사용하는 특별한 `$$typeof` 속성을 지닌 객체이며, 이 속성의 값은 심벌입니다. 심벌은 직렬화해서 네트워크로 전송할 수 없으므로 다른 방법을 찾아야 합니다.

다행히 서버를 실행하는 Node.js와 웹 브라우저는 둘 다 자바스크립트 런타임을 포함하므로 이 작업이 그렇게 어렵지 않습니다. 런타임에 기본적으로 포함된 `JSON.stringify`와 `JSON.parse`는 재귀적으로 리액트 엘리먼트를 JSON 객체로 직렬화하거나, 반대로 JSON 객체를 리액트 엘리먼트로 역직렬화deserialize합니다. 먼저 API를 보겠습니다.

```
JSON.stringify(object, replacer);
JSON.parse(object, replacer);
```

여기서 `replacer`는 키와 값을 받아 특정 조건에 따라 대체할 값을 반환하는 함수입니다. 이제 `$$typeof` 값을 문자열처럼 직렬화 가능한 형태로 바꾸려고 합니다. 방법은 다음과 같습니다.

```
JSON.stringify(jsxTree, (key, value) => {
  if (key === "$$typeof") {
```

```
    return "react.element"; // <- 문자열!
  }

  return value; // <- 그 외의 값은 그대로 반환
});
```

완료되었습니다. 클라이언트에서는 반대의 작업을 수행해 역직렬화합니다.

```
JSON.parse(serializedJsxTree, (key, value) => {
  if (key === "$$typeof") {
    return Symbol.for("react.element"); // <- 심벌!
  }

  return value; // <- 다른 값은 그대로 반환
});
```

여기까지 작성하면 리액트 엘리먼트를 직렬화하거나 역직렬화할 수 있습니다. 이제 서버에서 서버 컴포넌트를 렌더링해 클라이언트로 전송할 수 있습니다. 이렇게 첫 번째 로드의 처리가 끝났습니다. 하지만 여전히 업데이트와 페이지 탐색을 처리해야 합니다. 페이지 탐색을 먼저 다룬 후, 업데이트 문제를 해결해 보겠습니다.

페이지 탐색

RSC를 지원하는 애플리케이션은 다음 링크를 포함할 수 있습니다.

```
<a href="/blog">블로그</a>
```

이 링크를 클릭하면 전체 페이지 탐색이 발생해 브라우저가 서버에 요청을 보냅니다. 서버는 해당 페이지를 렌더링하고 결과를 브라우저에 다시 전송합니다. 이미 몇 년 전에 PHP가 사용하던 방식과 유사한데, 이 방식은 약간의 버벅거림과 느린 것 같은 느낌을 유발합니다. 다행히 우리에게는 더 나은 방법이 있습니다. RSC를 사용하면 소프트 내비게이션soft navigation[3]을 구현할 수 있으며, 이 경우에는 경로가 변경돼도 상태가 유지됩니다. 이동하고자 하는 URL을 서버

3 옮긴이_ 페이지를 완전히 새로고침하는 하드 내비게이션(hard navigation)과 대비해 필요한 데이터만 불러와서 새 페이지를 표시하는 방식을 의미하는 용어입니다.

로 전송하면 서버는 해당 페이지의 JSX 트리를 반환합니다. 이후 브라우저의 리액트가 새로운 JSX 트리를 사용해 전체 페이지를 다시 렌더링하기 때문에 전체 페이지를 새로고침하지 않고도 완전히 새로운 페이지를 볼 수 있습니다. 지금부터 구현해 보려는 내용이기도 합니다.

이를 위해서는 클라이언트 코드를 약간 수정해야 합니다. 링크의 기본 동작을 방지하고 대신 새 페이지에 대한 요청을 서버로 전송하는 이벤트 리스너를 애플리케이션 내부에 있는 모든 링크에 다음과 같이 추가해야 합니다.

```
window.addEventListener("click", (event) => {
  if (event.target.tagName !== "A") {
    return;
  }

  event.preventDefault();
  navigate(event.target.href);
});
```

애플리케이션의 모든 링크에 이벤트 리스너를 추가하면 이벤트 리스너 수가 많아져 속도가 느려질 수 있기 때문에, 성능을 위해 `window`에 이벤트 리스너를 추가했습니다. 대신 `window`에 추가된 이벤트 리스너에서 클릭 대상이 링크인지 확인합니다. 이런 방식을 **이벤트 위임**event delegation이라고 합니다.

사용자가 `A` 엘리먼트를 클릭하면 링크의 기본 동작이 방지되고, 대신 우리가 잠시 뒤에 정의할 `navigate` 함수를 호출합니다. 이 함수는 새 페이지에 대한 요청을 서버로 전송하고 리액트가 이를 클라이언트에서 렌더링하도록 합니다.

이제 `navigate` 함수를 정의해 봅시다.

```
async function navigate(url) {
  const response = await fetch(url, { headers: { "jsx-only": true } });
  const jsxTree = await response.json();
  const element = JSON.parse(jsxTree, (key, value) => {
    if (key === "$$typeof") {
      return Symbol.for("react.element");
    }

    return value;
  });
```

```
  root.render(element);
}
```

새 페이지에 대한 요청을 서버로 보내고 응답을 리액트 엘리먼트로 역직렬화한 후에, 해당 엘리먼트를 애플리케이션 루트에 렌더링하는 매우 간단한 작업입니다. 이렇게 하면 리액트가 새로운 JSX 트리를 사용해 페이지를 다시 렌더링하고 전체 페이지를 새로고침하는 과정 없이 새 페이지를 보여 줄 수 있습니다. 하지만 코드에서 참조한 `root`는 무엇일까요? 이를 이해하려면 클라이언트 자바스크립트 파일 전체를 살펴볼 필요가 있습니다.

```
import { hydrateRoot } from "react-dom/client";
import { deserialize } from "./serializer.js";
import App from "./App";

const root = hydrateRoot(document, <App />); // <- 이게 root입니다.

window.addEventListener("click", (event) => {
  if (event.target.tagName !== "a") {
    return;
  }

  event.preventDefault();
  navigate(event.target.href);
});

async function navigate(url) {
  const response = await fetch(url);
  const jsxTree = await response.json();
  const element = deserialize(jsxTree);
  root.render(element);
}
```

페이지를 처음 하이드레이션할 때 리액트에서 루트를 얻고, 이 루트를 사용해 새 엘리먼트를 렌더링할 수 있습니다. 리액트는 내부적으로 이렇게 동작하며, 우리도 리액트가 내부에서 사용하는 API와 동일한 것을 사용하고 있습니다. 숨겨진 기능이 아니라 리액트가 공개한 API를 사용했기 때문에 문제는 없습니다.

끝으로 서버가 `jsx-only` 헤더를 받았을 때는 전체 HTML 문자열을 반환하는 대신 다음 페이지의 JSX 트리 객체만 응답으로 반환하도록 해야 합니다. 이는 다음과 같이 구현할 수 있습니다.

```
app.get("*", async (req, res) => {
  const jsxTree = await turnServerComponentsIntoTreeOfElements(<App />);

  // 비법 소스 부분
  if (req.headers["jsx-only"]) {
    res.end(
      JSON.stringify(jsxTree, (key, value) => {
        if (key === "$$typeof") {
          return "react.element";
        }

        return value;
      })
    );
  } else {
    const html = ReactDOMServer.renderToString(jsxTree);

    res.send(`
      <!DOCTYPE html>
      <html>
        <head>
          <title>My React App</title>
        </head>
        <body>
          <div id="root">${html}</div>
          <script src="/static/js/main.js"></script>
        </body>
      </html>
    `);
  }
});
```

이 코드는 `jsx-only` 헤더가 있을 때 JSON 객체가 아니라 문자열을 전송합니다. 전송된 데이터는 클라이언트에서 `JSON.parse`를 사용해 역직렬화하는데, `JSON.parse`에는 문자열을 전달해야 하기 때문입니다. 조금 특이하기는 하지만 문제는 없습니다.

이제 전체 페이지를 새로고침하지 않고도 새 페이지로 이동할 수 있는 방법이 생겼습니다. RSC가 지원되는 애플리케이션에서 페이지 탐색을 처리할 수 있게 되었습니다. 모든 링크 탐색이 전체 페이지를 새로 고치지 않고도 매끄럽게 이루어집니다. 하지만 업데이트는 어떨까요? 업데이트는 어떻게 처리해야 할까요? 이제 이 문제를 해결할 차례입니다.

9.2.2 업데이트

RSC는 장점이 많지만, 서버 컴포넌트와 클라이언트 컴포넌트라는 두 종류의 컴포넌트를 고려해야 한다는 점에서 생각할 게 많아진다는 단점도 있습니다. 컴포넌트 중에는 서버 컴포넌트가 될 수 없는 것도 있기 때문입니다.

사용자가 + 버튼을 클릭하면 카운터 값을 1씩 증가시키는 간단한 카운터 컴포넌트를 생각해 봅시다.

```
function Counter() {
  const [count, setCount] = useState(0);
  return (
    <div>
      <h1>안녕 친구들, 내 멋진 카운터를 봐줘!</h1>
      <p>내 소개: 나는 리액트를 좋아해. 방명록에 글 남겨줘!</p>
      <p>카운트: {count}</p>
      <button onClick={() => setCount(count + 1)}>+</button>
    </div>
  );
}
```

이 컴포넌트는 두 가지 이유 때문에 서버 컴포넌트가 될 수 없습니다.

- 클라이언트 전용 API인 `useState`를 사용합니다. 즉, 서버는 `count`의 초깃값이 무엇인지 알지 못하므로 초기 HTML을 렌더링할 수 없습니다. 이는 서버가 초기 HTML을 렌더링한 후, 그리고 사용자가 상호 작용할 수 있는 UI를 클라이언트가 렌더링하기 전에 문제가 될 것입니다.

  서버 환경에서는 '상태'라는 개념이 여러 클라이언트에 걸쳐 공유됩니다. 하지만 RSC가 도입되기 전의 리액트에서는 상태가 현재 애플리케이션 내부에서만 공유되었습니다. 이러한 차이는 위험을 초래할 수 있습니다. 이를테면 여러 클라이언트에서 상태를 공유하게 되면 민감한 정보가 누출될 여지가 있습니다. 이러한 불일치와 보안 위험 때문에 RSC는 서버에서 `useState` 사용을 지원하지 않습니다. 이는 서버에서의 상태와 클라이언트에서의 상태가 근본적으로 다르기 때문입니다.

  게다가 `useState`에서 반환하는 `setState` 디스패처 함수는 네트워크를 통해 전송하려면 직렬화되어야 하는데, 함수는 직렬화가 불가능합니다.

- 클라이언트 전용 API인 `onClick`을 사용합니다. 서버는 인터랙티브하지 않기 때문에 서버에서 실행 중인 프로세스는 클릭할 수 없습니다. 따라서 서버 컴포넌트에서 `onClick`을 사용하기란 불가능합니다. 또 서버 컴포넌트의 모든 프롭은 직렬화가 가능해야 합니다. 서버가 프롭을 직렬화해 클라이언트로 전송할 수 있어야 하기 때문입니다. 하지만 함수는 직렬화가 불가능하므로 서버 컴포넌트에서는 함수를 프롭으로 사용할 수 없습니다.

따라서 서버 컴포넌트의 기능을 활용하고 싶다면, 비록 간단한 카운터라고 하더라도 서버 부분과 클라이언트 부분을 분리해야 합니다. 가령 다음과 같이 분리할 수 있습니다.

```
// 서버 컴포넌트
function ServerCounter() {
  return (
    <div>
      <h1>안녕 친구들, 내 멋진 카운터를 봐줘!</h1>
      <p>내 소개: 나는 리액트를 좋아해. 방명록에 글 남겨줘!</p>
      <ClientPart />
    </div>
  );
}
// 클라이언트 컴포넌트
"use client";
function ClientPart() {
  const [count, setCount] = useState(0);
  return (
    <div>
      <p>카운트: {count}</p>
      <button onClick={() => setCount(count + 1)}>+</button>
    </div>
  );
}
```

다소 작위적이기는 하지만, 예시는 리액트 컴포넌트를 그대로 서버 컴포넌트로 전환할 수 없다는 점을 보여 줍니다. 컴포넌트에서 서버 렌더링이 가능한 부분과 클라이언트 렌더링이 가능한 부분을 고려해야 합니다. 이로 인해 약간의 고충이 생깁니다. 이 예시에서는 서버 렌더링이 가능한 부분과 클라이언트 렌더링이 가능한 부분이 매우 명확하게 구분되지만, 실제 대규모 애플리케이션에서는 지금처럼 구분이 명확하지 않을 수 있습니다.

그럼에도 이 작업은 의미 있습니다. 인터랙티브한 부분을 담당하는 카운터 애플리케이션의 일부를 분리해 냈고, 이 작은 부분만이 자바스크립트 번들의 일부로 사용자에게 전달되기 때문입니다. 나머지 코드는 클라이언트 자바스크립트 번들에 포함되지 않습니다. 그 결과 네트워크를 통해 전달되는 자바스크립트 번들의 크기가 현저하게 줄어 로딩 시간이 빨라지고 성능도 향상됩니다. CPU 측면에서는 자바스크립트를 파싱하고 실행하는 작업이 감소하고, 네트워크 측면에서는 다운로드해야 하는 데이터 양이 적어집니다.

이것이 바로 가능한 한 많은 코드를 서버에서만 렌더링하고 클라이언트 번들에서 제거하려는 이유입니다.

내부 동작

고려 사항이 늘어난다는 점은 잠시 차치하고, 리액트가 서버 컴포넌트와 클라이언트 컴포넌트를 내부적으로 어떻게 구분하고 처리하는지 알아봅시다. 이는 애플리케이션의 업데이트를 처리하기 위해 반드시 이해해야 할 중요한 요소입니다.

클라이언트 컴포넌트는 해당 컴포넌트가 포함된 파일 최상단에 `"use client"` 지시자를 추가해 클라이언트 컴포넌트로 설정됩니다. RSC는 이러한 지시자 유무에 따라 서버와 클라이언트 컴포넌트를 구분하기 위해 차세대 도구가 필요합니다.

차세대 번들러 또는 번들러 설정을 사용하면, 번들러는 리액트 애플리케이션에 대해 서버 그래프server graph와 클라이언트 그래프client graph라는 두 종류의 분리된 모듈 그래프를 생성할 수 있습니다. 서버 그래프는 사용자에게 제공되지 않기 때문에 절대로 번들에 포함하지 않습니다. 반면 `"use client"` 지시자로 시작하는 모든 파일은 하나의 클라이언트 번들에 포함되거나, 컴포넌트별로 여러 번들로 나누어져 지연 로딩될 수 있습니다. 세부 구현 사항은 RSC 기반 프레임워크에 따라 달라질 수 있습니다.

개념적으로는 서버에서 실행되는 서버 그래프와, 클라이언트에서 필요할 때 다운로드되어 실행되는 하나 이상의 클라이언트 번들이 존재합니다. 그렇다면 리액트는 언제 어느 클라이언트 컴포넌트를 가져와 실행해야 되는지를 어떻게 파악할까요? 이를 이해하려면 일반적인 리액트 트리를 먼저 살펴봐야 합니다. 앞서 보았던 카운터를 예로 들겠습니다.

[그림 9-1]에 카운터 애플리케이션의 컴포넌트 트리를 시각화했습니다. 주황색 컴포넌트(옅은 음영으로 표시)는 서버에서 렌더링되고, 녹색 컴포넌트(짙은 음영으로 표시)는 클라이언트에서 렌더링됩니다. 트리의 루트가 서버 컴포넌트이기 때문에 전체 트리는 서버에서 렌더링됩니다. 하지만 `InteractiveClientPart` 컴포넌트는 클라이언트이므로 서버에서 렌더링되지 않습니다. 대신, 서버는 클라이언트 컴포넌트를 위한 플레이스홀더placeholder[4]를 렌더링합니다. 이 플레이스홀더는 클라이언트 번들러가 생성한 특정 모듈에 대한 참조reference입니다. 간단히

4 옮긴이_ 실제 콘텐츠를 보여 주기 전에 자리를 표시하거나 미리 확보해 두는 용도로 사용되는 임시 콘텐츠이며, 빈 이미지나 예시 텍스트 등이 플레이스홀더로 종종 사용됩니다.

말해 '트리의 이 지점에 도달하면 특정 모듈을 사용해야 한다'고 알려 주는 것입니다.

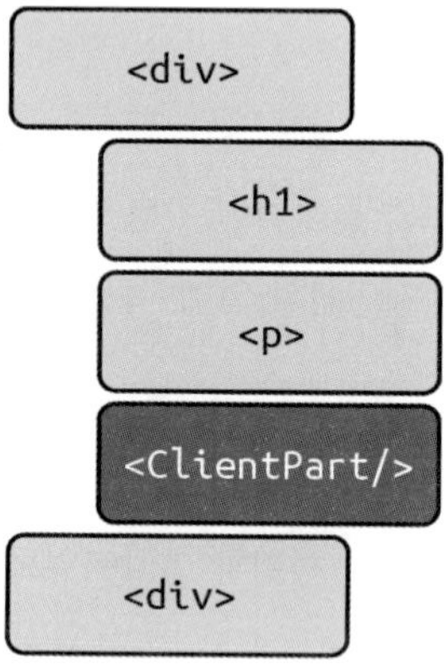

그림 9-1 클라이언트 컴포넌트와 서버 컴포넌트를 보여 주는 컴포넌트 트리

모듈이 반드시 지연 로딩되는 것은 아닙니다. 초기 번들에서 로드될 수도 있습니다. 번들러는 우리가 사용자에게 제공하는 번들에 여러 모듈을 포함하고 있습니다. 예를 들어 `getModuleFromBundleAtPosition([0,4])` 또는 이와 유사한 방식으로 특정 모듈을 번들에서 가져올 수 있습니다. 여기서 중요한 것은 서버가 올바른 클라이언트 모듈에 대한 참조를 전송하고, 클라이언트의 리액트가 해당 참조를 기반으로 빈 부분을 채운다는 점입니다.

이 과정에서 리액트는 모듈 참조를 클라이언트 번들에 있는 실제 모듈로 교체합니다. 설명이 다소 간단해졌지만, 메커니즘은 충분히 이해했으리라 생각합니다. 이후 클라이언트 컴포넌트는 클라이언트에서 렌더링되고, 평소처럼 상호 작용할 수 있습니다. 이와 같은 이유에서 RSC는 차세대 번들러를 필요로 합니다. 서버 및 클라이언트 컴포넌트에 대해 각각 분리된 모듈 그래프를 생성할 수 있어야 하기 때문입니다.

실제로 카운터 예시의 경우 서버는 다음과 같은 트리를 렌더링합니다.

```
{
  $$typeof: Symbol(react.element),
  type: "div",
  props: {
    children: [
      {
        $$typeof: Symbol(react.element),
```

```
    type: "h1",
    props: {
      children: "안녕 친구들, 내 멋진 카운터를 봐줘!"
    }
  },
  {
    $$typeof: Symbol(react.element),
    type: "p",
    props: {
      children: "내 소개: 나는 리액트를 좋아해. 방명록에 글 남겨줘!"
    }
  },
  {
    // 모듈 참조를 포함하는 ClientPart 엘리먼트의 플레이스홀더
    // 주목할 부분: 이 부분에서 모듈이 참조됨
    $$typeof: Symbol(react.element),
    type: {
      $$typeof: Symbol(react.module.reference),
      name: "default",
      filename: "./src/ClientPart.js",
      moduleId: "client-part-1234"
    },
    props: {
      children: [
        // ... 다른 서버 컴포넌트와 클라이언트 모듈 참조
        {
          $$typeof: Symbol(react.element),
          type: {
            $$typeof: Symbol(react.module.reference),
            name: "default",
            filename: "./src/AnotherClientComponent.js"
          },
          props: {
            children: [],
          }
        },
        {
          $$typeof: Symbol(react.element),
          type: "div",
          props: {
            children: "여기는 서버 컴포넌트"
          }
        }
      ]
```

```
        }
      }
    ]
  }
}
```

이 트리는 클라이언트로 전송되고, 리액트는 이를 렌더링하다가 모듈 참조를 만나면 모듈 참조를 클라이언트 번들의 실제 모듈로 알아서 대체합니다. 리액트는 이런 방식을 통해 언제 클라이언트 컴포넌트를 가져와 실행해야 하는지 파악합니다.

이를 통해 알 수 있는 사실은, 번들러는 전체 트리를 서버에서 렌더링할 수 있다는 것입니다. 다만, 심지어 클라이언트 컴포넌트까지도 재귀적으로 렌더링하면서 클라이언트 컴포넌트가 채워야 할 곳을 '빈 공간'으로 남겨 둘 뿐입니다. 클라이언트는 필요한 클라이언트 번들을 다운로드하고 실행해 빈 공간을 채웁니다.

서버 컴포넌트는 `Suspense` 경계로 감쌀 수 있습니다. 프레임워크가 필요한 작업을 수행하여, 서버에서 서버 컴포넌트가 '준비'될 때마다 이를 사용자에게 스트리밍할 수 있습니다. 여기서 '준비'가 된다는 것은, 서버 컴포넌트가 필요로 하는 데이터를 전부 가져왔을 뿐 아니라 그 밖의 비동기 작업도 모두 완료되었다는 뜻입니다.

이제 클라이언트 컴포넌트가 서버 컴포넌트에서 어떻게 분리되는지 이해했고, RSC 기반 애플리케이션에서 업데이트가 이루어지는 방식도 배웠습니다. `"use client"`로 표시된 클라이언트 컴포넌트는 문제없이 로컬 상태와 `onClick` 등의 이벤트 핸들러를 포함할 수 있습니다.

이제 클라이언트 컴포넌트가 클라이언트 번들에 포함되고 서버 컴포넌트가 서버에서 실행되는 방식을 이해했으니, 이 주제와 관련된 세부 사항에 대해 알아보겠습니다.

9.2.3 주의할 점

서버 컴포넌트는 서버에서만 실행되고 클라이언트 컴포넌트는 클라이언트에서만 실행된다는 오해가 있지만 사실이 아닙니다. 서버 컴포넌트는 실제로 서버에서만 실행되고 리액트 엘리먼트를 의미하는 객체를 출력하지만, 클라이언트 컴포넌트는 클라이언트에서만 실행되지 않습니다.

이를 더 깊이 이해하기 위해 '컴포넌트 실행'의 의미를 짚고 가겠습니다. '컴포넌트가 실행된다'는 것은 컴포넌트를 표현하는 함수가 호출된다는 뜻입니다. 예를 들어 다음과 같은 컴포넌트를 생각해 봅시다.

```
function MyComponent() {
  return <div>hello world</div>;
}
```

'MyComponent가 실행된다'는 말은 MyComponent 함수가 프롭과 함께 호출되어 다음과 같은 평범한 자바스크립트 객체로 표현되는 리액트 엘리먼트를 반환한다는 뜻입니다.

```
{
  $$typeof: Symbol(react.element),
  type: "div",
  props: {
    children: "hello world"
  }
}
```

이것이 바로 '컴포넌트가 실행된다'는 말의 의미입니다.

서버 렌더링 중에 클라이언트 컴포넌트는 서버에서 실행되고 리액트 엘리먼트를 나타내는 객체를 출력합니다. 그런 다음 이러한 엘리먼트는 HTML 문자열로 직렬화되어 브라우저에서 HTML 마크업을 렌더링하는 클라이언트로 전송됩니다. 따라서 클라이언트 컴포넌트도 서버에서 실행되고 리액트 엘리먼트를 나타내는 일부 객체를 반환한 후에 서버가 이를 HTML로 직렬화해 클라이언트로 전송합니다.

이를 보다 정확하게 표현하기 위해 다음과 같이 참인 명제를 구성했습니다.

- 서버 컴포넌트는 서버에서 실행되며 리액트 엘리먼트를 나타내는 객체를 출력한다.
- 클라이언트 컴포넌트는 서버에서 실행되며 리액트 엘리먼트를 나타내는 객체를 출력한다.
- 서버에는 클라이언트와 서버 컴포넌트의 모든 리액트 엘리먼트를 표현하는 커다란 객체가 있다.
- 이 객체는 문자열로 변환되어 클라이언트로 전송된다.
- 이 시점부터 서버 컴포넌트는 클라이언트에서 실행되지 않는다.
- 이 시점부터 클라이언트 컴포넌트는 클라이언트에서만 실행된다.

이 관점에서 보면 서버 컴포넌트와 클라이언트 컴포넌트의 실행 경계가 더욱 명확해집니다. 너무 사소한 부분까지 신경 쓰는 것처럼 비춰질 수 있지만, 두 종류의 컴포넌트가 주고받는 상호작용을 완전히 이해하고 그 가치를 제대로 파악하려면 세세한 부분까지 알 필요가 있습니다.

9.3 서버 컴포넌트 규칙

이제 서버 컴포넌트의 내부 작동 방식을 이해했으니, 서버 컴포넌트로 작업할 때 지켜야 하는 규칙 또는 서버 컴포넌트를 사용할 때 유의해야 하는 사항을 살펴보겠습니다.

9.3.1 직렬화 가능성이 가장 중요하다

서버 컴포넌트에서는 모든 프롭을 직렬화할 수 있어야 합니다. 이는 앞서 설명한 것처럼 서버가 프롭을 직렬화해 클라이언트로 전송할 수 있어야 하기 때문입니다. 따라서 서버 컴포넌트에서는 함수 등 직렬화할 수 없는 값을 프롭으로 사용하지 못합니다. 이러한 제약 때문에 5장에서 다룬 렌더 프롭 패턴은 서버 컴포넌트에서 사용할 수 없습니다.

우리는 RSC가 서버에서 렌더링되고, 소프트 내비게이션을 할 때 클라이언트로 전송되는 방식을 배웠습니다. 이에 대해 충분히 이해한다면 직렬화와 관련된 규칙이 왜 존재하는지 알 수 있습니다. 예를 들어 다음과 같은 서버 컴포넌트를 가정해 봅시다.

```
function ServerComponent() {
  return <ClientComponent onClick={() => alert("hi")} />;
}
```

이 컴포넌트는 오류를 발생시킬 것입니다. 하지만 이 문제는 `onClick` 프롭을 `ClientComponent` 내부에 캡슐화해 해결할 수 있습니다.

9.3.2 부작용이 있는 훅 금지

서버 환경은 클라이언트와 완전히 다릅니다. 인터랙티브하지도 않고, DOM이나 `window` 객체도 없습니다. 따라서 부작용이 있는 훅[5]은 서버 컴포넌트에서 사용할 수 없습니다.

Next.js와 같은 일부 프레임워크에는 서버 컴포넌트의 모든 훅을 완전히 금지하는 린트 규칙이 있지만, 꼭 필요한 것은 아닙니다. 서버 컴포넌트라고 하더라도 상태, 효과, 브라우저 전용 API에 의존하지 않는 훅은 사용할 수 있습니다. 예를 들면 `useRef` 훅이 그렇습니다. 이러한 제약이 반드시 나쁜 것은 아닙니다. 오히려 이를 통해 컴포넌트 작업을 보다 안전한 방향으로 유도하기 때문입니다.

9.3.3 상태는 동일하지 않다

서버 컴포넌트의 상태는 클라이언트 컴포넌트의 상태와 동일하지 않습니다. 서버 컴포넌트는 서버에서 렌더링되고 클라이언트 컴포넌트는 클라이언트에서 렌더링되기 때문입니다. 서버와 클라이언트의 관계는 1:1의 관계가 아니라 1:N의 관계로 하나의 서버가 다수의 클라이언트에 대응하고 있습니다. 이러한 특성상 서버의 상태가 여러 클라이언트에 공유될 수 있고, 이로 인해 클라이언트의 상태가 다른 클라이언트에 노출될 위험성이 높습니다.

이러한 제약을 훅 사용 규칙과 함께 고려해 보면, `useState`나 `useReducer`와 같은 훅을 통해 상태를 다루려는 컴포넌트는 클라이언트 컴포넌트로 작성하는 것이 더 적합합니다.

9.3.4 클라이언트 컴포넌트는 서버 컴포넌트를 가져올 수 없다

클라이언트 컴포넌트에서는 서버 컴포넌트를 가져올 수 없습니다. 서버 컴포넌트는 서버에서만 실행되지만 클라이언트 컴포넌트는 브라우저를 포함해 양쪽 모두에서 실행되기 때문입니다.

즉, 다음과 같은 클라이언트 컴포넌트를 생각해 봅시다.

```
"use client";
import { ServerComponent } from "./ServerComponent";

function ClientComponent() {
  return (
    <div>
```

5 옮긴이_ 여기서 말하는 부작용은 렌더링 외의 상태 변경, DOM 업데이트, 데이터 페칭과 같은 추가적인 작업을 의미합니다.

```
      <h1>제 멋진 서버 컴포넌트 좀 봐주세요!</h1>
      <ServerComponent />
    </div>
  );
}
```

이 예시에서 오류가 발생하는 이유는 클라이언트 컴포넌트가 서버 컴포넌트를 불러오려고 시도하기 때문입니다. 이는 불가능한 작업입니다. 서버 컴포넌트는 오직 서버에서만 실행되며, 여기서 불러오려는 서버 컴포넌트는 Node.js API와 같이 클라이언트 환경에서는 사용할 수 없는 요소를 포함할 수 있습니다. 따라서 이를 클라이언트에서 실행하려고 하면 오류가 발생합니다.

서버 컴포넌트는 다음과 같을 수 있습니다.

```
import { readFile } from "node:fs/promises";

export async function ServerComponent() {
  const content = await readFile("./some-file.txt", "utf-8");
  return <div>{content}</div>;
}
```

클라이언트 컴포넌트가 클라이언트 환경에서 이를 실행한다고 생각해 봅시다. 브라우저에서는 `readFile` 함수와 `"node:fs/promises"` 모듈을 사용할 수 없기 때문에 오류가 발생합니다. 이것이 바로 클라이언트 컴포넌트가 서버 컴포넌트를 가져오지 못하는 이유입니다.

그러나 클라이언트 컴포넌트는 프롭을 통해 서버 컴포넌트를 조합할 수 있습니다. 예를 들어 클라이언트 컴포넌트를 다음과 같이 작성할 수 있습니다.

```
"use client";

function ClientComponent({ children }) {
  return (
    <div>
      <h1>제 멋진 서버 컴포넌트 좀 봐주세요!</h1>
      {children}
    </div>
  );
}
```

그런 다음, 이 클라이언트 컴포넌트를 포함하는 부모 서버 컴포넌트에서 다음과 같이 사용할 수 있습니다.

```
import { ServerComponent } from "./ServerComponent";

async function TheParentOfBothComponents() {
  return (
    <ClientComponent>
      <ServerComponent />
    </ClientComponent>
  );
}
```

이렇게 작성하면 문제없이 동작합니다. 왜냐하면 클라이언트 컴포넌트에서 명시적으로 `import`를 사용해 서버 컴포넌트를 가져온 것이 아니기 때문입니다. 대신 부모 서버 컴포넌트가 서버 컴포넌트를 클라이언트 컴포넌트의 프롭으로 전달합니다. `import` 사용이 금지된 유일한 이유는 클라이언트 번들에 서버 컴포넌트가 포함되는 것을 방지하는 것입니다. 번들러는 `import` 문만 검사하지 프롭으로 전달되는 컴포넌트 구성에는 주의를 기울이지 않습니다.

9.3.5 클라이언트 컴포넌트는 나쁘지 않다

서버 컴포넌트가 도입되기 전, 리액트 컴포넌트에는 클라이언트 컴포넌트라는 한 종류만 존재했습니다. 다시 말해 기존의 모든 컴포넌트가 클라이언트 컴포넌트라는 의미이며, 그래도 아무런 문제가 없었습니다. 클라이언트 컴포넌트는 나쁘지 않으며 사라지지 않을 것입니다. 여전히 리액트 애플리케이션의 핵심이며, 앞으로도 가장 널리 작성되는 종류의 컴포넌트일 것입니다.

이 주제와 관련해 약간의 혼란이 있었습니다. 또 일각에서는 서버 컴포넌트가 클라이언트 컴포넌트를 대체하는 것으로 알고 있기도 합니다. 하지만 이는 사실이 아닙니다. 서버 컴포넌트는 클라이언트 컴포넌트와 함께 사용할 수 있는 새로운 종류의 컴포넌트이지만 클라이언트 컴포넌트를 대체하는 것은 아닙니다.

9.4 서버 액션

서버 컴포넌트는 리액트의 강력한 새 기능이지만, 유일한 새 기능은 아닙니다. RSC는 "use server" 지시자를 사용해 클라이언트 코드에서 호출할 수 있는 서버 함수를 표시하는데, 이러한 함수를 가리켜 **서버 액션**server action이라고 합니다.

비동기 함수의 본문 첫 줄에 "use server"를 추가하면, 리액트와 번들러는 이 함수를 클라이언트에서 호출할 수 있지만 서버에서만 실행되는 함수로 취급합니다. 클라이언트에서 서버 액션을 호출할 때, 함수에 전달된 모든 인수는 직렬화되어 네트워크를 통해 서버에 전달됩니다. 서버 액션이 값을 반환하면, 반환된 값은 직렬화되어 클라이언트에서 반환됩니다.

함수마다 일일이 "use server"로 추가하는 대신, 파일 상단에 "use server" 지시자를 추가해 파일 내에서 내보내진export 함수를 서버 액션으로 표시하는 방법도 있습니다. 이렇게 하면 클라이언트 코드에서도 import를 사용해 이 함수를 가져오고 사용할 수 있습니다.

> **옮긴이 노트**
>
> 2024년 9월부터 **서버 액션**은 서버 함수server function로 개명되었습니다. 또 리액트 19부터는 이 기능이 안정화된 상태로 배포됩니다. 이름이 변경되었을 뿐, 동작이나 관련 API의 명칭은 그대로이므로 책의 내용대로 학습해도 문제가 없습니다.
>
> 이 글을 작성하는 2024년 12월 기준으로 리액트 19의 공식 문서와 달리 Next.js는 여전히 서버 액션으로 표현하고 있습니다.

9.4.1 폼과 데이터 조작

8장에서는 Next.js와 Remix가 폼과 데이터 조작을 처리하는 방법을 설명했습니다. 리액트는 이들을 다루기 위한 기본 기능도 제공합니다. 다음과 같은 폼을 가정해 봅시다.

```
// App.js

async function requestUsername(formData) {
  'use server';
  const username = formData.get('username');
  // ...
}
```

```
export default App() {
  <form action={requestUsername}>
    <input type="text" name="username" />
    <button type="submit">요청</button>
  </form>
}
```

이 예에서 requestUsername은 <form>으로 전달되는 서버 액션입니다. 사용자가 이 양식을 제출하면 서버의 requestUsername 함수에 네트워크 요청이 전달됩니다. 폼에서 서버 액션을 호출하면, 리액트는 폼의 FormData를 서버 액션의 첫 번째 인수로 제공합니다.

서버 액션을 폼 액션에 전달함으로써 리액트는 폼을 점진적으로 향상합니다. 다시 말해 자바스크립트 번들이 전부 로드되기 전에도 폼을 사용하고 전송할 수 있습니다.

9.4.2 폼 외부

서버 액션은 서버 엔드포인트로 노출되며 클라이언트 코드 어디에서든 호출할 수 있습니다.

폼이 아닌 곳에서 서버 액션을 사용하는 경우, 트랜지션 내부에서도 서버 액션을 호출할 수 있습니다. 이를 통해 로딩 메시지를 표시하고, 낙관적인 상태 업데이트optimistic state update[6]를 보여주며, 예상치 못한 오류를 처리할 수 있습니다. 다음은 폼이 아닌 곳에서 사용하는 서버 액션의 예시입니다.

```
"use client";

import { useState, useTransition } from "react";

function LikeButton() {
  const [isPending, startTransition] = useTransition();
  const [likeCount, setLikeCount] = useState(0);

  const incrementLike = async () => {
    "use server";
```

6 옮긴이_ 서버의 동작이 성공할 것이라고 가정한 채, 서버의 응답을 기다리지 않고 즉시 UI를 업데이트하는 방식입니다. 이를 통해 반응성을 높여 사용자 경험을 향상할 수 있습니다. 예를 들어 게시글을 삭제하는 경우, 서버 응답을 기다리지 않고 화면에서 먼저 삭제하는 방식입니다.

```
    return likeCount + 1;
  };

  const onClick = () => {
    startTransition(async () => {
      // 서버 액션에서 프라미스가 반환되므로 await를 사용해 반환되는 값을 읽습니다.
      const currentCount = await incrementLike();
      setLikeCount(currentCount);
    });
  };

  return (
    <>
      <p>좋아요 수: {likeCount}</p>
      <button onClick={onClick} disabled={isPending}>
        좋아요
      </button>
    </>
  );
}
```

서버 액션은 클라이언트 코드에서 서버 함수를 호출할 수 있게 하는 리액트의 강력한 새 기능입니다. 하지만 이러한 지시자를 기본 리액트에서 사용하기는 다소 번거롭고 많은 설정 작업이 필요하므로 라이브러리나 프레임워크를 통해 사용하기를 권장합니다. 그럼에도 서버 액션이라는 강력한 기능 덕분에 다양하고 흥미로운 작업이 가능해졌다는 점은 분명합니다.

9.5 리액트 서버 컴포넌트의 미래

RSC는 시간이 지나면서 진화하고 개선될 것으로 기대됩니다. 리액트 팀은 RSC의 구현을 다듬고, 잠재적 문제를 해결하며, 기능을 확장하기 위해 활발하게 작업하고 있습니다. 현재 개발이 진행 중인 영역에는 다음 기능이 포함됩니다.

더 나은 번들러 통합

리액트 팀은 웹팩webpack, 롤업Rollup, 비트Vite 같은 번들러의 개발자들과 협력해 RSC에 대한 지원 개선을 위해 노력하고 있습니다. 이를 통해 RSC와 호환되는 프레임워크와 애플리케이션을 더 쉽게 구축하게 될 것입니다.

생태계 지원

RSC가 주목을 받으면서 새로운 애플리케이션 아키텍처를 지원하고 확장하는 도구, 라이브러리, 프레임워크가 등장할 것입니다. 이를 통해 개발자들은 프로젝트에 RSC를 더 쉽게 도입하고, 성능 및 효율성 개선의 장점을 누리게 될 것입니다.

RSC는 리액트 생태계의 중요한 진보를 상징합니다. 향상된 성능, 간소화된 데이터 페치, 원활한 사용자 경험을 제공합니다. RSC가 계속 발전하고 널리 채택되어 모던하고 효율적이며 사용자 친화적인 리액트 애플리케이션을 구축하는 데 필수 도구가 될 것으로 보입니다. RSC에 대한 포괄적인 이해를 바탕으로, 이제 여러분은 각자의 프로젝트에서 RSC라는 최신 기능을 탐구하고 실험할 수 있는 역량을 갖추게 되었습니다.

9.6 돌아보기

리액트 생태계의 중대한 발전인 리액트 서버 컴포넌트를 집중 조명했습니다. RSC는 리액트 애플리케이션의 성능, 효율성, 사용자 경험을 향상하기 위해 만들어졌습니다. 이 새로운 기능은 서버 렌더링된 멀티 페이지 애플리케이션(MPA)과 클라이언트 렌더링된 단일 페이지 애플리케이션(SPA)의 좋은 점을 결합한 혁신적인 애플리케이션 아키텍처입니다. RSC는 성능이나 유지 보수 편의성을 저해하지 않으면서도 매끄러운 사용자 경험을 제공합니다.

우리는 RSC의 핵심 개념, 이점, RSC의 기반이 되는 사고방식과 메커니즘에 대해 심도 있게 다뤘습니다. 클라이언트 자바스크립트 번들에 포함되지 않고, 서버에서 작동하며 빌드 시점에서 실행될 수 있는 특징을 갖춘 새로운 차원의 컴포넌트를 살펴봤습니다. 이러한 발전으로 애플리케이션 구조는 더욱 효율적이고 효과적이게 될 것입니다.

RSC는 리액트와 웹 엔지니어링 분야에서 논쟁의 여지가 있는 주제입니다. 우리가 다룬 세부 사항 일부가 변경될 수 있으므로, 늘 그렇듯이 최신 정보는 `react.dev`와 다양한 리액트 커뮤니티 채널에서 확인할 것을 권합니다.

9.7 복습하기

1 리액트 서버 컴포넌트의 주된 가치는 무엇인가요?

2 클라이언트 컴포넌트가 서버 컴포넌트를 가져올 수 있나요? 그렇게 답변한 이유가 무엇인가요?

3 서버 컴포넌트와 기존 클라이언트 전용 리액트 애플리케이션 사이에는 어떤 트레이드오프가 있나요?

4 모듈 참조란 무엇이며, 리액트는 재조정 과정에서 모듈 참조를 어떻게 처리하나요?

5 서버 액션은 어떤 방식으로 리액트 애플리케이션의 접근성을 향상시키나요?

9.8 미리보기

10장에서는 발길을 돌려 다른 길로 가려 합니다. 우리는 지금까지 대부분의 여정을 리액트 세계로 깊숙이 들어가 복잡한 내부 작동 방식, 상태 관리를 위한 혁신적인 전략, 비동기 렌더링 기능, 끝으로 강력한 프레임워크를 탐색했습니다. 이번에는 한걸음 뒤로 물러나 시야를 넓혀 보겠습니다.

이제 리액트를 지나, 리액트의 지배적인 위치와 함께 성장했거나 때로는 이에 대응해 발전한 UI 라이브러리와 프레임워크의 세계로 발을 들여놓으려 합니다. 이들은 리액트의 뛰어난 기능을 받아들였을 뿐 아니라, 자체의 독특한 혁신도 도입해 UI 개발에 새로운 패러다임과 가능성을 제시합니다.

앞으로의 탐구에서는 뷰, 앵귤러, 솔리드, 퀵, 스벨트 같은 UI 라이브러리의 작동 방식과 철학을 자세히 알아봅니다. 이들이 상태 관리, 부작용 처리에 대해 취하는 독창적인 전략, 리액트와 비교할 때 성능과 개발자 경험 측면에서 보이는 차이점을 살펴볼 것입니다. 라이브러리마다 장단점이 고유하므로 특정 유형의 프로젝트나 개발자 선호에 따라 적합한 선택이 갈릴 수 있습니다.

뷰

뷰Vue.js는 점진적으로 채택할 수 있는 프레임워크를 제공합니다. 즉, 필요에 따라 소규모로 시작해 점진적으로 뷰의 기능을 더 많이 채택할 수 있습니다. 또 우아한 API와 개발자 경험에 중점을 둔 것으로 유명합니다. 렌더링 도중 반응형 의존성reactive dependencies을 추적하는 간단하면서도 강력한 반응성 모델을 도입했습니다.

앵귤러

앵귤러Angular는 규칙이 많고 구조가 명확한 프레임워크로, 학습 곡선이 가파르지만 초기 설정만으로도 강력한 솔루션을 제공합니다. 앵귤러의 의존성 주입 시스템과 선언적 템플릿은 리액트와는 다른 방식으로 애플리케이션의 구조와 상태 관리에 접근할 수 있게 합니다.

솔리드

솔리드Solid는 자바스크립트 커뮤니티에서 이목을 끄는 경쟁자입니다. 리액트와 유사한 프로그래밍 모델을 통해 세분화된 반응성을 제공하지만, 더 빠르고 효율적인 렌더링에 중점을 둡니다. 솔리드가 의존성을 추적하는 방법은 런타임의 효율성을 높이고자 하는 개발자에게 신선한 대안이 될 수 있습니다.

퀵

퀵Qwik은 '예측 가능한' 프리페칭prefetching을 통해 최적의 로딩 성능에 주안점을 둔 흥미로운 접근 방식을 제시합니다. 최적의 사용자 경험을 위해 독특한 관점으로 자바스크립트를 구조화하고 전달하는 방법입니다.

스벨트

스벨트Svelte는 빌드 시점에 컴포넌트를 DOM을 직접 조작하는 명령형 코드로 컴파일해 초기 로드 시간을 단축하고 원활한 업데이트를 유도하는 것으로 주목받고 있습니다. 스벨트의 반응성 모델은 반응형 선언문reactive statement으로 표시됩니다. 또 리액트가 채택한 가상 DOM 비교 전략과 대조적인 방법을 취하고 있어 흥미롭습니다.

리액트에 대한 지식은 이러한 프레임워크와 라이브러리를 살펴볼 때 기준점이 되어 줄 것입니다. 덕분에 다양한 라이브러리를 더 잘 이해할 뿐만 아니라, 비교와 대조를 통해 리액트에 대한 이해도 깊어집니다.

이제 이러한 대안 라이브러리가 반응성, 상태 관리, 부작용 등을 어떻게 다루는지 각자의 고유한 방식을 살펴보겠습니다. 이러한 여러 대안을 학습함으로써, 어떤 라이브러리나 프레임워크를 사용하든 문제 해결에 접근하는 방식을 통찰할 수 있습니다. 자바스크립트의 세계는 광대하고 다양하며, 이제 우리도 그 속에 뛰어들 준비가 되었습니다.

꽉 잡으세요! 이제 여정은 더욱 흥미진진해질 것입니다.

CHAPTER 10

리액트 대체제

이전 장에서는 새롭게 떠오르는 주제인 리액트 서버 컴포넌트(RSC)에 대해 자세히 다뤘습니다. 작동 방식, 사용 시기, 차세대 번들러, 라우터 등과 같은 강력한 도구가 필요한 이유를 살펴봤습니다. 서버 컴포넌트와 서버 렌더링을 세분화하고, 기본 메커니즘을 이해하기 위해 기본적인 RSC 렌더러를 바닥부터 구현해 보기도 했습니다.

프레임워크, 서버 컴포넌트의 역할과 기능에 대한 이해는 잠시 후 리액트의 대체제를 살펴보는 과정에서도 중요한 배경 지식이 됩니다. 이 장에서 논의할 각 라이브러리도 관련 프레임워크와 함께 제공되며, 리액트에서 다룬 많은 원칙과 트레이드오프가 각 라이브러리의 생태계에도 적용될 것입니다.

리액트와 리액트의 생태계에서 잠시 벗어나 프런트엔드 개발 생태계에서 인기 있는 리액트 대체제인 뷰, 앵귤러, 스벨트, 솔리드, 퀵 등에 대해 알아봅시다. 각 라이브러리와 프레임워크는 고유한 반응형 모델reactive model[1]과 UI 개발에 대한 사고방식을 제공합니다. 이들의 다양한 모델을 이해하면 시야가 넓어지고 프로젝트에서 문제를 해결할 수 있는 도구를 더 많이 얻게 될 것입니다.

1 옮긴이_ 데이터 상태 변화를 자동으로 감지하고 그에 따라 UI를 업데이트하는 프로그래밍 패러다임. 반응형 웹 디자인(responsive web design)에서 사용되는 '반응형'과 번역은 같지만 다른 용어입니다.

10.1 뷰

뷰Vue.js는 사용자 인터페이스 작성에 널리 사용되는 자바스크립트 프레임워크입니다. 앵귤러JS 프로젝트에 참여했던 전직 구글 엔지니어인 에반 유Evan You가 개발했으며, 앵귤러의 좋은 부분을 가져와서 더 가볍고 유지 보수가 용이하며 특정 방식에 얽매이지 않는 패키지로 만들었습니다.

뷰의 두드러진 특징 하나는 과하게 도드라지지 않는 반응형 시스템입니다. 컴포넌트 상태는 반응형 자바스크립트 객체로 구성됩니다. 이를 수정하면 뷰가 업데이트됩니다. 상태 관리가 간단하고 직관적으로 이루어지지만, 흔히 발생하는 몇 가지 문제를 피하려면 작동 방식을 이해하는 것도 중요합니다.

뷰의 반응형 모델은 객체 속성의 읽기 및 쓰기를 가로챕니다. 뷰 2에서는 브라우저 지원 제한으로 인해 게터와 세터만 사용했지만, 뷰 3에서는 반응형 객체에 프록시를 사용하고 참조에는 게터와 세터를 사용합니다. 뷰 문서에서는 다음과 같은 의사코드로 작동 방식을 설명합니다.

```
function reactive(obj) {
  return new Proxy(obj, {
    get(target, key) {
      track(target, key)
      return target[key]
    },
    set(target, key, value) {
      target[key] = value
      trigger(target, key)
    }
  })
}

function ref(value) {
  const refObject = {
    get value() {
      track(refObject, 'value')
      return value
    },
    set value(newValue) {
      value = newValue
      trigger(refObject, 'value')
    }
  }
```

```
  return refObject
}
```

다소 단순화되었지만 이 예시는 프록시를 활용한 간단한 반응형 시스템을 보여 줍니다. reactive 함수는 객체를 전달받아 해당 객체의 프록시를 반환해 get 및 set 작업을 가로챕니다. get 작업에서는 track 함수를 호출하고 요청된 속성을 반환합니다. set 작업에서는 값을 업데이트하고 trigger 함수를 호출합니다.

반면에 ref 함수는 객체 내에서 값을 캡슐화하고 해당 값에 대해 반응형 get 및 set 작업을 제공합니다. 프록시와 유사하지만 구조가 달라서 접근이나 수정 중에 track 및 trigger 함수가 적절하게 호출되도록 보장합니다.

매우 단순화해서 표현하기는 했지만, 예시는 뷰에서 제공하는 반응형 모델의 기본 원리를 보여 줍니다. 이 반응형 모델은 DOM을 업데이트하는 데도 사용할 수 있습니다. 다음은 간단한 '반응형 렌더링'을 구현한 예시입니다.

```
import { ref, watchEffect } from "vue";

const count = ref(0);

watchEffect(() => {
  document.body.innerHTML = `카운트: ${count.value}`;
});

// DOM 업데이트
count.value++;
```

사실 이 예시는 뷰 컴포넌트가 상태와 DOM을 동기화하는 방식과 매우 유사합니다. 각 컴포넌트 인스턴스는 반응형 효과를 생성해 DOM을 렌더링하고 업데이트합니다. 물론 뷰 컴포넌트는 innerHTML보다 훨씬 더 효율적인 방법으로 DOM을 업데이트하지만, 이것만으로도 작동 원리에 대한 기본 개념은 알 수 있습니다.

ref(), computed(), watchEffect() API는 모두 뷰의 컴포지션 API의 일부입니다.

10.1.1 시그널

다른 여러 프레임워크도 뷰의 컴포지션 API에서 제공하는 `refs`와 유사한 반응형 특성을 '시그널signal'이라는 용어로 도입했습니다. 이 장에서는 시그널에 대해 알아보겠습니다.

본질적으로 시그널은 뷰의 `refs`와 종류가 동일한 반응형 특성입니다. 값에 접근할 때는 의존성을 추적하고, 값이 변경될 때는 부작용을 일으키는 값 컨테이너입니다. 이러한 반응형 특성에 기반한 패러다임은 사실 프런트엔드 세계에서 특별히 새로운 개념이 아닙니다. 이미 10여 년 전, Knockout에서 제공한 옵저버블observable이나 미티어Meteor에서 제공한 트래커Tracker도 있었습니다. 뷰의 Options API와 리액트의 상태 관리 라이브러리 MobX도 동일한 원칙에 기반하지만 반응형 특성을 객체 속성 뒤에 숨겨 두었습니다.

시그널의 필수 구성 요소는 아니지만, 오늘날 시그널은 세분화된 구독을 통해 업데이트를 수행하는 렌더링 모델과 함께 자주 논의되곤 합니다. 가상 DOM을 사용하는 뷰는 현재 유사한 최적화를 달성하기 위해 컴파일러를 사용합니다. 하지만 뷰는 솔리드에서 영감을 받아 가상 DOM에 의존하지 않고 뷰의 내장된 반응형 시스템을 더 많이 활용하는 새로운 컴파일 전략(베이퍼 모드vapor mode)도 모색하고 있습니다.

10.1.2 단순성

뷰의 가장 큰 강점은 단순성입니다. 뷰를 시작하는 방법은 매우 간단합니다. HTML 파일의 `<script>` 태그에 뷰 라이브러리를 포함하고 뷰 컴포넌트 작성을 시작하면 됩니다. 또 뷰는 새 프로젝트의 스캐폴딩scaffolding[2]을 위한 CLI 도구를 제공하므로 복잡한 애플리케이션을 시작하는 좋은 방법이 될 수 있습니다.

여기서는 뷰의 표면적인 부분만 다뤘지만, 강력한 반응형 시스템, 템플릿 기반 구문, 잘 구조화된 컴포넌트 모델의 조합으로 많은 개발자에게 매력적인 옵션이 될 것입니다.

2 옮긴이_ 프로젝트나 기능의 기본 구조를 자동으로 생성해 주는 도구 또는 기법입니다.

10.2 앵귤러

구글에서 개발하고 관리하는 앵귤러Angular도 널리 알려진 자바스크립트 프레임워크입니다. 앵귤러는 렌더링 및 상태 관리부터 라우팅, 폼 처리에 이르기까지 광범위한 프런트엔드 문제에 대한 자체 방식을 제공하며, 고유한 방식을 강력하게 권장하는 프레임워크입니다.

앵귤러는 리액트와는 다른 반응형 모델을 도입합니다. 앵귤러는 가상 DOM 비교와 재조정 과정 대신 변경 감지라는 시스템을 사용합니다.

앵귤러에는 모든 컴포넌트에 zone.js라는 라이브러리를 사용해 컴포넌트의 뷰에 변경 사항이 있는지 확인하는 변경 감지기가 있습니다. 먼저 변경 감지에 대해 조금 더 자세히 설명하겠습니다.

10.2.1 변경 감지

변경 감지change detection는 앵귤러가 애플리케이션의 상태가 변경되었는지, 업데이트가 필요한 DOM이 있는지 확인하는 프로세스입니다. 간단하게 말해 앵귤러는 컴포넌트를 위에서 아래로 살펴보면서 변경 사항을 찾습니다. 앵귤러는 변경 감지 메커니즘을 주기적으로 실행해 데이터 모델의 변경 사항이 애플리케이션의 뷰에 반영되게 합니다. 이 감지 기능은 수동 또는 비동기 이벤트를 통해서도 트리거할 수 있습니다.

변경 감지 기능은 고도로 최적화되고 성능이 뛰어나지만 애플리케이션에서 너무 자주 실행하면 속도가 느려질 수 있습니다. 변경 감지 시스템은 강력하고 유연한 도구이며, 앵귤러는 다양한 시나리오에 맞게 성능을 최적화하기 위해 동작을 세세하게 조정할 수 있는 몇 가지 전략을 기본으로 제공합니다.

앵귤러도 뷰와 같은 템플릿 구문을 사용하지만 조건부 요소 렌더링을 위한 `*ngIf`, 목록 렌더링을 위한 `*ngFor` 등 훨씬 더 강력한 지시자와 구조체를 제공하며 이를 통해 DOM을 조작합니다. 리액트가 JSX에 자바스크립트 표현식을 포함해 동적인 데이터를 렌더링하는 전략과는 다른 전략을 구사합니다.

10.2.2 시그널

앵귤러는 기존의 변경 감지 방식인 더티 체킹dirty-checking을 포기하고 자체적으로 구현한 반응형 특성을 도입함으로써 몇 가지 근본적인 변화를 겪고 있습니다. 앵귤러의 시그널 API는 다음과 같습니다.[3]

```
const count = signal(0);

count(); // 값에 접근
count.set(1); // 새로운 값 설정
count.update((v) => v + 1); // 기존 값을 기반으로 업데이트

// 동일한 객체의 내부 값 수정
const state = signal({ count: 0 });
state.mutate((o) => {
  o.count++;
});
```

앵귤러의 게터 기반 API 스타일을 뷰 컴포넌트의 `refs`와 비교하면, 흥미롭게도 얻게 되는 장점과 감수해야 하는 단점이 드러납니다.

- ()은 `.value`보다 코드를 덜 쓰지만 값을 업데이트하는 부분에서는 더 번잡합니다.
- 참조 언래핑이 없습니다. 값에 접근하려면 항상 ()이 필요합니다. 이를 통해 어디서나 일관된 방식으로 값에 접근할 수 있습니다. 다시 말해 시그널을 그대로 컴포넌트 프롭으로 전달할 수 있다는 의미입니다.

앵귤러는 복잡한 애플리케이션을 구축하기 위한 다양한 도구를 제공하는 스위스 군용 칼과도 같습니다. 강제성이 강한 특성은 코드베이스에 일관성과 구조를 부여한다는 측면에서 강점이 되기도 하고, 프레임워크를 처음 접하는 개발자에게는 유연성과 학습 곡선이라는 측면에서 한계가 되기도 합니다.

3 옮긴이_ 앵귤러 17부터는 시그널이 `mutate`를 지원하지 않으므로 해당 코드가 동작하지 않습니다. 여기서는 코드의 형태만 살펴보아도 좋습니다.

10.3 스벨트

스벨트Svelte는 사용자 인터페이스 구축에 접근하는 근본적으로 새로운 방식을 제시합니다. 기존 프레임워크와 달리 선언적 컴포넌트를 효율적인 명령형 코드imperative code[4]로 변환하는 컴파일러를 사용해 DOM을 정교하게 업데이트합니다. 그 결과, 더 적은 코드로 고성능의 반응형 웹 애플리케이션을 작성할 수 있습니다.

스벨트의 반응형 모델은 놀라울 정도로 단순하지만 강력합니다. 스벨트의 반응형 문장은 스프레드시트의 수식이 연상되는 간단한 형태로 작성됩니다. 다음은 기본적인 스벨트 컴포넌트의 예시입니다.

```
<script>
let count = 0;

function increment() {
    count += 1;
}
</script>

<div>{count}</div>
<button on:click={increment}>
  클릭하세요
</button>
```

예시에서 마크업의 {count} 구문은 count 변수가 변경될 때마다 자동으로 업데이트됩니다. 리액트의 JSX와 유사하지만, 중요한 차이가 하나 있습니다. 스벨트에서는 반응형 동작이 자동으로 이뤄집니다. 세터 함수를 호출하거나 특별한 API를 사용해 DOM을 업데이트할 필요 없이 변수에 할당하기만 하면 나머지는 스벨트가 알아서 처리합니다.

스벨트는 반응형 데이터를 기반으로 값을 계산할 수 있는 반응형 문장도 제공합니다.

```
<script>
let count = 0;
let doubleCount = 0;
```

4 옮긴이_ 작업을 '어떻게' 수행할지 직접 명령하는 코드입니다. 반대되는 개념으로는 '무엇을' 할지 기술하는 선언형 코드(declarative code)가 있습니다.

```
$: doubleCount = count * 2;

function increment() {
    count += 1;
}
</script>

<div>{doubleCount}</div>
<button on:click={increment}>
  클릭하세요
</button>
```

예시에서는 count가 변경될 때마다 doubleCount가 자동으로 업데이트됩니다. 뷰의 계산된 속성이 떠오르지만 더 간단한 문장으로 구성되었습니다.

스벨트가 취하는 컴파일러 접근 방식에는 몇 가지 장점이 있습니다. 가상 DOM 비교 및 패치 단계가 없기 때문에 런타임 성능이 일반적으로 더 빨라집니다. 대신 스벨트는 DOM을 직접 업데이트하는 코드를 생성합니다.

물론 단점도 있습니다. 컴파일러 중심적인 스벨트의 특성상 동적 컴포넌트 타입과 같이 가상 DOM 기반 프레임워크에서 제공하는 일부 동적 기능은 표현이 더 번거롭거나 장황할 수 있습니다. 또 스벨트의 생태계는 리액트, 뷰, 앵귤러에 비해 규모가 작고 미숙해서 사용 가능한 리소스, 라이브러리, 커뮤니티 솔루션이 적을 수 있습니다.

10.3.1 룬

룬rune은 스벨트 컴파일러에 영향을 주는 기호입니다. 스벨트는 현재 let, =, export 키워드, $: 레이블을 특정한 의미로 사용하고 있는데, 룬은 동일한 기능에 또 다른 기능을 추가하기 위해 **함수 문법**을 사용합니다.

예를 들어 반응형 상태를 선언할 때는 $state 룬을 사용할 수 있습니다.

```
<script>
-   let count = 0;
+   let count = $state(0);

    function increment() {
```

```
        count += 1;
    }
</script>

<button on:click={increment}>
    클릭 수: {count}
</button>
```

애플리케이션이 복잡해지면 반응형인 값과 그렇지 않은 값을 파악하기가 까다로울 수 있습니다. 현재는 컴포넌트 최상위 수준에 있는 `let` 선언만 반응형으로 동작하므로 혼란을 일으킬 수 있습니다. `.svelte` 파일 내부에서 동작하는 방식과 `js` 파일 내부에서 동작하는 방식이 달라진다면 코드를 리팩터링하기가 어려워집니다. 예를 들면 여러 곳에서 사용되는 반응형 값을 스토어로 전환하는 경우입니다.

룬을 사용하면 반응형이 `.svelte` 파일의 경계를 넘어 확장됩니다. 컴포넌트 간에 재사용할 수 있도록 카운터 로직을 캡슐화한다고 가정해 보겠습니다. 현재는 `.js` 또는 `.ts` 파일에 커스텀 스토어를 사용해 이를 구현할 수 있습니다.

```
import { writable } from "svelte/store";

export function createCounter() {
  const { subscribe, update } = writable(0);

  return {
    subscribe,
    increment: () => update((n) => n + 1),
  };
}
```

이 스토어는 **스토어 계약**store contract을 구현하고 있습니다. 반환된 값에 `subscribe` 메서드가 있다는 의미입니다. 따라서 스토어 이름 앞에 접두사 $를 붙여 스토어 값을 참조할 수 있습니다.

```
<script>
+   import { createCounter } from './counter.svelte';
+
+   const counter = createCounter();
-   let count = 0;
-
```

```
-   function increment() {
-       count += 1;
-   }
</script>

-<button on:click={increment}>
-   clicks: {count}
+<button on:click={counter.increment}>
+   clicks: {$counter}
</button>
```

작동은 하지만 좀 이상합니다! 더 복잡한 작업을 시작하면 스토어 API를 다루기가 어려워질 수 있습니다. 룬을 사용하면 일이 훨씬 더 간단해집니다.

```
-import { writable } from 'svelte/store';

export function createCounter() {
-   const { subscribe, update } = writable(0);
+   let count = $state(0);

    return {
-       subscribe,
-       increment: () => update((n) => n + 1)
+       get count() { return count },
+       increment: () => count += 1
    };
}
```

```
<script>
    import { createCounter } from './counter.svelte';

    const counter = createCounter();
</script>

<button on:click={counter.increment}>
-   clicks: {$counter}
+   clicks: {counter.count}
</button>
```

반환되는 객체에 `get` 속성을 사용하므로 `counter.count`는 항상 함수가 호출된 시점의 값이 아닌 현잿값을 참조합니다.

런타임 반응성

현재 스벨트는 **컴파일 타임 반응성**을 사용합니다. 다시 말해 `$:` 레이블을 사용하는 코드를 설정해 의존성이 변경될 때 자동으로 다시 실행되도록 하는 경우, 해당 의존성은 스벨트가 컴포넌트를 컴파일할 때 정해집니다.

```
<script>
    export let width;
    export let height;

    // 컴파일러는 width나 height가 변경될 때마다
    // area를 재계산해야 한다는 사실을 알고 있습니다.
    $: area = width * height;

    // 그리고 area 값이 변경될 때마다
    // area의 값을 로깅합니다.
    $: console.log(area);
</script>
```

이 코드는 잘 작동합니다. 문제는 그 뒤에 발생합니다. 코드를 다음과 같이 리팩터링했다고 가정해 보겠습니다.

```
// @errors: 7006 2304
const multiplyByHeight = (width) => width * height;
$: area = multiplyByHeight(width);
```

`$: area = ...` 선언은 `width`만 볼 수 있기 때문에 `height`가 변경되어도 다시 계산되지 않습니다. 그 결과 코드 리팩터링이 어렵고, 일정 수준을 넘어서면 스벨트가 어떤 값을 업데이트할지 결정하는 복잡한 과정을 이해하기가 다소 힘들어질 수 있습니다.

스벨트 5에서는 `$derived`와 `$effect` 룬이 도입되어 표현식이 평가될 때 해당 표현식의 의존성을 대신 결정합니다.

```
<script>
    let { width, height } = $props(); // `export let` 대신 사용

    const area = $derived(width * height);

    $effect(() => {
        console.log(area);
    });
</script>
```

`$state`와 마찬가지로 `$derived`와 `$effect`도 `.js` 및 `.ts` 파일에 사용할 수 있습니다.

시그널 도입

다른 모든 프레임워크와 마찬가지로 스벨트도 Knockout이 옳았다는 사실을 깨닫게 되었습니다.

스벨트 5의 반응형은 시그널에 의해 구동되는데, 이는 본질적으로 2010년에 Knockout이 수행한 작업과 같습니다. 최근에는 시그널이 솔리드(뒤에서 자세히 설명)에 의해 대중화되고 여러 프레임워크에서 채택되었습니다. 스벨트 5에서 시그널은 사용자가 직접 상호 작용하지 않는 내부 구현입니다.

10.4 솔리드

솔리드Solid는 사용자 인터페이스를 구축하기 위한 선언적 자바스크립트 라이브러리입니다. 컴포넌트 모델 기반을 제공한다는 점에서는 리액트와 유사하지만, 반응형 특성에 기반한다는 점이 다릅니다. 솔리드는 가상 DOM을 사용하는 대신 세분화된 반응형 시스템을 사용해 의존성을 자동으로 추적하고 DOM을 직접 업데이트하기 때문에 보다 효율적으로 업데이트할 수 있습니다.

다음은 간단한 솔리드 컴포넌트의 예시입니다.

```
import { createSignal } from "solid-js";

function Component() {
  const [count, setCount] = createSignal(0);

  return (
    <>
      <div>{count()}</div>
      <button onClick={() => setCount(count() + 1)}>증가</button>
    </>
  );
}
```

예시에서 createSignal은 리액트의 useState와 유사한 반응형 값을 생성합니다. 주요 차이점은 count가 현잿값을 반환하고 반응형 콘텍스트에 대한 의존성을 암시적으로 등록하는 함수라는 점입니다. setCount가 호출되면 함수 컴포넌트를 다시 호출하지 않고 count에 의존하는 UI의 모든 부분에 대한 업데이트를 트리거합니다.

이를 리액트와 비교해 보면, 리액트에서는 컴포넌트(예시의 Component)가 블록 내부의 모든 로직을 포함해 다시 호출됩니다. 따라서 count 값 자체는 반응형으로 동작하지 않습니다. 솔리드에서는 Component 함수가 다시 호출되지 않지만, count 값 자체는 반응형으로 동작하는데 setCount가 호출될 때마다 변경됩니다. 이를 세밀한 반응성fine-grained reactivity이라고 하며, 리액트의 거친 반응성coarse-grained reactivity과는 정반대입니다.

솔리드의 세밀한 반응성 시스템은 불필요한 업데이트를 최소화하고 비교 단계가 필요하지 않아 성능이 매우 좋습니다. 하지만 비교적 새롭고 널리 사용되지 않는 라이브러리이기 때문에 이미 잘 알려진 프레임워크에 비해 사용 가능한 리소스와 커뮤니티 솔루션이 많지 않을 수 있습니다.

솔리드의 createSignal() API 설계는 읽기와 쓰기의 분리를 강조합니다. 시그널은 읽기 전용 게터와 별도로 마련된 세터로 표현됩니다.

```
const [count, setCount] = createSignal(0);

count(); // 값에 접근
setCount(1); // 값 업데이트
```

여기서 `count` 시그널이 세터와 별개라는 점에 주목하세요. 이는 명시적으로 노출된 세터를 통해서만 상태를 변경할 수 있다는 의미입니다.

솔리드는 시그널에 대한 논의를 다시 활성화시켰고, 앞서 살펴본 것처럼 많은 프레임워크와 라이브러리에서 이 개념을 수용했습니다. 앞서 시그널에 대해 언급한 모든 내용은 솔리드로부터 시작되었습니다. 솔리드의 개발자인 라이언 카니아토Ryan Carniato는 2010년의 개념을 다시 가져와 작업했고, 이는 전체 프런트엔드 생태계에 영향을 주었습니다.

10.5 퀵

퀵Qwik은 웹 페이지 로딩을 최적화하고 사용자 상호 작용과 응답성을 우선시하도록 설계된 고유한 프레임워크입니다. 기존 프레임워크와 달리 웹 페이지를 컴포넌트의 집합으로 보고, 네트워크를 통해 독립적으로 읽어 들이고 필요에 따라 상호 작용할 수 있는 대상으로 취급합니다. 이 접근 방식은 페이지의 초기 로드 시간을 크게 단축해 전반적인 사용자 경험을 향상시킵니다.

퀵으로 구축된 웹 애플리케이션과 사이트에는 일정한 양의 매우 작은 자바스크립트(1 KB 이하)가 초기 상태로 제공됩니다. 퀵으로 만든 사이트에서 읽어 들이는 초기 자바스크립트는 퀵 로더뿐이기 때문에 용량이 일정합니다. 이 때문에 일각에서는 퀵을 'O(1) 프레임워크'라고 부르는데, 이는 애플리케이션의 크기에 관계없이 로드 시간이 일정하다는 의미입니다.

처음에는 최소한의 자바스크립트만 읽어 들이지만 필요에 따라 컴포넌트와 그 외의 동작을 추가로 읽어 들입니다. 이 접근 방식을 통해 퀵은 가장 중요한 컴포넌트의 우선순위를 가장 높게 설정해 초기 로드 시간을 단축하고 사용자 환경을 더욱 빠르게 만듭니다.

퀵의 필수 기능은 재개 가능성resumability입니다. 재개 가능성에 대해서는 서버 사이드 리액트(6장)에서 간략하게 다뤘지만 편의를 위해 다시 정리해 보겠습니다. 재개 가능성은 페이지의 초기 상태에 대한 서버 렌더링 스냅숏이 클라이언트로 전송되는 프로세스입니다. 사용자가 페이지를 열고 난 직후, 더 많은 상호 작용이 필요해지기 전까지는 이 정적 스냅숏과 상호 작용합니다. 그런 다음 사용자가 페이지를 사용하면서 필요한 동작을 온디맨드on-demand 방식으로 읽어 들입니다. 이 메커니즘은 사용자에게 즉각적인 상호 작용 기회를 제공하는데, 이는 다른 프레임워크에서는 흔히 볼 수 없는 특징입니다.

재개 가능성은 컴포넌트를 두 번 렌더링할 필요가 없기 때문에 하이드레이션(6장 참고)보다 훨씬 우수합니다. 하이드레이션 방식에서는 서버에서 렌더링된 초기 마크업이 브라우저에 도달한 후, 자바스크립트가 페이지를 읽어 들이고 하이드레이션하기까지의 일정 시간 동안 웹사이트가 상호 작용하지 않습니다. 재개 가능성은 이와 같은 사용자 인터페이스의 '불편한 골짜기'를 방지합니다. 퀵은 즉시 동작합니다.

퀵을 리액트, 뷰, 스벨트, 솔리드 같은 인기 프레임워크와 비교하면 몇 가지 차이점이 드러납니다. 리액트와 뷰도 컴포넌트 기반 접근 방식을 채택하지만, 일부러 주의 깊게 코드 분할을 하지 않으면 애플리케이션의 전체 자바스크립트 번들을 한꺼번에 클라이언트에 전송해 때로는 용량이 메가바이트 단위에 이르기도 합니다. 이 때문에 특히 대규모 애플리케이션에서 초기 로드 시간이 길어질 수 있습니다. 반면 퀵은 필요한 만큼만 컴포넌트와 이벤트 핸들러를 읽어 들이므로 초기 로드 시간이 빨라지고 사용자 환경의 응답성이 더욱 좋아집니다. 또 퀵은 프리페치를 영리하게 처리합니다. 최초 로드할 때 지연 로드된 엘리먼트를 모두 프리페치해 두지만, 실제로는 필요한 시점에서만 파싱되고 실행되도록 합니다.

퀵은 스벨트, 솔리드와 마찬가지로 성능에 중점을 두지만 성능을 달성하는 방식은 다릅니다. 스벨트는 컴포넌트를 DOM을 직접 조작하는 매우 효율적인 명령형 코드로 컴파일하는 반면, 솔리드는 컴포넌트에 세밀한 반응형 모델을 사용합니다. 퀵 역시 반응형 특성을 사용하지만, 그보다는 컴포넌트 로딩을 최적화하고 가장 중요한 컴포넌트를 최대한 빨리 사용하게 하는 데 중점을 둡니다.

개발자 경험 측면에서 퀵은 컴포넌트를 쉽게 정의하고 다룰 수 있는 간단하고 직관적인 API를 제공합니다. 퀵 컴포넌트는 JSX(또는 TSX)로 표현되기 때문에 구문과 구조 측면에서 리액트 컴포넌트와 거의 동일합니다. 이러한 유사성 덕분에 특히 리액트에 이미 익숙한 개발자라면 쉽게 퀵을 시작할 수 있습니다.

또한 퀵은 리액트와 상호 운용되는 특성이 있어 개발자가 `qwikify` 유틸리티를 통해 퀵 애플리케이션에서 리액트 컴포넌트를 사용할 수 있습니다. 이러한 상호 운용성은 퀵을 사용하면서 리액트 라이브러리와 도구의 풍부한 생태계를 활용하고자 하는 개발자에게 대단한 이점입니다.

퀵은 컴포넌트 기반 및 이벤트 중심 아키텍처를 통해 최신 웹 개발에 대한 새로운 접근 방식을 제시합니다. 재개 가능성 및 우선순위 로딩에 중점을 둔다는 점에서 리액트, 뷰, 스벨트, 솔리드 같은 프레임워크와 차별화됩니다. 도구마다 각각의 강점과 사용 사례가 있지만, 퀵의 고유한 기능은 웹 개발 프레임워크의 환경에 흥미로운 기능을 추가합니다. 성능이 우수하고 사용자 중심적이며 효율적인 웹 애플리케이션 구축 방법을 찾는 개발자와 팀에 적합한 선택이 될 수 있습니다.

퀵의 유일한 결점은 아직 상당히 새롭고 리액트, 뷰 또는 앵귤러만큼 성숙한 생태계가 조성되지 않았다는 것입니다. 하지만 점점 인기를 얻고 있으며 개발자와 기여자의 규모도 늘고 있습니다. 퀵이 계속 발전함에 따라 다른 프레임워크와 어떻게 비교되고 어떤 방식으로 더욱 강력한 애플리케이션을 구축하는지 지켜봐도 좋을 것입니다.

10.6 자주 사용하는 패턴

리액트, 앵귤러, 퀵, 솔리드, 스벨트는 모두 웹 환경에서 풍부한 대화형 사용자 인터페이스를 제작하는 방법입니다. 철학, 방법론, 구현 세부 사항에는 차이가 있지만 공동의 목적을 반영하는 공통점도 몇 가지 있습니다.

10.6.1 컴포넌트 기반 아키텍처

앞서 살펴본 프레임워크와 라이브러리의 주요 공통점 중 하나는 컴포넌트 기반 아키텍처를 채택하고 있다는 점입니다. 컴포넌트 기반 아키텍처에서 UI는 개별 조각, 즉 컴포넌트로 나뉘며, 각 컴포넌트는 사용자 인터페이스의 특정 부분을 담당합니다.

컴포넌트는 자체 상태와 로직을 캡슐화하며, 이를 함께 구성해 복잡한 UI를 구성할 수 있습니다. 이러한 모듈화는 코드 재사용, 관심사 분리, 유지 보수성 향상에 도움이 됩니다. 각 프레임워크에서 컴포넌트는 함수형으로 작성될 수 있으며, 종종 더 복잡한 컴포넌트를 만들기 위해 합성 또는 확장되거나 데코레이터와 함께 사용될 수 있습니다.

10.6.2 선언적 구문

리액트, 앵귤러, 퀵, 솔리드, 스벨트는 모두 선언적 구문을 사용해 UI를 정의합니다. 선언적 접근 방식에서는 개발자가 특정 상태에 대해 UI의 모양을 설정하면 프레임워크가 해당 상태에 맞게 UI를 업데이트하는 작업을 처리합니다. 이렇게 하면 UI 개발에서 지루해지거나 오류가 발생하기 쉽지만 필수적인 DOM 조작을 추상화할 수 있습니다.

앞서 말한 프레임워크는 모두 선언적 UI를 작성하기 위한 자체적인 템플릿 언어를 제공합니다. 리액트, 퀵, 솔리드는 JSX를 사용하고, 앵귤러는 자체 HTML 기반 템플릿 구문을 사용하며, 스벨트는 HTML에서 영감을 얻은 언어를 사용합니다.

10.6.3 업데이트

앞서 살펴본 모든 라이브러리와 프레임워크는 애플리케이션 상태의 업데이트에 응답하고 그에 따라 UI를 변경하는 메커니즘을 제공합니다. 리액트와 뷰는 가상 DOM 비교 알고리듬을 사용해 업데이트를 수행합니다. 반면 스벨트는 컴포넌트를 명령형 코드로 컴파일해 DOM을 직접 업데이트하도록 합니다. 앵귤러는 zone.js와 옵저버블을 기반으로 한 변경 감지 메커니즘을 사용합니다.

리액트는 계속 가상 DOM을 사용하겠지만, 그 외 프레임워크는 대부분 어떤 형태로든 시그널을 활용할 것입니다. 방법은 다르지만 목표는 동일합니다. 상태 변경에 대응해 UI를 효율적으로 업데이트하고 복잡한 DOM 조작을 추상화해 개발자가 애플리케이션 로직에 전념하게 하는 것입니다.

10.6.4 수명 주기 메서드

리액트, 앵귤러, 솔리드, 스벨트는 컴포넌트가 처음 생성될 때, 업데이트될 때, DOM에서 제거될 때 등 컴포넌트 수명 주기의 각 단계에 맞는 함수를 호출합니다. 이를 수명 주기 메서드 또는 훅이라고 부릅니다. 개발자는 이러한 방법을 사용해 부작용을 실행하고 리소스를 정리하거나 프롭의 변경 사항에 따라 업데이트를 수행할 수 있습니다.

10.6.5 생태계와 도구

각 프레임워크와 라이브러리는 도구, 라이브러리, 리소스로 구성된 풍부한 생태계의 지원도 받습니다. 앞서 본 모든 프레임워크는 ES6 문법, 모듈, 웹팩, 바벨 같은 빌드 도구 등 최신 자바스크립트의 기능과 도구를 지원합니다. 또 타입스크립트도 잘 지원하므로 개발자가 타입 안전성을 갖춘 코드를 작성하고, 타입스크립트의 강력한 기능도 활용할 수 있습니다.

살펴본 프레임워크 대부분은 디버깅이나 애플리케이션 프로파일링에 도움이 되는 정교한 개발자 도구가 존재하며, 아예 함께 제공되기도 합니다. 널리 사용되는 브라우저에서 볼 수 있는 리액트와 앵귤러 개발자용 확장 기능이 좋은 예가 될 것입니다.

리액트, 앵귤러, 퀵, 솔리드, 스벨트는 강점과 철학 면에서 독자적이지만 컴포넌트 기반 아키텍처 제공, 선언적 UI 생성 가능, 상태 변화에 대한 반응성 제공, 이벤트 처리 단순화, 수명 주기 메서드나 유사한 개념 제공, 풍부한 생태계, 최신 자바스크립트 도구 지원이라는 목표를 공유합니다. 여러 프레임워크에서 공통적으로 볼 수 있는 이러한 기능과 개념은 웹 개발이 모듈적이고 선언적이며 반응형 패러다임으로 진화하고 있다는 증거입니다.

10.7 반응형이 아닌 리액트

프로그래밍 세계에서 '반응형reactive'이라는 용어는 다양한 개념을 설명하는 데 언급되지만, 특히 데이터의 변화에 따라 자동으로 업데이트되는 시스템을 설명할 때 자주 사용됩니다. 반응형 프로그래밍의 패러다임은 근본적으로 변화에 반응하는 시스템을 구축하고 시스템을 통해 이러한 변화를 자동으로 전파하는 것입니다. 이 때문에 뷰 또는 스벨트 같은 프레임워크를 반응형이라고 설명하곤 합니다. 하지만 리액트는 기존의 반응형 모델을 따르지 않으며 접근 방식이 확연히 다릅니다.

리액트는 처음 등장할 때 선언적 방식으로 사용자 인터페이스를 구축하기 위한 라이브러리로 소개되었습니다. 선언적이라는 말은, 다시 말해 리액트로 개발하는 사람들이 표현하고자 하는 내용을 설명하면 리액트가 표현 방법에 대해서는 알아서 처리한다는 의미입니다. 덕분에 개발자는 현재 애플리케이션 상태를 기반으로 UI를 설명할 수 있으며, 상태가 변경될 때마다 리액트가 UI 업데이트를 처리합니다. 설명만으로는 마치 리액트가 반응형 동작을 하는 것처럼 보일 수 있지만, 세부 구현 사항을 자세히 살펴보면 리액트의 모델이 기존의 반응형 프로그래밍 모델과 상당히 다르다는 것을 알 수 있습니다.

리액트가 전통적인 의미의 반응형이 아닌 이유를 이해하려면, 먼저 전통적인 반응형이 어떤 형태의 시스템인지 살펴봐야 할 것입니다. 기존의 반응형 시스템에서는 코드가 실행될 때 계산에 필요한 의존성이 자동으로 추적됩니다. 반응형 의존성이 변경되면 해당 의존성에 연관된 모든 계산이 이 변경 사항을 반영해 자동으로 다시 실행됩니다. 이 동작에는 데이터 바인딩, 옵저버블, 시그널, 슬롯 같은 기술이 사용되는 경우가 많습니다.

예를 들어 시그널을 사용해 반응형 값을 생성한 경우, 값을 읽으면 시그널의 리더reader가 해당 값을 구독subscribe하고 값을 업데이트하면 모든 구독자에게 변경 사항을 알립니다. 반응형 동작의 가장 기초적인 원리입니다.

리액트는 다른 접근 방식으로 상태와 상태 업데이트를 관리합니다. 자동으로 의존성을 추적하고 변경 사항을 전파하는 대신, 상태 업데이트를 보다 명시적으로 수행하는 메커니즘인 `useState` 훅을 도입합니다. 상태가 변경되면 리액트는 업데이트를 즉시 렌더링하지 않고 리렌더링을 예약합니다. 리렌더링이 이루어지면 전체 컴포넌트 함수가 새로운 상태와 함께 다시 실행됩니다.

카운터의 예를 들어 설명해 보겠습니다.

```
import React, { useState } from "react";

function Counter() {
  const [count, setCount] = useState(0);

  function increment() {
    setCount(count + 1);
  }

  return (
    <div>
      <p>{count}</p>
      <button onClick={increment}>증가</button>
    </div>
  );
}

export default Counter;
```

`setCount`가 호출되면 `Counter` 함수가 다시 호출되며, `useState` 훅도 다시 실행됩니다. 즉 전체 함수를 다시 호출하는데, 이는 UI의 반응형 부분(여기서는 `{count}` 내부의 `<p>`)만 업

데이트하는 기존의 반응성 모델과 다릅니다. 이를 거친 반응성이라고 하며, 시그널의 세밀한 반응성 모델과 직접적으로 반대되는 개념입니다.

리액트는 종종 다음과 같은 방정식으로 표현됩니다.[5]

```
v = f(s)
```

간단히 말해 뷰는 상태의 함수와 같습니다. 이 방정식 자체가 반응형이지 않은 리액트의 특성을 설명합니다. 뷰는 상태의 함수이지만 상태가 변경될 때 자동으로 업데이트되지 않습니다. 새 상태와 함께 함수가 다시 실행되어야 뷰가 업데이트됩니다.

리액트의 가상 DOM 비교 및 재조정 프로세스가 시작되는 지점이 바로 여기입니다. 컴포넌트의 상태나 프롭이 변경되면, 리액트는 컴포넌트를 다시 렌더링해 새로운 가상 DOM 하위 트리를 생성합니다. 그런 다음 새 하위 트리를 이전 하위 트리와 비교하고 필요한 최소한의 실제 DOM 변경 집합을 계산한 후에 해당 변경을 DOM에 적용합니다.

변경 사항을 자동 전파하는 대신 명시적으로 상태를 설정하고 렌더링하는 이 모델을 이용하면, 예측 가능성을 높일 수 있습니다. 리액트가 사람이라면 '상태에 대해 원하는 걸 말씀해 주시면 제가 알아서 처리하겠습니다'라고 말했을 것입니다. 이러한 특성 덕분에 상태 업데이트 일괄 처리와 같은 기능도 가능해졌습니다. 또 애플리케이션의 상태를 어느 시점에서든 더 쉽게 추론하게 되었습니다. 상태 업데이트와 그 결과 나타나는 UI 업데이트가 하나의 아주 작은 작업으로 이어져 있기 때문입니다.

그러나 이는 곧 리액트 컴포넌트가 전통적인 의미의 반응성이 부족하다는 의미가 됩니다. 컴포넌트는 데이터 변경에 자동으로 반응하지 않습니다. 대신 주어진 상태에 대해 UI가 어떤 모습이어야 하는지 명시적으로 기술하며, 상태가 변경되면 함수를 다시 실행해 필요한 업데이트를 적용합니다. 변경된 값을 사용된 바로 그 자리에 업데이트하지 않는 것이 리액트의 방식입니다.

자동으로 변경 사항을 추적하고 전파한다는 관점에서 보면 리액트의 접근 방식은 반응형이 아니지만, 동적인 대화형 사용자 인터페이스를 구축하는 데는 매우 효과적인 메커니즘입니다. 상태와 프롭을 사용해 렌더링을 제어하는 접근법은 애플리케이션에서 변경 사항이 전파되는 방식을 보다 명확하게 이해하고 예측하게 해 줍니다. 그리고 가상 DOM 시스템은 실제 DOM의

5 옮긴이_ v는 뷰(view), f는 함수(function), s는 상태(state)를 의미합니다.

업데이트를 효율적으로 관리합니다.

결국 리액트의 접근법이 반응형인가 아닌가 하는 해석은 하기 나름입니다. 만약 시스템을 통해 변경 사항이 자동으로 전파되는 것이 반응성이라고 정의한다면, 리액트는 반응형 시스템이 아닙니다. 하지만 반응성을 시스템이 상태 변화에 예측 가능하고 제어 가능한 방식으로 대응하는 능력으로 정의한다면, 리액트는 확실히 반응형 시스템이라고 볼 수 있습니다.

리액트와 다른 프레임워크나 라이브러리를 살펴보면 UI 개발에서 상태와 반응형을 관리하는 데 있어 모든 상황에 맞는 방법은 없다는 것을 알 수 있습니다. 각 도구에는 강점과 장단점의 트레이드오프가 있으며 각기 다른 사용 사례에 적합합니다. 이러한 차이점을 이해하는 것은 작업에 적합한 도구를 선택할 때 매우 중요하며, 사용 중인 프레임워크나 라이브러리에 관계없이 보다 효과적이고 효율적인 코드를 작성하는 데 도움이 될 수 있습니다.

상태와 업데이트를 처리하는 리액트의 모델은 제어와 편의성 사이에서 절묘한 균형을 이룹니다. 명시적 상태 업데이트 메커니즘을 통해 개발자는 애플리케이션의 상태를 더 쉽게 추론하며, 재조정과 비교 알고리듬을 통해 DOM에 효율적으로 업데이트를 적용할 수 있습니다. 전통적인 의미의 반응형은 아니지만, 이미 입증된 바와 같이 리액트의 접근 방식은 복잡한 사용자 인터페이스를 구축하는 데 매우 효과적입니다.

반응형 프로그래밍 모델이 특히 의존성과 업데이트를 자동으로 관리하는 데 강력한 장점이 있다는 사실은 부인하지 못합니다. 하지만 앞서 살펴본 것처럼 리액트의 접근 방식에는 높은 수준의 제어와 예측 가능성을 비롯한 고유의 이점이 있습니다.

완벽한 마무리를 위해 이제 반응형 모델을 사용하는 프레임워크인 솔리드에서는 동일한 카운터가 어떻게 보이는지 살펴보겠습니다.

```
import { createSignal } from "solid";

function Counter() {
  const [count, setCount] = createSignal(0);

  function increment() {
    setCount(count() + 1);
  }

  return (
```

```
    <div>
      <p>{count}</p>
      <button onClick={increment}>증가</button>
    </div>
  );
}

export default Counter;
```

예시에서 count는 컴포넌트 데이터의 반응형 값입니다. <p> 엘리먼트 내부에서 count()를 호출해 count를 처음 읽으면, JSX의 해당 부분은 암시적으로 count의 반응형 값을 구독합니다.

그다음에 increment를 호출한 후 다시 setCount를 호출하면 setCount는 값을 업데이트하고 모든 구독자에게 값이 변경되었음을 알리고 업데이트하라는 명령을 보냅니다. 이는 구독자가 발행자를 구독하고 발행자가 모든 구독자에게 알림을 보내는 발행–구독publisher–subscriber 패턴과 약간 유사합니다.

한마디로 함수 컴포넌트 자체인 Counter는 두 번 이상 호출되지 않지만 세밀화된 작은 반응형 값은 호출됩니다.

10.7.1 의존성 값 예시

목록을 표시하고 각 항목의 개수를 표시하는 목록 컴포넌트를 생각해 봅시다. 스벨트와 같은 반응형 시스템에서는 목록이 변경될 때마다 카운트가 자동으로 업데이트됩니다.

```
<script>
  let items = ['Apple', 'Banana', 'Cherry'];
  $: count = items.length;
</script>

<p>{count}개 항목:</p>
<ul>
  {#each items as item (item)}
    <li>{item}</li>
  {/each}
</ul>
```

여기서 $: count = items.length;는 반응형 문장을 선언합니다. items가 변경될 때마다 count가 자동으로 다시 계산됩니다.

리액트에서는 조금 다릅니다.

```
import React, { useState } from "react";

function ItemList() {
  const [items, setItems] = useState(["Apple", "Banana", "Cherry"]);
  const count = items.length;

  // ... 항목 업데이트 처리 ...

  return (
    <div>
      <p>{count}개 항목:</p>
      <ul>
        {items.map((item) => (
          <li key={item}>{item}</li>
        ))}
      </ul>
    </div>
  );
}

export default ItemList;
```

이 리액트 컴포넌트에서 count는 items가 변경될 때 자동으로 업데이트되는 반응형 값이 아닙니다. 렌더링될 당시의 상태에서 파생된 값입니다. items를 변경할 때는 setItems를 호출해 상태를 업데이트하고 다시 렌더링해야 하는데, 이때 count가 다시 계산되는 이유는 ItemList 함수 컴포넌트가 다시 호출되기 때문이지 count가 반응형이기 때문이 아닙니다.

10.8 리액트의 미래

전체 프런트엔드 생태계에서 시그널과 같은 반응형 특성이 광범위하게 채택된 것을 감안할 때, 일각에서는 리액트도 결국 비슷한 접근 방식을 채택할 것이라 예상했습니다. 그러나 리액트 팀은 시그널에 대해 '홍미를 느끼지 않는다not excited'고 밝혔으며 다른 접근 방식을 통해 시그널이 제공하는 수준의 성능 향상을 노리고 있습니다.

이해를 돕기 위해 먼저 리액트에 대해 배운 내용을 몇 가지로 정리해 보겠습니다. 다음 예시의 컴포넌트를 살펴봅시다.

```
import React, { useState } from "react";
import
{ ComponentWithExpensiveChildren } from "./ExpensiveComponent";

function Counter() {
  const [count, setCount] = useState(0);

  function increment() {
    setCount(count + 1);
  }

  return (
    <div>
      <p>{count}</p>
      <button onClick={increment}>증가</button>
      <ComponentWithExpensiveChildren />
    </div>
  );
}

export default Counter;
```

조금 억지로 꾸민 이 예시에는 Counter라는 컴포넌트가 있고, 이 컴포넌트에는 다음과 같은 몇 개의 자식 컴포넌트가 상태와 함께 포함되었습니다.

- 현재 개수를 표시하는 <p> 엘리먼트
- 카운트를 증가시키는 <button> 엘리먼트
- 많은 계산이 필요한 비싼 자식 컴포넌트를 렌더링하는 <ComponentWithExpensiveChildren> 컴포넌트

이제 버튼을 클릭해 카운트를 증가시킨다고 가정하겠습니다. 어떤 일이 발생할지 생각해 볼까요? Counter 함수는 모든 하위 함수와 함께 호출되거나 재호출되고 리렌더링됩니다. 이것이 리액트의 기본 동작입니다. 프롭이나 상태가 변경되지 않았기 때문에 <ComponentWithExpensiveChildren> 컴포넌트는 다시 렌더링할 필요가 없는데도 리렌더링됩니다.

이런 거친 반응성은 리액트의 성능을 저하시킵니다. 하지만 이는 매우 간단하게 수정할 수 있습니다. 적절한 시점에 적절한 위치에 **memo**를 포함하면 됩니다.

```
import React, { useState, memo } from "react";
import { ComponentWithExpensiveChildren } from "./ComponentWithExpensiveChildren";

function Counter() {
  const [count, setCount] = useState(0);

  function increment() {
    setCount(count + 1);
  }

  return (
    <div>
      <p>{count}</p>
      <button onClick={increment}>증가</button>
      <MemoizedComponentWithExpensiveChildren />
    </div>
  );
}

const MemoizedComponentWithExpensiveChildren = memo(
  ComponentWithExpensiveChildren
);

export default Counter;
```

필요한 곳 어디서든 **memo**를 사용한다는 것만 기억하면 됩니다. 실제로 이는 시그널과 동일한 세밀화된 반응성을 제공합니다. 하지만 필요한 곳마다 **memo**를 사용해야 하기 때문에 시그널만큼 편리하지는 않습니다.

여기까지 보면 시그널로 이 문제를 쉽게 해결할 수 있다고 생각하는 사람이 많겠지만, 메타의 리액트 팀은 **memo**처럼 시그널도 리액트를 사용하는 평범한 개발자가 굳이 고려할 필요가 없는 구현 세부 사항이라고 생각합니다. 리액트 팀은 처음 리액트가 추구했던 가치를 돌아보았습니다. 'UI를 선언적으로 설명하면 나머지는 리액트가 알아서 처리합니다.' 리액트 팀은 개발자가 시그널이나 **memo**와 같은 세부 사항에 신경 쓰지 않아도 리액트가 UI를 렌더링하는 최적의 방법을 알아내는 쪽이 더 낫다고 생각합니다.

이를 위해 리액트 팀은 리액트 컴파일러라는 새로운 소프트웨어를 개발하고 있습니다.

10.8.1 리액트 컴파일러

처음 공개될 당시, 리액트 포겟React Forget이라는 이름으로 발표되었다가 현재는 리액트 컴파일러가 된 이 리액트 도구는 `--fix` 플래그가 활성화된 린터linter와 유사하게 동작합니다. 이 도구는 리액트의 규칙[6]을 강제하고, 애플리케이션의 수명 주기 내내 변하지 않을 값을 똑똑하게 메모화해 자동으로 최적화된 리액트 코드로 변환합니다. 위 예시를 예로 들면 `ComponentWithExpensiveChildren`과 같이 변하지 않을 부분에 메모화를 적용합니다.

리액트의 규칙 덕분에 리액트 컴파일러는 변하지 않을 값을 예측하고 메모화할 수 있습니다. 스벨트와 접근 방식이 비슷하지만, 리액트 컴파일러의 결과물은 명령형 코드가 아니라 성능이 더 좋은 리액트 코드입니다.

여기서 말하는 리액트의 규칙을 다시 정리해 보겠습니다.

1 리액트 컴포넌트는 순수 함수여야 한다.
2 일부 훅과 사용자 정의 이벤트 핸들러는 순수하지 않아도 된다.
3 순수 함수 내에서 다음 작업은 금지한다.
   - 함수 내에서 새로 생성되지 않은 변수/객체 변경하기
   - 변경될 수 있는 속성 읽기
4 다음 작업은 허용된다.
   - 프롭 또는 상태 읽기
   - 오류 발생시키기
   - 새로 만든 객체나 바인딩 변경하기
5 게으른 초기화lazy initialization는 예외적으로 초기화 용도에 한해 변경 작업이 허용된다.
6 렌더링 완료 후에는 렌더링 중에 생성된 객체나 클로저를 변경해서는 안 된다. 상태에 저장된 변경 가능한 객체는 예외로 둔다.

이러한 규칙 덕분에 리액트 컴파일러는 애플리케이션의 수명 주기 동안 변경되지 않을 값을 예측하고 메모화할 수 있습니다. 그 결과, 시그널을 사용하는 다른 라이브러리의 성능에 필적하

6 옮긴이_ 리액트 공식 사이트에서 제안하는 일종의 모범 사례입니다. 한국어 버전은 `https://ko.react.dev/reference/rules`에서 볼 수 있습니다.

는 고도로 최적화된 고성능 리액트 코드를 얻을 수 있습니다.

이 글을 쓰는 시점에서 리액트 컴파일러는 메타에서 평가 중이며 인스타그램과 왓츠앱WhatsApp에서 기대 이상의 성과를 거두고 있습니다. 또 실험적인 버전이 오픈 소스로 공개되었습니다. 아직 불안정한 부분이 많고, 명세에 변경이 있을 수도 있지만 궁금한 분은 관련 문서[7]의 가이드에 따라 설치하고 사용해 볼 수 있습니다.

리액트 컴파일러와 시그널 비교

리액트 컴파일러는 아직 실험적인 단계이기 때문에 얻는 장점과 감수할 단점을 저울질할 근거가 충분하지 않습니다. 그러나 리액트 컴파일러가 변경되지 않는 모든 컴포넌트를 메모화하는 것이 사실이라 해도 여전히 시그널의 세밀화된 반응성은 리액트 컴파일러의 거친 반응성보다 더 우수하다고 볼 수 있습니다. 시그널은 컴포넌트 계층 구조의 외부 세계에서 병렬로 동작하기 때문입니다.

따라서 업데이트가 발생하면 리액트는 여전히 전체 컴포넌트 트리를 탐색하고 각 컴포넌트 프롭의 새 값과 이전 값을 비교해 다시 렌더링해야 하는 컴포넌트를 결정해야 합니다. 트리를 순회할 필요 없이 UI의 반응형 부분만 업데이트되는 시그널과는 다릅니다. 이로 미루어 보아 리액트 컴파일러를 사용한다 해도 여전히 리액트가 시그널보다 기본적으로 느릴 것이라고 짐작할 수 있지만, 판단을 내리기에 시기상조인 것도 사실입니다.

10.9 돌아보기

RSC 사용에 대해 자세히 다룬 9장의 내용을 요약하는 것으로 시작했습니다. 그런 다음 앵귤러, 뷰, 스벨트, 솔리드, 퀵과 같이 리액트가 아닌 여러 자바스크립트 프레임워크를 살펴보고 이들 라이브러리와 프레임워크의 차이점과 유사점을 살펴봤습니다.

먼저 뷰를 살펴보고, 이 프레임워크가 UI를 구축하기 위해 사용한 선언적 접근 방식을 알아보고, 컴포넌트 기반 아키텍처를 통해 관심사 분리를 촉진하는 방법도 확인했습니다.

7 옮긴이_ https://ko.react.dev/learn/react-compiler

다음으로 각 플랫폼의 고유한 기능과 철학을 살피면서 앵귤러, 스벨트, 솔리드, 퀵에 대해 자세히 설명했습니다. 반응형 특성이 데이터 변화에 반응해 UI를 자동으로 업데이트하는 방법을 배우고, 이 부분이 리액트와 어떻게 다른지 확인했습니다.

개별 검토를 마친 후에는 UI 라이브러리 간의 비교를 통해 강점, 약점, 공통점을 강조했습니다. 반응형 모델, 아키텍처 선택, 개발 경험, 성능 특성을 살펴봤습니다. 예제 코드를 통해 각각의 고유한 특성을 보면서 서로의 차이를 더 잘 이해할 수 있었습니다.

또한 반응형의 개념과 다양한 라이브러리에서 반응형이 어떻게 다르게 구현되는지도 봤습니다. 흥미롭게도 리액트는 뷰나 스벨트 같은 라이브러리에서 볼 수 있는 세밀화된 반응형 모델과 달리 상태 변경이 리렌더링으로 이어지는 더 거친 접근 방식을 따르기 때문에 전통적인 의미의 반응형이 아니라는 점에 대해 논의했습니다.

끝으로 리액트의 미래와 향후 몇 년 동안 어떻게 발전할지 전망했습니다. 리액트 팀의 반응형에 대한 접근 방식과 기존 반응형 프로그래밍 모델의 차이점에 대해 논의했습니다. 또 애플리케이션의 수명 주기 동안 변경되지 않는 값을 메모화해 리액트 코드를 자동으로 최적화하는 도구인 리액트 컴파일러도 살펴봤습니다.

드디어 여행이 종착지에 이르렀습니다.

10.10 복습하기

이 장에서 배운 개념에 대한 이해도를 확인하기 위해 몇 가지 질문을 해 보겠습니다. 이 모든 질문에 자신 있게 대답할 수 있다면 더할 나위 없이 좋습니다. 이 책을 통해 착실하게 학습하고 있다는 긍정적 신호입니다. 잘 모르는 내용이 있다면 이 장을 다시 읽어 보는 것도 좋습니다.

1 리액트, 뷰, 스벨트, 솔리드, 앵귤러의 반응형 모델은 각각 어떻게 다른가요? 이러한 차이가 라이브러리/프레임워크의 성능과 개발 경험에 어떤 영향을 미치나요?

2 성능을 극대화하는 퀵의 고유한 접근 방식을 설명해 주세요. 지금까지 살펴본 UI 라이브러리/프레임워크의 접근 방식과 어떻게 다른가요?

3 이 장에서 설명한 각 UI 라이브러리/프레임워크의 주요 강점과 약점은 무엇인가요? 이러한 강점과 약점이 특정 프로젝트의 라이브러리/프레임워크 선택에 어떤 영향을 미칠까요?

4 리액트는 전통적인 의미의 반응형이 아닙니다. 이를 뷰 또는 스벨트 같은 라이브러리에서 볼 수 있는 '푸시 기반push-based' 반응형 모델과 비교해 자세히 설명하세요.

5 리액트 컴파일러란 무엇인가요? 어떻게 작동하나요? 시그널과 비교하면 어떤가요?

10.11 미리보기

리액트와 리액트의 생태계 전반을 둘러본 기나긴 여정을 마무리하면서, 지금까지 배운 내용을 종합해 정리하려 합니다. 이제 마지막 장에서는 한걸음 물러나 지금까지 살펴본 내용을 전체적으로 돌이켜보겠습니다.

이 책을 마무리하는 과정에서 오늘날 우리는 어디에 서 있는지, 다가올 미래는 어떤 모습일지 예상하며 큰 그림을 그려 봅니다. 이 책을 통해 습득한 기술적 지식과 통찰을 남김 없이 활용할 수 있기를 바랍니다.

리액트 재조정자의 내부 작동 방식 이해에서 비동기 처리, 서버 컴포넌트, 다양한 리액트 프레임워크, 리액트와 여타 프레임워크 비교까지 이 모든 과정은 한 목표를 지향합니다. 이제 우리는 배운 모든 것을 연결해 큰 그림을 그리고 앞으로 전진할 준비를 마쳤습니다.

리액트와 프런트엔드 개발의 미래로 도약할 준비가 되셨나요? 웅장한 피날레를 기대해 주세요!

CHAPTER 11

마치며

리액트 세계를 탐험하는 여정에 함께해 주셔서 감사합니다. 제게 그랬듯이 여러분에게도 즐거운 모험이 되었기를 바랍니다. 함께한 시간 동안 우리는 리액트의 핵심 원리, 내부 작동 방식, 더 넓은 생태계를 탐구하면서 리액트를 더 깊이 알게 되었습니다. 이 여정에서는 리액트 사용법을 이미 잘 알고 있는 여러분과 동행하며 리액트의 메커니즘을 이해하는 데 집중했습니다. 다시 말해 리액트가 실제로 작동하는 원리에 대한 이해를 심화해 마침내 향후 개발자 경력에 도움이 될 중요하고도 실용적인 지식을 터득했습니다.

11.1 핵심 요약

결론적으로 이 책에서 조언하는 주요 사항을 짚어 보겠습니다.

모범 사례를 재고해 보세요

이따금 모든 것을 다시 생각해야 할 시점이 옵니다. 리액트는 기존 방식에서 급진적으로 벗어나 JSX와 가상 DOM을 도입했습니다. 종래의 관행에 도전해 인터페이스를 구축하는 방식을 재고하게 되었습니다. 기존 방식에 의문을 제기하고 수행 방식을 다시 구상하려는 의지는 리액트의 정신입니다. 따라서 엔지니어인 우리는 기존 방식에서 탈피해 지금까지 수행되어 온 방식을 다시 생각할 준비가 되어야 합니다.

JSX의 작동 방식을 완벽하게 이해하세요

프로그래밍 언어의 제약이 있다면, 이를테면 자바스크립트에서 HTML 스타일의 구문을 사용할 수 없는 한계가 있다면, 새로운 언어를 창조해 이 문제를 해결하면 됩니다. 자바스크립트로 컴파일되는 새로운 언어 JSX가 좋은 예입니다. 이제 JSX의 작동 방식과 컴파일러 이론을 완전히 이해했으므로 여러분도 언어의 제약을 뛰어넘을 능력을 갖췄다고 볼 수 있습니다.

제약은 나쁘지 않습니다

제약은 발명의 어머니입니다. 단순하게 볼 때, 엘리먼트의 `innerWidth`를 읽으면 리플로가 발생하고 브라우저마다 이벤트에 대한 API가 다르다는 웹의 제약이 있었기에 리액트가 등장할 수 있었습니다. 이 사실은 제약이 나쁜 것만이 아님을 시사합니다. 제약은 우리가 주어진 영역에서 벗어나 창의적 해결책을 찾게 합니다.

선언적 추상화로 강력한 기능을 사용합니다

재조정자에서 JSX의 표현을 분리함으로써 리액트는 '한번 작성하면 어디서나 실행할 수 있는' UI 개발 방식을 개척했습니다. 동일한 코드를 사용해 DOM과 서버는 물론, 네이티브 플랫폼에서도 렌더링할 수 있습니다. 프로젝트에서 활용할 수 있는 이 강력한 기능 덕분에 관심사를 분리하고 적절한 수준의 추상화를 이룹니다.

강력한 기능을 활용하면 더 유연하고 유지 보수가 용이한 애플리케이션을 구축할 수 있습니다

고차 컴포넌트부터 렌더 프롭, 훅, 콘텍스트에 이르기까지 다양한 패턴을 살펴봤습니다. 이 패턴들은 로직을 추상화하고, 컴포넌트 간에 동작을 공유하며, 상태를 보다 효과적으로 관리하는 데 사용하는 강력한 도구입니다. 비록 이 패턴들은 복잡성을 초래하기도 하지만, 제공하는 강력한 기능으로 보다 유연하고 유지 보수가 용이한 애플리케이션을 구축하게 합니다. 또 이러한 패턴들은 고차 컴포넌트가 그러했듯이 리액트 이전에도 존재했습니다. 오늘날 우리가 사용하는 패턴 중 어느 것이 다음 세대 UI 프레임워크의 기반이 될까요? 어떤 패턴이 우리 삶을 더 편하게 만들어 줄까요?

강력한 기능을 자체 프로젝트에 활용합니다

브라우저를 지나 서버로 넘어가면 수많은 가능성이 열립니다. 서버에서 리액트 컴포넌트를 렌더링하고, 브라우저에 내장된 Fetch API를 사용해 데이터를 읽어 들이며, 기본 HTML 폼을 사용해 사용자 입력을 처리하는 것도 가능합니다. 서버 사이드 렌더링의 장점과 그에 따르는 단점, 웹의 기본 요소를 고려할 때 우리가 프로젝트에서 강력하게 활용할 수 있는 기능입니다.

사용자 경험이 개선됩니다

`useTransition` 같은 리액트의 동시성 기능의 이점을 최대한 활용해 작업을 '대체 세계'에서 수행하도록 지연한 다음, 준비되면 DOM에 변경 사항을 적용함으로써 사용자 경험을 개선합니다. 이는 작업 지연의 장단점과 사용자 경험 개선의 장점을 고려할 때 자체 프로젝트에서 활용할 만한 강력한 기능입니다.

여러분도 충분히 이해할 수 있습니다

자체 프레임워크를 만들면서 Next.js와 Remix의 복잡성을 확인하고, 궁극적으로 이 모든 것이 서버와 몇몇 요소가 결합된 자바스크립트일 뿐이라는 사실을 배웠습니다. 시간과 자원이 넉넉하다면 여러분도 자체 프레임워크를 만들 수 있습니다. 프레임워크 개발자들의 노고에 감사하는 한편, 이러한 프레임워크를 우리가 충분히 이해할 수 있는 수준으로 작성했다는 사실에 자신감을 얻게 될 것입니다.

사용자에게 훨씬 적은 코드를 배포하세요

브라우저를 넘어 서버를 살펴보았듯이, 번들러로 눈을 돌리면 완전히 차원이 다른 가능성이 열립니다. 번들러를 활용하면 클라이언트 컴포넌트와 서버 컴포넌트를 분리하고 사용자에게 훨씬 적은 코드를 제공할 수 있습니다. 사용자 경험을 개선해 줄 멋진 컴파일러나 번들러 기술을 더 찾아보는 것도 좋습니다.

프레임워크에서 얻은 영감을 여러분의 프로젝트에 적용할 수 있습니다

리액트 바깥으로 시야를 넓히면 모두가 같은 문제, 다시 말해 어떻게 하면 빠르고 응답성이 뛰어난 사용자 인터페이스를 만드는 동시에 매끈한 개발자 경험도 제공할 수 있는지 고심하고 있다는 사실을 알 수 있습니다. 뷰, 솔리드, 퀵 등이 제시하는 몇 가지 아이디어를 탐구하고, 이러한 프레임워크에서 영감을 얻어 여러분의 프로젝트에 적용할 수 있습니다.

리액트 여행의 마지막 길목에 다다른 지금, 지나온 여정을 돌아보고 리액트의 혁신적인 특성을 이해하는 과정은 중요합니다. 지난 세월 동안 보여 준 리액트의 성장은 리액트의 적응력과 회복력, 커뮤니티의 혁신적인 정신을 증명했습니다. JSX를 통해 더 직관적인 방식으로 인터페이스를 구축하는 방법을 도입한 것부터 가상 DOM을 통해 업데이트를 더 효율적으로 수행하는 방법을 재구상한 것까지, 리액트는 웹 개발 분야에 사라지지 않을 족적을 남겼습니다.

11.2 리액트 학습 여정

처음 몇 개 장에서는 리액트의 핵심 원리를 접근하기 쉽게 단계적으로 소개했습니다. 리액트의 핵심 철학은 사용자가 웹을 사용하면서 겪는 업데이트 경험이 보다 접근하기 쉽고 확장 가능하며 유지 보수가 용이하도록 컴포넌트를 작성하는 것입니다. 컴포넌트, 파이버, 엘리먼트 같은 독립적인 작업 단위는 로직과 UI를 모두 캡슐화해 애플리케이션 규모가 커져도 애플리케이션 동작을 이해하기가 수월합니다.

리액트는 JSX를 통해 UI 개발에 대한 선언적 접근 방식을 제공합니다. 애플리케이션의 상태를 기반으로 함수처럼 인터페이스를 작성하면, 데이터가 변경될 때 UI가 어떻게 변할지 쉽게 예측하고 이해할 수 있습니다. 명확한 분리와 단일 정보 출처라는 개념은 개발자가 UI 구성에 접근하는 방식을 변화시켰습니다.

리액트에 관심이 집중되면서 필연적으로 리액트는 기술 업계의 많은 플랫폼과 프레임워크에 영감을 주었습니다. 그중 가장 주목할 플랫폼은 애플의 SwiftUI입니다. SwiftUI는 애플의 모든 기기에서 사용자 인터페이스를 구축할 때 사용하는 프레임워크입니다.

SwiftUI는 리액트 등의 영향을 받아 비슷한 철학을 채택했습니다. 개발자가 iOS 개발에서 흔히 볼 수 있는 고전적인 MVC(모델-뷰-컨트롤러) 디자인 패턴 대신 뷰라는, 더 작은 컴포넌트와 흡사한 구조를 사용해 UI를 구축하도록 권장합니다. SwiftUI의 각 뷰는 리액트 컴포넌트와 마찬가지로 독립된 단위입니다.

UI 프레임워크의 발전이 계속되면서 서로 영향을 주는 일 역시 지속될 것입니다. 한 플랫폼의 혁신이 다른 플랫폼의 개선에 영감을 주어 더욱 풍부하고 응집력 있는 개발 환경이 조성될 수 있습니다. SwiftUI와 더 넓은 생태계에 대한 리액트의 파급력은 이러한 공생 관계를 보여 주는 대표적인 예이며, 향후 기술 업계에서 협업하고 영감을 얻을 수 있는 무대를 마련합니다.

11.3 마법 뒤에 숨겨진 원리

가상 DOM과 파이버 재조정자라는 조금 더 기술적인 주제도 다뤘습니다. 두 개념은 리액트의 효율적이고 성능 좋은 업데이트를 뒷받침하는 핵심 장치입니다. 가상 DOM은 애플리케이션의 상태와 실제 DOM을 연결하는 중재자 역할을 합니다. 차이점을 비교하고 업데이트를 일괄 처리함으로써 리액트에서는 UI를 상태와 동기화하는 데 필요한 최소한의 작업만 수행할 수 있게 되었습니다.

한편 재조정자는 이 작업의 수뇌와 같습니다. 컴포넌트를 업데이트할 시기와 방법을 결정해 성능을 최적화하고 일관성을 보장합니다. 앞서 재조정자의 내부 작동 방식을 살펴보고 다양한 단계와 각 단계에 포함되는 작업에 대해 배웠습니다. 또 가장 중요한 업데이트가 먼저 처리되도록 재조정자가 작업의 우선순위를 정하는 방법도 확인했습니다.

11.4 심화 주제

심화된 영역으로 나아가서 리액트의 고급 패턴을 살펴봤습니다. 고차 컴포넌트, 렌더 프롭, 훅, 콘텍스트 같은 패턴을 통해 개발자는 로직을 추상화하고 컴포넌트 간에 동작을 공유하며 상태를 보다 효과적으로 관리합니다. 이러한 패턴은 복잡성을 증가시키기도 하지만, 더 유연하고 유지 보수가 용이한 애플리케이션을 구축하는 강력한 기능을 제공합니다.

서버 사이드 리액트와 동시성 리액트를 통해 리액트 애플리케이션의 진화 과정도 살폈습니다. 빠른 초기 로딩 속도와 인터랙티브한 경험에 대한 요구가 증가하면서, 서버의 역할과 비동기 작업의 활용이 중요해졌습니다. 이러한 기술은 애플리케이션이 빠르고, 응답성이 뛰어나며, 사용자 중심적으로 유지되도록 보장합니다.

`renderToString`, `renderToPipeableStream` 같은 `react-dom`의 서버 사이드용 함수를 살펴보고 각각의 장점과 그에 따르는 단점을 간략하게 설명했습니다. 또 `useSyncExternalStore` 및 `useTransition` 같은 리액트의 비동기 기능과 이를 사용해 사용자 경험을 개선하는 방법도 배웠습니다.

끝으로 리액트 생태계에 가장 최근에 추가된 리액트 서버 컴포넌트에 대해 알아봤습니다. 리액트 서버 컴포넌트는 리액트의 지속적인 진화를 대표하는 기능이라 할 것입니다. 컴포넌트가 서버에서만 렌더링되도록 설정하면 성능과 사용자 경험을 모두 최적화해 보다 효율적인 애플리케이션을 만듭니다.

10장에서는 프레임워크와 대체 라이브러리를 통해 리액트를 둘러싼 더 넓은 생태계를 들여다봤습니다. 리액트의 성공으로 수많은 도구, 프레임워크, 대안이 생겨났으며 각각 고유한 이점과 장단점이 있습니다.

리액트는 처음 출시된 이래 많은 발전을 이뤘으며, 리액트가 걸어온 길은 끊임없이 진화하는 웹 개발 세계를 반영합니다. 이 책을 통해 리액트라는 라이브러리에 대해 배우는 것은 물론, 최신 웹 개발을 이끄는 패러다임과 원칙을 꿰뚫어 보는 통찰력도 길렀습니다.

11.5 트렌드 따라잡기

리액트를 중심으로 한 수많은 프레임워크를 비롯해 끊임없이 성장하는 자바스크립트 생태계를 따라잡는 것이 벅찬 일처럼 느껴질 수 있습니다. 매년 수많은 도구와 라이브러리가 새로 출시되며, 저마다 고유한 기능과 이점, 장단점이 있습니다. 개발자로서 향후 프로젝트에 사용할 프레임워크를 바르게 결정하려면, 현재 생태계의 상태를 잘 아는 것만으로는 부족합니다. 이러한 도구의 발자취와 함께, 광범한 웹 개발 맥락에서 도구가 적용되는 방식을 미래 지향적으로 이해하는 감각이 필요합니다.

차후에 프로젝트를 진행할 때 적합한 리액트 프레임워크를 선택해야 할 것입니다. 그래서 현명한 결정을 내리는 데 도움이 될 최신 정보를 습득할 수 있는 방법을 소개합니다.

신뢰할 수 있는 정보 출처를 계속 살펴보세요

자바스크립트 생태계는 빠른 속도로 진화하고 있습니다. 양질의 콘텐츠와 최신 트렌드, 도구의 주기적 업데이트를 얻을 수 있는 공신력 있는 정보 출처를 관심 있게 지켜보는 것이 좋습니다. 블로그, 유튜브 채널, 뉴스레터, 팟캐스트, 온라인 커뮤니티 등입니다. 이를테면 Next.js와 Remix의 공식 블로그와 𝕏(예전 트위터) 계정을 팔로우하면 향후 출시될 기능, 개선 사항과 전체 로드맵에 대한 통찰을 얻을 수 있습니다.

권장하는 정보 출처입니다.

- `react.dev`의 리액트 문서
- 𝕏(예전 트위터)에 있는 리액트 코어 팀 멤버(전체 목록은 아닙니다)
  - `@sophiebits`
  - `@sebmarkbage`
  - `@zmofei`
  - `@acdlite`
  - `@rickhanlonii`
- 𝕏의 리액트 커뮤니티 크리에이터(전체 목록은 아닙니다)
  - `@kadikraman`
  - `@kentcdodds`
  - `@shaundai`
  - `@Saurav_Varma`
  - `@rachelnabors`

관련 커뮤니티에 참여하세요

레딧Reddit, 스택 오버플로, 깃허브, 여러 디스코드Discord와 슬랙Slack 그룹 등 온라인 커뮤니티는 새로운 트렌드와 도구에 관한 양질의 정보로 가득합니다. 커뮤니티 회원들은 종종 다양한 프레임워크에 대한 경험을 공유하는데, 이 내용은 여러 도구에서 하나를 골라야 할 때 꽤 쓸 만한 정보가 됩니다.

유용한 커뮤니티 리소스입니다.

- 리액트 서브 레딧
- 리액트플럭스Reactiflux 디스코드 서버
- `bytes.dev` 뉴스레터
- React Roundup 팟캐스트
- '이번 주 리액트This Week in React' 뉴스레터

- React Korea 페이스북 그룹[1]

콘퍼런스와 밋업에 참석하세요

콘퍼런스와 밋업은 자바스크립트와 리액트 생태계의 최근 개발 동향과 모범 사례에 대한 최신 정보를 얻는 좋은 기회입니다. 직접 참석하지 못해도, 많은 이벤트에서 제공하는 온라인 스트리밍이나 녹화된 강연을 참조할 수 있습니다.

참석할 만한 멋진 리액트 콘퍼런스입니다.[2]

- React Brussels
- React Alicante
- React India
- React Day Verona

다양한 프레임워크로 실험해 보세요

연장을 손수 다뤄 보는 것보다 그 쓰임새를 파악하는 더 좋은 방법은 없습니다. 시간을 들여 다양한 프레임워크로 소규모 프로젝트나 프로토타입을 구축해 보면 소중한 통찰을 얻습니다. 그러면 각 프레임워크의 강점과 약점을 인식하고 개발 방식과 프로젝트 요구 사항에 어떻게 부합하는지 이해하게 됩니다.

공개적으로 만드세요

숀 왕(`@swyx`)이 널리 알렸듯이, 최신 정보를 얻는 최고의 방법은 공개하는 것입니다. 여러분의 작업, 생각, 아이디어를 커뮤니티와 공유한다는 의미입니다. 담당 업무를 소셜 미디어에 게시하는 것처럼 손쉬울 수도 있고, 블로그 게시물 작성이나 유튜브 동영상 제작처럼 노력이 필요할 수도 있습니다. 작업을 공유하면 커뮤니티의 피드백을 받아 기술을 개선하며 사용 중인 도구를 속속들이 알게 됩니다.

필자 역시 이 책을 쓰면서 리액트의 면면을 보고 알게 된 것이 많습니다. 그 과정에서 커뮤니티에서 많은 것을 배웠고 그 지식을 사람들과 나눌 수 있었습니다. 다른 분들에게도 책 쓰기를 적극 추천합니다.

리액트를 배우는 것은 단순히 라이브러리 사용법을 통달하는 수준에 그치지 않고 리액트의 사고 방식도 수용하는 것입니다. 컴포넌트 중심 개발, 성능 최적화, 끊임없이 변화하는 웹의 요구에 지속적으로 적응하는 그 사고 방식을 받아들인다는 의미입니다.

웹 개발의 미래는 밝으며, 리액트는 커뮤니티와 함께 그 미래를 열어 가는 데 일익을 담당할 것입니다. 숙련된 개발자든 이제 막 입문한 개발자든, 이 책에서 습득한 기술과 지식은 웹 개발의 방대하고 흥미로운 영역에서 여정을 이어 가는 데 바른 길잡이가 될 것입니다.

---

1 옮긴이_ 옮긴이가 운영진으로 있는 국내 최대의 리액트 커뮤니티입니다.

2 옮긴이_ 아쉽게도 국내에는 리액트 전문 콘퍼런스가 없지만 React Conf처럼 무료 스트리밍과 녹화 영상을 제공하는 콘퍼런스가 있습니다.

리액트로 더욱 직관적이고 성능이 뛰어난 사용자 중심 애플리케이션을 만들어 보세요. 여러분의 미래를 응원하며, 이 모험에 함께해 주셔서 고맙다는 인사를 전합니다.

ㅋ ㅌ

ㅍ ㅎ

A ~ C

D ~ F

G ~ L

M N

O ~ R